FESTIVUS FESTIVUS

OUVRAGES DE PHILIPPE MURAY

CHANT PLURIEL, roman, Gallimard, 1973
JUBILA, roman, Le Seuil, 1976
CÉLINE, Le Seuil, 1981 ; Gallimard, collection « Tel », 2001
LE XIXe SIÈCLE À TRAVERS LES ÂGES, Denoël, 1984 ; Gallimard, collection « Tel », 1999
POSTÉRITÉ, roman, Grasset, 1988
LA GLOIRE DE RUBENS, Grasset, 1991
L'EMPIRE DU BIEN, Les Belles Lettres, 1991 (1re éd.), 1998 (2e éd.)
ON FERME, roman, Les Belles Lettres, 1997
EXORCISMES SPIRITUELS I, Les Belles Lettres, 1997
EXORCISMES SPIRITUELS II, Les Belles Lettres, 1998
APRÈS L'HISTOIRE I, Les Belles Lettres, 1999
APRÈS L'HISTOIRE II, Les Belles Lettres, 2000
DÉSACCORD PARFAIT, Gallimard, collection « Tel », 2000
CHERS DJIHADISTES…, Mille et Une Nuits, collection « Fondation du 2 mars », 2002
EXORCISMES SPIRITUELS III, Les Belles Lettres, 2002
MINIMUM RESPECT, Les Belles Lettres, 2003

OUVRAGES D'ÉLISABETH LÉVY

LES MAÎTRES CENSEURS, J.C. Lattès, 2002 ; Livre de Poche, 2002.

PHILIPPE MURAY

FESTIVUS FESTIVUS

Conversations avec
ÉLISABETH LÉVY

Fayard

ISBN : 978-2-213-62129-6
© Librairie Arthème Fayard, 2005.

Il y a le monde moderne. Ce monde moderne a fait à l'humanité des conditions telles, si entièrement et si absolument nouvelles, que tout ce que nous savons par l'histoire, tout ce que nous avons appris des humanités précédentes ne peut aucunement nous servir, ne peut pas nous faire avancer dans la connaissance du monde où nous vivons. Il n'y a pas de précédents.

CHARLES PÉGUY

PRÉFACE

Y a-t-il une vie après l'Histoire ?

La jeune femme ardente, vive, agitée, batailleuse, éprise de controverses, susceptible et charmante, avec laquelle, à intervalles inégaux, de juin 2001 à décembre 2004, je me suis entretenu, de manière nullement paisible d'ailleurs mais toujours amusante, ne m'a posé, au fond, sous mille formes auxquelles l'actualité se chargeait de donner ses couleurs, que cette seule question. Elle trouvait que ce que je disais, de façon générale, n'était pas inintéressant ; mais enfin, elle voulait vivre.

Je la comprends. Et même, je l'approuve. Moi aussi j'aime beaucoup vivre. Et je peux la rassurer : il y a une vie après l'Histoire. Il n'y a même plus que cela.

Il n'y a plus que de la vie à n'en plus finir. Une véritable forêt de vie véhémente et bruyante, une forêt vierge de vie humaine d'autant plus empressée de s'affirmer, de s'illustrer, de *se faire reconnaître*, dans la persécution comme dans la libération, dans l'exigence virulente d'irresponsabilité comme dans la demande criarde de sanctions, dans la surveillance comme dans l'impudeur, dans la vigilance la plus raide comme dans l'indécence la mieux programmée, dans la légifération comme dans la revendication, dans la fabrication de droits burlesques et de statuts oniriques, dans l'invention de catégories pénales fantastiques, dans la plainte et dans le punissage, dans le sanglot et dans le châtiment, qu'elle ne sert plus à rien et qu'elle le sait.

Il ne lui reste plus qu'à s'épuiser à proliférer dans l'espoir de *se prouver* par tous les moyens, surtout les pires : par croissance, par saturation, agitation, aggravation, multiplication sans fin de ses tendances les plus récriminantes et répressives. Pour le reste, l'argent va plus vite qu'elle. Il se multiplie plus rapidement encore. Il n'a plus tellement besoin de sa participation. En tout cas pas tout le temps ; et, en fin de compte, très peu. L'argent, la biologie, la justice, la télévision, les réseaux, les médias comme on dit. L'humanité, sur tous ces plans, est battue à plates coutures. Partout en Occident, ou du moins en Europe, elle est devenue superflue. Et elle le sera de plus en plus. Et elle le sentira d'autant plus cruellement que les pantins morbides de la démagogie, laquelle recouvre sans appel ce que l'on nomme encore la gauche, toute la gauche (et aussi la droite qui ne peut plus qu'imiter la gauche), lui diront qu'elle est irremplaçable. Mais ils ne le lui diront que pour accélérer sa dépendance, ses demandes pathétiques d'antidépresseurs éthiques, d'anxiolytiques artistiques, de psychotropes judiciaires et de somnifères culturels, autant de marchandises dont ils ont besoin qu'elle ait besoin pour qu'elle ait besoin d'eux. L'homme de gauche est le dealer universel de cette humanité en sécession d'humanité : il ne peut subsister que s'il accroît sans relâche sa clientèle de malades, qu'il rencontre le soir au coin des rues du nouveau monde et dont il augmente de manière systématique les doses de protection sociale et de destruction sociétale par lesquelles il s'assure la fidélité à toute épreuve d'une population ainsi refaçonnée à son mirage et convenance, pour ainsi dire recréée, et en tout cas sans guère de points communs avec les humanités précédentes.

Cette population s'incarne désormais dans le nouveau personnage conceptuel qui coiffe de son nom l'ensemble de nos entretiens : Festivus festivus. Ce festivocrate de la nouvelle génération, qui vient après Homo festivus comme Sapiens sapiens a succédé à Homo sapiens, est l'individu qui festive qu'il festive à la façon dont Sapiens sapiens est celui qui sait qu'il sait ; et s'il a fallu lui donner un nouveau nom, ce n'était pas dans la vaine ambition d'ainsi inventer un nouvel individu mais parce que ce nouvel individu était bel et bien là, partout observable, et qu'il reléguait déjà son ancêtre Homo festivus au musée des âges obscurs du festivisme taillé.

D'Homo festivus à Festivus festivus, cependant, ce qui tombe, un enfant de cinq ans le constaterait, c'est Homo : reste ce Festivus, deux fois inscrit, et même martelé, par lequel on voit que le festivisme ne laisse plus de place à quoi que ce soit d'autre que lui-même et qu'il est donc devenu presque inutile d'en parler puisque plus rien ne lui échappe. En Festivus festivus s'accomplit la disparition de toute distance, même minimale, de tout dehors, de toute différence et de tout secret, mais aussi de toute illusion et de toute réalité, et se réalise une sorte de fin de l'humain, en lui-même et par lui-même, qui n'est même pas l'annonce qu'autre chose apparaît car cette fin elle-même n'en finira jamais. Ainsi le pléonasme et la tautologie se sont-ils installés partout, et vivent-ils une vie post-humaine, en centre-ville comme dans les périphéries.

Des critiques étourdis ont cru pouvoir, dès le 12 septembre 2001, décréter que c'en était fini avec Homo festivus car le dernier homme occidental allait devoir retrousser ses manches et mouiller sa chemise pour affronter la brute islamique grondant soudain du fond des âges. Mais comme déjà l'après-dernier homme s'était vigoureusement débarrassé de ce qu'il avait encore d'humain, il lui était impossible, même en face d'une telle attaque, de retrouver par enchantement des vertus qu'il se flattait si fort, dans le même temps, d'avoir liquidées. Il eût fallu pour cela qu'il commence par bazarder presque tout ce qu'il appelle ses conquêtes et ses acquis. On le voit au contraire, du moins sur les territoires maudits de l'*Europe divine*, en exiger tous les jours l'approfondissement et l'aggravation.

Il y a, d'autre part, une grande inconséquence à se féliciter d'en avoir fini avec les obligations et les attaches de toutes sortes qui constituaient le tissu de l'ancien temps, et prétendre simultanément que l'Histoire poursuit son train et même peut-être l'accélère. C'est vouloir qu'une théorie consolante *à l'ancienne* serve de fidèle accompagnatrice à une pratique toujours plus démentielle et dénaturée. C'est, en se perdant dans une confusion qui d'ailleurs ne gêne nullement Festivus festivus, réunir par artifice le principe de l'innovation sans limites et le principe de stabilité de l'esprit classique ; et c'est tenter de *conserver* le changement, qui est l'impérialisme de l'époque, en lui donnant des lettres de noblesse historiques. Mais partout où cette innovation se répand, c'est aussi l'« éternel présent » de la post-Histoire qui s'installe : l'un et l'autre voyagent dans les mêmes soutes et débarquent dans des containers communs. Et ils n'ont d'autre projet que d'instaurer leur vide frénétique, ce *dimanche de la vie* agité qu'ils appellent « démocratie » pour que l'on n'ose jamais examiner les bienfaits autoritairement présupposés par ce vocable.

Je n'ai, de toute façon, jamais vu avancer aucun argument défendable par les tenants énervés de la continuation de l'Histoire, hormis peut-être celui-ci : que les enfants de tous les pays, et même les jeunes Esquimaux, se détournent parfois de la télévision pour lire et relire *Harry Potter*, ce qui prouverait que le goût de la lecture n'est pas en recul et qu'il ne faut donc désespérer de rien. Mais qui parle de désespérer ? Et de quoi ? *La fin du monde est reportée à une date antérieure* : on verra que c'est le titre de notre septième et dernière conversation, et il résume avec une grande exactitude l'optimisme incontestable qui baigne tous nos dialogues. Pourquoi s'inquiéter ? La fin du monde est derrière nous, mais c'est un secret que les entrepreneurs en fin du monde, qui sont aussi les négateurs de celle-ci, se gardent bien d'ébruiter : d'abord parce que cela les empêcherait de continuer à se prendre pour l'avenir irrésistible et persécuté ; et aussi parce qu'ils apparaîtraient alors pour ce qu'ils sont déjà, des *ringards d'apocalypse*. Il faut qu'ils continuent à faire croire que leur tâche n'est pas terminée, qu'ils ont de l'avenir, et encore un tas de belles horreurs sur la planche. Pourtant, ils ne sont plus que les petits flics et les mouchards du coche de la nouvelle police des pensées et des mœurs ; et ils n'ont constamment aux babines le mot « rétrograde », pour discréditer l'adversaire, qu'afin de ne pas apparaître comme les *conservateurs forcenés de leurs propres destructions*. Ils n'ont plus de pouvoir que de surveillance ou de contrôle sur tout ce qui leur résiste, et d'ardeur que pour protéger leurs dégâts qu'ils entendent qu'on respecte comme un patrimoine. Ils ne s'arment que pour étouffer les divergences, particulièrement par des lois toujours plus démentielles qui ne sont que des dénis de réalité commis, comme autant de crimes, sous couvert de justice et d'égalité. Mais plus ils se démènent ainsi, et plus ils s'indifférencient, tandis que ceux qu'ils persécutent et qui les rejettent deviennent toujours plus singuliers et plus remarquables.

À cet égard aussi, les corbeaux de bon augure qui voudraient encore me prendre pour un « écrivain de la fin du monde » ainsi qu'ils le suggèrent parfois, en seront pour leurs frais : nulle part je ne discute d'autre chose que du nouveau monde, que je considère comme sans précédents, sans référents, sans exemples dans le passé, sans passé. Et dire cela n'est évidemment pas faire table rase du passé, de l'admirable passé, comme d'autres oiseaux de malbonheur voudraient aussi le croire, mais bien au contraire le préserver des analogies outrancières ou aplatissantes avec un présent qui ne ressemble à rien, et refuser qu'il serve encore aux innombrables propagandistes de l'Histoire-qui-continue et qui sont ses tueurs mêmes puisqu'ils prétendent historique un monde interdit de hasard et de contradiction, de différence sexuelle et de violence, donc de liberté, donc d'Histoire.

Que craindre d'un univers qui a la vacance comme arme et comme programme ? Et dont la chance est maintenant d'avoir le terrorisme islamique planétaire comme repoussoir ? Avec de tels ennemis on peut se passer d'amis, et aller de l'avant, et consolider chaque jour le nouveau monde où l'invention perpétuelle de nouvelles infractions pénales est un sport de combat et où toutes les énergies se conjuguent pour liquider le véritable adversaire de l'avenir radieux : la domination masculine. De celle-ci, comme on sait, procèdent tous les maux, et ses derniers résidus empêchent qu'advienne enfin le nouveau panthéisme tant espéré, que refleurissent mille charmantes divinités des sources et des forêts, que se réinstalle le culte trop longtemps brimé des grandes déesses et de ce Féminin sacré dont l'approche irrésistible, prélude à une dérégulation métaphysique générale et à la désintégration du dernier verrou de sûreté de l'ancien monde, celui de l'interdit de l'inceste, ouvrira la voie à une civilisation de la promiscuité absolue qu'il est déjà possible de définir comme un *primitivisme assisté par la cybernétique*. Qui s'étonnera de me voir, face à de si désirables perspectives, faire tranquillement et sans répit, entre les lignes et dans les lignes, l'apologie de l'homme, de l'individu, de la famille, des femmes, de la loi naturelle, de la vision aristocratique du monde et bien entendu de l'hétérosexualité ?

Festivus festivus est passé maître dans l'art d'accommoder les mots qui restent. Il appelle « conservateur » quiconque tente de limiter *ses* dégâts et « réactionnaire » celui qui l'envoie gentiment se faire foutre. Il parle de « discours idéologiques » pour tout ce qui met des bâtons dans les roues de son idéologie et de « populisme » quand le peuple lui échappe. Il vitupère l'« Amérique tribale de l'inconscient », quand elle ne vote pas comme il voudrait, au nom de sa bonne inconscience progressiste, et vomit sous le nom de « valeurs conservatrices » tout ce qui contredit ses anti-valeurs dévastatrices. Cette grenouille des nouvelles sacristies traite de punaise de bénitier toute personne qui ne piétine pas ostensiblement la Bible et ne récite pas sur-le-champ le nouveau catéchisme dont il vient juste de torcher les pitoyables formules. Festivus festivus est un maître manipulateur. Il peut passer des semaines à se scandaliser de l'aveu somme toute honnête d'un PDG cathodique déclarant que les programmes de télévision n'ont jamais pour but que de vider le cerveau du téléspectateur afin qu'il se remplisse de messages publicitaires, quand lui-même procède au gavage bien plus efficace et quotidien des oies blanches contemporaines par une épaisse pâtée de bonne pensée victimaire cuisinée à la graisse de chevaux de bois de l'indignation automatique ; et surtout quand il revendique l'ambition, comme vient de le dire l'un de ses plus atroces représentants, de « rendre les cerveaux disponibles pour la culture et la création » : ce qui est une autre manière, mais bien plus malfaisante, de remplir de cochonneries les malheureux cerveaux de l'époque puisqu'il s'agit de culture et de création *modernes*, donc mille fois plus toxiques que la vieille camelote éculée de la publicité.

Il peut encore mener, comme on l'a vu à Bruxelles récemment, de très efficaces campagnes de dénigrement par le biais de ses associations terroristes officielles, et obtenir de beaux tollés apeurés en invoquant des délits nés d'hier, l'« homophobie » ou le « sexisme », mais qui se déploient avec cette alacrité joyeuse des grands cataclysmes qui ne rencontrent devant eux aucune résistance. C'est aussi, dans ce cas précis, que l'individu à persécuter, un commissaire désigné par le président de la Commission européenne pour la justice et les affaires intérieures, présentait la tare d'être « proche du Vatican » et que l'Europe, on le sait bien, l'Europe divine de toutes les horreurs sociétales en vogue, ne peut espérer édifier le lamentable jeu de construction de ses ruines futuristes que sur l'anéantissement impossible de l'Église catholique, apostolique et romaine.

Festivus festivus a posé tant de choses allant de soi, et il a maçonné ces fausses évidences avec tant d'ardeur, qu'il tombe des nues chaque fois qu'un peu de réalité résiduelle se met en travers de ses malversations construites comme autant de monuments dédiés à l'Innocence récupérée. Il n'a alors qu'un mot, où se rassemble ce qu'il voudrait que l'on prenne pour sa bonne foi outrée : « On croit rêver ! » On se réveille, au contraire, en le voyant si tartuffiennement bouche bée.

Il y a une vie après l'Histoire, et elle se reconstruit un peu partout avec ce qu'elle trouve, du carton, des bouts de ficelle, du sable de perlimpinpin, quelques planches, des brumisateurs, beaucoup de mensonges, des fleurs en pot, des palettes graphiques, des pixels et un peu de peinture bleue. Avec cela on fait des décors très ressemblants, très présentables, des crèches, des théâtres, des procès, des rumeurs, des plages, un espace européen, des victimes et des bourreaux, des débats et des interdits, des lynchages autorisés et des campagnes de délation, des sondages péremptoires et des affolements.

Mais ce qu'il y a de curieux, c'est que tous ces cirques de puces occidentaux dans lesquels on voit chaque jour essayer de se reconstituer par petits bouts l'humanité, comme les familles recomposées se rafistolent au cours d'interminables thérapies familiales, sont environnés de dangers inouïs. Et toutes ces néo-maisons de poupée, où ce ne sont que sabres de jeux vidéo, faux nez de faux clowns, joies ou malheurs simplistes comme des logiciels, se retrouvent cernées de périls excessifs, absolument pas en rapport avec ce qui s'y déroule. Dehors, en effet, dans le jardin des supplices de toutes les négativités, les monstres réels rôdent, saccagent tout, s'énervent, rugissent, déracinent les arbres, barrissent, vrombissent, braient, sifflent, croassent, hurlent à la lune et piétinent les pelouses.

Et même, de temps en temps, certains passent leur museau par l'une ou l'autre fenêtre de la crèche, y balancent leur trompe et happent quelques-uns de ses occupants.

De temps en temps aussi, il arrive que les décors brûlent d'eux-mêmes. Ou que quelqu'un, dans le carnaval, fasse une entrée inopinée, comme une figure d'épouvante en pleine danse macabre, comme une caricature peinturlurée en pleine parodie multicolore, comme une grimace de dément dans une maison de fous ; et ce quelqu'un s'appelle alors Marie-Léonie ou Phinéas, et tout le monde pendant quelques instants se demande, dans l'asile, d'où sortent ces aliénés. Mais il suffit de bouger un bras ou une jambe, ou de faire une grimace, et ils bougent le même bras, la même jambe, ils font la même grimace. Festivus festivus n'était qu'en train de s'agiter devant son miroir.

Il y a des gens après l'Histoire, énormément de gens qui disent que l'Histoire continue, il n'y a même que cela. On se demande d'ailleurs pourquoi tous ces croyants ressentent le besoin de donner une réponse positive à une question qui n'en est pas une pour eux mais un article de foi. Il est vrai qu'ils ne se fatiguent guère à développer cet article. Ils se bornent à nommer effets de la cause qu'ils rêvent des événements hétéroclites et des accidents fabuleux. Mais ce qu'ils ne comprennent pas, c'est que l'hypothèse de la fin de l'Histoire, qui leur paraît odieuse et inacceptable, et qui l'est en effet, ne l'est pas plus qu'eux ; et qu'elle est une réponse insupportable à leur insupportabilité. Et qui dit que l'on ne serait pas prêt à l'abandonner, cette hypothèse, si on ne les en voyait toujours si indignés ?

L'Histoire est-elle finie ? Cette interrogation n'aurait de sens que si l'Histoire existait en dehors des hommes qui la font. Mais quand Festivus festivus étend partout son insolente domination, décrète ce qui est bon et ce qui est mauvais et promulgue ses lois, de la folie qui alors passe pour norme la simple raison ne peut plus rendre compte, et la folie elle-même ne se laisse plus envisager comme folie : elle est devenue incompatible avec la pensée, et cette pensée même est devenue folie pour la non-pensée des nouveaux vivants.

Cette non-pensée, quant à elle, doit être sans répit protégée du libre examen par des bavardages miséreux chargés de la recouvrir d'un semblant de logique, et c'est à quoi sert la propagande des nervis du nouveau monde : nervis-experts, nervis-journalistes, nervis-universitaires, nervis-anthropologues, nervis-intermittents-militants dont le travail se ramène à effacer le sentiment de vertige partout répandu et à faire semblant de proposer de quelconques nouvelles « ontologies », quand il ne s'agit dans tous les domaines que de franchir le plus vite possible, avec armes et bagages (les armes et bagages des anciennes catégories et de l'ancien arsenal cognitif), ce point au-delà duquel l'humanité, n'étant plus humaine mais simplement et animalement ahurie, ne s'étonne même plus qu'on lui raconte n'importe quoi sur n'importe quel sujet.

C'est alors que l'on peut commencer à lui vendre les sinistres merveilles de la « famille homoparentale » ou la prochaine levée de l'interdit de l'inceste, en lui parlant des Baruya de la Nouvelle-Guinée, des Nuer du Soudan ou des « chimpanzés et autres Bonobos chez qui autosexualité, hétérosexualité et homosexualité semblent faire bon ménage ». On lui parle aussi du bon vieux temps de l'Iran mazdéen où se marier avec sa sœur « n'était en rien un inceste mais la forme la plus accomplie d'union des humains à l'image et au service des dieux » (on se garde cependant bien de préciser s'il faudrait, pour retrouver de telles délices, rétablir *les sacrifices sanglants qui allaient avec*). Et ainsi use-t-on avec ingénuité de la même vieille arnaque relativiste que Sade justifiant l'inceste par le fait que « les nègres de la Côte du Poivre et de Rio-Gabon prostituent leurs femmes à leurs propres enfants » et que « les peuples du Chili couchent indifféremment avec leurs sœurs, leurs filles, et épousent souvent à la fois la mère et la fille ». Encore un petit effort, et l'on fera pompeusement l'éloge du meurtre dans les feuilles de chou les plus influentes. Là aussi, on pourra en prendre de la graine chez Sade : « À Sparte, à Lacédémone, on allait à la chasse des ilotes comme nous allons en France à celle des perdrix. » Ou encore : « À Mindanao, celui qui veut commettre un meurtre est élevé au rang des braves : on le décore aussitôt d'un turban. »

Qui ne rêve déjà de se promener paré d'un tel turban ?

C'est dans ces conditions, lorsque toute raison a été bannie et tout jugement mis à mort, et que l'on devrait même rougir, comme disait à peu près Chateaubriand, d'user son existence à la peinture d'un monde auquel personne ne comprend plus rien, que l'accord général se fait au moins sur un point : il n'y a à vendre que du moderne, le moderne seul est vendable. C'est alors que l'on peut voir de vieux mafieux longtemps moisis dans les pires jésuitières avant-gardistes jaillir par intervalles des nouveaux bénitiers de l'approbation et se présenter comme hérétiques de toujours, clandestins de partout, persécutés par tous les clergés, puis, sous couvert de ce statut flatteur, donner leur bénédiction ébouriffée aux plus noirs ravages de l'époque. Dans le même temps, de plus jeunes transfuges entreprennent de se faire entendre rien que pour dire que tout va bien, ou plutôt mieux qu'hier, et en tout cas qu'il ne faut pas se laisser aller au catastrophisme professionnel ; mais ils se demandent surtout en douce comment survivre sur les deux tableaux. Ils ne veulent même plus ménager l'avenir, comme on dit, mais le présent : on mesure à cela l'envergure de leur ambition ; et qu'obscurément ils la savent sans avenir. Ruinées par leurs propres contradictions, ces belles âmes reconnaissent qu'à défaut de pouvoir seulement nommer les conditions nouvelles d'existence, il ne leur reste plus qu'à s'y soumettre indéfiniment. Encore ces belles âmes ne savent-elles pas qu'il leur faudra, par-dessus le marché, en justifier l'abomination, et même la célébrer, et que ce travail lui aussi sera sans fin.

Il y a du moderne après l'Histoire. Il n'y a même plus que cela.

Il y a de la religion après l'Histoire, il n'y a même plus que cela dans la mesure où nos sociétés se reconstruisent, ou plutôt se reconfigurent, et certes avec les meilleures intentions, autour de deux pôles sacrés, un dieu et un diable : le dieu s'appelle Égalité, le diable Discrimination ; et c'est à ces idoles de Play Station que Festivus festivus va demander de résoudre à sa place les vieilles et grandes énigmes qui tourmentaient l'ancienne humanité ; et c'est déjà en s'appuyant sur elles que se réorganise la société, que se refabriquent les lois, que se diffament les anciennes mœurs et se légitiment les nouvelles.

Il y a de la dévotion après l'Histoire, il n'y a même plus que cela, et la comédie de cette nouvelle bigoterie est à inventer comme pensée réelle et insaisissable de tout l'irréalisme terroriste de la post-Histoire, comme seule réponse, comme réponse ultime à ses ultimatums, comme libération non complice de toutes les vieilles idées de libération qui pourrissent encore autour de nous, et surtout comme scellés mis sur une époque qui dépose son bilan tous les jours mais qui dit qu'elle avance, à la façon dont un cadavre, s'il pouvait parler, se féliciterait d'être engagé, par tous les mouvements et grouillements dont il est la proie, dans la plus fabuleuse des aventures.

Le monde n'est livré aux robots déconstructeurs et à tous les gâteux du néo-progressisme qui déroulent au kilomètre leur langue de bois accablante que pour décourager même de s'en moquer. Il le faut pourtant. Cette moquerie est la seule critique que l'on puisse opposer à ce qui n'est pas une pensée mais un radotage de crétins sans doute tout étonnés qu'on les laisse parler depuis si longtemps et qui s'arrêteraient peut-être si chacune de leurs propositions était accueillie par un éclat de rire. Elles ne le sont jamais. Il convient qu'elles le soient. L'expérience de l'inhabitable et de l'inhumain, qui s'approfondit chaque jour, est une douleur qui apparaît sans remède tant qu'on ne la nomme pas dans toutes ses composantes. Un climat de peur extrême, nourri de la certitude pour chacun de ne jamais trouver le moindre écho s'il avouait seulement ce qu'il ressent devant l'une ou l'autre des inventions oppressives de la modernité, conduit à applaudir unanimement des choses de plus en plus étranges et détestables dont on vous dit d'ailleurs qu'il vaut mieux s'y soumettre puisqu'elles sont irréversibles.

C'est alors, dans ce moment vertigineux où la liberté quasi intégrale rencontre une terreur quasi absolue, que quatre-vingt huit pour cent des citoyens préfèrent chaque fois consentir par sondage à ce que quatre-vingt dix-neuf pour cent d'entre eux jugent pourtant haïssable, malfaisant, faux à en hurler. Mais c'est trop tard ; ils ont voté par sondage. Et ces quatre-vingt huit pour cent de malheureux approbateurs sous surveillance, qui comptent parmi eux quatre-vingt dix-neuf pour cent de désapprobateurs horrifiés, deviennent alors les grands électeurs de cliques agissantes qui se revendiquent de leur appui pour agrandir leurs saccages et les présenter comme allant de soi.

C'est que chacun de ces quatre-vingt huit pour cent d'applaudisseurs, qui comptent en leur sein quatre-vingt dix-neuf pour cent d'épouvantés, se croyait seul à ressentir une épouvante qu'ils sont quatre-vingt dix-neuf pour cent à éprouver. Et ils auraient voté par sondage à quatre-vingt dix-neuf pour cent contre tout le malfaisant, le faux, le haïssable de notre époque si quelqu'un leur avait seulement dit qu'on peut en rire et qu'il n'y a rien, mais vraiment rien à respecter, ni les jours ni les nuits, ni les matins ni les soirs, ni le projet de Constitution européenne, ni la néo-justice rendue par des juges hystériques ou paniqués, ni la festivisation générale de l'humanité, ni la maternisation démente élevée sur les débris de la différence des sexes, ni la vigilance des vigilants, ni la fin de la politique, ni la renaissance du politique, ni l'éminente dignité des homosexuels, ni celle des femmes, ni la parole des enfants, ni l'éclatante indignité des fumeurs. Et que, finalement, tout cela ensemble est le seul Mal que l'on ait à abattre parce qu'il est né du sein du Bien enragé. La fin de l'Histoire est une conspiration contre la liberté menée par tous les monstres de l'avancisme, par tous les thuriféraires du présent, par tous les rossignols du carnage modernant. La fin de l'Histoire est un vandalisme qu'il ne faut plus arrêter de vandaliser. La fin de l'Histoire est une fiction sinistre dont il faut écrire le roman drôle.

Il n'y a pas encore de rire après l'Histoire. Il faut qu'il n'y ait plus que cela.

Décembre 2004

Six des sept conversations qui composent ce livre ont fait l'objet, de juin 2001 à janvier 2004, d'une première publication sous une forme très abrégée dans la revue *Immédiatement*. Il est conseillé, après avoir terminé la dernière conversation, de relire toutes les autres pour les comprendre.

I

QUE SE PASSE-T-IL ?

Que se passe-t-il ? — Prendre le siècle à la gorge — Tout ce qui tombe du ciel est maudit — Où l'on assiste à l'apparition de Festivus festivus — Critique enchantée du réenchantement — De l'élection de Delanoë et de la question des crèches — Alice au pays des zones érogènes — Festiva festiva, Grande-Maîtresse de l'Ordre du Temple libertaire — Du bon usage des guillemets — Hyliques, psychiques et pneumatiques — De la fièvre cafteuse.

Vous êtes un homme de l'ancien monde. Comment pouvez vous prétendre décrire celui qui vient ? Dès lors qu'il y a expropriation et même retournement du langage par la novlangue médiatique, dès lors que les mots, comme pris de vertige face à la disparition du concret, sont privés de référent, que la « besogne des mots » semble s'opérer mais à vide, comment peut-il encore exister quelque chose qui s'appelle littérature ? Plus largement, en quoi les instruments de la pensée critique sont-ils opérants aujourd'hui ?

Homme de l'ancien monde peut-être, et encore, mais esprit vivant maintenant, de toute façon, et le sachant, ce qui me permet de voir très bien les gens de nulle part qui habitent le nouveau monde, ne savent pas où ils vivent, ni ce qu'ils font, ni ce qu'ils disent, et se glorifient de ne pas savoir d'où ils viennent, mais s'approprient ou se réapproprient, comme ils aiment tant dire par une formule qui leur paraît toute naturelle et dont il faudra bien percer le mystère, ce qu'ils n'ont même pas envisagé de commencer à essayer de comprendre ni de connaître.

On ne peut d'ailleurs espérer comprendre et connaître plus ou moins ce monde nouveau que si on vient de l'« ancien », où l'on peut encore puiser dans un vieil arsenal cognitif quelques instruments pour saisir ce qui se passe maintenant. Ce n'est en tout cas pas dans le monde actuel que l'on trouvera les instruments de sa compréhension. Il en est vide, il se définit même par là, et il se satisfait très bien de ce vide que font semblant de combler à toute heure du jour et de la nuit, par des bavardages lymphatiques d'école, ses sociologues appointés, ses ersatz de philosophes, ses interpréteurs de routine et ses chercheurs assistés du CNRS. Mais ce n'est pas de chercheurs sociologues ou de prétendus philosophes que ce monde a besoin, c'est à proprement parler de démonologues. Il faut, et je ne m'excuse pas d'employer ce langage quasi médiéval, des spécialistes de la *tentation* ; du *moderne en tant que tentation démoniaque*, en tant que *possession*. Les choses changent du tout au tout selon que l'on est, ou pas, contemporain de cette nouvelle tentation. Vous me demandez comment je puis prétendre décrire ce qui se passe puisque je ne suis pas né dedans, puisque je n'en suis pas l'exact contemporain ? Mais croyez-vous que ceux qui sont nés *dedans* ont l'ambition de comprendre ce qui se passe et ce qu'ils font ? Pas le moins du monde ! Ils se trouvent très bien, au contraire, à barboter dans cette chose effrayante, bizarre et clapotante qu'on appelle le moderne, et même à galoper dedans, et à clamer qu'ils *avancent* quand on les voit passer par la fenêtre et disparaître dans le trou. C'est ce qu'ils savent faire de mieux. Passer par la fenêtre. C'est ce que cette civilisation dans son ensemble sait faire de mieux. Pour ne pas confondre ce genre de culbute mortelle avec le progrès, il est nécessaire, justement, de ne pas être né de la dernière pluie acide.

QUE SE PASSE-T-IL ?

Écrire, en somme, c'est regarder le monde passer par la fenêtre ?

En tout cas, c'est commencer par ne pas dire que les gens font des choses formidables alors qu'ils passent par la fenêtre. Je crois qu'il faut repartir de la première de toutes les questions, la question des questions : *Que se passe-t-il ?* C'est la question originelle, en quelque sorte, de la littérature, et notamment de la littérature romanesque. C'est la question littéraire fondamentale, et elle se différencie avec netteté de la question fondamentale de la métaphysique (*Pourquoi y a-t-il de l'étant plutôt que rien ?*), ne serait-ce que dans la mesure où elle entraîne par définition une dynamique, un élan, qui sont l'essence même du récit et plus précisément du roman. Que se passe-t-il, donc ? Qu'arrive-t-il donc à ce monde-ci, à notre monde humain ? Comment se transforme-t-il ? Y a-t-il un moyen de rendre compte des transformations stupéfiantes, et pour la plupart abominables, dont on le voit affecté ? Cette question concerne le monde concret, quelle que soit la consistance de celui-ci. Il se passe quelque chose. Toute personne non encore tout à fait changée en rhinocéros post-historique sait, ou sent, qu'il se passe quelque chose de monstrueux. Et ce qui ne se ramène pas à définir cette chose monstrueuse est nul et non avenu, du moins du point de vue littéraire. C'est ce que j'avais entrepris pendant deux ans avec *Après l'Histoire*. C'est, si vous voulez, ce que nous allons essayer de poursuivre maintenant sous forme dialoguée…

Mais si c'est l'humain lui-même qui disparaît, la littérature est-elle encore apte à dévoiler « les désastres produits par les changements des mœurs », selon la formule de Balzac que je tiens de vous ? Y a-t-il de la littérature s'il n'y a plus d'humain ? Pourquoi y aurait-il de la littérature plutôt que rien ?

Il n'y a plus beaucoup de littérature, à mon avis, et il y a beaucoup de rien ; et la course contre la montre est engagée pour se faire encore plus ou moins comprendre alors que le changement de paradigme est total, gigantesque, et que les gens n'arrêtent pas de passer par la fenêtre, par troupeaux entiers, en criant que ça avance, que ça n'arrête pas d'avancer. Mais c'est ce changement de paradigme lui-même qui est le sujet de la littérature, en tout cas de la mienne, et c'est ce passage en masse par la fenêtre qui est source de comique, d'un comique affreux et inédit qu'un Labiche post-historique devrait être en mesure de saisir.

J'ai toujours eu envie de voir la tête que prend la théorie quand on la confronte à la vie quotidienne. C'est une excellente méthode pour trier entre ce qui, dans la pensée, est caduc et ce qui ne l'est pas (presque tout le charabia heideggerien sur l'être, par exemple, a perdu sa force opérationnelle, et je préfère ne pas parler, en tout cas pour le moment, du nihilisme déconstructionniste de Derrida et surtout de ses affidés). Il s'agit toujours de la même affaire : *prendre le siècle à la gorge*. Encore faut-il être capable de la trouver, cette gorge du nouveau siècle. Cette gorge, c'est le concret lui-même, le concret humain, même s'il n'est plus tout à fait humain (ou si on peut avoir de sérieux doutes à ce propos). Tout le concret, rien que le concret, et quel que soit l'état dans lequel on le trouve. Quand j'affirme que la fête est la force motrice du monde post-historique, à la manière dont la lutte des classes selon Marx a été la force motrice de l'Histoire, j'essaie de décrire et de comprendre, avec les moyens du bord car il s'agit de quelque chose de tout nouveau, la métamorphose générale. Je le fais en utilisant sans cesse des exemples extrêmement précis, parfois même minuscules, et souvent dérisoires, et qui, en tout cas, ne semblent pas retenir l'attention des sociologues du CNRS (qui sont payés pour ne pas savoir que le diable loge dans les détails, c'est-à-dire pour ne rien comprendre à la littérature et à ce qu'elle révèle) ; mais ce qui m'intéresse c'est précisément ce que ne repèrent pas, ou peu, les médiatiques et les sociologues, c'est le monde humain et la manière dont il est en train de se métamorphoser tout en se confondant de façon de plus en plus inextricable avec la propagande dont il est enveloppé[1]. Cette propagande a ceci de particulier qu'elle défile devant nous, comme à la parade, et se répand de manière irrésistible sans rencontrer d'ennemis. Toutes les affirmations positives dont nous sommes accablés ne procèdent pas du conflit ; elles tombent en quelque sorte d'un ciel d'où l'*autre* a été évacué (et il a été si bien évacué qu'il

---

1. En 1999 et en 2000, une lecture frivole de mes *Après l'Histoire* a pu convaincre certains que j'élaborais une théorie de l'envahissement de la vie quotidienne par la fête, quand j'entreprenais de décrire un bouleversement ontologique complet, accompagné d'une métamorphose anthropologique toujours en cours, dans lesquels le festivisme devient l'*occupation* qui doit déloger toutes les autres et satisfaire pleinement l'être transformé sans que celui-ci ait le moindre moyen, désormais, de s'interroger sur de si graves phénomènes. Depuis cette époque, la transformation s'est poursuivie ; elle s'est amplifiée de manière prodigieuse. Les plus belles horreurs sont maintenant évoquées avec allégresse, et les innovations les plus vicieuses sont racontées comme des bienfaits civilisateurs. On s'en convaincra en lisant ces récents extraits d'un article du *Journal du Dimanche*, hebdomadaire des innocents aux mains sales, et plus précisément de son supplément « Paris-Île-de-France », consacré à la mobilisation de la capitale en vue de « la candidature parisienne aux JO 2012 » : « La Mairie de Paris voudrait organiser une grande fête le 5 juin. Presque un mois avant que le Comité international olympique (CIO) ne désigne la ville gagnante, le 6 juillet, à Singapour. Ce rassemblement sportif et populaire pourrait toutefois être décalé, si le référendum sur la Constitution européenne tombe à la même date. Une chose est sûre : le rendez-vous aura lieu un dimanche et se déroulera en même temps qu'une journée sans voitures (…). Les Champs-Élysées seront évidemment au cœur de la fête. Dix à douze mille enfants, qui auront participé aux Jeux de la jeunesse parisienne (dont les finales sportives se dérouleront la veille), défileront sur l'avenue. Mais des animations égaieront aussi les arrondissements, voire la banlieue. "L'idée n'est pas de tout concentrer sur Paris. Si Vaires-sur-Marne ou d'autres communes susceptibles d'accueillir des épreuves olympiques, veulent s'associer à la journée, pourquoi pas ?", explique Anne-Sylvie Schneider, directrice de l'information à la mairie (…). D'ores et déjà, il est envisagé de conjuguer plusieurs événements sportifs : les Jeux de la jeunesse parisienne, mais aussi la course olympique, la fête du Vélo. La Fédération de randonnée pédestre été contactée, ainsi que les organisateurs des balades en rollers. Certains proposent des régates ou du canoë sur la Seine ; d'autres suggèrent un grand pique-nique convivial. Un grand concert devrait en tout cas clore la fête. L'Hôtel de Ville voit plus loin. "On ne veut pas faire un coup. On aimerait que cet événement revienne tous les ans, affirme Anne-Sylvie Schneider. Nous avons instauré Paris-Plage et Nuit blanche, là on réfléchit à une grande fête populaire et sportive. Ce serait un peu faire *Paris respire* dans tout Paris une fois par an." En attendant, la mobilisation pour les Jeux olympiques à Paris continue sa montée en puissance » (*décembre 2004*).

ne réapparaît plus que de manière virale et catastrophique, par exemple sous forme d'encéphalopathie spongiforme et de maladie de Kreutzfeld-Jacob, c'est-à-dire sous forme de vache folle, ou encore sous forme de fièvre aphteuse, *via* le surprenant agent pathogène FMDV-O qui a le don de voler à travers les airs, comme les djinns, en attendant d'autres phénomènes encore plus surprenants dont nous reparlerons, des inondations superlatives par exemple, ou les indignations programmées que soulève une émission comme « Loft Story », alors qu'elle n'est que la concrétisation plate et stricte du principe, partout ailleurs vanté, partout ailleurs réclamé, et même exigé au nom de lois de plus en plus affreuses, de la transparence intégrale). Vous voyez, le décor est en train de se dresser, avec tous ses démons tordus, affolés et riants...

De ce point de vue, l'admiration prétendument distanciée des adolescents pour les jeunes lofteurs est à la mesure de l'époque. « C'est formidable parce qu'ils sont comme nous ! » disent-ils. Normalement, nos admirations nous portent au contraire vers des êtres supérieurs, exceptionnels. Cet engouement pour la banalité de soi est, au moins en apparence, paradoxal. Jamais on n'a autant célébré l'Autre. Un nouveau spectre hante l'Europe : c'est l'Autrisme. Et, comme vous le dites, jamais l'autre n'a eu aussi peu droit de cité.

Vous parlez d'admiration. Mais il ne s'agit plus d'admiration dans le nouveau monde hyperfestif parce que les dernières distances vitales y ont été abolies. Il s'agit de fusion. La nouvelle civilisation, dont la vie totalement festive est le but, et où les fêtes proprement dites ne sont qu'un moyen, est matricielle et maternelle. L'*autre*, sous n'importe laquelle de ses formes, est donc le démon qui la hante. Ce qui n'est pas « comme nous » est devenu synonyme de Mal ; les êtres « supérieurs » ou « exceptionnels » au premier chef. Il ne peut plus y avoir d'admiration quelconque dans un monde non plus en proie à l'égalité mais à l'égalitarisme, lequel est à l'égalité ce qu'une perversion est à une névrose, ou une secte à une religion, ou le respect des différences des sexes au brouillage intentionnel des différences sexuelles, ou le plaisir amoureux à la destructivité pornographique. Il n'y a plus d'admiration, ni d'êtres admirables ou supérieurs, quand toute la société est en proie à la recherche maniaque des *discriminations*, et possédée par l'ambition de les liquider. Un « être supérieur », un grand homme, disons Balzac ou Kafka, devient alors une insulte et déchaîne une violence tout à fait inédite, une violence qu'on n'aurait jamais vue dans aucun siècle, une violence spécifiquement moderne, une violence qui passe par l'accusation, la dénonciation, la mise en procès. Ce que l'on appelle vulgairement la judiciarisation de la société, et qui est le cri des créatures offensées par des supériorités dont elles n'ont plus que faire. Telles sont les horreurs de l'égalitisme.

Cet égalitisme n'était-il pas la conséquence inéluctable de l'égalité des conditions ? À partir du moment où l'on avait supprimé les hiérarchies de la naissance, pouvait-on éviter que l'on s'attaquât à toutes les hiérarchies, que de l'égalité entre le riche et le pauvre, l'on aboutît à l'identité entre le sage et le sot, entre Proust et Paolo Coelho ? Comment être égalitaire sans sombrer dans l'égalitisme : c'est l'un des aspects du problème posé aux gens des Lumières que nous sommes – quoi qu'on en dise...

En effet. L'égalité devenant égalitisme, c'est Lucifer, le « fils de l'Aurore », devenant prince des Ténèbres. Quand je disais qu'il fallait inventer une nouvelle démonologie, et que cela me paraissait être la mission de la littérature d'aujourd'hui, sous quelque forme que ce soit, c'est à l'égalitisme démoniaque contemporain que je songeais, qui fait pousser partout les associations de persécution (les « Observatoires » et autres « SOS-Machintruc » communautaristes où aboie sous toutes ses formes l'envie du pénal) ; et je n'oublie pas non plus que Satan, en hébreu, c'est l'*accusateur*. Toute la vie des sociétés dans lesquelles règnent les conditions modernes de lutte parkinsonienne contre les *discriminations* s'annonce comme une immense accumulation d'associations. Le nom de Satan, aujourd'hui comme hier, est « légion », mais aujourd'hui ces légions s'appellent associations. Il est du devoir de tout être humain de les traiter pour ce qu'elles sont : des ennemies absolues de ce qui reste d'humain dans l'homme actuel, qu'elles entendent *achever*, c'est-à-dire transformer par divers moyens (chantage vis-à-vis des gouvernements, manipulations, mensonges grossiers, répétition du mensonge, glapissements hallucinants de cette immense piétaille de dupes de toutes les impostures qu'on appelle militants, etc.) en lyncheur professionnel, en accusateur public permanent, en obsédé de la réparation, en suppôt de Satan. Ce qu'il est déjà pour une bonne part d'ailleurs. Je ne vois pas pourquoi tout le monde respecte ces associations, qui ne sont que des sociétés de malfaisance, des congrégations de succubes, des couvents maudits, des cyber-syndicats du crime. Il en va du salut de l'humanité de détruire ces groupes d'oppression qui n'existent que pour se *porter partie civile* au nom d'on ne sait quelle légitimité qui n'est renforcée que par la faiblesse, la lâcheté, l'infantilisme des législateurs contemporains, et dont l'idéologie relève de la *camisole civique*. Ce sont les hyènes de la comédie de la justice. Dans toutes les affaires *modernes*, par exemple celles de « pédophilie » aujourd'hui, et demain celles d'« homophobie », vous verrez ramper vers la barre, sur leur ventre galeux, poil hérissé, museau aplati et bavant, croupe plus bas que le garrot, oreilles couchées, pelage jaunâtre, les avocats des associations portées partie civile quand il serait tellement plus agréable de les savoir portées disparues. Et vous les verrez se retirer aussi de l'audience satisfaites, museau ensanglanté, un lambeau de viande d'accusé au coin de la gueule, qu'elles emportent dans un fourré pour le mastiquer avec une avidité qui soulève le cœur[1].

Comme vous dites, il n'y a plus d'autre. Tout va vite. Très vite. Encore plus vite que ça. On est toujours en retard, désormais, sur la catastrophe. Je suis frappé de voir à quel point les événements ont à la fois confirmé et débordé de toutes parts mes chroniques d'*Après l'Histoire* (qui n'étaient pas des chroniques mais, sous l'apparence de chroniques, une théorie faite pour durer, ce qui a été évidemment passé sous silence, alors que l'on a bavardé sur ce que l'on croyait comprendre, et qui était là comme trompe-l'œil : l'accent mis sur les « fêtes » par exemple) depuis près d'un an et demi qu'elles sont terminées. Homo festivus lui-même a fait un bond de géant dans l'évolution. Je crois qu'il faut maintenant l'envisager en tant qu'Homo festivus festivus, de même qu'après Homo sapiens est venu Homo sapiens sapiens, que l'on nomme d'ailleurs plus brièvement sapiens sapiens. C'est pourquoi moi-même je baptiserai désormais Festivus festivus l'habitant légitime du nouvel univers. Ainsi, jusque dans son nom même, la boucle est-elle bouclée ; et le pléonasme habite le pléonasme, l'inceste couche avec l'inceste et la promiscuité promiscuite...

« Ce monde n'a pas besoin de critique, il a besoin d'amour », déclarait il y a quelques mois Pierre Lévy dans World philosophie, *hymne à un cybermonde pacifié, unifié, fusionné. Ce serait donc l'ambition assumée de Festivus festivus de n'avoir plus besoin de pensée critique et, davantage encore, de n'en point tolérer la moindre formulation ?*

---

[1]. À quelques années de là, l'infernal procès dit d'Outreau permettait au moins de mettre en lumière l'action malfaisante de ces associations et de leurs avocats militants spécialisés dans la défense des enfants victimes, lesquels « disent toujours le vrai » surtout quand ils racontent qu'ils ont été violés par des cochons et des vaches dans une ferme belge (*juin 2004*).

Vous vous demandiez tout à l'heure si les instruments de la pensée critique étaient encore opérants. Je ne vois pas par quoi on pourrait remplacer la pensée critique dans la mesure où elle est environnée de l'hostilité de plomb de Festivus festivus. Cette hostilité est assez facilement explicable. Il se trouve que, de toute éternité, la critique et l'art ont été placés en opposition l'un par rapport à l'autre. Malheureusement, du point de vue de l'Histoire, l'éternité ça n'a qu'un temps. Et si, comme j'en fais l'hypothèse, mais vous aurez j'en suis sûr l'occasion de m'en reparler et de le contester, nous sommes sortis de l'Histoire, cette sortie ne peut qu'avoir des conséquences particulières concernant les rapports de la critique et de l'art. Réfléchissons un peu à la question, si vous voulez. « La critique est aisée et l'art est difficile » : vous connaissez cette phrase. Elle est d'un certain Destouches, auteur dramatique complètement oublié du début du XVIIIe siècle. Elle a perdu aujourd'hui toute sa pertinence. Ce qu'il faudrait plutôt dire, à présent, ce serait quelque chose comme : la critique est à réinventer car tout le monde est artiste[1]. Quand tout le monde est artiste, bien entendu, et immédiatement, plus personne ne l'est, il n'y a plus d'art et ce que l'on vend tous les jours sous ce nom ne vaut plus un clou ; ni même le marteau qui ne tapera pas dessus. La critique n'est donc plus en opposition qu'avec une camelote misérable, le plus souvent prétentieuse et ridicule, dont il n'y a plus à se préoccuper, sauf comme phénomène sociologique, éventuellement « sociétal », comme symptôme d'une de ces misères sociétales qu'on appelle *avancées*. La critique n'a plus l'art comme antago-

---

1. C'est aussi quand tout le monde est artiste que Chirac, sous la pression d'élections désastreuses, se met à reconnaître que les artistes existent, au même titre que les fonctionnaires, les chercheurs du CNRS et quelques autres catégories de stato-dépendants ; ce qui signifie bien que ces artistes, comme les autres catégories susmentionnées, n'appartiennent plus qu'au monde des maîtres chanteurs, ou au monde moderne comme chantage et comme persécution (*avril 2004*).

niste, comme autre. Elle n'est plus le parent pauvre de la littérature. Elle ne *double* plus l'art de son discours puisqu'il n'y a plus rien, de ce côté-là, à doubler. Critiquer, maintenant, et littéralement, *c'est représenter*, dans la mesure où la bonne pensée dominante, en s'efforçant d'abolir toute différenciation, toute disparité, toute contradiction, s'interdit du même coup la possibilité de critiquer, donc aussi de représenter. D'où l'éloge, par Festivus festivus, d'un « art » (ou d'un « amour », comme dit poisseusement le materniste Pierre Lévy) qui n'est plus, partout, qu'une loque, un fantôme. En réalité, c'est son pitoyable beefsteak festif que Festivus festivus défend quand il emploie le mot « art », et rien que ça.

Si l'art est atteint de la maladie de la critique folle – pour poursuivre un peu laborieusement votre métaphore du beefsteak – faut-il renoncer au plaisir ? Car l'art a, ou avait, cette particularité qu'il ne se contentait pas de dynamiter le monde. Il l'enchantait aussi, non ?

Pour l'enchantement, ou plutôt pour le réenchantement besogneux et tapageur de la planète, vous remarquerez que Festivus festivus s'y entend très bien tout seul. Il s'y entend si bien que la seule chose enchantante aujourd'hui réside dans la critique, qui est insoumission constante par rapport à ce réenchantement despotique dans lequel se nouent inextricablement, et pourrissent ensemble, à la faveur d'une même opération de nécrose, rébellion et académisme. Où trouver un plus grand plaisir ? Si l'art s'est transféré entièrement dans la critique, le plaisir qui naissait de lui s'y retrouve aussi, et la critique n'a plus rien à voir avec ce qu'elle était auparavant. Cela vaut pareillement, hélas, et d'abord, pour la littérature. Dans les trois quarts des cas, le roman est devenu pauvre, lent, lourd, il arrive presque toujours en retard par rapport à ce qui se passe, et il n'est porté aux nues comme genre supérieur par tous les crétins officiels et dominants que parce qu'il est inopérant, ce qui les arrange puisque cela leur permet de continuer, derrière un flot toujours grossissant de petites fantaisies romanesques décoratives et narcissiques, la série de leurs saloperies non identifiées. Et s'il est inopérant c'est qu'il ne vit pas à la même époque que le monde humain dont il faudrait qu'il parle et qu'il n'arrive généralement à aborder, quand il y arrive, qu'au prix d'extrêmes difficultés. Il est très loin d'en devancer les monstruosités incessantes. Il court après dans les meilleurs des cas, il ne les rattrape presque jamais. Où voulez-vous trouver là-dedans de l'enchantement ?

Si nous sommes sortis de l'histoire de l'art, comme cela me paraît crever les yeux, alors l'art aussi est à réinventer, et il ne peut plus l'être que du côté de la critique, certainement pas du côté de l'art, si miteux, si criminel, si monstrueux ou sirupeux soit-il. C'est cette critique, et elle seule, qui devient *difficile*, et dans tous les sens du terme. Et c'est elle qui recueille aussi ce plaisir dont vous avez raison de dire qu'il émanait de l'art, mais dont il ne tombe plus une miette aujourd'hui. Séparée de son autre, la critique peut, pour la première fois, ambitionner d'être l'autre du monde, c'est-à-dire en même temps ce qui s'en écarte le plus et ce qui l'éclaire de la manière la plus crue et la plus juste. Elle cesse d'être un moyen pour devenir une fin en soi. Sa vérité n'est plus en dehors d'elle (dans quelque chose dont elle parle, dans une œuvre par exemple), mais dans son essence même.

Ce qui complique l'affaire, c'est que la critique n'est évidemment l'autre de rien du tout dès lors que tout un chacun se dit et même se croit dérangeant, subversif... Quelqu'un m'a qualifiée récemment de journaliste dérangeante comme il aurait dit journaliste politique. C'est cocasse, seulement on se marche un peu sur les pieds à la rubrique dérangeante.

Quand j'emploie ce terme de critique, il ne s'agit évidemment pas de l'activité étriquée que l'on désigne en général sous ce nom. Il ne s'agit pas non plus des innombrables ersatz de critique que l'industrie de la bonne pensée dominante fait proliférer dans l'espoir d'empêcher que soit entendue une critique imprévue. Quand j'emploie ce terme, je pense à la *dimension* particulière qui peut être apportée aussi bien à un texte critique proprement dit qu'à un roman. De ce point de vue, je ne fais qu'une différence minimale entre les genres, du moment qu'ils se *désolidarisent* de la néobondieuserie dominante. Encore faut-il que leurs auteurs soient en mesure de définir celle-ci. Le réel contemporain est un mauvais génie dont tous ceux qui en approuvent généralement la marche effarante en redoutent la rencontre dans la littérature, tout simplement parce qu'ils ne veulent pas en lire la critique (le réalisme, aujourd'hui, ne peut être que critique). Vous remarquerez qu'il y a maintenant une prime évidente accordée au non-concret. Tout ce qui détourne l'attention de ce qui se passe véritablement a une très bonne chance d'être accueilli avec ferveur. *L'irréel est devenu une commande sociale.* Il est devenu la commande sociale par excellence. Planquer le réel sous le tapis, comme de la poussière offensante, est devenu le premier réflexe de l'écrivain qui se rêve un avenir flatteur ; et qui planque son propre planquage sous l'argument de l'« urgence » à écrire, du « risque », de l'« expérience du sujet », de la « contrainte intérieure », tous boniments étayés à l'occasion par des références saugrenues à Céline par exemple (à sa volonté, justifiée, elle, de « mettre sa peau sur la table »). Pendant que la grande métamorphose est en train de produire ses pires effets, les romanciers de diversion (surtout les romancières) se multiplient (autofictions angotistes, romans de néo-hussard(e)s, récits se passant dans les années soixante-dix ou les années quarante, romans historiques, cabotinage néoavant-gardiste, opérations retardataires de toutes sortes, etc.). Et des tas d'analyses de diversion de la situation paraissent aussi, ici et là. Un roman qui n'est pas également, sous un angle ou sous un autre, une étude critique, ou plus exactement une psychopathologie de la nouvelle vie quotidienne, a peu de chance de m'intéresser. Heureusement, il commence à y en avoir de remarquables : ceux de Taillandier, par exemple (qui d'ailleurs ouvre un de ses livres, *Des hommes qui s'éloignent*, avec la question des questions que j'évoquais au début de cet entretien : que se passe-t-il ?), ou ceux de Duteurtre[1]. Il commence aussi à y avoir, chez ceux qui écrivent des essais, quelques remarquables désolidariseurs de la néobondieuserie dominante. En vrac, de manière non exhaustive, et sans me préoccuper de savoir s'ils supporteraient d'être ainsi associés, je nommerai par exemple Annie Le Brun, Jean-Marc Mandosio, Baudouin de Bodinat, Stanko Cerovic ou Jean-Claude Michéa...

Vous vous distinguez donc radicalement de ceux qui, confrontés au désastre, prétendent sacraliser la langue, ce qui revient à se pâmer devant le flacon sans s'apercevoir que le parfum éventé qui s'en échappe ne procure pas la moindre ivresse ?

Bien sûr. Ces histoires de langue ou d'écriture ont perdu tout leur intérêt[2]. L'objet de l'art neuf, l'objet de l'art nouveau, l'objet

---

[1]. Il faudrait aujourd'hui en ajouter quelques autres, comme Fabrice Pliskin, dont le magnifique *Agent dormant* vient d'être outrageusement sous-estimé par la critique (*septembre 2004*).

[2]. Elles ne passionnent plus que les Josyane Savigneau, et c'est dire dans quel gouffre de petitembourgeoisement l'affaire a plongé. Et, bien entendu, comme de coutume, il faut faire croire qu'*écrire* est dérangeant, rebelle, redoutable, propre à faire trembler tous les pouvoirs en place ; qu'on *écrit* toujours *contre*, par définition, du moment qu'on écrit tout court, intransitivement, c'est-à-dire qu'on n'écrit rien. Exemple entre mille à propos d'un des navets narcissiques de Christine Angot : « Donc, c'est la règle, c'est le jeu : les écrivains dévorent, digèrent, recyclent. Ils bâtissent, envers et contre tout – contre tous plutôt – leur royaume. Sinon, ils sont des raconteurs d'histoire. C'est très exactement là que se situe la ligne de partage, du côté des auteurs comme du côté des lecteurs : entre les amateurs d'histoires et les passionnés de texte » (*septembre 2002*).

de l'art critique, ce sont les artistes. Les prétendus artistes d'aujourd'hui. C'est-à-dire tout le monde. Plasticiens qui veulent se débarrasser par le « concept » du « carcan esthétique ». Écrivains en proie au « vertige transgressif du signifiant qui étiole le sens commun et mine la parole grégaire ». Comédiens de l'intermittence perpétuelle convaincus de « donner forme et langage aux énigmes de l'existence »[1]. Artistes en série que produit le désastreux univers d'aujourd'hui et qui n'ont même pas besoin d'être artistes à proprement parler pour être quand même artistes : il suffit qu'ils soient parfaitement adaptés au nouveau monde onirique qui se substitue au monde réel tout en continuant à se prétendre réel, ce qui permet aux artistes de continuer à s'en déclarer les antagonistes quand plus rien ne les distingue, et pour cause, de ce nouveau monde onirique.

Pourquoi onirique ? Parce que, comme le rêve, ce monde-là et les gens qui s'y sentent si bien *ne connaissent pas la négation* (même si, grimpés sur leurs perchoirs, ils en font un grand usage, mais c'est à la façon du perroquet quand il chante *La*

---

1. Tout récemment, et le même jour, dans trois publications différentes (*Le Nouvel Observateur*, *Le Monde* et *Libération*), on pouvait relever des professions de foi d'écrivains comiquement semblables et même interchangeables, comme issues d'un même océan de forfanteries scripturantes, comme venues d'un seul et unique archipel de charabia autosuffisant. Amélie Nothomb : « Le mot est une arme, le dialogue une guerre, la phrase une conquête. Ma principale faim c'est mon besoin de l'autre. C'est mon corps qui écrit. Mon corps affamé. » Régis Jauffret : « Je suis un écrivain, un assassin du langage, de la narration, un tortionnaire de la syntaxe. [...] J'écris comme d'autres boivent, se piquent, baisent de nuit comme de jour jusqu'à l'arrêt cardiaque. » Elfriede Jelinek : « Quand j'écris, je suis prise de transe, emportée par ma rage irrépressible d'associations. C'est le contrecoup de ma formation de musicienne. Je brutalise la langue à l'instar d'une composition musicale. J'instille des stéréotypes, des calembours, des citations et métaphores puisés entre autres dans l'univers des médias. » Hélène Cixous : « J'écris un livre. Ce livre n'est pas Celui que je n'écris pas. Je couds ma vie avec des livres, lorsque c'est déchiré je me recouds. Toute la vérité sera faite au dernier moment, à la dernière heure, c'est alors que nous saurons que nous aurons été, qui nous aurons été, seul le dernier jour signe (...) Je n'ai jamais de souci sur ce que je vais écrire, c'est comme si ça venait de partout » (*octobre 2004*).

Marseillaise). D'où cet air de léthargie émerveillée qu'ils arborent. C'est l'air de l'après-dernier homme quand il a perdu la négation, quand il n'a même plus cette défense. Cet après-dernier homme, Festivus festivus, est l'énigme essentielle qui se pose à la littérature d'aujourd'hui. Si on veut savoir « ce qui se passe », ou du moins se donner des chances de le savoir, c'est sur lui que l'on doit se pencher puisque c'est lui qui est l'agent de la transformation du monde et puisque c'est pour lui que le monde est actuellement transformé.

Croyez-vous qu'il y ait de vraies gens, comme on disait au Parti communiste, qui vivent dans ce simulacre de réalité ? Vous en connaissez ? Cet après-dernier homme n'est-il pas un petit personnage inventé par les médias, les sondages, et essentiellement visible dans les quartiers branchés de la capitale ?

Je ne crois pas que ce que l'on dit, au Parti communiste, et depuis sa fondation, ait jamais eu un autre sens qu'abominable parce que c'était toujours de la véhémence hystérique exaspérée par défaut de jouissance. Cela vaut pour ce que bonimentait Thorez comme pour ce que radote Marie-George Buffet. L'envie, la jalousie et la haine impuissante. Festivus festivus existe, je l'ai rencontré, vous aussi. À cette catégorie d'individus, le journalisme, dans la période récente, et sous le coup notamment des dernières élections municipales, a trouvé quelques noms. On les a appelés « élites urbaines ». Ou « bourgeois-bohèmes » (« bobos » selon l'innavigable vocabulaire des médiatiques). Ou « libéraux-libertaires ». On les désigne aussi sous les vocables de « classes aisées », de « catégories moyennes ». On les nomme encore « néobourgeois ». On relève qu'ils sont majoritairement « cadres » ou « professions intermédiaires ». On dit encore qu'ils sont soixante-huitards ou héritiers du soixante-huitisme. Pour achever de nous les rendre encore plus antipathiques, si c'est possible, on nous dit aussi, par exemple dans *Libération*, qu'ils sont « diplômés et branchés nouvelles technologies, hédonistes mais accros au travail, sourcilleux sur les questions d'environnement et inquiets face à la pollution » ; et enfin, comble du ravissement, qu'« ils s'entretiennent sur des vélos et des rollers, veulent des pistes cyclables et des crèches pour leurs enfants, des bus non polluants et des tramways électriques, des espaces verts et des lieux de consommation culturelle ». Voilà autant de synonymes du mot *destructeur*. Aux dernières élections, les destructeurs se sont, nous précise-t-on, « retrouvés dans un Bertrand Delanoë ou un Gérard Collomb, candidats 3 M (moraux, modernes, modérés) ». Ce sont des gens à portables entre les oreilles, aux yeux de qui la glisse est une idée neuve en Europe et qui veulent rollériser sans entraves. Pour mon compte, j'avoue qu'il me semble tout à fait dommageable qu'ils *s'entretiennent* si bien, que ce soit sur des vélos, sur des rollers ou sur autre chose. À qui manqueraient-ils s'ils disparaissaient tous d'un seul coup pour défaut d'entretien ? Qui pleurerait ces prétendues « élites » à poussette entre les dents qui ne surmontent leur anémie festive, et ne trouvent d'énergie que pour détruire le peu qui subsiste de l'ancien monde intelligible, après avoir ricané qu'il ne s'agissait là que de *constructions culturelles* ? Ils ont, comme on dit puisque les mots n'ont plus de sens, « fait tomber Paris à gauche ». Ils n'ont rien fait tomber du tout, d'abord parce qu'il n'y a presque plus rien qui tienne debout, surtout les mots que ces gens-là emploient, et aussi parce qu'il n'y a plus que les touristes qui croient que Paris existe encore...

Et les idiots ou les cyniques pour penser que quelque chose qui s'appellerait la gauche survit dans sa version moderne, dite plurielle, avec son Parti communiste aussi rénové qu'un quartier piétonnier et ses Verts qui applaudissent quand des hordes jeunistes saccagent des champs pour défendre – cela n'a pas dû vous échapper – leur droit à la fête...

Grâce à la brève bataille postiche et sans suspense pour la défense des *raves* sauvages, autrement appelées encore *free-parties*, dont l'existence merveilleuse était menacée par une loi qui, même si elle avait été adoptée, n'avait aucune chance d'être jamais appliquée, on a pu voir justement, et de manière très concrète, Festivus festivus dans ses pompes et dans ses œuvres, notamment sous les espèces des Verts, vibrants défenseurs de la liberté des « teufeurs ». Il faudra revenir plus longuement sur cet épisode significatif. On voit et on entend désormais Festivus festivus tous les jours et en toute occasion. C'est lui qui, il y a quelque temps, s'est enthousiasmé pour le vote en faveur de la fierté festive de l'Espace Détente et Culture ci-devant appelé Paris. Festivus festivus a ceci de remarquable qu'il veut, avec une détermination inébranlable, des voies aménagées pour rollers, Internet gratuit, la poussette tout-terrain à trois roues (avec pneu-tracteur, frein à main, porte-gobelets, rétroviseurs et klaxon en option) pour promener bébé sans quitter ses roulettes. Il exige aussi des espaces verts de proximité, le principe de précaution à tous les étages, une bouillotte en fourrure de chamois, la liberté sexuelle après vingt-deux heures trente et l'extinction du ringardisme. Pour lui, la question des *crèches* relève de la lutte idéologique. L'affaire des crèches est un des chantiers brûlants, dit textuellement Festivus festivus, qui attendent Delanoë (les autres étant évidemment l'*homoparentalité* et l'installation de rayons *gay and lesbian* dans toutes les bibliothèques). Festivus festivus et ses semblables sont des gens prêts à s'étriper, dans un débat, sur le thème : *crèche ou garde à domicile ?* Cela dit, il est tout à fait étonnant de voir les néo-couples réclamer des crèches, étant donné qu'ils ont déjà à peu près tout créchifié de la vie concrète. Quoi qu'il en soit, la malfaisance absolue de l'électorat de Delanoë, dans tous les domaines, est l'un des chantiers brûlants de la littérature. Si elle est incapable de s'en emparer, elle est morte. Si elle s'en empare, elle est immortelle.

Ne vous faites pas d'illusion. Vos crèches, poussettes et autres trottinettes indiquent bien un désir régressif de retour au ventre maternel. Avec ses ours en peluche et ses adolescents suceurs de pouce, le Loft, puisqu'il faut bien y venir, ne fait-il pas rêver tous ceux qui ne souhaitent que prolonger leur enfance jusqu'au cimetière ? Après tout, des personnes qualifiées d'adultes se réunissent pour des soirées gloubiboulga...

À sa manière, « Loft Story » relève également de la crèche ou de la garde à domicile (de plus en plus de parents, d'ailleurs, demandent que les crèches soient télésurveillées et que les images leur en soient retransmises par Internet). Il ne manque que le bœuf et l'âne. Pour en parler un instant, je dirai que le voilà enfin sur l'écran, grâce à « Loft Story », l'individu nouveau en train de faire la vaisselle, de passer l'aspirateur, de pleurer sous sa couette, de boire au biberon ou de baiser comme un lapin sous l'œil des caméras infrarouges. C'est l'enfant ou le petit-enfant des grands transgresseurs sur le retour du soixante-huitisme, et qu'est-ce qu'il fait ? Il serre sans cesse convulsivement contre sa poitrine un petit animal en peluche. Quel raccourci ! Quelle fulgurante compression d'images ! Quelle révélation grandiose sur Festivus festivus et sur son devenir ! Pendant que tout le monde s'excite et que le CSA, dans un communiqué, ne trouve rien d'autre à demander aux responsables de M6 que de veiller, dans cette émission, à « éviter le spectacle d'une consommation excessive de tabac et d'alcool », ce que nous regardons c'est le *ventre même*, ô combien fécond, de la fête immonde.

Donc, vous devriez être un chaud partisan d'une émission qui participe si efficacement à la démystification du monde ! Ne serait-ce pas, pour reprendre vos définitions, ce qu'on appelle de l'art – comme l'indique aussi, d'ailleurs, la controverse sur les contrats et l'intervention furibarde du syndicat des comédiens ?

Même si « Loft Story » est une horreur, je ne vois pas en quoi cette horreur est en contradiction avec tant d'autres entreprises qui ont pour but avoué la disparition (profondément régressive et materniste) du secret et de l'intimité. Voilà déjà quelques mois Ségolène Royal, ministre sinistre déléguée à l'Enfance et à la Famille, voulant en finir avec l'accouchement sous X au nom du droit de l'enfant à la connaissance de ses origines, déclarait : « Le secret comme source de bonheur est une idée qui a vécu. » Ce hideux propos n'a choqué personne, à ma connaissance, alors que « Loft Story » fait pousser des cris d'orfraie à tant de gens. C'est pourtant l'exacte « philosophie », si je puis dire, que développe ce spectacle.

Toute exhibition, toute mise à nu, tout aveu sexuel sont désormais des soumissions à la *modernité néo-maternelle*, et une adhésion à ses pires desseins. Ce sont des actes de connivence avec cette modernité. Le *coming out* en relève également, et il est surprenant que personne ne dise que « Loft Story », par-delà son obscénité doucement enragée, appartient de plein droit au nouveau genre littéraire du *coming out*, c'est-à-dire au triomphe de la toute-puissance infantile contrôlée par la nouvelle Grande Mère (dont la télévision n'est que l'un des instruments). L'enfant, durant toute la période historique, se définissait par le fait qu'il était dépourvu d'intimité, de vie privée. Et l'on ne devenait alors adulte qu'en commençant à avoir des secrets et une vie privée (essentiellement sexuelle). Le monde post-historique du contrôle intégral et de la disparition de la vie privée fait de la vie sexuelle un des éléments parmi d'autres de la vie infantile, donc publique, prolongée désormais jusqu'à la mort. Et il fait du regard de tous sur cette vie sexuelle un plaisir *réclamé* par le nouvel enfant-adulte. Ce n'est certes plus *Je suis partout* ; c'est *Je vois tout* ; et, plus encore, c'est : *Je veux que tu me voies partout*. Car ici comme ailleurs le contrôle est désiré. Ici comme ailleurs, la soumission est volontaire, et pour ainsi dire naturelle. Il n'y a déjà pratiquement plus nulle part de sexualité qu'infantile. L'homme naît « prématuré », c'est une affaire entendue, ou « néoténique » pour parler de manière plus savante ; mais maintenant cette prématuration ou ce néoténisme durent toute la vie, c'est là un des traits frappants, une des innovations de l'époque qui commence, où la dépendance est organisée et où le réflexe d'abandonnisme court les rues. Et il faut évidemment, pour qu'elle ait un sens, retourner la phrase de la terrifique Ségolène Royal et dire : « Le secret comme source de malheur est une idée neuve en Europe » ; et cette idée est très bien accueillie par toutes les baleines qui viennent s'échouer sur les côtes de la modernité afin d'y crever.

Parmi les différences que notre époque, ainsi que vous l'avez noté, entend éradiquer tout en les magnifiant, la différence entre les générations, celle qui fonde justement l'interdit de l'inceste, occupe une place de choix. Mais « Loft Story » est aussi là pour rappeler qu'il y a désormais un droit à la célébrité. « C'est bon d'être célèbre », a déclaré un des exclus du Loft sans que personne s'avise de lui demander pourquoi et pour quoi. Peu importe en effet : Einstein, Loana, même combat.

En effet. Pourquoi parle-t-on de télé-poubelle à propos du Loft ? Cette émission n'est-elle pas l'application stricte du principe, partout ailleurs vanté, de l'égalitarisme intégral, et jusqu'en ce que cet égalitarisme a pour vocation de susciter des plaintes et des récriminations à l'infini, bien évidemment, puisque chaque nouvelle conquête de l'égalité crée, aux yeux des maniaques de l'égalitarisme, de nouvelles discriminations ; ce qui assure, entre parenthèses, un feuilleton à rebondissements infini que les imbéciles prendront pour la preuve que l'Histoire continue alors qu'il ne s'agit jamais que d'un énième épisode de notre grand film transhistorique sur écran mondial : *La Mort vit une vie humaine* ! Enfin ! À propos de morts-vivants, j'espère que vous avez apprécié à sa juste valeur, tout récemment, dans *Libération*, cette lettre de lectrice courroucée et gratinée qui, se réclamant d'un supposé « Fonds de lutte contre l'homophobie », se plaignait de la scandaleuse « idéologie hétérocentriste véhiculée » par le Loft, coupable de « prime à l'hétérosexualité » et d'« incitation à la couplitude hétérosexuelle ». On peut difficilement imaginer plus criminel. De ce courrier qui, en d'autres temps, aurait été sagement classé dans la rubrique Toc-toc et Maboul, retenons néanmoins une chose : sous l'œil vigilant des Milices égalitistes, l'incitation à l'hétérosexualité est désormais alignable sur l'incitation, par exemple, à la haine raciale. Tous ces phénomènes monstrueux au sens strict ne font que commencer, et ils n'ont pas encore produit leurs plus succulents effets, mais ça ne saurait tarder. « L'enfer se hait lui-même », disait Bernanos. Il faut ajouter que l'enfer auquel, sous les espèces spécifiques d'associations infatigables et déchaînées, on donne aujourd'hui la parole et le pouvoir, et notamment dans les tribunaux, qui sont devenus les principaux théâtres où ces intermittents de la persécution se donnent à voir, n'aura de cesse d'y précipiter tous les êtres sans exception. Car cet enfer, comme d'ailleurs tous les enfers depuis que les hommes ont découvert l'existence des enfers, est rempli de damnés qui ne supportent pas d'être seuls damnés. C'est même à cela que l'on reconnaît le damné : à ce qu'il ne peut pas tolérer de rester seul ; et à ce qu'il va s'efforcer de précipiter tout le monde dans sa damnation. Dans le langage de notre époque, qui essaie à grand-peine de transformer la tératologie quotidienne en normalité (c'est l'essentiel de son travail), cela s'appelle flatteusement un *militant*...

En réalité, c'est l'incitation à la sexualité, quelle qu'elle soit, qui sera bientôt un crime. Car bien entendu, les ébats que l'on nous montre avec des gloussements de dame patronnesse dans le Loft n'ont pas grand-chose à voir avec ce qu'on appelle le sexe. Après Baise-moi *– qui a eu la chance d'être attaqué par* *une association catho-tradi – le bruit orchestré autour de* La Vie sexuelle de Catherine M. *pourrait faire croire aux esprits simples que la liberté des corps fait scandale. Reste à savoir ce qui distingue cette liberté obligatoire de l'asservissement.*

Je ne veux pas parler de *Baise-moi*, qui appartient trop visiblement à l'art rupestre, un art rupestre d'ailleurs de très bas niveau. L'auteur du film, le film lui-même, ainsi que la tentative de censure dont il est l'objet relèvent de l'Âge des cavernes de la modernité tardive, où tous les protagonistes sont d'emblée trop comiques, à danser ensemble, à la lueur des torches fournies par les magazines d'indignation rituelle, leur menuet d'interdiction-transgression, pour que l'on ait le cœur d'interrompre ce pauvre bal où tout le monde jouit si pauvrement. Je crois d'ailleurs que le film de la malheureuse Virginie Despentes, la bien nommée (et doublement bien nommée), n'a été obtenu qu'en frottant deux silex : du point de vue esthétique, le résultat s'en ressent.

Plus significatives me semblent les aventures sexuelles de Bécassine, native de Clocher-les-Bécasses, et partie servir à Paris chez la marquise de Grand'Air, je veux dire à *Art Press*, c'est-à-dire dans les champs d'épandage de l'art moderne qui sont l'équivalent, très dégradé comme il se doit, de la vie de château d'autrefois. Avec des caméras vidéo en prime pour filmer les ébats des manants. Dont la nouvelle marquise de Grand'Air a depuis longtemps compris qu'ils ne se tiendraient enfin tranquilles que si on les laissait s'enfiler paisiblement dans le lisier du monde contemporain, et surtout croire, tout en s'enfilant, qu'il s'agit là d'une conquête historique et d'une éclatante ascension sociale. De ce calcul proprement machiavélien de la part de la nouvelle marquise de Grand'Air, Bécassine, native de Clocher-les-Bécasses, a été mandatée par le Ciel, qui ne manque pas d'humour comme d'habitude, pour rendre compte comme d'une victoire des manants en général. J'insiste sur ce point parce qu'il n'y a évidemment rien de sexuel dans cette *Vie sexuelle*, et c'est cela sans doute qui a assuré le succès de ce livre. Son auteur a eu bien raison, par la suite, de faire remarquer qu'un ouvrage qui se vend à quatre cent mille exemplaires n'est pas un livre scandaleux mais un livre *majoritaire*...

C'est une citation ? Quel aveu magnifique !

C'est une citation. Certes, en l'état présent des choses, et sous le règne de Festivus festivus, il faudrait ajouter que la majorité *est* un scandale ; mais cela dépasse sans doute l'entendement de l'auteur de cette *Vie sexuelle*, qui est d'abord et avant tout une *Vie sociale* un peu spéciale (à peine) où le désir effréné d'intégration emprunte le chemin de la partouze, comme les ambitieux empruntaient autrefois celui de l'armée ou de la prêtrise. La volonté touchante de participer, d'être dans le coup, résonne à chaque page de ce livre où la bouillabaisse égalitaire de l'orgie est décrite comme une merveille (c'est *Alice au Pays des Zones érogènes*), et le transforme en une espèce de *Bildungsroman* de la nouvelle classe moyenne, en une sorte de roman d'éducation de masse, de roman de formation des pionniers de cette nouvelle classe moyenne qui ont été convaincus, il y a trente ans, par les promoteurs du nouvel ordre, d'abattre les modes traditionnels d'existence et l'ancienne morale sexuelle, et qui s'y sont mis avec l'ardeur de braves petits soldats de la cause rébellionnaire. Ce n'est qu'un peu plus tard qu'il est apparu que ce programme de destruction des obstacles de l'ancien monde était voulu par le nouvel ordre, lequel regardait depuis déjà longtemps l'ancien monde comme le seul obstacle à son extension. Dans cette perspective, l'érotisme de caserne ou de supermarché de *La Vie sexuelle* se révèle comme une apologie pure et simple de la caserne ou du supermarché festifs qu'est devenu le monde, et dont il est partie intégrante. Rien ne doit plus y être respecté que l'irrespect ; et l'obscénité y est le seul tabou devant lequel on se prosterne. On part pour l'orgie comme on allait jadis à vêpres, et on en revient avec le même sentiment du devoir spirituel accompli.

Les calotins de l'exhibitionnisme sont tout aussi confits en dévotions que les anciens calotins, mais ils sont évidemment beaucoup plus dangereux. Car leurs patenôtres pornographiques doivent encore et toujours être décrites comme un soulèvement héroïque, une bataille à mort contre le puritanisme et la réaction, quand il ne s'agit, comme d'ailleurs dans le monde économique en général, que d'accumulation, de croissance pour la croissance, de rendement, de performance et d'efficacité. De ce point de vue, le succès de cet ouvrage s'explique très bien, tant il paraît en phase avec un univers qui n'a pour moteur que le principe de la croissance pour la croissance, comme but que de faire tourner toujours plus vite la mégamachine infernale, et comme idéal que l'élévation perpétuelle du niveau de vie (*élévation du niveau de vits* semblerait, en l'occurrence, une expression plus appropriée). Une autre raison du succès de ce livre, c'est qu'il illustre parfaitement le triomphe du principe de plaisir, où il ne s'agit jamais que de satisfaire ses besoins sans limites, comme le font les enfants avant de découvrir le principe de réalité. Il flatte cet idéal infantile de toute-puissance par la consommation qui est aussi, à mon avis, celui de la nouvelle humanité largement retombée en enfance. Il rassure aussi, et il soulage : on peut s'adonner aux travaux forcés du sexe, ce qui est moderne, en faisant l'économie du charme, qui est une tout autre paire de manches. On peut baiser en quantité industrielle sans se soucier un seul instant de plaire. Apparition du sexe *citoyen*.

Par ailleurs, chaque fois qu'un livre ou un film réussissent à faire croire que la sexualité est encore quelque chose de *dérangeant*, de *subversif* et d'*iconoclaste*, alors toute la malpensance officielle et rituelle entre en rut. Les vieux cons qui s'imaginent encore que la luxure est révolutionnaire, et qui ne sortent jamais que parfumés avec Débauche légale, se pâment d'aise. Les plus sales chevaux de retour, avec leurs genoux couronnés, leurs crinières déplumées, leurs échines creusées par la servitude, leurs harnais où finit de pendre une quelconque Légion d'honneur, se reprennent brusquement pour d'indomptables cavales aux naseaux écumants et repartent pour un tour de cirque rebelle et libertin. C'est l'extase dans l'écurie. C'est la fête dans le bénitier. Toutes les grenouilles prennent leur pied. Sur tous les matamores de la provocation érotique sans risques court le grand frisson de la persécution virtuelle. C'est ainsi que l'on vient de voir *Le Journal du Dimanche* se pâmer, *Livres Hebdo* prendre feu, *Le Monde* sauter en l'air et Pivot postillonner d'enthousiasme devant ce livre que l'on peut considérer d'abord et avant tout comme une sorte de manifeste soixante-huitiste tardif arrivant à la façon d'une divine surprise au moment où la génération qui voulait vivre sans entraves et qui a instauré l'implacable système hyperfestif (dont la quintessence est « Loft Story ») commence à être vaguement attaquée (d'ailleurs en dépit du bon sens : voir la prétendue « pédophilie » de Cohn-Bendit) et pousse des cris d'orfraie. L'Ordre du Temple libertaire appelle aux armes ! Les fidèles se pressent en foule ! La Grande-Maîtresse de l'Ordre paie de sa personne ! Elle met son cul dans la balance ! Pour tous ces gens dont le cerveau s'est gelé au milieu des années soixante-dix, et qui réchauffent pieusement ensemble le souvenir de ces années-là comme les vieux d'Esgrignon entretiennent le culte de l'Ancien Régime dans *Le Cabinet des Antiques*, un tel récit fait l'effet d'une résurrection ou d'une divine surprise (il y a aussi dans ce livre, il faut le dire, un côté parfum du *bon vieux temps* assez réussi : celui des années soixante-dix justement où, même pauvre, on habitait encore Saint-Germain-des-Prés)…

QUE SE PASSE-T-IL ?

Ne soyez pas injuste – ou ingrat. Ce bon vieux temps a aussi été celui d'une joyeuse frénésie amoureuse dont vous n'avez peut-être pas gardé que des mauvais souvenirs. Mais pourquoi l'évocation de cette aimable bacchanale est aussi glaçante ? Peut-être parce que, justement, jouir sans entraves est un oxymore...

Précisément. Mais l'oxymore aussi est devenu une commande sociale. Quant au sentiment de liberté qui régnait à l'époque, il venait surtout à mon avis de ce que cette liberté restait largement inconsciente, elle échappait encore à la vigilance quotidienne des médias. Il n'y avait pas toutes les semaines dans les magazines des dossiers sur les « nouvelles pratiques sexuelles des Français »... Du moment que les médiatiques repèrent quelque chose et en font l'« analyse », c'est qu'il n'y a déjà plus rien, selon la vieille règle freudienne que tout ce qui passe de l'inconscient au conscient s'use aussitôt et tombe en ruines... Pour en revenir à la génération de 68, ma génération en effet, ce qui m'intéresse c'est qu'au moment où on tente d'entamer son procès, la voilà brusquement sauvée, lavée, innocentée par le témoignage d'une sorte de vierge folle, d'une « innocente » qui se dresse soudain, nue et enfoutrée, et tétanise tout le monde. Elle s'exhibe. Et ce qu'elle exhibe, c'est bien cet individu flexible, souple, élastique, libertaire, sans tabous, sans interdits, sans mémoire, innocent, parfaitement intégré de par son émancipation même, et absolument consentant à la voix du temps, que j'appelle Festivus festivus (Festiva festiva, en l'occurrence, serait plus juste). La course au profit, dans la vie de ce personnage, est doublée par la course aux orgies ; et, à l'« immense accumulation de marchandises » dont parlait Marx, s'ajoute l'accumulation des coïts ; mais il s'agit toujours de course et d'accumulation, c'est-à-dire de challenge, c'est-à-dire encore une fois de croissance, c'est-à-dire de nihilisme festif et d'érection fébrile du principe de plaisir contre la Loi et le réel, donc d'infantilisme gavé de sa toute-puissance postiche.

Catherine Millet, c'est *La Vaillante Petite Tailleuse* dressée sur les barricades, face à la Réaction, et entraînant les vieilles troupes rhumatisantes de Mai au cri de : « Françaises, si vous suciez ! » Ce qui n'est d'ailleurs pas un souhait ni un soupir, mais un ordre. Car le descriptif, dans son livre, est négligeable par rapport à tout le prescriptif, à tout l'évangile, à tout le catéchisme, à toutes les leçons de néo-morale aigre qui s'en dégagent, et cette aigreur néo-moraliste s'est immédiatement déversée de façon encore plus manifeste dans les intervious qui ont découlé du succès de ce livre. Vous avez raison de parler d'asservissement. Mais l'esclavage que l'on s'inflige pour aller chaque soir à l'orgie comme on va au bureau le matin est une chose, et après tout elle ne regarde que celui et celle qui s'y astreignent. Autre chose est d'exiger des autres qu'ils adoptent le même comportement, et d'user d'un chantage spécifique qui peut se résumer de la manière suivante : *si vous me blâmez si peu que ce soit, vous êtes réactionnaire, vous êtes puritain, vous êtes mort !* Toutes les libertés prescrites par Catherine Millet sont des asservissements à hurler d'épouvante, et ce qu'elle ne cesse en somme de répéter depuis qu'elle a publié son livre, c'est que maintenant qu'elle s'est exhibée tout le monde doit le faire[1]. On est là en pleine paranoïa classique (mon exemple doit faire loi) ; ou dans la logique (renversée) des martyrs dont la mort édifiante fait lever les vocations. Tout cela est évidemment grotesque. L'exhibition de Catherine Millet n'a rien d'héroïque ;

---

1. Que l'exhibitionnisme soit une forme de tyrannie, et une dictature de l'indiscrétion, on en trouve l'aveu dans *Le Nouvel Observateur* à la faveur d'un entretien mettant face à face Christine Angot et Catherine Millet. Laquelle se vante ainsi : quand j'écris *La Vie sexuelle*, « je me dis que si je crache le morceau les autres suivront. (...) Si on s'expose, c'est aussi pour obliger les autres à s'exposer ». Il est plus que légitime de demander en quoi s'« exposer » est *bien* ; et pourquoi il faudrait suivre ce diktat. Mais d'ores et déjà on peut observer cette règle, qui vaut dans bien d'autres domaines et fonde en somme l'autoritarisme contemporain : il ne suffit pas aux comportements intimes de se développer en toute liberté dans la sphère privée ; encore faut-il que cette intimité s'impose dans la sphère publique et y fasse loi (*juin 2003*).

elle ne représente, comme toutes les exhibitions, que la traduction individuelle du commandement plus général de la Transparence, qui est la pornographie actuelle de la morale, comme la pornographie est la morale du monde post-historique. C'est en toute occasion et dans tous les domaines que ce temps nous répète que nous pouvons, que nous *devons* avoir désormais le beurre et l'argent du beurre et le cul de la crémière (ou du crémier), et qu'il n'y a plus aucune raison pour que nous renoncions à rien. Le renoncement lui-même, sur lequel reposait l'humanisation (renoncement de l'enfant à son désir de la mère ou du père), est en passe de devenir hors-la-loi (il est limpide que l'interdit de l'inceste aussi est en passe d'être levé). C'est en ce sens, une fois encore, que cette *Vie sexuelle* est « majoritaire », c'est-à-dire atroce, c'est-à-dire parfaitement adaptée à ce que veut, et même exige, le nouveau monde. Il existe désormais un *marché mondial de la nudité*, et toute limite à l'expansion de ce marché devient logiquement, comme dans les autres domaines du marché mondial, un obstacle à renverser. Ce marché mondial de la nudité est bien entendu ennemi de l'érotisme, où la nudité des corps n'est belle que parce qu'elle ouvre à leur valeur d'usage. Ceux-ci, dans le nouveau monde millétien anérotique, doivent être soumis à l'échange, comme tous les autres éléments de la production, et ils doivent même être réduits à celui-ci. De nouvelles lois répressives sans cesse plus affinées, et fulminées dans diverses officines de pression en tête desquelles on trouve bien entendu les sectes féministes et homosexuelles, travaillent en ce domaine à l'élimination de la valeur d'usage, c'est-à-dire à la suppression du sexe, des sexes, des rapports entre les sexes, et leur ouvrage n'est qu'en apparence ennemi du commandement de l'exhibitionnisme généralisé. Il serait aussi naïf de croire que le nu, de nos jours universellement répandu, a le moindre rapport avec l'ancienne vie sexuelle, que dangereux d'imaginer que l'on pourrait mettre la main aux fesses d'une de ces innombrables filles qui s'arrangent aujourd'hui, dans les rues, pour que l'on voie leur string par-dessus la ceinture de leur jean. Dans les deux cas, il ne s'agit que de la résorption ou de la réduction des individus à leur valeur d'échange, laquelle n'a plus rien à voir avec le sexe *effectif*. Cette *Vie sexuelle* arrive à point, quand le sexe n'est plus qu'un équivalent abstrait, à la manière de l'argent, et plus que l'argent car il n'est même plus la représentation d'aucune équivalence et il ne conduit plus à aucun usage. Pour résumer, je dirai que l'affichage de la sexualité est bien entendu une conspiration contre la sexualité des individus en tant que région essentielle de leur vie intérieure. Pour résumer encore, je dirai que tout le monde est érotique, sauf Catherine Millet. Et cela me semble évident.

Et ceux qui se ruent sur son livre ? Vous savez que ce manuel de la galipette cachée-montrée s'arrache. Après tout, on ne saurait s'étonner que les lois du marché soient parfaitement vérifiées, s'agissant d'un livre qui énonce le programme d'industrialisation du sexe. Plus elle s'offre, plus le public en redemande...

À défaut d'avoir de l'intérêt par son contenu, son livre devenu phénomène constitue une information (parmi bien d'autres) sur la marche irrésistible du nouveau monde, et la chose la plus significative c'est encore que ce nouveau monde justement n'y est pas. Sans doute, d'ailleurs, ne lui a-t-on fait un tel succès qu'à cause de cela (et sans doute aussi n'est-ce pas un hasard s'il est écrit dans un pseudo style « nouveau roman » qui fait que les actes sexuels racontés y réussissent cette prouesse d'*aller plus lentement que dans la vie*). On y est loin, très loin du réel concret contemporain. On y est loin, très loin de *maintenant*. On y est loin, très loin de la très étrange vie d'aujourd'hui, même et surtout bien sûr en ce qui concerne le sexe. Qu'a donc à nous dire des « tournantes », par exemple, cette *Vie sexuelle* ? Qu'a-t-elle donc à nous raconter à propos de ces placards à balais, de ces terrains vagues, de ces toilettes d'école ou de ces squats des Hauts-de-Seine ou de l'Essonne où la valeur d'usage du sexe est reconquise, certes, mais sous des formes tératologiques, c'est-à-dire post-historiques ? Voulez-vous que je vous parle du concret de *maintenant* ? Que je vous parle, par exemple, de cette dénommée Claire, de Bobigny, qui, à la suite d'une « embrouille » obscure, s'est retrouvée coincée par plusieurs garçons dans une cave : battue, nez et côtes cassés, elle a été offerte pendant des heures à tous ceux qui passaient. Son supplice a rapidement viré à l'attraction foraine : « Tout le monde dans la cité savait ce qui se déroulait, confie un des participants. On descendait, on buvait, on encourageait les violeurs, on applaudissait les plus performants, on écoutait de la musique, on appelait des copains avec nos portables, on participait à l'action. » Une autre fille, également dans l'Essonne, a passé des heures dans un local à poubelles à se faire violer : « La nuit commençait à tomber, raconte à ce sujet l'un des participants de la fiesta. J'étais chez ma copine quand un pote est venu me chercher, me disant que Kader était dans le local à poubelles en train de piner une gonzesse. Il m'a demandé si je voulais venir. La fille était couchée sur le dos, Kader sur elle, en train de la piner. Cette fille je la connais comme ça, elle criait qu'elle ne voulait pas. » Et Kader lui-même complète : « Quand je suis arrivé, Kouadio était allongé sur elle. Puis je l'ai pénétrée par l'anus et je l'ai retournée pour la pénétrer dans le vagin. Après, avec Lamine, on a fait "la doublette", un devant, l'autre derrière. À un moment, Kouadio a allumé son briquet, on a vu qu'elle saignait. On s'est dit qu'on l'avait "déviergée". »

La vie sexuelle, la vraie, comme le reste, n'est plus que ruines.

Sauf dans *La Vie sexuelle*. D'où sans doute le charme et le succès de ces *souvenirs pieux*.

À vous entendre, on n'a plus le choix qu'entre le local à poubelles et la tête de gondole, l'abominable tournante subie par Claire et la tournante cathodique de Catherine M. Je crains de poser souvent cette question puisque vous faites avancer vos lecteurs sur un fil tendu entre désespoir et dérision : mais que faire ?

Je ne suis pas un marchand d'espérance ni de mensonges. Et je déteste les positiveurs, que je trouve bien plus désespérants que moi. Je ne m'appelle pas Onfray-Sponville, ni Comte-Spongieux, ni Maffesoli-Spontex. On me reproche souvent d'être « négatif », mais ce qui pourrait m'affliger, moi, ce sont les camelots de l'espoir qui écrivent que tout va bien dans leur style d'enterrement. La face en celluloïd d'un Alain Duhamel, par exemple, et les propos optimistes qui en sortent, seraient propres à donner l'immédiate envie de se trancher les veines, si on n'y opposait justement une espérance d'airain. C'est ce monde qui est désespérant, pas moi, et ce qui est encore plus désespérant c'est de nier qu'il le soit. Tout, absolument tout est foutu, et d'innombrables salauds s'engraissent en racontant que l'aurore point. Que faire, me demandez-vous ? Si je ne peux pas répondre pour les autres, je peux dire ce que, moi, je fais. Quand un monde humain s'approche du précipice au-delà duquel plus rien ne va avoir de sens ni de contours, le seul moyen de le faire connaître, d'en faire ressortir le ridicule infernal et d'en inspirer le dégoût est de le mettre entre guillemets. C'est en somme ce que j'ai entrepris dans les deux volumes d'*Après l'Histoire*, et c'est ce que je voudrais que nous continuions ici de manière encore plus accentuée. J'ai toujours espéré, en lisant les livres des autres, que ceux-ci ne me diraient pas ce qu'ils avaient déjà lu dans les journaux, et qui est systématiquement grotesque ou monstrueux, ou les deux ; mais ils ne disent presque toujours que cela, et ils ne s'en rendent même pas compte. Quant à moi, j'ai déjà écrit dans pas mal de mes livres ce qu'ils n'avaient même pas su lire dans les journaux qu'ils lisaient. C'est à ce moment-là que la citation, outre qu'elle devient comique, revêt toute l'efficacité de l'analyse la plus pointue. En recopiant ce qui a été écrit, on montre que celui qui a écrit ne savait pas ce qu'il écrivait, et que celui qui a lu ce qui était écrit n'a rien lu du tout. Mais ce n'est encore là, bien sûr, que le début de la remise en cause radicale des conditions actuelles d'existence et de ce qui en est dit partout...

En bon monsieur Jourdain, Festivus festivus ne sait pas qu'il s'adonne à la festivisation, soit. Mais, en ce cas, est-il si utile de faire ce que vous faites quotidiennement : lire la presse, regarder la télévision, comme on livre un combat ? Si les écriveurs ne se rendent pas compte de ce qu'ils écrivent, si les lecteurs ne comprennent pas ce qu'ils lisent, aurez vous plus de chances d'être entendu ? compris ?

Tout autant que quiconque, et dans les domaines les plus variés, a entrepris à travers les siècles de rendre non naturel ce qui jusquelà passait pour le comble du naturel ; et, après tout, n'est-ce pas là un des buts éternels de la littérature ? Si vous voulez bien, revenons encore une fois en arrière dans le temps. Voilà un bref exemple tiré de *Libération*, dans un reportage sur ce qui s'est déroulé place de l'Hôtel-de-Ville le soir de l'élection de Delanoë, ce parfait artiste de proximité : « Dans la foule, un journaliste de radio essaie de tendre son micro à un garçon ivre de joie : "C'est merveilleux, on a enfin un maire sympa dans une ville sympa. Et ça va rendre les gens sympas." L'homme au micro ose une question : "Vous pensez pas que ça fait pas un peu Île aux enfants, votre analyse ?" »

Il n'était pas si sot, ce journaliste !

Mais non, pourquoi le serait-il ? Je continue la saynète : « Le garçon lui tend une bouteille de champagne et hurle à l'adresse des lumières du premier étage, les seules allumées : "Bertrand, on t'aime !" » Autre fragment sur le même sujet, mais tiré du *Monde* : « Éclats de joie, effervescence et danses spontanées sur les morceaux d'Édith Piaf et sur ceux, plus sensuels, des échassiers parisiens de la troupe Big Barouf. Ambiance de fête version éclectisme culturel. Les corps se déhanchent sur la musique latino de l'Argentin Antonio Rivas, Caso do Brasil, Calypso, les Sud-Africains de Mahotella Queen's. » Etc.

On pourrait aussi bien être dans la bonbonnière de verre de « Loft Story » que sur la place de l'Hôtel-de-Ville, non ? Quelques semaines plus tard, déclaration dans *Le Journal du Dimanche* d'un nommé Christophe Girard, nouveau responsable de la Culture à Paris : « Je me suis donné pour objectif, annonce ce redoutable personnage, de redonner un caractère festif à la capitale. » Quelques semaines plus tard encore, à l'occasion du vingtième anniversaire de l'élection de Mitterrand, gros titre du *Monde* : « Quand la culture voulait être une fête ». On évoque dans cet article les débuts du premier septennat, on nous dit qu'en ce temps-là les nouveaux « spectacles s'installent dans un climat de connivence et de gaieté », qu'ils inventent « des formes nouvelles qui cassent le récit classique, favorisent l'écriture collective, mélangent les genres », et qu'alors « la fête est le maître-mot ». On nous laisse entendre aussi que cette belle entreprise n'a pas été une complète réussite, et on conclut mélancoliquement qu'au bout de quelques mois « la fête est finie » (elle ne faisait en réalité que commencer). Vous voyez, il suffit de citer textuellement pour caricaturer. Dans de telles circonstances, la citation est déjà par elle-même une exagération, une augmentation analytique, et il n'est presque plus besoin, dès lors, de la commenter. De même, j'aimerais reproduire *in extenso* cette annonce d'« heureux événement » parue quelques semaines après l'élection de Delanoë (dont on nous a dit aussi, de manière si touchante, que ses parents, lorsqu'il était petit garçon à

Bizerte, l'appelaient *Mickey* : quel dommage qu'il n'ait pas joué dans « Loft Story », celui-là), pour tout le poids d'angélisme vaudevillesque moderniste et de natalisme rénové, tératologique, qu'elle contient à l'état quasi pur :

Charlotte & Véronique,
amantes depuis huit ans,
et Philippe & Bruno,
pacsés de l'année,
amoureux de cinq ans,
ont l'immense plaisir d'annoncer
la naissance de leur fils
Bertrand
petit Parisien de l'alternance,
hommage de 3,5 kilos de vitalité
gourmande à toutes les amours
et à notre nouveau maire de Paris.
Les papas et les mamans
sont béats de babillages
et fous de joie.

Certes, et les psychanalystes qui devront se pencher sur un enfant chargé d'une telle hérédité le sont aussi. Mais encore une fois, tout cela concerne quelques illuminés de la modernité que vous avez un jour qualifiés d'Avancistes du Septième Jour. Vous ne pouvez pas observer le monde à travers ces seules néo-élites bougistes !

Ils ne constituent évidemment pas des élites au sens classique du terme, ils en sont même le désastreux contraire ; mais leur puissance de contamination est immense, et cette puissance vient de l'*innocence* qui les habite. Tous ces gens sont *au ciel*, dans le nouveau ciel, là où règne le nouvel ordre (très en verve dans l'un de ses derniers meetings de campagne, Delanoë s'est tourné vers le chef de file des Verts, Yves Contassot, et l'a ainsi apostrophé de manière bonhomme : « Comme je le disais à Yves l'autre soir, il faut s'y faire, nous sommes les candidats de l'ordre ! »), et c'est contre ce nouvel ordre céleste que j'ai bien l'intention de continuer à tirer à boulets cramoisis. Certaines sectes gnostiques, au début de notre ère, divisaient l'humanité en trois catégories : les « hyliques », les « psychiques » et les « pneumatiques ». Les « psychiques » ont certes une âme, mais les « pneumatiques », eux, tout en haut de l'échelle, sont purement et simplement spiritualisés. Quant aux « hyliques », tout en bas, ce sont des êtres de boue, des animalités irrécupérables. On dirait aujourd'hui : des ploucs, des ringards, les culs-terreux, la France d'en bas. Des gens qui n'ont même pas encore entendu parler de l'urgence de se mobiliser pour les marchés bio. C'est bien sûr avec les « pneumatiques » qu'on va maintenant s'amuser. Ils sont aujourd'hui dans le loft de « Loft Story », ils étaient hier sur la place de l'Hôtel-de-Ville, ils sont à présent à la Mairie de Paris. Ils racontent leur vie sexuelle avant qu'on le leur ait demandé. Ce sont eux qui vivent sur roulettes, qui applaudissent aux *irruptions festives et dérangeantes* susceptibles de moderniser les centres villes, de *transformer la société française par le paritarisme*, d'en finir avec l'*androcentrisme* et avec les derniers vestiges de la *suprématie patriarcale*. Ces êtres aériens (qu'ils croient), ces gros ballons gonflés de tout l'hélium de leur suffisance, de leur nouvelle innocence et de l'illusion d'avoir atteint un stade zéphyréen, ces destructeurs acharnés de tout ce qui subsistait de vivable dans le monde, c'est un plaisir de les *crever*. Il se trouve justement que la perspicacité populaire, quelques jours après l'élection de leur idole à la Mairie de Paris, a accusé ces « pneumatiques » de centre-ville d'essayer de noyer la baie de Somme pour conserver à Paris le lamentable espoir de devenir « ville olympique ». Ce qui m'intéresse, dans cette affaire de la « rumeur d'Abbeville », c'est qu'elle a été lancée contre les prétendus « pneumatiques » par des gens qui n'avaient même pas les pieds sur terre, c'était pire, ils les avaient dans la boue justement, par des sinistrés, par des boueux, par des « hyliques ». Sous Louis XV, dans je ne sais plus quelle région, après la disparition inexpliquée de plusieurs enfants, la rumeur avait couru qu'ils avaient été enlevés sur ordre du roi, dont on disait que pour se soigner il se baignait dans le sang des nouveaux-nés. Eh bien voilà : le « bobo », le delanoë, ce nouveau roitelet à dégaine de Pokémon, est suspect de conspiration diluvienne. Certes, il n'y a rien de vrai dans tout cela, pas davantage que dans l'autre rumeur, quelques semaines plus tôt, concernant la pédophilie des soixante-huitistes, ces grands frères (ou ces parents-gâteau) des « bobos ». Il n'empêche que ces insanités méritent d'être soumises à une analyse minutieuse. Elles constituent le revers sauvage des exactions partout vantées des dominants. Elles sont un début de soulèvement contre Festivus festivus. Il y en aura d'autres, et de toutes sortes...

Vous voyez bien : la révolte gronde. Peut-être la colère des ringards, la revanche des beaufs va-t-elle jeter à bas tout ce fatras festif ? Comme vous le recommandiez récemment aux habitants de la Somme, jetons les bobos avec l'eau du bain !

C'est ce qui pourrait arriver de mieux, mais je ne suis pas sûr que ce soit pour demain. Encore une fois, la course de vitesse est engagée entre les derniers vestiges de la vie vivable et la transformation du monde par Festivus festivus, le nouvel habitant légitime des centres-villes qu'il a détruits à son image et ressemblance. Un Américain, Bruce Benderson, a parfaitement analysé, dans *Pour un nouvel art dégénéré*, la manière dont les nouveaux individus de la catégorie Festivus festivus anéantissent ce qu'ils aiment ou croient aimer : dans un premier temps, dit-il, c'est parce qu'ils sont attirés par la misère qui règne dans un quartier, et par « le haut voltage de la sensation d'énergie chaotique et bruyante dégagée par la rue », qu'ils s'y installent. Mais dès qu'ils y sont enracinés, poursuit-il, ils opèrent « un renversement d'alliances » : « Ils transforment le terrain en fonction de leurs propres changements de situation, instituant des associations de quartiers, de copropriétaires, des groupes d'auxiliaires de la police chargés de veiller à la sécurité des résidents et des crèches privées pour combattre l'instabilité sociale qui les avait attirés au départ. » Le soir des dernières élections municipales, à Paris, on les a appelés « électeurs de gauche » ; mais, à les regarder, on voyait bien qu'ils relevaient d'une idéologie beaucoup plus affriolante : celle du patin en ligne. On peut l'appeler aussi idéologie de la *complète satisfaction vis-à-vis du néo-réel donné*. Complète satisfaction parce que le néo-réel donné (ou la nouvelle réalité extérieure) a été modifié, régénéré, stérilisé et purifié à l'image de ces centres-villes précisément où presque rien ne se retrouve plus du réel, toujours plus ou moins dépressif, d'*avant*. Par leur apparence même, ces centres-villes, pourrait-on dire, ignorent la castration et tout ce qui s'ensuit comme conséquences négatives donc captivantes. Ils ignorent, de façon encore plus générale, la différence et l'altérité. Par définition, ils ignorent la contradiction qu'il y a entre Dieu et l'homme, entre l'homme et la femme, entre le beau et le laid, entre le Bien et le Mal. Ils ignorent, pour résumer, la civilisation et l'humanité issues des religions révélées et d'abord de la Bible.

Voilà à quoi un écrivain d'aujourd'hui a affaire : à des lieux et à des personnes qui ignorent la castration et la Bible. C'est cette ignorance extraordinaire, et sans précédent dans l'histoire humaine, qui produit ces faces hilares, ces regards inhabités, ces cerveaux en forme de trous noirs, ces propos dévastés d'où tout soupçon de pensée critique s'est en allé, cette flexibilité à toute épreuve, et cette odieuse *nouvelle innocence* qui les entoure comme une aura. L'absence, dans l'humain actuel, de la pensée critique, est le sujet essentiel du nouvel art critique. Karl Kraus, en 1930, écrivait : « Cela peut être le signe de la mort d'une culture, que le ridicule ne tue plus, mais agisse comme un élixir de vie. » Le ridicule, aujourd'hui, agit comme une drogue, comme un stupéfiant, comme une potion magique. Festivus festivus se bourre de ridicule à la façon dont on se bourre d'amphétamines. Festivus festivus a ceci de particulier qu'il ne fait plus aucun, mais vraiment aucun compromis avec le réel. Son sentiment de toute-puissance infantile l'en dispense. Et quand je parle de la retombée en enfance de l'humanité, ce n'est nullement la fraîcheur ou la naïveté supposées de l'enfant que j'ai en vue, mais bien cette infernale illusion infantile de toute-puissance.

D'où l'envie du pénal, que vous avez déjà diagnostiquée chez Homo Festivus. Cette foule libérée et libératrice réclamant sans cesse le châtiment de ceux qui ne lui ressemblent pas est l'une des plus savoureuses images de l'époque.

Oui. Festivus festivus peut en même temps vouloir la liberté intégrale et exiger sans cesse de nouvelles lois répressives et de nouveaux carnavals de la repentance. Festivus festivus est un rebelle d'accompagnement, comme il y a l'après-midi des émissions d'accompagnement pour les malades, les femmes au foyer, les vieux, qui a avec lui la force de l'Inéluctable (la mondialisation, l'Europe, le clonage, Internet, le mariage homosexuel, etc.) mais qui ne rêve que de procès et de restrictions de la liberté d'expression pour tout ce qui lui déplaît (sexisme, homophobie, xénophobie, etc.). Et quand, par hasard, il se trouve lui-même accusé (de pédophilie ou d'inondations scélérates), il pousse des cris de putois, oubliant qu'une grande partie de sa vie a été consacrée à jouir de mettre presque tout en accusation au nom de l'« esprit libertaire » des trente dernières années. Mais cela nous entraînerait trop loin, et nous réserverons l'exploration de ce sombre phénomène à un prochain entretien. Ce sera l'occasion de visiter ce que j'appelle le Département fusion-inquisition, et de traiter de la maladie spécifique de la génération de 1968 : la fièvre cafteuse. Cet entretien, nous pourrions d'ores et déjà lui donner un titre. Par exemple : *Nous l'avons tant aimée, la dénonciation.*

Juin 2001

II

CES BOURREAUX BARBOUILLEURS DE LOIS[1]

Premiers aperçus du Département fusion-inquisition — Du comique de doléance — De la délation de précaution — Pour une théorie de l'accumulation illimitée du capital plaintif — Où l'homme pénal pointe son nez — Prolégomènes à la haine

---

1. Lors de sa première publication dans la revue *Immédiatement*, en octobre 2001, cette conversation était précédée de l'avertissement qui suit : « Cet entretien a été réalisé à la fin du mois d'août 2001. Quelques jours plus tard, à peine remis de ses diverses prédations touristiques, Festivus festivus était confronté à l'horreur sans nom du mardi 11 septembre. Quoique l'événement soit gigantesque (et aussi parce qu'il l'est), il a été décidé de ne rien modifier de ce qui va suivre. Dans de telles affaires (et celle-là est sans précédent, car jamais encore, et de partout, on n'avait vu en direct s'effondrer le cœur symbolique d'un monde sans cœur), tout ce qui a eu lieu avant paraît dans l'instant dérisoire. Il semble néanmoins permis de penser que la connaissance précise et concrète du monde humain qui vient d'être ainsi attaqué vaut mieux que toutes les clameurs compassionnelles, et conduit aussi à la connaissance de ceux qui veulent si sauvagement sa perte. Il faut également noter ce fait que, dès les premières heures de la catastrophe, les chroniqueurs les plus autorisés annoncèrent que la puissance actuellement dominante et actuellement meurtrie ne devait plus subir la moindre critique, sous peine de voir cette critique suspectée de collusion avec l'ennemi islamique du genre humain. En tout cela, Festivus festivus, même s'il prépare la guerre, montre aussi sa ferme volonté de poursuivre sa course aux abîmes sans y rien comprendre. À cette course, du moins, il semble raisonnable de préférer l'exercice de la lucidité. Nous reviendrons bien entendu sur ces sujets dans de prochaines conversations. Mais on pourra d'ores et déjà, connaissant le nom de code donné par les Américains à l'opération de riposte qu'ils préparent, *Infinite Justice*, "Justice sans limites", se souvenir de ce qui est dit ici de l'Empire de la justice, qui désormais se développe à la même cadence que l'Empire marchand. »

raisonnée du rolleriste — L'élitocrate et le plouc émissaire — L'onirique c'est le réel — De ce qu'il advient des individus dans le nouveau monde confuso-onirique et des conséquences de leur métamorphose sur la littérature — Peut-on transiger avec le monde contemporain ?

Festivus festivus s'en va-t-en paix dans le monde. L'envie du pénal est de plus en plus internationale, voire universelle. Le Tribunal pénal international a récemment conclu le jugement d'un général serbe de Bosnie par cette phrase inénarrable : « En juillet 1995, général Krstic, vous avez adhéré au mal. » Mais ce n'est pas tout. Désormais, toute personne ayant exercé le pouvoir, donc susceptible d'avoir du sang sur les mains, risque de se retrouver devant les tribunaux : après Pinochet, ce sont donc Sharon et Kissinger... Mais les pénalophiles ne s'en tiennent pas là, comme en témoigne la croisade des juges en France contre Chirac. Cela dit, faut-il manifester face à ces demandes de réparation des injustices une hostilité sans partage ? Sans approuver les excès de ce judiciarisme, que les puissants soient soumis à la loi n'est-il pas la condition même de la démocratie ? Mais parfois, on se demande si vous êtes vraiment un démocrate, Philippe Muray ! ! !

L'illusion que subsisterait encore quoi que ce soit que l'on pourrait qualifier de démocratique est entretenue par ceux qui mènent une guerre de chaque instant pour imposer l'identification de leurs vastes saccages avec le Bien en soi, et installer dans tous les esprits l'idée que ces saccages sont d'utilité publique. Franchement, je ne vois aucune raison de considérer les prétoires en folie de maintenant comme le comble de la démocratie. Sans compter que la plupart des juges immaculés doivent le démarrage de leurs enquêtes à des avalanches de lettres de délation, et que nous sommes la première civilisation, depuis la fin du nazisme et du stalinisme, où délater est à nouveau une vertu. Vous la voyez où, la démocratie, dans ces lâchers de corbeaux ? Ce n'est pas moi qui ne suis pas démocrate, c'est la démocratie elle-même, telle qu'elle se transforme, cette espèce de régime terminal où nul n'est plus en mesure d'opposer les uns aux autres des programmes politiques capables de peser sur l'avenir. Ce n'est certainement pas la démocratie qui coule dans les veines de la société qui se met en place. Bien des choses, en revanche, coulent dans les veines de cette société, et notamment un sentimentalisme et un judiciarisme sans frontières, rendus littéralement enragés par la disparition du pouvoir des exécutifs nationaux dont la désertion leur laisse le champ libre. Ce sentimentalisme et ce judiciarisme aboutissent à une carnavalisation du pénal sans précédent. Lorsque les Belges adoptent la notion juridique mégalomane de « compétence universelle », qui stipule que leurs tribunaux sont compétents dès lors qu'il s'agit de génocides, de crimes de guerre et de crimes contre l'humanité, quelle que soit la nationalité de la victime ou de l'auteur, et quels que soient le lieu et l'époque, dans l'instant on voit tous les agités du porte-plaintes se bousculer au portillon et réclamer que l'on poursuive divers potentats plus ou moins sanglants : Saddam Hussein pour la répression des Kurdes, Ariel Sharon pour les massacres de Sabra et Chatila, Hissène Habré, les dirigeants khmers rouges, un général guatémaltèque, l'ex-chef d'État iranien Rafsandjani, le chef de l'État ivoirien Laurent Gbagbo, son prédécesseur le général Gueï, les actuels ministres ivoiriens de l'Intérieur et de la Défense Émile Boga Doudou et Moïse Lida Kouassi, etc. Même s'il s'agit d'un sujet tragique, la simple énumération, le rassemblement de ces noms hétéroclites, joints à la vision des tribunaux belges débordés, à celle des juges belges surmenés mais aussi avides de coller à l'esprit du temps, et à l'idée de toutes ces plaintes qui pleuvent sur l'accueillante Belgique dans une atmosphère de *challenge* enthousiaste et affolent les esprits les mieux disposés à la pénalophilie, toutes ces évocations sont susceptibles de provoquer, au moins, un certain fou rire dont je reconnais à ma grande honte qu'il n'est pas essentiellement démocrate[1].

Vous parlez des « excès du judiciarisme », mais ce ne sont pas des excès, ce sont des extases. Il y a longtemps que les démocraties ne savent plus repousser les rafales de demandes de droits particuliers et de protections catégorielles qui se soldent par des répressions et des persécutions. Elles ne savent plus se protéger contre l'assaut des plaintes. Il y a une exaltation d'ordre érotique perceptible dans ces phénomènes, et c'est pour cela que je parle de porte-plaintes comme on parle de porte-jarretelles ; à cette différence près, d'ailleurs avantageuse, que le porte-plaintes peut, lui, être arboré par les deux sexes, ce qui s'accorde très bien avec l'effacement prochain des sexes et des *genres* dont tous les harkis du monde tel qu'il va se gargarisent. D'une manière plus générale, ce que vous me proposez de visiter, par votre question, c'est ce que j'appelle désormais le Département fusion-inquisition...

Calembour gratuit...

Pas le moins du monde. C'est même là tout à fait le contraire de la gratuité en matière de jeux de mots. J'aime beaucoup les calembours, mais à force de lire ceux de *Libération* ou du *Nouvel Observateur*, je commence à les prendre en grippe. Il me reste néanmoins une certaine affection envers eux et je vais me servir

---

1. À quelque temps de là, cependant, submergée de nouvelles plaintes de plus en plus colorées, notamment pour crimes de guerre en Irak et en Afghanistan, contre Bush, Tony Blair, Colin Powell, Donald Rumsfeld, Paul Wolfowitz, Condoleezza Rice, etc., la Belgique renonçait à son rêve d'être la justicière de la planète, et ainsi se terminait cette première expérience de mondialisation de l'esprit de vengeance. Il est vrai qu'entre-temps, et au nom de cette même loi de compétence universelle, le ministre belge des Affaires étrangères s'était retrouvé accusé par un parti séparatiste flamand de violation des droits de l'homme pour avoir autorisé la vente de mitrailleuses au gouvernement népalais en proie à une insurrection maoïste (*mai 2003*).

encore d'une pensée de Karl Kraus pour en donner la raison : « Le jeu de mots, méprisable comme fin en soi, peut être le moyen le plus noble d'une intention artistique dans la mesure où il sert à l'abrégé d'une vue spirituelle. Il peut être une épigramme socio-critique. » Voilà. Si, dans *Libération* ou dans *Le Nouvel Observateur*, le jeu de mots est toujours méprisable, c'est qu'il est une fin en soi. Inversement, quand je parle du Département fusion-inquisition, il s'agit à la fois d'une épigramme socio-critique et de l'abrégé d'une vue spirituelle. Pourquoi fusion et inquisition ? Même si la disparition de la différence sexuelle n'est encore que l'horizon indépassable sournoisement peloté par les gens de *Technikart* ou des *Inrockuptibles*, ce qui ne rassemble que quelques Pokémons hystériques, cet horizon désigne une envie furieuse et confuse dirigée vers un idéal de nouvelle innocence intégrale débarrassée des derniers restes de la loi transcendante et libérée de l'interdit majeur de l'humanité (l'inceste). En tant qu'innocents intégraux, ceux qui se croient déjà arrivés dans ce « paradis » de la fusion des sexes, ou qui s'en imaginent sur le seuil, deviennent immédiatement aussi les plus sinistres des inquisiteurs et les plus noirs des criminels légaux, puisque tout, autour d'eux, demeure encore suspect, plus ou moins hiérarchisé, furtivement ambivalent, imprévisible, et surtout encore vaguement *sexué*, donc séparé, et cela presque à l'infini, et que cette situation leur semble réclamer d'urgence des interventions punitives.

Certes, mais pour l'instant, c'est d'expéditions judiciaires menées contre les puissants qu'il s'agit. Je vous parle justice sans frontières, vous me répondez différence des sexes : ne seriez-vous pas un peu obsessionnel ?

Non, et vous allez voir pourquoi j'insiste sur la disparition de la frontière sexuelle ; et vous allez saisir aussi combien est pertinent mon rapprochement de la « fusion » et de l'« inquisition ». Les différences de sexe commencent à avoir aussi mauvaise presse que les frontières nationales. La *queerisation* tant souhaitée de la société, autrement dit l'éradication des « catégories sexuelles », si elle se réalise jusqu'au bout, sera aussi un grand moment de criminalisation générale et de nettoyage des derniers résidus du vieux monde. Un grand épisode d'épuration. Ni homme ni femme nulle part, mais des Vigilants et des Dénonçants partout. Plus de sexes mais du sexe. Du sexe partout parce que plus de sexes. Un seul pour tout le monde. Et *dura lex* en prime. Pour tout le monde aussi. À l'ancien régime de l'hétérocentisme succédera la nouvelle ère du criminocentrisme implacable puisque adossé à une irréalité militante. Les sexes, et même les « genres », qu'il faudra bien effacer aussi, c'était la réalité ; et on en revient toujours à ce que disait Nietzsche : c'est quand la vie devient irréelle dans son ensemble qu'elle devient réactive en particulier. Nous approchons de cette vie réactive, de ce nihilisme réactif qui sera un moment de grande terreur, dominé par les fidèles de l'Église de la nouvelle innocence imaginiste sur la *tabula rasa* des ci-devant sexes. À tous les niveaux, celui des individus comme celui de la planète, la plainte est devenue un divertissement, et sans doute bien supérieur à ceux que peuvent procurer les crucifiants « loisirs ». Le pénal envahit l'espace social et se confond avec lui. Le pénal, c'est le social. Festivus festivus porte plainte pour stress, tension nerveuse et avanies diverses aussi naturellement qu'il porte plainte pour génocide ou, s'il est lycéen, contre la décision du conseil de discipline de son lycée. Festivus festivus se plaint de tout avec allégresse, des réunions de ministres programmées après dix-sept heures (ce qui empêche de récupérer les gosses à la crèche) comme du « harcèlement moral ». Festivus festivus n'est pas seulement un réduit du temps de travail, c'est aussi un augmenté du temps de récrimination (cette augmentation est d'ailleurs l'éclatante et immédiate conséquence de la susdite réduction). Festivus festivus est un mouchard heureux. Pour lui, comme le disent les effrayants sectateurs de Mix-Cité, « le privé est politique » : abjecte proposition qui a pour but de dépouiller de toute protection la vie privée et pour conséquence de permettre à Festivus festivus de mettre son nez partout et de tout dénoncer. Mais ce flicage universel, loin d'être défini comme tel, est chanté comme une merveilleuse activité subversive. C'est ainsi que le nommé Éric Fassin, par exemple, se retrouve loué dans *Le Nouvel Observateur* parce qu'il considère que « ce qui se passe dans un lit n'est pas seulement individuel et naturel, c'est à la fois social et politique ». Peut-on être plus rebelle ? D'autant qu'en allant fourrer son nez dans « ce qui se passe dans un lit », c'est évidemment l'odieux « pouvoir masculin » qu'on y découvre à l'œuvre et qu'on y dénonce ; ainsi, bien entendu, que la différence de sexe qui n'est qu'une « construction », comme on pouvait s'y attendre. Il est d'ailleurs assez curieux (mais ce n'est là qu'une remarque pour prendre date sur un sujet qui me paraît essentiel) que le mot « construction », chez les laquais du moderne, soit affecté de manière automatique d'une couleur si péjorative. Le « construit » semble les rendre fous. Je les comprends d'ailleurs. Il est peu de choses, néanmoins, dans notre environnement, qui ne soient pas « construites ». L'Histoire elle-même n'est que l'histoire de ses propres constructions. Souhaitent-ils détruire celles-ci ? Ce serait logique mais superflu. La post-Histoire s'en charge toute seule. Et les sinistres déconstructeurs en tout genre ne sont, là comme ailleurs, que les mouches du coche d'une destruction déjà accomplie, ou les détrousseurs d'un cadavre dont il ne reste déjà presque rien.

On pourrait pareillement s'interroger sur le destin du mot « ordre », très mal vu alors que la plupart des gens aiment que leurs demeures ou leurs affaires soient en ordre. Or, ce sont les plus bruyants adorateurs du désordre qui réclament des juges à cor et à cri.

En effet. Parce qu'il s'agit, au fur et à mesure que leurs exactions s'étendent, de les protéger légalement de toute critique et de les établir ainsi en tant qu'ordre nouveau. Le démolisseur contemporain veille à toujours se faire accompagner d'un juge et d'un flic. S'il subsistait le moindre soupçon de rationalité chez les êtres humains actuels, ceux-ci s'apercevraient que l'envie du pénal est une démence pure et simple, et le bon sens élémentaire les pousserait à recommander de s'occuper de leurs oignons à tous ceux qui nous veulent tant de bien en voulant de nouvelles lois, aux Chiennes de compagnie comme aux Fassin de berger et aux Pierrat de garde, aux associations gay comme aux obsédés anti-nicotine qui travaillent jour et nuit à l'interdiction absolue de fumer partout, aux chasseurs maniaques de pédophiles comme aux inventeurs infatigables de nouveaux délits fictifs (sexisme en réunion, abus de recel d'homophobie, non-assistance à harcèlement sexuel, tabagisme prémédité, etc.). En des termes somme toute poétiques, on pourrait même envoyer ces gens se faire foutre, simplement, sur l'air de la fameuse *Lettre à Monsieur le législateur de la loi sur les stupéfiants* d'Artaud :

« Rentrez dans vos greniers, médicales punaises, et toi aussi, Monsieur le Législateur Moutonnier, ce n'est pas par amour des hommes que tu délires, c'est par tradition d'imbécillité. Ton ignorance de ce que c'est qu'un homme n'a d'égale que ta sottise à te limiter. Je te souhaite que ta loi retombe sur ton père, ta mère, ta femme, tes enfants, et toute ta postérité. Et maintenant avale ta loi. »

Mais l'épouvantable *possession* justicière qui envahit aujourd'hui tant d'individus ne rencontre, en réalité, aucune résistance, et tout le monde en est complice. Pour « normaliser » la démence pénalomaniaque, on raconte qu'il s'agit d'une manifestation parfaitement logique de la vie démocratique la plus épanouissante, quand on est en réalité face à un « satanisme » collectif tout à fait spécial. Festivus festivus, je le répète, est un possédé. Le Possédé. Comme tel, il souffre. Tout ce qui ne lui plaît pas le fait tellement saigner qu'il porte plainte ; mais il jouit encore tellement lorsqu'il porte plainte qu'il est incapable de *se voir* en train de porter plainte et de rire de lui-même. C'est ainsi qu'il est comique, d'un douloureux comique que plus personne n'ose nommer ainsi. C'est un *comique de doléance*, comme il y a un comique de répétition, et ce nouveau comique, absolument inconnu des anciennes littératures, est souvent très réussi. Par exemple comme en mai dernier, je vous en ai déjà parlé, quand une militante se réclamant du « Fonds de lutte contre l'homophobie » se plaignait non seulement de « l'idéologie hétérocentriste » véhiculée par « Loft Story », mais encore de la « prime à l'hétérosexualité » que ce programme lui paraissait coupablement proposer et de l'« incitation » à « la couplitude hétérosexuelle » qu'il recelait. Cette personne était évidemment très comique ; mais pas davantage que la nommée Savigneau, un peu plus tôt, dans *Le Monde*, concluant une de ses inénarrables post-critiques ainsi : « Les homosexuels s'irriteront de cette affirmation fanatique d'hétérosexualité qui ne va pas sans homophobie » (imaginons la phrase inverse pour continuer à bien rire : les hétérosexuels s'irriteront de cette affirmation fanatique d'homosexualité qui ne va pas sans hétérophobie). Tous ces gens sont très drôles. Comme le sont tous les malheureux dont la damnation est de ne pas pouvoir ne pas se prendre au sérieux. Comme le sont aussi les non moins inénarrables Chiennes de garde quand elles lancent sur leur site Internet un « appel à témoignages » qui n'est qu'un pur et routinier désir de remplir le sac universel à délations : « Il vous est arrivé d'être insultée sur votre lieu de travail par un homme hiérarchiquement supérieur, inférieur ou égal (…) Votre témoignage intéresse les Chiennes de garde », etc. Et le brave type qui, encore dans *Libération*, mais cette fois à propos de la lutte contre la pédophilie, écrivait il n'y a pas longtemps qu'« apprendre aux enfants leurs droits face à l'adulte, et le poids de leurs mots face aux mots des "grandes personnes", est aussi le moyen de *préparer des générations futures qui trouveront naturel de dénoncer les crimes de leurs semblables* » (je souligne) était aussi très drôle ; d'autant que, dans la foulée, il se défendait textuellement d'« inciter à la simple délation de précaution » et de « promouvoir un climat de suspicion généralisée ». Tout cela fait partie des extases actuelles du judiciarisme.

Et c'est d'autant plus cocasse que ça ne semble pas totalement réel. Cela dit, vos générations futures et leur goût naturel pour la délation ont un petit fumet de totalitarisme – à moins que la référence à l'Inquisition soit en effet plus adaptée. Normalement, les tribunaux appliquent la loi des hommes dans l'intérêt de la société. Quand on prétend agir au nom d'entités majusculisées, on aboutit vite à la Terreur.

Oui, mais il s'agit aujourd'hui d'une Terreur très particulière. La société de l'abondance pénalophile et de la croissance judiciariste sans limites est elle aussi, à sa manière, une fête, et il faudrait dans les plus brefs délais mettre sur pied une théorie de l'*accumulation illimitée du capital plaintif*. L'innovante notion de « plainte préventive » (plainte destinée à empêcher que des faits ne se produisent un jour) n'est pas mal non plus, dans le même ordre d'idées que la notion de « compétence universelle » ou celle de « délation de précaution », et si elle n'est encore que sur le feu il n'y a aucun doute qu'elle sera bien vite adoptée et qu'elle bénéficiera d'un grand succès, tant il s'agit, partout et toujours, d'*avancer*. Les adeptes de la secte universelle des Avancistes du Septième Jour se déploient en même temps dans toutes les directions, mais ils ne peuvent le faire qu'à condition de sacraliser leurs avancées au fur et à mesure qu'ils les réalisent.

C'est dans cette optique que le jugement du général Krstic, dont vous parliez, par le Tribunal pénal international de La Haye pour l'ex-Yougoslavie, est éclairant. Qu'a dit le juge Almiro Rodrigues, président de ce tribunal, au moment de condamner à quarante-six ans de réclusion Radislav Krstic pour sa participation en juillet 1995 au massacre de milliers de civils à Srebrenica ? D'abord, il a affirmé « son devoir de faire justice », ce qui semble aller de soi, mais il a encore proclamé son souhait de « contribuer » par ce jugement « à un monde meilleur », ce qui relève d'un tout autre système de références qui n'a plus rien à voir avec la prosaïque justice des hommes : c'est de la justice céleste. Entre parenthèses, je ne sais franchement pas pourquoi tout le monde s'affole ou s'irrite à propos de l'hypothèse de la fin de l'Histoire. On sait maintenant qu'il y a une vie après l'Histoire, qu'il y a une histoire après l'Histoire : c'est l'histoire sainte. Lorsque le juge Almiro Rodrigues, président du Tribunal pénal international de La Haye pour l'ex-Yougoslavie, après avoir encore cité Hegel (« Que justice soit faite ou le monde périra »), puis Kant (« Si la justice est méconnue, la vie sur cette terre n'aura aucune valeur »), s'adresse à l'accusé et lance : « En juillet 1995, général Krstic, vous avez adhéré au mal », il est évident que nous sommes dans un langage religieux à forte teneur millénariste (le souhait de « contribuer à un monde meilleur ») qui n'a plus rien à voir avec la langue du droit, mais tout à voir avec celle du droit divin.

Si la justice a le bras si long, de nos jours, c'est qu'au bout de ce bras il y a le doigt de Dieu, ou du moins un de ses ersatz assez réussi. Il est certes excellent que des chefs d'État coupables de massacres de masse ou des tortionnaires notoires ne jouissent plus de l'impunité, mais est-il nécessaire d'invoquer le « mal » ou un « monde meilleur » pour les jeter en prison ? Oui, du point de vue des buts que s'assigne désormais l'Empire de la justice, qui se développe à la même cadence que l'Empire marchand et qui, délivré des limites locales et nationales, ne semble même plus se souvenir qu'il y eut, jadis, des vérités relatives et laïques, ainsi que des culpabilités concrètes, et se prend pour l'allégorie de l'Innocence intégrale poursuivant le Crime démoniaque. De ce point de vue, le nouvel Empire mondial de la justice rappelle beaucoup, mais en infiniment plus vaste et efficace, la vieille Inquisition qui prétendait elle aussi faire régner la justice de Dieu. Sauf que cette nouvelle Sainte Inquisition est élaborée et applaudie par ceux qui se disent les héritiers directs de l'âge des Lumières et les descendants des adversaires héroïques de l'ancienne Inquisition. C'est ainsi que Festivus festivus tient les deux bouts de la chaîne destinée à étrangler ceux qui récalcitreraient quelque peu, et à empêcher que son pouvoir, comme celui des inquisiteurs jadis, soit un jour remis en question, dévoilé comme maléfique et même peut-être satanique, puis détruit.

Le paradoxe est que tout cela est le fruit de la victoire de la démocratie. Après tout, le droit prévaut sur la force, la liberté sur l'oppression...

En êtes-vous si sûre ? Quand il se transforme en obsession rétrospective, le droit se métamorphose en vengeance infinie, et la justice totale accède au stade du ressentiment planétaire. C'est exactement la même chose que ce qui se passe, sur un plan infiniment plus modeste mais aussi décisif, sinon plus, puisque quotidien, avec ce que l'on appelle maintenant la religion des victimes, qui entraîne des condamnations de plus en plus démentes, surtout pour les auteurs d'infractions sexuelles, et ce respect également dément de la parole de la victime ainsi que la phagocytation du parquet, des parquets, par les *parties civiles* sacralisées. Il faudrait aussi évoquer tout le crétinisme délirant qui tourne autour de l'expression « travail du deuil », devenue (et pas pour rien) « travail *de* deuil »...

Chaque fois que quelque chose ne peut plus être contredit, cette chose devient démence, et notre univers se remplit à toute allure de choses qui ne peuvent plus être contredites parce que tout le monde ou presque croit (ou feint de croire pour avoir la paix) qu'elles relèvent d'une positivité si indiscutable que celle-ci rejoint la notion de l'absolu. Cette conquête de l'absolu par l'Empire mondial de la justice est, pour paraphraser Marx, la grosse artillerie avec laquelle il démolit toutes les murailles de Chine et obtient la capitulation des barbares. Sauf que les « barbares », et c'est le coup de théâtre de la post-Histoire, sont ceux qui, comme moi, *voient* ce qui se passe et le refusent définitivement. Mais il fallait aussi venir du *même côté* (en gros, le camp du progressisme) pour savoir que les nouveaux dominants, qui sont également issus de ce côté, sont maintenant les plus haïssables ennemis de toute liberté. Pour la première fois, nous nous trouvons devant cette difficulté que les inquisiteurs s'expriment dans la langue de l'émancipation. Mais leur pénalophilie démente, en même temps qu'elle s'étend à la planète, ce que n'avait pu faire l'Inquisition, se développe aussi à travers le passé. Voir, par exemple, le débat qui ne fait que commencer concernant la responsabilité collective de l'Occident dans la déportation et l'esclavage des Noirs d'Afrique, et l'instauration d'un droit à la réparation à travers les générations. Les inquisiteurs appliquaient déjà ce principe de compétence universelle rétroactive puisque leur juridiction s'étendait même au-delà de la tombe, et que des défunts pouvaient être accusés et jugés, leurs cadavres exhumés puis jetés aux flammes. Et pour en finir provisoirement avec cette question, il est à noter que la fameuse génération festiviste de 1968 a usé elle aussi, *elle d'abord*, de ce principe de compétence universelle rétroactive en stigmatisant à peu près tout ce qui avait eu lieu avant elle et en proposant de le jeter au bûcher. Ce fut la première grande époque de procès oniriques, et quiconque osait invoquer le *contexte* historique à propos de tel ou tel accusé rétroactif se voyait aussitôt menacé d'être également précipité dans ce bûcher décontextualisé.

Mais n'est-ce pas éternel qu'une génération juge et condamne la précédente ?

D'autant plus éternel que la croyance superstitieuse au mythe des générations n'a qu'une cinquantaine d'années. Quoi qu'il en soit, à l'époque dont je parlais succède aujourd'hui une autre période où Festivus festivus, rejeton des soixante-huitistes, se retourne contre ceux-ci et les met en accusation. Aussitôt, les soixante-huitistes hurlent que faire leur procès en 2001 serait aussi grotesque que si l'on avait fait celui des communards en 1901. Mais comme ils ne se sont pas gênés, eux, pour faire le procès de Christophe Colomb, de Napoléon ou d'Aristote sans le moindre souci du contexte, et en fonction des valeurs de notre temps considérées comme définitives, il est douteux que les nouveaux épurateurs les fassent bénéficier de telles circonstances atténuantes. Ici, pour résumer, commence à s'illustrer et à s'incarner de manière quotidienne ce que Bernanos décrivait, mais de façon purement spéculative, peu après la Seconde Guerre mondiale : « En passant de la raison à l'instinct, l'idée de justice acquiert une prodigieuse capacité de destruction. Elle n'est d'ailleurs pas plus, alors, la justice que l'instinct sexuel n'est l'amour, elle n'est même pas le désir de justice, mais la concupiscence féroce et une des formes les plus efficaces de la haine de l'homme pour l'homme. L'instinct de justice, disposant de toutes les ressources de la technique, s'apprête à ravager la Terre. » Il la ravage.

Ce noble instinct de justice, cette généreuse aspiration à la vertu, ne se déploient pas seulement dans les tribunaux. Le directeur du Guide du routard *affirme que, soixante-dix pour cent des libraires étant des femmes, celles-ci devraient en quelque sorte refuser de vendre* Plateforme, *le livre « avilissant » de Michel Houellebecq. Ce qui me rappelle une minuscule anecdote. J'ai un jour demandé à un libraire branché* Corbeaux, *l'ouvrage dans lequel Renaud Camus relate « l'affaire Renaud Camus ». Le libraire m'a rétorqué, outré : « Nous ne vendons pas ce genre de livres ! » Les libraires sont-ils désormais, avec les journalistes, chargés de la censure ?*

Dans la nouvelle tératologie pénalophile, les libraires occupent, et depuis pas mal de temps maintenant, une place de choix. De simples et honnêtes commerçants qu'ils étaient, ils se sont transformés, comme tant d'autres, en surveillants de ce qui est écrit, en matons particulièrement efficaces et même redoutables pour qui a le malheur de publier des livres : *ils en pensent quelque chose*, ce qu'on n'avait jamais songé jusque-là à leur demander. Comme les parents d'élèves sont devenus *partenaires* permanents de l'école, où ils viennent sans cesse exercer leur chantage et leur surveillance, les libraires se sont institués *vigilants de la littérature* et, partant, quasiment co-écrivains. On ne voit d'ailleurs pas pourquoi Festivus festivus ne serait pas libraire ni pourquoi, étant libraire, il n'épouserait pas la tendance générale criminomaniaque ; et encore moins pourquoi, puisqu'il s'agit de livres et de littérature, il ne participerait pas à toutes les expéditions plumitives fomentées sans cesse et pour diverses raisons, plus vertueuses-venimeuses les unes que les autres, contre tel ou tel écrivain un peu hérétique par rapport, disons, aux diktats des calotins sociétaux du *Monde* et de *Télérama* dont la vision pieuse et cafarde a détrempé à peu près tout ce reste de la littérature et de la pensée. Heureusement, il en reste fort peu de chose mais c'est encore trop.

Depuis que les libraires donnent leur avis, ils ne sont plus libraires mais gardes-chiourme. Cette évolution remarquable n'affecte pas qu'eux et ce sont toutes les professions dont la spécificité, progressivement, s'efface au profit de leur entrée dans le Département fusion-inquisition. Cette forme originale de disparition de la division du travail que les marxistes ne pouvaient pas prévoir est néanmoins, comme celle de Marx, solidaire de la naissance d'un « homme total » ; sauf qu'en l'occurrence il s'agit désormais d'un *homme pénal* (ou d'une femme du même métal) ; et que l'humanité n'a pas sauté « du règne de la nécessité dans le règne de la liberté », mais à pieds joints dans celui du flicage généralisé. Javert tient boutique ; et c'est lui qui vous recommande les meilleurs livres du mois. Et qui vient parler à la télévision de ses derniers chouchous.

La perte des compétences professionnelles spécifiques se trouve ainsi compensée par une surcompétence pénaliste. Il n'y a plus, comme le disait Chénier dans un beau poème écrit juste avant d'aller se faire couper la tête, que des *bourreaux barbouilleurs de lois* (« Mourir sans vider mon carquois ! / Sans percer, sans fouler, sans pétrir dans leur fange / Ces bourreaux barbouilleurs de lois ! »). Les libraires ne vendent plus des livres, ils font du service d'ordre et du contrôle d'identité. Ce n'est pas qu'ils aient des opinions qui est pénible, mais qu'ils aient tous les mêmes et que ce soient celles, une fois encore, de *Télérama* et du *Monde*. Ce qu'il y a d'intéressant dans la petite polémique dont vous parlez à propos du livre de Houellebecq, c'est l'appel à l'aide lancé par Gloaguen, fondateur-directeur du *Guide du routard*, aux vigilantes de la librairie. La vérité blafarde de ce faux brave type si affreusement décontracté depuis tant d'années qu'on aimerait qu'il se contracte un peu parce que ça le reposerait, éclate lorsqu'il rappelle que « soixante-dix pour cent des libraires en France sont des femmes », statistique terrifiante qui devrait dissuader n'importe qui de sensé de perdre son temps à écrire, et fait planer en l'occurrence sur l'éditeur du roman de Houellebecq la menace de « retours » massifs. C'est l'appel aux armes ; et c'est l'appel aux femmes, supposées être toutes des femmes-flics, chargées de maintenir l'ordre ou de le rétablir. Renaud Camus avait été l'objet, il y a un an, d'une autre expédition plumitive efficace où les expéditeurs s'étaient signalés par leur extrême abjection. Dans le cas de Houellebecq, les formes que commence à prendre l'expédition plumitive sont tout aussi intéressantes que le roman concerné, d'ailleurs aussi conçu habilement pour s'attirer les hostilités de quelques imbéciles. *Plateforme* plaît beaucoup aux rebelles de confort et aux dérangeants en gilet rayé qui pensent que c'est « LE » livre de la rentrée. Il n'empêche que ce roman a le mérite de s'attirer des ennemis du genre Gloaguen, ce qui compense à mon avis tous les éloges possibles et imaginables. Mieux encore, *Plateforme* courrouce cette invraisemblable « défenseure » des enfants, la nommée Claire Brisset, qui ne semble pas être défenseure de l'humour, mais est certainement démolisseure, et même saccageure, ou tueure, ou déconstructeure, ou massacreure en série de la langue française. Tous deux jugent que « l'image » donnée des femmes dans le livre de Houellebecq est « répugnante », comme glapit le Gloaguen (dont j'ai dit, dans *Après l'Histoire I*, ce que je pensais de sa merveilleuse collection). Mais ce dernier ne se demande pas si, en transformant d'autorité les libraires en femmes-flics et en supplétives de sa propre industrie, il ne donne pas d'elles une image encore bien plus répugnante.

Plateforme n'est pas remarquable seulement par l'effroi qu'il inspire au chef routard. Comme les autres livres de Houellebecq d'ailleurs, il tend à l'époque un miroir dans lequel elle se voit si laide qu'elle crie.

Ce livre a encore un autre mérite, celui d'aborder romanesquement l'un des plus vastes et des plus puissants méfaits de notre temps, le tourisme. Le tourisme *en soi*. Les industriels de cette dévastation, pour ne jamais être traités comme les criminels de paix qu'ils sont, ont inventé de monter en épingle une bête noire-écran qui permet de dévier très loin d'eux toute critique : le touriste sexuel, sorte de Schtroumpf noir infiltré méchamment dans la schtroumpferie radieuse du tourisme « normal », lui-même par définition innocent, « éthique » et « respectueux de l'autre ». Ils n'enfourchent aujourd'hui leurs grands chevaux et ne croisadent contre le livre de Houellebecq que pour maintenir en vie cet ennemi commode, cet abcès de fixation, ce repoussoir providentiel qu'est le touriste sexuel. Ce diable minoritaire qui permet de ne pas voir le

Satan majoritaire du tourisme « normal ». Le perdraient-ils, ce repoussoir, ou serait-il seulement relativisé, qu'ils se verraient du même coup privés du rôle flatteur de gardiens de la morale et de pèlerins des droits de l'homme qu'ils se sont attribué, et risqueraient de laisser voir à nu la malfaisance absolue de leur industrie ; et que ce n'est pas d'abord le touriste sexuel qui emprunte, comme dit avec pompe *Le Monde*, « les routes de la honte », mais n'importe quel touriste qui transforme en honte irréparable les pays où il passe. Ce qu'un Bernanos, encore lui, pressentait dès ses *Grands Cimetières*, notant que durant presque toute l'histoire humaine les imbéciles avaient été sédentaires, que la Providence qui les maintenait sur place avait ses raisons, et que c'est une folle imprudence, dans la période récente, de les avoir déracinés : « La vie moderne ne transporte pas seulement les imbéciles d'un lieu à un autre, elle les brasse avec une sorte de fureur. La gigantesque machine, tournant à pleine puissance, les engouffre par milliers, les sème à travers le monde, au gré de ses énormes caprices. Aucune autre société que la nôtre n'a fait une si prodigieuse consommation de ces malheureux. » Leur malheur, désormais libéré et déchaîné sur tous les continents, défonce ceux-ci avec une haine patiente, ardente, triomphale et constante qui ne doit évidemment jamais être regardée comme telle. Il faut au contraire que le touriste continue à être environné d'un naïf bonheur ; et que l'on ne parle jamais, en fait de prédations, que de celles de son clone maudit, le touriste sexuel.

C'est dans ces circonstances précises que le Gloaguen du *Guide du roublard*, adepte parmi tant d'autres de l'Église de la nouvelle innocence imaginiste, en appelle aux « soixante-dix pour cent des libraires en France » qui « sont des femmes » ; et, de fait, les intronise en censeuses potentielles. Dans de pareilles conditions, au moins, les choses sont claires et l'ennemi nommé. Sous le règne de Festivus festivus, le boycott ne se cache plus d'être boycott. C'est un progrès, si l'on peut dire.

Festivus festivus fait du vélo(rution). *On imagine les sarcasmes que vous a inspiré le baptême des voies sur berges à Paris. Les Verts sont, plus encore que tout autre groupe, les porte-parole de la festivisation galopante. Cela peut paraître curieux : après tout, l'écologie est censée se soucier de transmission, d'inscription dans une histoire, de conservation. Or, les Verts représentent la pointe avancée de la nouvelle élite. Ils sont les modernes par excellence...*

De tous les criminels qui œuvrent officiellement dans l'innocence, les Verts sont sans doute les mieux organisés et les plus glaçants. L'écologie n'est plus chez eux depuis longtemps qu'un nom usurpé, et toute personne inquiète des immenses dévastations de l'environnement ne peut que se déclarer promptement leur adversaire. L'activisme de Delanoë et de ses sbires Verts s'en est donné à cœur joie, cet été, avec le grotesque épisode de la « Vélorution » des voies sur berges parisiennes puis, moins anecdotiquement, avec l'emphatique « révolution anti-voitures » entamée dans certaines artères de la capitale avec comme but de transformer celles-ci en « espaces civilisés », c'est-à-dire en patinoires à rolléristes. L'accord presque unanime que rencontrent de telles initiatives confirme à quel point ont pu être intériorisées, dans la période récente, les fables du modernisme L'une de celles-ci consiste à désigner la voiture comme exécrable, ce qu'elle est en effet...

Je ne suis pas d'accord. Les villes sans voitures sont plus exécrables encore. En réalité, l'hygiénisme anti-voitures est à la ville ce que la pénalophilie est à la vie sociale. Nos trottoirs doivent être aussi briqués que nos âmes.

Attendez, je n'ai pas fini. Lorsque les bagnoles exécrables sont remplacées par des armées d'individus grimpés sur rollers, par des intermittents sur des échasses, par des cracheurs de feu et autres adeptes des « circulations douces », il est loisible de constater que l'on n'assiste pas au retour de l'ancienne humanité sur des territoires reconquis, mais au déferlement sans frein de l'espèce post-humaine sur des territoires sans cesse plus invivables ; et pour qu'elle ne sache pas qu'elle est l'espèce post-humaine, on lui fait croire qu'elle *revient* sur des territoires dont elle aurait été dépossédée, et qu'elle les *reconquiert* ou se les *réapproprie* ; mais elle ne saurait reconquérir ou se réapproprier quoi que ce soit puisqu'elle ne possédait rien, étant donné qu'elle n'existait pas quand toutes ces choses existaient, et qu'elle n'a été créée que par ceux qui en avaient besoin pour régner sur elle ; et s'en faire élire. La civilisation de la voiture a certes contribué à détruire en grande partie toute vie, mais nul ne revient en arrière, et la population qui succède à la voiture, après cent ans de règne de celle-ci, en est elle-même l'espèce de déchet transgénique. De sorte que, dès cet instant, ce sont les voitures tant honnies dont on s'aperçoit qu'elles protégeaient encore, même de manière détestable, de l'apparition imminente de cette population transgénique montée sur roulettes et désormais en cours de sacralisation. De sorte aussi que la voiture, ancien agent de destruction, devient rétrospectivement une espèce de *moindre mal* par rapport à ce qui vient après elle.

Quelques abrutis m'objecteront sans doute qu'un rolleriste est moins polluant qu'une voiture. À quoi je répondrai que son air d'extase, ce consentement à la néantisation qui se peint sur sa figure plate, et bien d'autres choses encore que l'on retrouve dans les *raves* et qui font ronronner d'aise des gens comme Maffesoli, souteneur de thèses astrologiques et pourlécheur de la « transe techno », du « groupe en fusion », de l'« union cosmique », de l'« orgiasme musical », des « confins de vacuité » et encore de tant d'autres foutaises lyriques qui ne sont qu'autant de synonymes de la prosternation, est un spectacle bien plus polluant que celui des voitures puisqu'il trouve de tels adeptes. La voiture était encore bruyante, d'un bruit de ferraille continu sur le fond duquel il était possible, en dépit de tout, de travailler. Mais cette nouvelle civilisation qui, par ailleurs, *réussit si bien les conspirations du silence* pour tout ce qui la fâche, a inventé une forme de conspiration du bruit absolu qu'elle appelle musique et qui rend même impossible toute survie. *C'est un bruit qui veut la mort.*

La voiture était encore « sale ». Sale comme l'existence et comme le péché originel. Sale comme la part maudite. Sale comme l'humanité. Le rollériste, lui, est propre comme un euro neuf. Il surgit sans histoire, comme Vénus de l'onde, ou comme le clone demain, né du croisement de rien ni de personne, sauf de la science copulant avec elle-même, et vivant sans exister, c'est-à-dire sans hériter, et aussi privé de la possibilité de trahir éventuellement cet héritage. Et il s'élance aussitôt à travers un univers sans signification. Ses roulettes n'ont rien à voir avec le fonds judéo-chrétien de la civilisation. Les Verts, qui ont tout abdiqué et qui sont même incapables de penser, comme le dit Baudouin de Bodinat dans son merveilleux poème en deux volumes *La Vie sur terre*, que la solution de l'avenir, la solution de progrès, c'est la *traction animale*, poursuivent les ravages de la voiture, qui avait déjà partiellement effacé l'Histoire des villes ; mais, comme toutes les malfaisances du temps présent, celle-ci ne peut pas encore être montrée comme telle, et, bien au contraire, elle emporte l'adhésion de la plupart. La voiture avait au moins cet avantage qu'on ne pouvait que la haïr. Le travail de détestation du ravi à roulettes, ce concept sur pattes, est encore à inventer. On sait bien pourtant, depuis l'expérience partout atroce, et partout prolongée avec une délectation suicidaire, des centres-villes piétonniers, que la vie ne revient pas dans les rues ainsi libérées des voitures, mais que ce sont les éléments disloqués d'une post-vie qui y prennent alors la place de l'ancienne existence. Le piétonnier qui succède au piéton est une sorte d'âme en peine repeinte aux couleurs de la fête de l'avenir, et qui erre dans un enfer composé de boutiques qui n'ont plus aucun rapport de nécessité avec quoi que ce soit. Aux rues succède le théâtre de rues. Et, devant cet état de chose, on peut alors, et paradoxalement sans doute, se souvenir des voitures comme des ultimes protectrices du peu qui restait de la civilisation avant que celle-ci ne soit transformée en parc d'attraction. L'« équipe Delanoë », comme disent les médias à plat ventre, quand il faudrait ne parler que de malfaiteurs exemplaires ou de crime organisé, ne cherche pas à résoudre les problèmes de trafic urbain, mais à imposer son peuple transgénique de festivistes, d'animateurs et de rolléristes qui sont sa véritable clientèle. C'est eux que cette funeste « équipe » exhorte à « reconquérir l'espace urbain » pour achever de le transformer en terrain de jeu, donc finir de le liquider en tant qu'espace urbain, c'est-à-dire en tant que terrain de contradictions. Leur objectif est le parachèvement de la vie non contradictoire. Ce sont donc bien des destructeurs de la vie. Comme tels, ils appartiennent de plein droit à l'élite. Et ce sont donc de purs ennemis.

Élite, rien n'est moins sûr. Le problème de notre temps est peut-être la disparition des élites, c'est-à-dire d'une classe qui déduisait de ses privilèges une forme de responsabilité. Aujourd'hui, les élites – celles que Chevènement appelle élites mondialisées – n'ont de cesse de s'affranchir de toute responsabilité. Vous l'avez d'ailleurs pointé dans votre texte sur la rumeur de la Somme. Mais vous ne fondez pas plus d'espoir sur les « hyliques », autrement dit sur le peuple, que sur ces pseudo-élites. On constate pourtant qu'il reste dans les peuples quelque chose du vieux bon sens : refus de Maastricht, dédain pour le pique-nique de la Méridienne, sondages défavorables aux avancées les plus délirantes de l'ordre festif... Sortez de la rive gauche, Philippe Muray !

Il y a fort longtemps que j'en suis sorti, rassurez-vous, parce que j'ai suivi mon plaisir, qui ne me menait pas là, et de toute façon je ne crois pas qu'on puisse se vanter de m'y avoir beaucoup vu (les serfs me le reprochent assez). Mais si je ne fonde aucun espoir sur personne, c'est que le travail incessant de l'époque est la rééducation des « hyliques », justement, des « ploucs », le reconditionnement par toutes les salopes dominantes des derniers rétifs issus de cette « France moisie » qui n'a sans doute été appelée salopement ainsi que parce qu'elle opposait une sorte de résistance informe aux élites qui en ressentaient un légitime agacement. « Laissez les rustres en paix ! » lançait Gombrowicz en 1958 à des interlocuteurs de gauche scandalisés. « Laissez les gens vivre », disait-il encore (ce qui finissait logiquement par lui attirer cette remarque : « Vous ne seriez pas fasciste, par hasard ? »). Laisser les rustres en paix est une chose absolument impossible que l'élitocrate hystérique n'envisage pas un seul instant parce que cela signifierait qu'il pourrait encore subsister ici ou là des traces, même très dégénérées, de l'ancienne vie spirituelle, c'est-à-dire aussi, car la vie spirituelle c'est l'autre nom du jugement, une capacité résiduelle de juger extrêmement dangereuse pour le programme de contrôle et de soumission festifs qui s'étend partout et qui a pour vocation d'incarner le nouveau maintien de l'ordre. Les hommes des nouvelles élites n'ont rien à voir avec ce que l'on appelait ainsi autrefois ; ce sont, je l'ai déjà écrit il y a bien longtemps, des matons. Des matons de Panurge. De sombres, de très sombres matons de Panurge. Éventuellement déguisés en mutins de Panurge. Avec des clochettes et un nez rouge. Et qui veillent à la mutation du reste de l'espèce, c'est-à-dire des « ploucs », qu'ils espèrent transformer au plus vite en mutés de Panurge. Cette besogne se poursuit sans relâche dans tous les domaines, et le but est d'obtenir que le « plouc », l'« hylique » n'ait plus une seule idée à soi, ni d'autres désirs que ceux qui ont été sélectionnés par les nouvelles élites mondialisées.

Il n'est pas question de laisser le rustre en paix parce que cela signifierait que pourraient encore perdurer, dans des coins obscurs, d'inquiétantes radicalités, des singularités, des antagonismes, peut-être des souverainetés, et même des pensées magistrales. De tout cela il subsiste des traces, bien sûr, même quelquefois de beaux vestiges, mais ils sont cernés de toutes parts, on les *travaille* de toutes les manières, par toutes les techniques et tous les procédés. Quand la détestable cinéaste Coline Serreau, par exemple, déclare fièrement que tous ses films sans exception « parlent du patriarcat et de sa destruction, seule évolution possible pour l'humanité, dans le sens où ce système détruit toute l'humanité », on est là face au maton de Panurge en train de bêler sa peur et sa haine, et on peut en déduire que ce fameux patriarcat mythique constitue désormais l'une de ces radicalités, l'une de ces inquiétantes singularités, l'un de ces antagonismes lumineux et résiduels que les cagots criminels de l'élitocratie redoutent si fort, et qu'il a, contrairement à ce que croit la cinéaste susnommée, tout l'avenir devant lui en tant que facteur d'échec potentiel par rapport au programme d'asservissement des matons de Panurge. Ce qui ne signifie pas, bien entendu, qu'il gagnera, au contraire ; mais, sous une forme ou une autre, à divers moments, et de manière imprévisible, il grippera la machine, il en fera surgir les ridicules, il la poussera à s'énerver et à se contredire, peut-être même à se dévorer elle-même. Je ne crois pas trop aux possibilités de « résistance » de populations qui seraient restées « saines » parce que je ne vois pas comment elles pourraient l'être restées, mais j'ai bon espoir dans certaines capacités du Moderne, désormais, de se battre à mort avec le Moderne, de s'éventrer, de s'entredéchirer, Moderne contre Moderne, comme les deux monstres post-historiques qu'ils sont…

Quand vos matonnes affirment s'attaquer à la domination masculine, que visent-elles en réalité ?

Le grand ennemi, vous le savez bien, et dans tous les domaines, et sous toutes les formes, en politique comme en littérature et ailleurs, partout, c'est la sexualité du mâle ou ce qu'il en reste, et il ne s'agit même plus du tout que la sexualité féminine soit à égalité avec la sexualité masculine, mais que celle-ci ne puisse plus être distinguée de celle-là, ou plutôt que celle-ci soit alignée sur celle-là. C'est un long travail qui se poursuit sur tous les plans depuis des années, aussi bien avec des mesures étatiques comme le « congé paternité » qu'avec le ressassement des néo-penseurs ou penseuses sur la différence des sexes qui ne serait qu'une « idée fixe », ou encore avec les lois contre le « harcèlement » moral et sexuel, et bien d'autres choses encore[1]. La sexualité masculine est une antiquité récalcitrante

---

1. « La réforme du nom de famille s'attaque à la forteresse paternelle », titrait glorieusement *Le Monde* en décembre 2004. L'Histoire, si elle existait encore, garderait sans doute la mémoire de ce nouveau crime, appelé réforme, grâce auquel, « à partir du 1er janvier 2005, les parents pourront transmettre à leurs enfants le nom du père, celui de la mère ou les deux accolés ». Une telle saloperie, « réclamée dès 1978 par le Conseil de l'Europe », et si parfaitement adaptée « aux nouvelles réalités de la famille », avait été mijotée par les socialistes du temps où, au gouvernement, ils pouvaient étaler sans réplique leur malfaisance sociétale. Elle n'était cependant pas entrée en pratique. Elle a été reprise avec entrain par l'actuelle et très provisoire majorité dite « de droite », qui semble n'avoir elle aussi rien de plus pressé que de « rompre avec le modèle de la famille légitime et la prééminence paternelle ». Celle-ci, définie comme une « forme moderne de loi salique », n'en devient bien entendu aussitôt que plus sympathique (et c'est avec émotion, dès lors, que l'on se souvient, au milieu de tous ces nains déchaînés, de l'immense Balzac qui combattait pour le rétablissement de la dite loi). La nouvelle loi, qui a « l'ambition d'épouser les valeurs du XXIe siècle » (on ne lui disputera pas son épouse, qu'ils restent ensemble et qu'ils aient beaucoup de petits monstres), promet, comme tous les programmes issus de l'« antisexisme », c'est-à-dire de la pure et simple haine et du ressentiment sans fin du féminihilisme, d'amusantes complications : « À la première génération, le schéma est donc simple mais à la génération suivante, le casse-tête psycho-affectif se corse : si deux enfants ayant hérité d'un double nom deviennent parents, ils ne pourront évidemment transmettre les quatre. S'ils souhaitent accoler leurs noms, il leur faudra donc choisir entre leur père et leur mère. » Etc. Mais puisque, « avec cette réforme, la France répond enfin aux exigences internationales », quand il conviendrait de calmement faire à celles-ci un bras d'honneur, tout n'est-il pas pour le mieux ? Bon courage et bonne chance (*décembre 2004*).

qu'il convient de liquider parce qu'avec la sexualité féminine elle réussit encore, de temps en temps, à produire de l'électricité, de la contradiction, de la vie. Cette vie incroyablement persistante en dépit de toutes les entreprises morbides des associations de persécution est extrêmement dangereuse pour la puissance dominante qui usera de tous les moyens (jusqu'à la calomnie, par exemple en imposant l'assimilation de la sexualité masculine en général à celle des tueurs en série, des maniaques sexuels, des pédophiles, etc.) pour en venir à bout. Telle est, au fond des choses, l'opération à laquelle les « peuples », comme vous dites, sont actuellement soumis.

Il est sûr que partout dans ces « peuples » survit une sourde, une obscure horreur du désastre présent. Mais cette horreur se voit aussi combattue, chez chacun, et *de l'intérieur*, par une tendance à la soumission également obscure et profonde. C'est cette soumission, cette envie de s'adapter aux nouvelles conditions d'existence insensées, jointes à la conviction qu'*il n'y a pas le choix*, sur quoi misent les élites mondialisées. Pour accélérer la liquéfaction des *vrais gens*, la destruction de leur mémoire, des anciennes solidarités, des dernières traditions et de ce qui reste encore de vie sociale, ou tout simplement de réalité, le temps présent ne ménage pas sa peine. Vous venez de me parler des méfaits parisiens de l'« équipe Delanoë », et ce sont des méfaits typiquement élitocratiques puisqu'ils consistent à favoriser les prétendues « circulations douces » employées par les dominants contre l'automobile dont se servent les rustres. Et c'est partout et dans tous les domaines que le dressage sévit. On envoie des commandos de festivocrates « réveiller les campagnes », c'est-à-dire détruire le peu qui en reste. On « réveille les villes » en faisant appel à des fabricants d'événements de rue. On s'introduit dans l'intimité des couples par le biais de la loi, une fois encore, pour démolir les ultimes lambeaux du patriarcat et achever d'effacer les identités sexuelles en faisant entrer les hommes, comme l'a dit doucereusement l'incroyable Ségolène Royal lorsqu'elle présentait son projet de congé de paternité, « dans la sphère de la petite enfance qui leur était un peu déniée jusqu'à présent » (ben voyons…). Et quand les organisateurs d'une *rave* sollicitent du département du Doubs l'autorisation de se tenir sur le site de la saline royale d'Arc-et-Senans, le journaliste liquéfié de *Libération* qui commente la chose note sans rire : « L'opération donnerait une image plus jeune à ce monument classé par l'Unesco. »

Vous avez raison, ça ne rigole pas. On sent une certaine fulmination contre cette fichue Unesco dont le navrant conservatisme s'oppose au remplacement de vieilles pierres par des parcs à thème ou, en l'occurrence, par un parc à raves. C'est assez logique puisqu'il s'agit d'effacer jusqu'au souvenir du monde ancien…

Lequel relève toujours aussi, plus ou moins, du patriarcat… Ce ne sont donc pas seulement les êtres actuels mais aussi leur environnement et les êtres du passé qui doivent être reconditionnés de manière à ce que plus personne ne puisse jamais s'y retrouver. Quand on envisage de transférer les cendres d'Alexandre Dumas au Panthéon, on le fait avec des arguments d'analphabète moderne à se rouler par terre d'horreur et de rire (« Dans la France d'aujourd'hui, c'est bien de mettre au zénith un beur ou un quarteron, c'est signifiant »). Tout ce qui, du passé, ne peut pas être conservé dans le formol moderne doit être éliminé. C'est ainsi qu'à Londres, il y a quelques mois, on envisageait de déboulonner les statues de deux généraux, obscurs souvenirs des anciennes guerres coloniales, qui se dressent aux deux extrémités de la place de Trafalgar (il n'y a pas que les talibans qui déclarent la guerre aux statues). Car, disait le journaliste qui évoquait cette affaire, il y a déjà « bien longtemps que les hordes de touristes ne les remarquent plus » et que « les guides ne mentionnent même plus leur nom » : ce qui signifie qu'on peut détruire sans scrupules tout ce qui n'intéresse pas les touristes et leurs foutus guides[1]. Dans le même temps, une « commission indépendante » recommandait l'abandon du terme *britannique* du fait de ses « connotations racistes ».

Tous ces événements en apparence hétéroclites, et bien d'autres encore, sont des épisodes de la bataille sauvage menée par les élites contre les hyliques. La plupart du temps, il s'agit de faire honte aux ploucs ; et de considérer que leurs faibles remontrances sont illégitimes. Ainsi lorsqu'un épouvantable « teknival » se déroule sur un causse et que des maires déposent plainte pour « émission de bruits portant atteinte à la tranquillité publique » ou encore pour « pénétration sans autorisation sur une parcelle privée cadastrée », ce sont eux qui ont tort. Leurs plaintes sont jugées « cocasses » par le rédacteur de *Libération*,

---

1. À quelque temps de là, cependant, une solution était trouvée pour décriminaliser et en même temps resacraliser ce square de Trafalgar où « aucun regard ne s'arrête sur les bronzes maculés de guano des généraux Henry Havelock et Charles Napier, ces héros oubliés des guerres coloniales posés aux deux extrémités de l'esplanade » (*Libération*). On décidait d'y ériger une statue en marbre blanc, moulage du corps nu d'une jeune femme handicapée de naissance, privée de bras et de jambes, mais enceinte de huit mois. « Je voulais faire quelque chose à l'opposé de ces généraux défunts, explique l'artiste à qui l'on doit cette œuvre. À l'inverse de tous ces hommes du passé, c'est une femme, enceinte, tournée vers l'avenir, en lutte contre son infirmité. » Et il ajoute : « Les héros ne sont plus ceux qui partent à la guerre mais à la conquête d'eux-mêmes. » Il est vrai que, de toute façon, c'est moins loin. On peut s'interroger, cependant, sur cette notion nouvelle d'héroïsme qui n'exploite plus que le malheur et le capitalise en fierté. On peut voir dans tout cela un indice de plus du passage irréversible au-delà de l'Histoire. On peut s'intéresser aussi à l'artiste lui-même, dont l'œuvre la plus connue, *Self*, « consiste en un moulage de sa tête rempli par près de sept litres de son sang ». Une opération, précise-t-on, qu'il « renouvelle tous les cinq ans, à mesure que son visage vieillit ». On peut enfin noter qu'après un an d'exposition, le moulage de la jeune femme enceinte cédera la place à un « Hôtel pour oiseaux en Plexiglas » créé par un artiste allemand : « Une cage légère et translucide, par opposition à la lourdeur des bâtiments néoclassiques qui l'entourent. Un abri, également, pour les pigeons que le maire tente en vain depuis trois ans de chasser de Trafalgar Square » (*mai 2004*).

qui note aussi que de telles initiatives surprennent hautement les acteurs de la *scène free* ; lesquels sont évidemment seuls légitimes ; et d'une ingénuité dans la surprise qui prouve bien leur innocence. En d'autres termes, ils tombent des nues, de ces nues où vit tout ce qui est *moderne*. Encore le mot vivre n'est-il pas adéquat pour de tels mutants.

L'élitocrate a une bête noire : *le plouc émissaire*. Et quand celui-ci a le malheur de dire merde à l'élite, par exemple en votant non lors d'un référendum à propos de l'Europe, l'élite perd d'abord sa belle humeur, se montre folle de rage, puis décide qu'il faut « encore plus d'Europe », que sa propagande auprès du plouc émissaire a souffert d'un déficit de communication et qu'on va aller toujours plus de l'avant parce que ce non du plouc, au fond, ça voulait certainement dire oui, mais comme il ne sait pas très bien parler il s'est trompé de mot et il a dit merde en pensant oui et en votant non[1]. Et de toute façon, comme l'écrivait un député

---

1. Entre mille autres, et sans qu'il soit besoin de le commenter si peu que ce soit, on citera *in extenso* cet article édifiant : « C'est ce qui s'appelle manger son chapeau : Noëlle Lenoir, ministre française des Affaires européennes, a estimé hier, à Copenhague, que "l'Union n'avait pas de solution de rechange" si l'Irlande disait de nouveau non au traité de Nice lors du référendum qui aura lieu vers la fin octobre. Les Irlandais prendraient, dans ce cas, la responsabilité de bloquer l'élargissement, puisque ce traité, conclu en décembre 2000, est censé permettre aux institutions communautaires de supporter l'arrivée de dix nouveaux membres. Le problème est que Noëlle Lenoir avait affirmé exactement le contraire, à Strasbourg, mardi dernier : "Si l'Irlande dit non, on continuera l'élargissement", avait-elle déclaré devant des journalistes médusés. Avant d'ajouter : "On peut compter sur l'imagination des diplomates pour gérer cette situation difficile." Autrement dit, que les Irlandais votent oui ou non, cela n'a aucune espèce d'importance. Ceci a beau n'être pas tout à fait faux, ces propos constituaient une belle gaffe de la nouvelle ministre, qui démolissait toute la communication des Quinze depuis le premier refus irlandais du 7 juin 2001 : après un mémorable cafouillage du président de la Commission européenne, Romano Prodi, chacun s'échine aujourd'hui à marteler aux Irlandais qu'il n'y a pas de "plan B" et qu'un non à Nice causerait de nombreux dommages collatéraux. Noëlle Lenoir, elle, a dû, entre-temps, apprendre ses gammes. » On sait par ailleurs que, depuis le 21 avril, jour après jour et semaine après semaine, la gauche tout entière, et toutes tendances confondues, la gauche pour laquelle non plus il ne saurait y avoir de plan B, s'acharne à voter et revoter pour la gauche. En rêve (*octobre 2002*).

récemment, on ne peut pas dénoncer le « contrat européen » dès lors qu'on l'a signé. Par-dessus le marché, il s'agit d'un contrat *sans fin* puisque les traités de l'Union ne prévoient « ni date de terminaison à la construction européenne, ni retour en arrière » et que tout « État qui adhère à l'Union entre dans une autoroute sans fin, sans bretelle de sortie ni possibilité de faire marche arrière ». De sorte, poursuivait ingénument ce député, que « l'Union organise à sa manière "une fin de l'Histoire" juridique ». On ne le lui fait pas dire. Mais pourquoi seulement juridique[1] ?

Cette chanson-là, nous l'entendons sur tous les tons : il n'y a pas d'autre avenir possible, pas plus qu'il n'y a d'autre politique, d'autre

---

1. À quelques années de là, et à la faveur des troubles consécutifs aux élections ukrainiennes, on pouvait constater qu'une amélioration notable était apportée à la démocratie. Les Ukrainiens venaient de voter pour le *mauvais candidat*, l'orthodoxe, le *pro-Russe*, celui dont ne voulaient à aucun prix ni l'*Union européenne christophobe* ni les *États-Unis démocrates*, ni d'ailleurs non plus un seul médiatique occidental. Il fut donc aussitôt établi que cette élection n'avait pu être obtenue que par une immonde tricherie. Et peut-être y avait-il eu en effet tricherie ; mais de toute façon cela importait peu : il *fallait* qu'il y ait eu tricherie puisque le « verdict des urnes » ne correspondait pas à ce qui avait été décidé qu'il serait. Il n'était pas question de laisser plus longtemps des gens vivre, penser et voter autrement que selon le nouveau catéchisme torché par les robots sans entrailles de l'Europe divine anti-chrétienne. Dans cette nouvelle bouffonnerie, à Kiev la terre fut bleue comme une orange et la révolution devint une *rave* permanente en centre-ville, une sorte de Nuit blanche conforme aux Nuits blanches de l'Occident décomposé. Ici, il s'agissait de tuer un dernier adversaire récalcitrant : l'*âme russe*, rétive aux centres-villes et incompétente en Nuits blanches. Avant même le retripatouillage de ces élections tripatouillées, l'issue de celles-ci ne faisait donc aucun doute puisqu'il avait été décidé en bas lieu. Une telle simplification, lors de la présidentielle française de 2002, aurait fait gagner bien du temps et épargné bien des larmes. Mais cette simplification est déjà à l'œuvre lors de tous les scrutins où il s'agit de décider de l'avenir de l'Europe, et où le choix réside définitivement entre *oui* et *oui*, ce qui d'ailleurs laisse de la marge. En novembre 2004, lors de la réélection de Bush, on découvrit aussi à quel point les Américains étaient coupables de n'avoir pas voté comme le leur commandaient depuis des mois, et de la façon la plus nette, les éditorialistes de *Libération* et du *Monde*. Ceux-ci, par ailleurs, ont déjà indiqué avec fermeté dans quel sens il faudrait voter en 2005, lors du référendum concernant l'entrée de la Turquie dans l'Union européenne (*décembre 2004*).

point de vue ou d'autre choix possibles que ceux que nous assigne le parti du Bien. Mais ce n'est pas parce que celui-ci a décrété la fin de l'Histoire que nous devons l'accepter comme une vérité et encore moins nous y conformer. Mais nous y reviendrons.

La maîtresse expression du nihiliste élitocrate est : *il faut aller plus loin*. Et on sait ce que ça signifie : il s'agit d'anéantir tout ce qui paraît se dresser encore sur la route de la modernité, et cela dans tous les domaines. Ainsi l'organisation Mix-Cité, commentant dans *Le Monde* les décisions de la susnommée Ségolène Royal et sa brillante réforme du droit de la famille, surenchérissait : « Comment ne pas contester l'idéologie maternaliste selon laquelle les enfants seraient la propriété exclusive des mères ? Allons plus loin ! Demandons-nous aussi au nom de quoi les enfants seraient la propriété privée des parents ? » Ce qui nous ramène à l'idéal des charmants régimes totalitaires où, en effet, les enfants n'étaient pas la propriété de leurs parents mais de l'État et de l'idéologie. Qui dit que le retour à cet idéal est impossible ? La guerre que mènent les élites contre les hyliques s'effectue en brandissant l'arme de l'inéluctable. Et c'est aussi cette arme que l'on agite, en ce moment même, pour courber les populations au plus vite et les soumettre à la torture odieuse et même *inutile* de l'euro. Toutes les anciennes conditions de vie, tous les anciens rapports entre les êtres sont présentés comme des liens archaïques à trancher afin de parachever une libération qui n'est en fait qu'une destruction de ce qui subsistait encore de minimalement vivable dans l'existence. La *common decency*, à si juste titre chère à Orwell et aujourd'hui à Jean-Claude Michéa, subsiste encore peut-être un peu dans les « couches populaires », mais elle dépend d'un ordre symbolique (le vieil ordre œdipien structureur de l'humanité) que tout concourt à faire disparaître. Bien sûr, encore une fois, il y a des résistances. Les élites n'arrêtant pas d'inonder les hyliques de leur arrogance moderniste, c'est ce que les hyliques, l'hiver dernier inondés concrètement dans la baie de Somme, ont traduit de manière pour ainsi dire psychosomatique avec la fameuse rumeur d'Abbeville accusant Paris d'avoir transvasé l'eau du canal du Nord dans celui de la Somme. La rumeur était fausse, mais le diagnostic était beau. Les élites n'arrêtent pas de noyer la prétendue « France moisie » sous les eaux bénites de leur modernisme sociétal. L'épisode était d'autant plus intéressant qu'il s'est produit exactement au moment de l'élection de Delanoë, avec son nom de Déluge dans Paris rollérisé. La France d'« en bas », comme on appelle maintenant l'ancien monde réel, sent et sait que Festivus festivus, autrement dit l'élitocrate, veut tout bonnement sa mort. C'est pour cela aussi qu'aux dernières élections le plouc émissaire a voté de manière si déconcertante aux yeux des élites : il n'a pas voté à droite, comme on l'a dit, parce que la droite n'existe plus, même comme fausse fenêtre permettant l'antithèse avec la gauche ; il a voté contre le terrorisme de l'élite et ses pimpantes avancées sociétales. Le plouc émissaire sent, mais sans avoir tout à fait les moyens de l'exprimer, hélas, que toutes les modernisations sont désormais des complots meurtriers, et qu'il est encore davantage le sinistré des élites et de ses affreuses inventions que le sinistré des eaux en folie. Il sait donc aussi que l'*instinct de conservation*, sans ambiguïté, se trouve dans le camp de la vie et de la liberté. C'est une sorte d'espoir, si vous voulez. Une sorte seulement.

Il y a une logique à observer le monde à travers le prisme déformant de la propagande médiatique dès lors que cette propagande est conforme à la réalité. Mais n'est-ce pas aussi adopter le langage des gagnants ?

Mais ce que disent les gagnants (qui ne gagnent d'ailleurs plus jamais que sur les ruines qu'ils ont produites, et on peut préférer d'autres sortes de victoires) ce n'est pas autre chose que le monde tel qu'ils le recréent ; ou, mieux encore, ce que disent les gagnants du monde, c'est le monde tel qu'ils le veulent. Mon sujet est le discours que les dominants tiennent sur la réalité (et qui, peu à peu, devient la réalité), non ce qui reste encore de réalité non transformée. Médias, presse, etc., forment l'espèce de magma discursif à travers lequel s'exprime une volonté de transformation que l'on peut essayer de lire, de traduire, de comprendre comme une sorte de texte collectif officiel et perpétuel, avec ses intentions affichées, ses sous-entendus, ses projets masqués, ses intentions non conscientes, ses actes manqués, etc. Toute entreprise critique véritable commence par la critique de la vie quotidienne. La vie quotidienne d'aujourd'hui est cette imposture montée sur roulettes dont l'éloge, infatigablement, se développe dans les médias. Étudier cet éloge, *qui se substitue peu à peu à la vie réelle*, en entreprendre la critique systématique, montrer que l'éloge remplace progressivement la plus élémentaire compréhension, démontrer que c'est parce qu'eux-mêmes ne comprennent plus rien que les laudateurs du présent crient si fort, c'est déjà empêcher que la fiction des gagnants, comme vous dites, soit tout à fait gagnante. L'Histoire, prétend-on, a toujours été racontée par les vainqueurs ? Il n'est pas absolument sûr que cela soit vrai de la post-Histoire. En tout cas, de ce côté-là, rien n'est encore joué. Ce que disent la presse et les médias, mais sans savoir qu'ils le disent, et même en en faisant toujours la plus vibrante apologie, c'est le délabrement de la raison. Ce délabrement, comme le reste, est une entreprise qui ne doit jamais s'arrêter (« Allons plus loin ! »). Le nouveau monde onirique doit apparaître comme seul réel et digne de foi.

Oui, mais il n'est pas sans intérêt de se demander si ceux qui propagent cet éloge dont vous parlez croient à leurs mensonges. Croyez-vous qu'il existe de vrais êtres humains dont l'existence ressemble à cette fiction à roulettes ?

Il en existe de plus en plus. Je ne sais pas s'ils sont « vrais », mais il sont incontestablement vivants ; et j'avoue que ma surprise, à chaque fois que je prends connaissance de leurs discours ou de leurs actes, vient de la pensée que nous respirons malgré tout le même air, et sommes encore à peu près constitués de la même façon. Mais cela ne durera peut-être pas. Si j'insiste sur le festivisme comme véritable *tissu conjonctif* du monde présent, ou comme nouveau principe anthropologique, et non comme épiphénomène ou comme symptôme, c'est que le festivisme m'apparaît comme la nouvelle névrose collective qui dispense chacun (ainsi que jadis Freud le reprochait à la religion) de se faire une névrose personnelle. C'est aussi la raison pour laquelle les nouveaux individus sont d'une consistance très spéciale (et c'est également la raison pour laquelle les personnages de romans ne peuvent plus être taillés sur des patrons connus). Prenons quelques exemples. En matière de faits divers, quels ont été les « héros » de cet été ? Un jeune homme qui a braqué une agence de la Caisse d'épargne de Cergy-Pontoise et un autre dont on ne sait pas trop s'il a volontairement percuté avec sa voiture une gamine qui roulait à vélo, ni s'il l'a violée et étranglée, mais dont on est sûr qu'il a brûlé son corps dans une forêt de Moselle. Le braqueur de la Caisse d'épargne de Cergy-Pontoise y est arrivé perruqué et costumé en femme, il a tué trois personnes, s'est fait ouvrir les coffres et n'a pas emporté l'argent qui s'y trouvait. En revanche, il a fait main basse sur les téléphones portables des otages. Quinze jours plus tôt, il était dans un centre aéré où il s'occupait d'enfants, et ceux-ci le décrivent comme « le moniteur le plus cool de la colo ». Quant aux motivations de son triple crime, il n'a pas l'air de les comprendre lui-même. L'assassin de Karine, Stéphane, est tout aussi confus que le braqueur de la Caisse d'épargne, mais tous deux sont encore battus à plates coutures par la bien nommée Péroline, compagne de Stéphane, qui n'a cessé de revenir sur ses déclarations, d'accuser puis de ne plus accuser son compagnon d'avoir étranglé l'adolescente et de l'avoir violée, etc. Sortant de sa première confrontation avec l'assassin présumé, Péroline s'est dite « super-contente » de l'avoir revu. Plus tard, après bien des revirements, Péroline confie à son avocate : « Je commence à voir que c'est grave, j'atterris[1]. »

Tous ces gens, qui semblent agir sans rime ni raison, et qui ont le trouble de l'entendement chevillé au corps, sont aussi profondément *enracinés* dans le nouveau monde confuso-onirique dont on nous chante tant de merveilles. Ce sont des membres actifs, et même hyperactifs, de l'Église de la nouvelle innocence imaginiste. Je veux dire par là qu'ils font littéralement n'importe quoi. Le sens de la réalité leur échappe parce qu'ils ont fait pour ainsi dire l'économie de l'étape œdipienne et que la séparation entre Moi et non-Moi n'existe pas pour eux. Leur vision du monde est de type fusionnel. Ils retournent à l'état de nature, à un nouvel état de nature, et c'est ce que veulent toutes les forces organisées (même si elles s'étonnent à chaque fois, mais un peu tard, d'avoir produit de tels monstres en rendant obligatoires leurs nouvelles et merveilleuses « valeurs »). Ce sont les enfants naturels de la société hyperfestive et de la confusion programmée. Ils ont pris à la lettre le mot d'ordre de la propagande moderne : l'onirique c'est le réel. Pour commencer à les comprendre, il est nécessaire de savoir ce que dit cette propagande. Il est nécessaire de la lire, de la déchiffrer. Il est indispensable d'écouter sa voix, son *chant*. Comme lorsque, pour prendre un autre exemple, Michel Serres, optimiste numérique, nous raconte à la veillée son meilleur des mondes : « Si l'on équipe chaque Français d'un téléphone de

---

1. À quelques jours de là, on devait apprendre que la mère de Stéphane, enfant adopté, avait été elle-même adoptée et que Stéphane était le fruit d'un viol commis sur elle par son propre père adoptif : Stéphane étant donc le fils biologique de son grand-père légal. Quant à Péroline, on apprenait aussi que sa mère l'avait très tôt abandonnée, s'était enfuie à Cannes et s'y faisait appeler Sophie Marceau (*août 2001*).

troisième génération, ce qui n'est pas coûteux par rapport au PNB, chaque Français, y compris les enfants de onze ans, pourra donner son avis à chaque instant, sur n'importe quel sujet. Cela ne peut pas ne pas changer les choses. » En effet. Le règne de l'infantile intégral ne peut pas ne pas changer les choses. Il les a déjà changées. Michel Serres est *en retard*. Il n'a même pas l'air de se douter que les « enfants de onze ans » donnent couramment leur avis, même sans téléphone de troisième génération, par exemple au cours de brillantes *tournantes*, dans les locaux à poubelles de la post-Histoire. S'il est vrai que la période commencée avec les Lumières a représenté « la sortie pour l'homme de son état de minorité », on peut dire qu'il y retourne en courant et en masse, ce qui donne certes une impression de majorité, mais cette majorité n'est pas à comprendre sur le même plan que la minorité vers laquelle il se précipite. Et ça se bouscule, là aussi, au portillon…

Ce qui nous amène à notre vieux contentieux. Pour vous tout est foutu, il ne reste qu'à chroniquer le désastre. Ne joueriez-vous pas, vous aussi, le grand air de l'inéluctable ? Il me semble pourtant qu'il y a des possibilités de résister à la destruction. Par la littérature certes, mais pas seulement. La disparition de la politique est le fruit de décisions politiques. Pourquoi êtes-vous certain qu'il ne se trouvera jamais personne pour renoncer à renoncer ? C'est peut-être une affaire de génération. La génération de Festivus festivus est, par excellence, celle de 68. Je vous accorde que, parmi ses rejetons, beaucoup ne pensent qu'à remplacer leurs aînés – comme les révoltés en peau de lapin de Technikart *qui s'adonnent frénétiquement à cette lutte des places. Mais pas seulement. Après tout, malgré la propagande éperdue qui nous annonce chaque jour la mort de la famille classique et donc réac, les gens continuent à en fonder… Les hommes et les femmes continuent à s'aimer, à faire l'amour, à se tromper, à se quitter…*

La génération de Festivus festivus, si vous me permettez ce rectificatif, c'est précisément celle qui écrit dans *Technikart* ou *Les Inrockuptibles*, ou qui les lit. L'autre génération, celle d'Homo festivus ou, si vous voulez, celle de 68, qui est aussi la mienne, hélas, court maintenant derrière celle de Festivus festivus. Même si elle est encore dominante, elle court derrière la nouvelle génération, et avec des tas de casseroles que l'on commence à lui accrocher, comme vous savez. Mais peu importe. Je ne sais pas si tout est foutu. Je ne vois pas très bien comment ça ne le serait pas, étant donné les infatigables travaux des élitocrates (voir plus haut). Il est certain que j'aime la littérature. Il est encore plus certain que la littérature romanesque me paraît avoir quelquefois dévoilé, longtemps à l'avance, des potentialités encore mal perceptibles. Je viens de relire *Uranus*, qui date de 1948, et j'y ai découvert un passage où Marcel Aymé décrit les idées extrêmement modernistes d'un enseignant, le professeur Didier, qui trouve que l'intelligence des jeunes gens « n'est vraiment pas préparée à saisir les variations d'un univers qui se transforme de plus en plus vite », et se plaint de l'enseignement tel qu'il existe encore : « Les leçons du passé tirent notre jeunesse en arrière alors que, pour elle, il est grand temps d'apprendre à vivre dans l'avenir. » Et Marcel Aymé poursuit : « Précisément, le professeur Didier avait imaginé une méthode dont il attendait beaucoup. Il s'agissait d'abord de donner à l'enfant le sens du présent et de l'avenir. Pour cela développer en lui dès le jeune âge l'idée qu'il n'y a rien de permanent et que tout ce qui appartient au passé est chose vile et indécente ; lui apprendre à considérer les êtres et les actions sous leur aspect futur et à en déboîter toutes les possibilités ; entraîner son esprit à suivre et à saisir simultanément plusieurs conversations, plusieurs idées et à procéder par bonds ; obliger les élèves à jouer à des jeux dont les règles se transforment sans cesse par leurs soins ; ne leur faire lire que des histoires ayant trait à une époque encore à venir, les verbes étant tous au futur et la psychologie des personnages comportant toujours des marges d'incertitude ; supprimer l'histoire, les cimetières, les bibliothèques et tout ce qui retient l'esprit de se projeter dans le futur. » Ce projet d'enseignement, qui semble annoncer (mais en burlesque *voulu*) tant de programmes bien concrets d'aujourd'hui, fondés sur l'oubli du passé exécrable et destinés à former le nouvel habitant de la Terre, l'être flexible par tous les bouts, ludique, onirique, fusionnel, libéré de tous les tabous et sans cesse projeté dans l'avenir (« Allons plus loin ! »), c'est un romancier qui l'a inventé en 1948, pas un militant ou un étudiant néo-révolutionnaire d'aujourd'hui. Voilà pour l'« utilité » de la littérature, si tant est que le problème de son utilité se soit jamais posé, ce que je ne crois pas.

Stop ! Personne ne vous a parlé de l'utilité de la littérature – pas moi en tout cas. Par ailleurs Marcel Aymé n'a pas inventé le nouvel habitant de la terre comme Dieu a créé l'homme ou Pygmalion Galatée, il l'a anticipé, extrait du réel. Tout comme vous avez anticipé Festivus festivus avant qu'il peuple nos rues.

Parfaitement d'accord avec vous. Il s'agit à présent, et devant toutes les situations qui se présentent, de les *pousser dans leurs dernières extrémités*, dans ces extrémités dont elles ne sont pas encore conscientes mais qu'elles rendent possibles. C'est, me semble-t-il, ce que la littérature et la pensée ont de mieux et de plus « utile » à faire maintenant. De ce point de vue, je crois que je ne me borne pas à « chroniquer le désastre » comme vous dites. Je me demande toujours au contraire ce qui va encore être inventé de plus monstrueux que ce qui est déjà là, et qui est apparu, à chaque fois, depuis quelques années, au milieu des cris de joie de la communauté des approuvants. Il me semble que c'est un travail qui n'est pas si ordinaire et qui est assez rare, alors que des militants, tous plus farouchement ennemis les uns que les autres de la mondialisation par exemple, mais aussi festifs que le désastre qu'ils combattent, on en trouve des pelletées. Ce que vous me dites me rappelle la critique de quelqu'un que j'aime bien, et qui, je crois, ne me déteste pas non plus, mais qui, il y a un an, regrettait mon « historicisme » et mes « positions surplombantes » et concluait : « Si nous vivons l'ère de la post-Histoire, de la post-humanité, on ne peut plus guère que l'écrire. » *On ne peut plus guère que l'écrire...* Sans doute ; mais on peut aussi imaginer des activités plus viles, et même plus contradictoires avec celle d'un écrivain. J'écris, en effet. Et je m'amuse à le faire. Et je ne vois pas ce qu'il y a de « surplombant » dans cette activité. Je décris ce que je vois et ce que je ressens ; et je suis au milieu de ce que je vois ou ressens, non au-dessus ni au dehors. Cézanne n'avait pas choisi la Sainte-Victoire *comme motif*. Elle s'est imposée à lui parce qu'elle était là. Saint-Simon n'avait pas choisi le Conseil de Régence ni l'affaire des bonnets ou des tabourets. Faulkner n'avait pas choisi le Yoknapatawpha. Freud n'avait pas choisi Vienne. Balzac n'avait pas choisi la Restauration. Je n'ai pas choisi mon horrible époque. Je ne me place certes pas dans une perspective de « combat », parce que j'ai une autre préoccupation : j'essaie, sous diverses formes, d'inventer la nouvelle manière de décrire les très étranges nouveautés qui remplacent peu à peu le vieux monde. J'ai d'abord pensé (et je pense toujours) que « déconsidérer de toutes les manières possibles et imaginables les nouvelles conditions d'existence était une première tâche nécessaire ».

Une autre objection qui m'est souvent faite, émanant de « jeunes » cette fois, est que même si mes constats sont justes, ils sont insupportables pour des gens qui, à la différence de moi, sont destinés à vivre encore de très longues années en ce monde. Mais ce n'est pas ma faute s'ils sont jeunes. Ils devraient en tout cas en profiter, eux aussi, pour comprendre ce monde plutôt que d'en trembler puis, fatalement, d'y entrer, même à reculons, et de toute façon opaques à eux-mêmes. À tout point de vue la situation est inédite, ce qui n'arrive quand même pas tous les jours. « Ce siècle, autre en ses mœurs, réclame un autre style », écrivait Agrippa d'Aubigné. Mais il ne s'agit pas que de style. Il faut prendre acte de la nouveauté totale de la situation, ou plutôt de ce qu'il y a de radicalement nouveau dans la situation actuelle, et ne pas y apporter des réponses anciennes, comme le « combat » ou la « subversion », mais trouver une pensée, des formes, un style en effet, et surtout des hypothèses, et un vocabulaire qui soient eux-mêmes d'une nouveauté radicale.

Peut-être est-il impossible, pour un écrivain, de penser quelque chose qui s'appellerait la politique. Dans J'ai épousé un communiste, *de Philip Roth, l'un des personnages, Léo Glucksman, dit ceci : « La politique est la grande généralisatrice et la littérature la grande particularisatrice, et elles sont dans une relation non seulement d'inversion mais aussi d'antagonisme... Quand on généralise la souffrance, on a le communisme. Quand on particularise la souffrance, on a la littérature. » On peut d'ailleurs en dire autant de la philosophie : elle théorise et donc, généralise. Mais si on suit Glucksman (Léo) et Roth, la politique ne devient qu'une plate règle du jeu, un vague contrat organisant une vague cité. « Durant des siècles, écrit Hannah Arendt, des hommes sont entrés dans le domaine public parce qu'ils voulaient que quelque chose d'eux-mêmes ou quelque chose qu'ils avaient en commun avec d'autres fût plus durable que leur vie terrestre. » Est-ce cela qui a disparu ?*

La phrase de Roth est très belle et très juste évidemment. La littérature, surtout la romanesque, est particularisatrice. C'est pourquoi la littérature est non-sens pour la politique, et folie ou scandale pour la philosophie, toutes deux généralisatrices par définition. J'apporterai seulement un bémol à ce que dit Léo

Glucksman car aujourd'hui, pour ce qui est de généraliser la souffrance, nous n'avons même plus besoin du communisme puisque nous avons mieux : des « cellules d'écoute » et des « psys » chargés de faire tourner plein pot la *machine à travailler le deuil*. Mais cette histoire ahurissante de « travail de deuil », comme on dit aujourd'hui si fautivement, nous entraînerait trop loin, j'espère qu'on en reparlera une autre fois. Pour revenir à la littérature, il est certain qu'elle entretient avec le « monde commun » de la politique des rapports pour le moins complexes et même tortueux. Stendhal, par exemple, pouvait bien être personnellement « de gauche », donc partisan de l'égalité, il n'empêche qu'il n'arrêtait pas de se demander pourquoi les hommes, dans le monde moderne, le monde moderne qui était le sien, c'est-à-dire post-révolutionnaire, étaient si malheureux ; et il répondait à travers ses romans que c'était là un effet de l'égalité, qui avait développé chez les individus « l'envie, la jalousie et la haine impuissante » : ce qui ouvre aussi lointainement la voie, entre parenthèses, au processus de formation de notre Département fusion-inquisition, c'est-à-dire au stade suprême de la récrimination autonomisée. Un écrivain, un romancier surtout, s'intéresse aux individus. L'individu, jusqu'à présent, c'est ce qui a toujours fait échouer tous les programmes. Il n'est pas sûr que cet individu facteur d'échec existe encore. Vous remarquerez qu'en créant Homo festivus, puis maintenant Festivus festivus, c'est d'un individu que je parle, même s'il s'agit d'un individu synthétique, d'une condensation d'individus. Je ne fais pas de philosophie. Cet individu, néanmoins, a la particularité de travailler *pour* le Programme, à l'inverse de ses ancêtres. Il y a donc là une transformation anthropologique de première ampleur, et c'est ce phénomène qui devrait aujourd'hui mobiliser l'énergie des écrivains. Pour ce qui est de la transcendance (nécessairement liée à la loi du père), il me semble que je n'ai cessé, dans mes précédentes réponses, de décrire la façon dont était organisée sa destruction (notamment à travers le saccage concerté des dernières ruines du patriarcat) au profit du nouveau monde confuso-onirique. Mais je pense que nous aurons d'autres occasions d'évoquer le phénomène. Et de reparler de la politique ou des politiques, devenus à mon avis les esclaves de puissances qui les dépassent de toutes parts, depuis les forces supranationales qui rendent leur action dérisoire jusqu'aux associations déchaînées dont ils n'ont pas su ou pas voulu faire autrement que favoriser l'extension, et qui, à travers mille figures, mille noms (professeurs, chercheurs, artistes, sectes communautaires, féministes, homosexuels, syndicats, etc.), tiennent maintenant la réalité du pouvoir (un nouveau pouvoir fait exclusivement de chantage et de manipulation car il n'a strictement rien à donner d'autre) et ravagent l'ancien « monde commun ». Une fois encore, c'est là une situation qui n'a aucun précédent, et nous ne sommes qu'au début de sa compréhension. Pourquoi ne pas avouer que ce triomphe effrayant des groupes de harcèlement et de persécution est un *mystère*, le mystère le plus lourd de l'époque actuelle, et qu'il faut l'étudier comme tel ?

En observant l'actualité sanglante du Moyen-Orient, il me revient à l'esprit une question dont nous avons déjà parlé. La disparition de l'Histoire n'est-elle pas un phénomène circonscrit à l'Occident riche ? Voir dans les manifestations historiques qui persistent à travers le monde une survivance transitoire, n'est-ce pas céder aussi à l'idéologie du progrès selon laquelle la marche de l'humanité vers son avenir glorieux serait déjà écrite ? Bref, ne faudrait-il pas être un peu plus dialectique ?

Pour une fois, je répondrai avec brièveté :
1° Je ne pense pas du tout, bien évidemment, que la sortie de l'humanité hors de l'Histoire soit un événement heureux ou

glorieux, ni le moins du monde un progrès, c'est même l'événement le plus malheureux qui ait jamais été, et s'en trouver le contemporain est d'une si grande tristesse que l'on ne peut y répondre que par un *art du rire* accru, volontaire et minutieux (cet art du rire serait à lui seul une raison de survivre si je n'en avais bien d'autres encore). Autrement dit, il ne faut jamais se voiler la farce.

2° Voir dans les manifestations historiques violentes qui persistent à travers le monde autre chose que des survivances transitoires (mais ces survivances peuvent durer mille ans), c'est nier le profond désir de *tous les peuples*, quoi qu'ils fassent et disent, et quelles que soient les tragédies dans lesquelles ils se débattent, de s'aligner sur l'agonie occidentale, qui est peut-être d'ailleurs, pour l'humanité à venir, le seul modèle viable et enviable de survie, mais il exclut bien entendu tout ce qui avait fait la vie dans les temps historiques (en gros l'imprévu, qui induit l'événement, c'est-à-dire la vie). La folie sanglante des divers terrorismes et fanatismes actuellement existants ne traduit peut-être que le désespoir de ne pas en être encore arrivé là, c'est-à-dire à la politique du principe de précaution étendue à tout. Pourquoi ne pas faire le pari qu'eux aussi, même s'ils ne le savent pas mais l'expriment par d'horribles convulsions, *ne veulent plus vivre* ? Après tout, l'humanité post-historique, avec sa valse des clones, sa psychose maniaco-juridique, la démence instituée en droit, l'oniro-confusion légitimée, tout ce carnaval de monstruosités sophistiquées débitées à jets continus, et jusqu'à la relativisation des origines mêmes de l'humain, et jusqu'à la levée à présent imminente du tabou de l'inceste, a peut-être aussi ses charmes, quand on n'en a connu aucun autre...

Les affrontements de Gênes cet été sont-ils pour vous un simulacre de vieux conflits désormais privés de sens ou manifestent-ils, au contraire, l'émergence de réels antagonismes propres à nous refaire goûter à l'Histoire ? La lutte des classes peut-elle renaître à l'échelle mondiale ?

Non. Il ne suffit pas de s'affirmer adversaire de la mondialisation marchande, et de lutter contre elle, même avec héroïsme, dans de grandes émeutes festives ; encore faudrait-il diverger notablement des valeurs de cette mondialisation marchande diffuse et instable, et surtout faudrait-il commencer par s'affranchir du mythe angélique d'un monde sans frontières qui est justement la *nouvelle frontière* de la mondialisation, c'est-à-dire son illusion lyrique spécifique. Je ne crois pas que ce soit le cas. Ceux qui veulent avec fureur la libre circulation des capitaux et ceux qui combattent pour la libre circulation des personnes (notamment celle des immigrés sacro-saints) se battent du même côté. Ce sont tous de frénétiques déterritorialisateurs, des effaceurs de frontières, donc des partisans du nouveau monde confuso-onirique d'où les anciennes souverainetés, produits de l'humanisation, se retrouvent bannies à jamais. Entre ces frères ennemis, je ne vois se dessiner aucun antagonisme essentiel. Ceux qui voudraient à juste titre qu'une économie devenue folle repasse sous le contrôle des humains, n'ont apparemment aucune objection contre l'accroissement illimité de l'Empire mondial de la justice, par exemple. Et, par-dessus le marché, ils n'ont pas l'air de se demander un seul instant si ces humains sous le contrôle desquels ils voudraient que l'économie repasse sont encore des humains. Ce sont aussi ceux qui, dans tant d'autres domaines, s'enthousiasment pour des innovations monstrueuses qui sont autant d'avancées vers la sortie de l'humanité. Les manifestants de Gênes me paraissent tout aussi soumis à la modernité enchantée, matriarcale et planétaire, que les maîtres transnationaux qu'ils contestent. C'est pour cela que leurs furibondes guérillas urbaines ne sont encore que du théâtre de rue, soit une forme parmi d'autres (et « artistique », qui plus est, donc éminemment coupable !) de la soumission.

On ne peut pas transiger avec le monde contemporain qui vous assure tout en même temps : le progrès, la liberté, la transgression, la disparition des frontières, l'effacement des sexes, la liquidation de l'humain, le règne de la folie heureuse, etc. Il faut le rejeter en entier. Et d'abord rejeter ce qui semble ses bienfaits les moins contestables.

Ce n'est pas un droit, c'est un devoir.

Septembre 2001

III

RIEN NE SERA PLUS JAMAIS COMME APRÈS

Quinzaine anti-Le Pen — Où l'on verra, comme d'habitude, revenir et repartir l'Histoire — Où la jeunesse technoïde entra en résistance contre la Créature des marais, et ce qu'il en advint — Où l'on verra vingt pour cent d'électeurs choisir le bruit de bottes contre le bruit de hottes — Du fabuleux destin d'Amélie Jospin au piteux destin d'Amélie Poulautre — Des chiens écrasés — Des statopathes, de la statopathie et du statocide en statosphère — Brève histoire du nihilisme : du salut à la sécurité et de la grâce sanctifiante à la prison de la santé — Ben Laden l'occidentopathe — Cours, camarade, le réel est derrière toi.

Il s'en passe des choses pendant la fin de l'Histoire ! Ces gens qui sont allés voter pour Jean-Marie Le Pen au premier tour de la présidentielle quand médias et sondeurs les enjoignaient de se partager entre Chirac et Jospin, ce peuple qui « pète à table » – pardonnez-moi cette expression un peu crue – nous ont offert le réjouissant spectacle de l'armée du Bien en pleine déconfiture. Vous aviez relevé que Sollers affirmait récemment que « le mouvement passe désormais par Jospin ». Quant à Jospin, il trouvait Chirac « crépusculaire ». Eh bien, ces électeurs qui ont préféré le crépuscule à la grande lumière moderne, la permanence au mouvement perpétuel que l'on nous donne comme le nouveau sens de l'Histoire, ces électeurs me semblent diablement et irrémédiablement historiques, non ?

À chaque fois que survient un accident, une catastrophe, un « séisme », à chaque fois que deux tours s'écroulent ou qu'un premier tour d'élections présidentielles donne des résultats terrifiques, on annonce la réapparition de l'Histoire dans le bruit et la fureur. À quoi je continue à opposer, toujours aussi tranquillement, que si l'Histoire est en effet tragique, la tragédie, elle, n'est pas nécessairement historique. Je vous ferai remarquer aussi qu'une fois de plus, comme le 11 septembre, c'est *de l'extérieur*, en l'occurrence de l'extérieur du « cercle démocratique », que cette prétendue Histoire revient ; comme, le 11 septembre, c'est de l'extérieur de l'Occident qu'elle est supposée être réapparue (mais cela revient au même, car il y a belle lurette que l'Occident s'identifie avec ce cercle vertueux de la démocratie qu'il n'a cessé de vider de tout sens pour le remplir d'une vertu d'ailleurs purement onirique). Extérieur, le fou islamique qui met Manhattan à feu et à sang. Extérieurs, Ben Laden et ses légions de fantômes, d'ailleurs volatilisés comme par enchantement deux mois plus tard, virés aux oubliettes de la non-Histoire, écrasés, détruits, mais toujours capables aussi bien de ressurgir comme des diables d'une boîte et de provoquer un massacre à Karachi, comme cela vient juste de se produire. Extérieurs, aujourd'hui en France, l'extrémiste « frontiste », le « protestataire » qui vote merde en votant Le Pen, l'ouvrier en rupture de « cercle démocratique », en rupture de cercle vertueux, c'est-à-dire martineaubryesque. Extérieur par-dessus tout Le Pen, avec son bric-à-brac infernal de vieille droite réactionnaire d'un autre temps, ses citations en latin, ses antiquités d'Indochine et d'Algérie, son blazer de baderne, les ombres de la Waffen SS ou de l'OAS, ses casseroles négationnistes ou antisémites.

Oui, mais c'est le Cercle de la Raison qui est lui-même sorti de l'Histoire. Il y a un très beau passage du Journal de Kafka où l'écrivain parle de la souffrance que lui inflige sa séparation d'avec le monde : « Moi aussi, j'aimerais mieux être dans le cercle que de donner des coups de pieds à l'extérieur. Mais où diable est ce cercle ? » Dans l'affaire du 21 avril, certains électeurs ont choisi – provisoirement et confusément – de se placer à l'extérieur du cercle comme d'aucuns, autrefois, se mettaient en dehors du parti. Peut-être ont-ils de façon obscure l'ambition de demeurer des êtres historiques, en rappelant au passage que l'Histoire ne sent pas toujours très bon...

Kafka disait aussi qu'écrire c'est faire un bond hors du rang des meurtriers, l'expression « meurtriers » désignant tout le monde, en l'occurrence, toute la société raisonnable, vertueuse, satisfaite d'elle-même et ne se pensant nullement meurtrière... Qu'est-ce qui s'est passé au juste le 21 avril ? On comprend bien l'ahurissement de toute la jeunesse technoïde devant ce stupéfiant retour de pareilles vétustés dont elle n'avait entendu parler, et encore, que comme d'images d'Épinal d'un autre temps. Ce Le Pen invraisemblable, elle est en face de lui comme devant la réapparition d'un animal préhistorique. Elle serait plus à l'aise face à un extra-terrestre parce qu'elle vit précisément dans la *science-fiction actuelle et naturelle* d'un monde qui a aboli les différences, qui s'émancipe des servitudes et des tabous, et qui finalement n'a plus avec l'ancien réel qu'un contact de plus en plus intermittent. Le Pen, de ce point de vue, c'est la Créature des marais qui a resurgi brusquement des isoloirs, hideuse, couverte des boues et des algues de l'ancienne Histoire décomposée, et qui sème l'épouvante chez tous ceux qui sont déjà bien engagés dans la grande métamorphose anthropologique dont je ne cesse de parler.

En somme, c'est l'un de ces films d'horreur kitsch dans lesquels on fait semblant d'avoir peur de monstres en plastique que l'on sait parfaitement inoffensifs alors qu'on a envie de s'étrangler de rire ?

Oui, mais il ne faut surtout pas le dire. Le premier qui rit est un homme mort. Le premier qui dit qu'il s'agit d'une bande dessinée est un homme fini. *Le rire n'est plus de saison*, pour reprendre la formule d'un éditorialiste au lendemain du 11 septembre (il est d'ailleurs à craindre que, dans le cas particulier de cet éditorialiste, le rire n'ait jamais été de saison, et qu'il n'ait même jamais vu qu'il y avait des saisons). Tout s'est déroulé en effet, durant la grande Quinzaine anti-Le Pen, dans ce climat confuso-onirique qui me semble être le propre de notre temps. Jospin trépigne de rage et se débande comme un seul homme en plein milieu du champ de bataille, puis laisse aux socialistes cette consigne comique en forme de testament : « Essayez d'être dans la réalité, pas dans les mythes » (ils sont bien partis avec ce viatique). La gauche admirable, dont la raison d'être a si longtemps été la protestation, se met à vomir le « vote protestataire » qui l'a privée d'un deuxième tour approbatoire qu'elle considérait déjà comme légitimement acquis. Chirac fuit le combat médiatique et singulier avec Le Pen, ce qui lui vaudrait, dans le schéma hégélien de la lutte à mort pour la reconnaissance (*c'est-à-dire dans l'Histoire*), d'être automatiquement disqualifié, déclaré vaincu ; mais il est au contraire réélu avec un score si fantastique que celui-ci relève du *space opera*, et tout le monde est complice de sa dérobade post-historique, c'est-à-dire que tout le monde l'approuve d'avoir lui aussi, comme Jospin en fin de compte, refusé le combat. Et ainsi de suite. Pour conclure provisoirement sur ce point, mon hypothèse est que nous ne sommes pas du tout en présence d'une « crise politique » affectant « le ciment de la société », comme l'écrit le toujours inénarrable Colombani, ce curé furtif, mais d'un contretemps funeste, certes, mais accidentel, dans ce processus de métamorphose entrepris par des savants fous ou par des chirurgiens allumés dont les bistouris s'appellent « euro », « souveraineté partagée », « modernisation », « tolérance », « respect de la tolérance », « tolérance du respect »,

« transferts de souveraineté », « souveraineté de transfert », « mondialisation civilisatrice », « attitude citoyenne » et ainsi de suite. Je ne peux quand même pas énumérer tout le lexique de Grévin du nouveau monde mort qui vit une vie humaine...

C'est pourtant ce que nous nous efforçons de faire, enfin surtout vous. Cela dit, le vote Le Pen est réellement un vote protestataire, sauf que, contrairement à ce que tout le monde feint de croire, il ne proteste pas contre les Juifs ou les Arabes mais contre l'avenir radieux que le plouc – votre plouc émissaire – doit non seulement subir mais adorer.

C'est même le seul vote protestataire, mais il est paradoxal, comme émis dans un état second. Imaginez un grand tigre malade qu'un vétérinaire pressé, distrait ou incompétent a mal endormi et qui se réveille tout à coup alors qu'on lui enlève une tumeur appelée, par exemple, *allergies ou résistances multiples à la modernité*. Le tigre se réveille, pousse un grondement effrayant et on le rendort aussi sec avec une dose massive. Voilà ce qui s'est passé. La bête répond de façon pathologique aux opérations que l'on pratique sur elle. Immédiatement, alors, on lui dit qu'elle est un monstre, on lui fait *honte*, le mot *honte* est brusquement hurlé, quinze jours durant, par les apôtres infatigables et innombrables de la *fierté* (qui d'ailleurs, en l'occurrence, sont fiers d'avoir honte : ce sont d'abord des Shame Prides auxquelles nous avons assisté pendant l'entre-deux-tours), et tout rentre plus ou moins dans l'ordre, dans le nouvel ordre, après ce coup de tabac, ce sale coup de tabac, ce coup de réel. En attendant le suivant, car la liquidation des anciennes conditions de vie et de la vieille humanité ne se fera quand même pas sans mal, je veux dire sans accidents, sans imprévus, sans événements. La bête se débat. Une grosse bête comme l'humanité, avec ses vieilles habitudes inconscientes de liberté, ses foucades, ses fantaisies, son ancestral amour du malheur, son goût de l'échec, ses tortuosités, sa mauvaise humeur et ses coups de tête, ce n'est pas si facile à tuer. On s'y reprendra donc autant de fois qu'il le faudra. Mais on y arrivera.

Ne recommencez pas à me faire le coup de l'inéluctable, de l'avenir écrit une fois pour toutes...

On y arrivera. Car la grosse bête humaine n'a aucun argument contre les expériences chirurgicales qui sont entreprises sur elle. Elle n'a même pas une idée très claire concernant la nature de ces expériences. Elle n'est même pas tout à fait convaincue que ce n'est pas pour son bien, en fin de compte, qu'on les entreprend. Et, par-dessus le marché, la protection de la liberté n'a jamais été un argument, en quelque circonstance que ce soit.

Vous êtes parfois énervant, cher Philippe Muray ! Vous avez créé un système parfait que rien ne peut venir perturber. Quoi qu'il arrive, il s'agit simplement, selon vous, d'un accident sur le chemin de la catastrophe certaine, d'un retour provisoire d'humain dans le post-humain, d'un lambeau égaré d'Histoire dans la post-Histoire. Le destin des hommes et des sociétés n'est pas écrit d'avance, même par un écrivain génial. Ne craignez-vous pas de vous enfermer au point d'être incapable de repérer une cassure profonde de la logique que vous avez admirablement diagnostiquée ?

Je ne crée pas un « système parfait ». Mon travail relève plutôt, et même bien au contraire, de quelque chose que l'on pourrait appeler *empirisme organisateur*. À travers cet empirisme organisateur, j'essaie d'abord de m'expliquer à moi-même, d'une façon générale et en détail, ce qui se passe. Je n'exclus pas les « cassures », mais je ne crois pas qu'elles soient jamais aussi profondes ni irrémédiables que vous avez l'air de l'envisager. Et même si elles le sont, on s'efforcera inlassablement de les effacer ou de les colmater. Cela signifie aussi que je ne crois pas à l'échec du processus engagé mondialement et anthropologiquement. Je ne crois pas non plus à sa réussite définitive. Je crois que la volonté d'en assurer la réussite *occupera*, à tous les sens du terme, la période post-historique où nous nous enfonçons, et que cette réussite ne sera jamais complète. Il y aura des accidents, des déchirures, des événements. Et il y en aura même de plus en plus au fur et à mesure que le pouvoir du nouvel Occident post-historique s'étendra et se renforcera. Et ces accidents ou ces événements ne cesseront de le renforcer pour la bonne raison que, par l'horreur qu'ils répandront, ils feront regarder celui-ci comme préférable et même désirable à ceux-là. C'est en tout cas ce qui s'est passé avec le 11 septembre, et c'est ce qui se passe, à une tout autre échelle, avec le 21 avril.

Vous savez, je me demande parfois si vous ne craignez pas que vos amusants petits personnages vous faussent compagnie…

Mes « amusants petits personnages », vous conviendrez qu'en ce moment, loin de me fausser compagnie, ils donnent au contraire toute leur mesure. Même sans parler de la série de représentations de théâtre de rue qu'a été la Quinzaine anti-Le Pen, les séances d'exorcisme du Zénith rassemblant tout le gratin en rut de « l'art et de la culture contre l'extrême droite » (souvenez-vous de ce que je disais de l'art en commençant nos conversations) ont constitué de splendides moments de méconnaissance militante de la situation. Les traits étaient tirés, les teints étaient plombés. Les jeunes couples étaient venus avec leur poussette. Un artiste annonçait : « S'il passe, je me barre au Québec. » Une sœur de charité déclarait : « Nous devons parler avec les électeurs de Le

Pen, c'est notre travail d'artistes, il ne faut pas les exclure », ce qui rafraîchissait le thème du baiser au lépreux. On étudiait surtout l'art et la manière d'aller voter Chirac : à reculons, de travers, en crabe, par-derrière, à quatre pattes, sur le dos, en rampant, sur les mains, sans les oreilles, avec les oreilles, avec une pince à linge ou un gant Mapa. Par-dessus tout, il s'agissait de se demander sans en avoir l'air pourquoi on existait si peu, pourquoi on était si peu écouté, si peu aimé, et pourquoi Le Pen, lui, l'horrible, l'affreux, avait monopolisé l'existence ou ce qui en reste et l'avait transformée en quelque chose de si sale. Comme si elle n'était pas sale avant (et c'est bien entendu la volonté enragée de la blanchir par tous les moyens, notamment par ceux de l'élite artistique et culturelle, qui est le bras armé de la gauche, qui a suscité ce vote).

Mais vous savez bien qu'intérieurement, tous ces gens trépignaient de joie et rendaient grâce à ce diable sorti de sa boîte qui non seulement leur donnait pour quelques heures une raison de vivre mais leur fournissait un certificat de vertu. Discuter doctement pinces à linge et gants Mapa signifiait qu'on était bon (bon à manger du foin), et en prime résistant.

En effet. Le Pen est un merveilleux ennemi qu'ils regretteront. Aussi s'accrochent-ils à son chant du cygne, si je puis dire. Son chant du cygne noir. Ces héros de la nouvelle résistance ne parlaient d'ailleurs pas de Le Pen mais de leur propre incapacité sublime à avoir le moindre rapport avec le Mal. On peut d'ailleurs définir la culture, au sens institutionnel et moderne ou étatique (tous ces mots sont synonymes et ils sont tous synonymes de mort) comme ce qui a été lavé du Mal, épuré, décontaminé, vidé, donc rendu étranger à l'art, à tous les arts qui, eux, entretenaient une connivence plus ou moins obscure avec le Mal. D'où le malaise. L'Histoire aussi entretenait une connivence avec le Mal. La post-Histoire, en revanche, n'a plus aucun lien avec lui. Du Mal il ne reste que le malaise, comme le souvenir d'un membre amputé qui vous tiraille de temps en temps, qui rappelle ainsi à votre bon souvenir le souvenir de sa non-existence. Voilà ce que c'est que cette affaire Le Pen, à mes yeux : un rappel du membre manquant (le 11 septembre a joué le même rôle sur un théâtre infiniment plus large), un rappel de l'Histoire manquante qui oblige brusquement ceux qui sont atteints d'élancements à se mettre en posture historique ; mais ce ne sont jamais que des postures.

Le Pen aussi, d'ailleurs, n'est qu'une posture. La posture de la honte. Les jeunes, quand ils le voient, crient qu'ils ont honte. *Honte de quoi ?* Honte de ne pas encore baigner intégralement dans la fierté ? L'humanité réduite à la fierté face à une honte tombant comme d'une autre planète, voilà ce que c'est que cet entre-deux-tours parfaitement post-historique. Mais ce qui se passait avant l'était déjà, bien entendu, et l'on pouvait déjà avoir confirmation, en lisant par exemple *Le Nouvel Observateur* qui, juste avant les élections, avait eu la bonne idée de demander à un grand nombre d'intellectuels, artistes, scientifiques et autres sommités de révéler leurs intentions de vote, qu'être de gauche est à la fois une affaire de famille, un inné et un naturisme. C'est ainsi qu'un comédien répondait : « J'ai été élevé à gauche et j'y reste. » Un généticien : « J'ai toujours voté à gauche, alors je voterai Jospin. » Un écrivain : « La gauche est ma famille. » Un bouffon de la télé : « Au second tour, je voterai pour Jospin. Par tradition familiale. » Un autre : « J'ai une culture de gauche par ma famille. » Et ainsi de suite.

C'est bien l'unique domaine dans lequel se réclamer d'une quelconque tradition, ou d'un héritage familial, terme qui suscite habituellement des cris d'effroi, soit payant...

Oui. On est de gauche, en somme, comme on est blond ou brun, on est né comme ça, c'est héréditaire. On vote comme papa, comme maman, comme les frères et les sœurs. On vote là où on a souillé ses couches, comme les poules chient où elles ont pondu leurs œufs. Ça ne sort pas du cercle vertueux. On se marie entre soi, on pratique l'endogamie, voire l'inceste d'isoloir, on n'a même pas l'idée d'aller voir ailleurs comment ça se passe. On vote à gauche, c'est évident, c'est de famille. Pourquoi pas de *race*, tant qu'on y est ? On est de gauche parce qu'on est de gauche. L'Histoire elle-même s'est évaporée de cette disposition heureuse, innocente, naturelle et raciste. Le « vote Jospin », le « vote de gauche » ne sont plus les résultats d'un combat nécessairement salissant avec soi-même et avec les conditions concrètes d'existence, c'est quelque chose d'immaculé, de préexistant et qui va de soi. De toute éternité. Organicisme, familialisme et identitarisme constituent les raisons de voter de gens qui, si on les réveillait de leur délicieuse hypnose, vous diraient comme des robots qu'il n'y a rien de pire que l'organicisme, le familialisme et l'identitarisme (à condition qu'ils connaissent encore le sens de ces mots, ce qui est loin d'être sûr). Quant à Sollers, en effet, huit jours exactement avant la défaite absolue de son poulain à trois pattes, et empressé d'être le plus ridicule possible, il affirmait, dans le même numéro de *L'Obs*, sur ce ton de *réfuté d'avance* qu'on lui voit toujours dans les grandes occasions : « Je voterai pour Jospin, c'est-à-dire pour une France européenne et ouverte, contre une France de la peur et du rétrécissement sécuritaire. De 1995 à 1997, Jospin a sauvé les socialistes du désastre. De 1997 à 2002, il a amplement démontré ses capacités démocratiques de gouvernement. Cinq ans de plus à Chirac ? Pourquoi perdre du temps ? Le mouvement passe désormais par Jospin, qu'on l'aime ou non. Ce vieux pays toujours jeune veut refleurir, et non pas être durci, embaumé, entravé, faussement admiré. » *Le mouvement passe désormais par*

Jospin ? Eh bien, on peut dire qu'il lui passe maintenant *par le mi du cul*, comme écrivait Céline. Et qu'il n'y a rien de plus savoureux que de le constater.

Notez au passage que l'affection de Sollers n'est pas un gage de longévité aux affaires. Seul le pape y a résisté...

Il n'est malheureusement pas en très bon état. De manière générale, vous remarquerez que toutes ces personnes qui n'ont que l'idéal du *mouvement* à la bouche prônent, lorsqu'il s'agit de voter, une attitude *sédentaire* assez stupéfiante que l'on pourrait assimiler à un encroûtement si l'on avait la moindre malveillance, ce qui n'est pas mon cas comme vous le savez, mais qui se signale surtout par son angélisme moisi. D'où la honte prétendue lorsque soudain le réel revient dans ce paysage lavé, lissé, totalement nettoyé, *dépolitisé*. D'où l'imbécile qui brandissait une pancarte, le soir du premier tour, au QG de Jospin, et que je voyais à la télé occuper le champ des caméras : « J'ai honte de la France. » D'où les visages en larmes, dans ce même QG. D'où les sanglots de toutes ces vierges violées par le méchant réel. D'où le glaçant spectacle, encore une fois, de tous ces artistes mobilisés au Zénith et s'interrogeant, paraît-il, sur leur « responsabilité citoyenne ». Quelle image indigne sera la nôtre à l'étranger, s'exclamait l'une des plasticiennes les plus morbides d'aujourd'hui. Un autre battait sa coulpe et découvrait la Lune : « D'une certaine manière, nous faisons partie aujourd'hui des excluers. » Un troisième : « Nous ne sommes pas populaires et nous faisons des efforts pour ne pas être impopulaires. Les joueurs de foot, qui récoltent des fortunes, eux, sont très populaires. » Et tous les « responsables de théâtres, squats, lieux alternatifs ou autres friches » se questionnaient « quant à l'efficacité de leur implication sur le terrain ». Et ils ne trouvaient à se plaindre que du « peu d'aides et du manque de reconnaissance de la part des institutions ». Mais ils ne s'étonnaient pas de ce que, là où ils sont, là aussi on avait « voté Le Pen ». Et plus qu'ailleurs. Et ils ne pouvaient conclure, devant le désastre, qu'une seule chose : qu'il fallait encore *aller plus loin*. Et, comme les euromanes quand ils sont bafoués par un référendum hostile à leur merveilleuse *construction européenne*, ils laissaient entendre qu'il faut encore plus de culture, encore plus d'art, encore plus de leurs exhibitions théâtrales ridicules dans des friches industrielles, encore plus de leurs *installations* plasticiennes mortuaires, encore plus d'étalage de leurs états dépressifs, qu'ils prennent pour le nombril artistique du monde et dont personne n'a rien à foutre. Et ainsi de suite. Vous voyez bien que je n'ai pas besoin de forcer mon « système », comme vous dites, pour qu'il éclaire l'irréalité de ce qui vient de se passer.

Notez aussi que, dans les semaines qui ont suivi le vote du 21 avril, se sont créés des « ateliers civiques d'argumentation » qui s'offraient à procurer « des outils rhétoriques à ceux qui veulent dialoguer avec des électeurs extrémistes mais manquent de savoir-faire ». Il s'agissait de leur apprendre à « convaincre l'autre, parent, ami, voisin, collègue de bureau ou cousin, de ne plus voter Front national » ; tant ce vote paraît insensé, monstrueux, en tout cas inhumain. Faute de la faire disparaître par la force (on se demande bien pourquoi d'ailleurs on ne le fait pas), il s'agit de réduire cette inhumanité horrifiante. Là encore, le ridicule est à son comble et il suffit de citer pour se gondoler : « Menu du jour : pizzas, yaourts, tartes aux pommes, et cette encombrante question : comment faire pour convaincre l'autre, parent, ami, voisin, collègue de bureau ou cousin, de ne plus voter Front national ? (...) Mélange des genres et des profils. Se rencontrent psychologue, guide touristique, secrétaire, épouse de chef d'entreprise, universitaire, femme au foyer, avec une forte représentation féminine. Les participants ont en commun la stupeur ressentie au soir du premier tour de la présidentielle.

C'est une mère de famille qui découvre avec effroi que ses voisins de palier ont voté Le Pen ; un fonctionnaire en poste à un guichet où il entend chaque jour les protestations d'usagers répétant que les étrangers sont de "faux chômeurs" qui "préfèrent vivre avec les allocs" ; une habitante d'un village riche et coquet désespérée que son voisin, commerçant par ailleurs avenant et sympathique, ne veuille pas "livrer chez les Turcs" ; un électeur repenti d'un "petit candidat" qui a entrepris de racheter son "erreur" en convaincant un maximum d'électeurs d'extrême droite qu'ils ont fait fausse route. » La question agitée dans ces désastreux « ateliers civiques d'argumentation » : comment séduire autant que Le Pen, c'est-à-dire en somme *comment être Le Pen à la place de Le Pen*, est en même temps la condamnation de leur projet. Car même si Le Pen n'incarne bien entendu qu'une très fausse séduction, de même qu'il s'est approprié fallacieusement la négation de l'ordre et du désordre existants, l'affreux sérieux de ceux qui le combattent, ainsi que leur jobardise compassionnelle, les situent aux antipodes de toute possibilité de séduire qui que ce soit, même en prenant des cours accélérés dans des ateliers civiques.

Mais je vous parlais – horresco referens – *de ceux qui ont voté Le Pen car ils pensaient, non sans raison d'ailleurs, que c'était une excellente façon de dire « merde à celui qui lira ». Un vote a été organisé à l'ENA quelques jours avant l'élection : nos futurs technos ont choisi dans l'ordre Jospin (36 %), Bayrou et Madelin (13 %), Chevènement (11 %) et Chirac (8 %). Quant à Le Pen, il obtenait 1,45 % quand 17,5 % des vrais électeurs l'ont choisi. Cela révèle une fracture, un énorme fossé qui oppose des élites post-historiques à un peuple qui ne se laissera peut-être pas rééduquer si facilement. Le vrai sens du « choc du 21 avril » est peut-être que l'issue de la bataille est incertaine (et je veux bien être pendue si de bons esprits ne déduisent pas triomphalement de cette affirmation que je suis lepéniste).*

Mais quelle bataille ? Pour qu'il y ait bataille, il faut qu'il y ait du Bien et du Mal qui s'agitent, qu'il y ait un paradis et des enfers en lutte, et que l'issue de l'empoignade soit incertaine. Le principe de l'incertitude, qui garantissait la relative liberté des humains, a été la clé même de l'Histoire. Nous ne sommes plus dans l'incertitude, nous sommes dans la prévention et la liquidation. Si la grande Quinzaine anti-Le Pen a été comique, c'est que l'on savait très bien qui allait l'emporter, et que donc les rues n'étaient remplies que d'essaims de mouches du coche en train de bourdonner pour une cause gagnée d'avance. Le Bien élimine le Mal. Le paradis chasse l'enfer. Le normal expulse l'anormal. Il n'y a plus aucune dialectique là-dedans. La post-Histoire s'annonce comme l'histoire d'une vaste et longue épuration ; et si cette épuration se termine, il n'y aura plus au paradis que des flics, ce qui renouvelle, vous en conviendrez, la notion de paradis et la définition des bienheureux qui sont appelés à l'habiter…

Dès vingt heures, le 21 avril, les responsables politiques et notamment ceux de la gauche mirobolante de gouvernement se sont dotés avec une énergie remarquable de tous les moyens conceptuels et verbaux leur permettant de ne rien comprendre au rejet de greffe dont ils venaient d'être l'objet. Et même quand ils ont effleuré la question, en déplorant par exemple le gouffre qui s'est creusé entre les élites et le peuple, ils se sont protégés de toute lucidité en se demandant, la main sur le cœur, comment on pouvait bien leur avoir fait ça, à eux qui étaient si bons, qui étaient si jolis, qui avaient un si beau bilan, qui avaient promulgué de si belles lois, qui avaient su faire l'euro (*su faire l'euro* ! mais ce qui aurait été héroïque et même amusant c'est de le rater, l'euro, c'est de le saloper, même involontairement, par un lapsus européen global qui aurait peut-être fait exister l'Europe, enfin !), tenu si bien leurs promesses, apporté de nouveaux droits et fait pleuvoir tant de cadeaux de leur hotte de pères Noël : les trente-cinq heures, la RTT, le congé de paternité, la parité, le matronyme, les emplois-jeunes, le Pacs, etc. Oui, comment près de vingt pour cent d'électeurs avaient-ils pu préférer le bruit de bottes à leur bruit de hottes ? En tout cela, ils ont aussitôt ressemblé aux Américains après le 11 septembre quand ceux-ci se demandaient comment on pouvait tant leur en vouloir alors qu'ils étaient le Bien planétaire incarné. Ils auraient pu reprendre à leur compte ce graffiti apparu sur les murs de New York après la destruction du World Trade Center : « Si Dieu aime l'Amérique, qui peut tant nous haïr ? » Personne, n'en doutons pas. Personne de *ce monde-ci*. Personne de leur monde. Mais beaucoup de gens, sans doute, dans ce qu'il reste de l'ancienne réalité aujourd'hui en petits morceaux.

Ils s'en sont vaguement aperçus sous le choc du discours de Le Pen qui s'offrait le luxe offensant d'appeler, lui, au rassemblement du « peuple de France, ouvriers, métallos et mineurs ». On s'est souvenu alors que dans le programme de Jospin il n'y avait pas une seule fois le mot ouvrier. Et, le soir du premier tour, place du Colonel-Fabien, une vieille militante, paraît-il, demandait à travers ses larmes : « Comment se fait-il que les ouvriers n'aient plus besoin de nous ? » Et c'est aussi ce que se sont demandé à leur manière tant d'artistes ébouriffants, tant de plasticiens et directeurs de théâtre réunis au Zénith, tous anti-lepénistes exemplaires, tous missionnaires de terrain : « Comment se fait-il que les spectateurs n'aient plus besoin de nous ? » Mais la question me paraît dépasser les ouvriers, les spectateurs et même le peuple. La question me semble concerner ce qu'il reste de la réalité. Et, de ce point de vue-là, ceux d'« en haut », comme on dit maintenant, ne sont pas au bout de leurs peines. L'immense épouvante ressentie par une grande partie de la population est restée muette jusqu'à ce qu'elle fasse voler en éclats tout le théâtre confuso-onirique. Cette épouvante dépasse les limites des causalités généralement évoquées pour expliquer le « vote Le Pen » (chômage, insécurité, etc.). Mais, en s'obnubilant sur Le Pen, on se donne tous les moyens de ne rien comprendre au phénomène. Il serait pourtant sans doute facile de démontrer que l'immense majorité de ceux qui ont voté pour lui ne sont pas lepénistes...

Les sociologues rabâchent que les électeurs de Le Pen sont des protestataires. Sauf qu'on parle désormais de vote protestataire comme on évoquerait des voitures qui ne savent tourner qu'à droite, des ascenseurs qui ne savent que descendre ou des poupées qui font non, alors que c'est bien le monde qu'on leur promet, à ces protesteurs mal embouchés, qui ne connaît qu'une direction qualifiée d'avancée. Quoi qu'il en soit, sans doute ont-ils quelque raison de protester. Mais contre quoi, selon vous, proteste ce Tiers-État du vote, contre qui s'insurgent ces mutinés du réel ? Qu'est ce qui les rend imperméables aux séductions de la modernité jospino-delanoësque ?

Ils se sont servi du nom de Le Pen comme d'un gourdin. Quand on prend un gourdin pour fracasser quelque chose, cela n'implique pas qu'on soit gourdiniste ; ni qu'on souhaite voir accéder ce gourdin aux plus hautes fonctions. Certes, on doit convenir que le gourdin, en l'occurrence, est antipathique, et qu'il eût mieux valu qu'on en choisisse un autre. Mais sans doute ceux qui l'ont choisi ont-ils jugé qu'il n'y en avait pas de *pire*, et qu'il était donc apte à exprimer le pire. Ce pire, je le répète, c'est le réel tel que plus personne ne veut même y penser, parce qu'on lui a substitué depuis quelques années une industrie de l'éloge chargée de le remplacer intégralement à moyen terme, et en tout cas de couvrir vingt-quatre heures sur vingt-quatre la grande entreprise de vandalisme en cours. Voilà. Ils ont tapé contre l'éloge. *Contre notre temps devenu pur et simple éloge de notre temps et qui ne veut plus être rien d'autre*. Et qui ne peut plus rien comprendre d'autre non plus que cet éloge qu'il produit à jets continus.

Dans les jours qui ont suivi le « choc » du 21 avril, de nombreux économistes nous ont annoncé triomphalement que l'euro avait évité à la France une grave crise des changes, ce qui est comique puisque c'est sans doute l'euro, parmi bien d'autres choses, qui avait provoqué ce « choc » du premier tour. C'est ainsi que celui qui répand la peste peut aussi annoncer d'une voix triomphale aux *populations eurocaptives* qu'il détient le remède contre l'épidémie, et que celui-ci porte justement, par un très heureux hasard, le même nom que celle-là. La machine à nier le réel est maintenant si bien rodée qu'elle peut fonctionner sans fin et produire de majestueux développements destinés à l'auto-célébrer à partir de prémisses qui n'ont aucun rapport avec la réalité, mais que plus personne ne peut même seulement problématiser tant nous sommes avancés dans le nouveau continent onirique et que nous prenons son éloge pour la réalité. Ainsi le « succès » paranormal de l'euro en janvier dernier, ce phénomène sourd et muet, silencieux comme la pulsion de mort, mais aussi officiellement et bruyamment euphorique, cet événement célébré alors de manière assourdissante par tous les commentateurs, cachait-il sans nul doute, mais à des profondeurs inscrutables par ceux-ci, le contraire exactement de ce qu'ils disaient. Et toute leur rhétorique de pastorale néostalinienne n'a pas suffi à rendre si peu que ce soit concrète, et *nécessaire*, cette abstraction. Cette fatale abstraction. Et le « vote Le Pen » est très certainement aussi la revanche de cet euro unique, de cette monnaie mutique.

Peut-être êtes-vous trop obsédé par l'euro, alors qu'ont été multipliées les réformes ou, au moins, les proclamations, propres à satisfaire la nouvelle classe dominante...

Je crois au contraire que la *non-verbalisation* de l'arrivée de l'euro, sauf par les approbateurs professionnels, est d'une importance capitale et aura des conséquences énormes. Les intellectuels sont restés cois. La population a accueilli le phénomène dans l'hébétude ou dans la peur. Quant aux autres réformes, qui peut dire jusqu'où ont résonné, sous les acquiescements de surface, sous les enquêtes triomphales d'opinion où les plus inventives réformes sociétales sont toujours approuvées à quatre-vingt trois pour cent, les merveilles de la parité, du livret de paternité, du Pacs, le renforcement scélérat de la loi sur le harcèlement sexuel (fulminé en catimini, au début de l'année, au milieu d'un fatras d'autres lois dites pour rire de *modernisation sociale*, et grâce auquel désormais, en violation de toute philosophie du droit, la charge de la preuve incombe *à l'accusé*), et encore tant d'autres splendeurs ? Et encore tant d'autres vandalisations engagées par Jospin et ses sbires, à commencer par celle de la langue (« auteure », « défenseure », « ingénieure », etc.). Et toutes ces autres merveilles qui étaient en projet. Exemple entre mille dans *Le Figaro* juste avant le premier tour des présidentielles : « Quatre jours avant le scrutin, les associations gay font le forcing. Jospin sous la pression des homosexuels. À quatre jours des élections, les associations de défense des homosexuels entendent tirer le maximum du candidat Jospin. Au Premier ministre, qui a instauré le Pacs et qui a récemment promis de lutter contre la "discrimination" en matière d'adoption, l'Association des parents et futurs parents gay et lesbiens, leader dans la lutte pour la reconnaissance de l'"homoparentalité", demande aujourd'hui des engagements clairs et précis. » Autre exemple, la « Lettre d'une féministe à Lionel Jospin » publiée elle aussi juste avant le premier tour dans *Libération* par Marie-Victoire Louis, ex-présidente de l'Association européenne contre les violences faites aux femmes au travail, et où il était reproché à Jospin de ne pas s'être encore assez couché de bonne heure devant les chantages enragés des féministes alors qu'il était déjà par terre. Le gouvernement de l'austère Jospin est certainement celui qui mérite de passer à la postérité pour s'être empressé d'inscrire dans la loi, chaque fois que l'exigeaient les maniaques des associations de pression dont il était la proie, les plus tératologiques mutations, encore appelées « revendications catégorielles », comme s'il s'agissait d'évolutions allant de soi. Si Le Pen n'est rien que la poupée gonflable où sont venus souffler tous les vents mauvais d'un monde concret malade (malade seulement d'avoir été si violemment privé de pensée depuis si longtemps), Jospin, de son côté, n'était rien non plus qu'une sorte de tête d'idole remplie des souris des lobbies persécuteurs, exigeurs et renchérisseurs (au premier chef les mafieux corses rebaptisés nationalistes, comme vous dites). C'est sous cet angle, et comme un cas moderne de possession par les associations, que l'on pourrait sans doute raconter son pénible quinquennat[1]. Jospin était une cavité redoutable remplie d'*autres* surprenants et inédits (comme tout le monde, d'ailleurs, je m'étais préparé à sa victoire, et à assister au fabuleux destin d'Amélie Jospin ; mais aujourd'hui c'est le piteux destin d'Amélie Poulautre que l'on a vu se conclure). Jospin, c'était la lutte des classes remplacée par l'assouvissement de chaque fantasme communautaire, de chaque caprice communautariste. Il faudrait Dostoïevski, ou au moins Marcel Aymé, pour révéler tout ce que ne peuvent même pas *voir* les commentateurs des médias, cérébralement unijambistes mais toujours stylistiquement et réglementairement lyriques...

Nous avons Philippe Muray...

Espérons qu'il y en aura quelques autres... Qui peut dire à quelles profondeurs invisibles, et justement *insondables* (où les malheureux sondages ne peuvent pas descendre), ont résonné de

---

[1]. Mais à peine Chirac réélu et la composition du nouveau gouvernement connue, Act Up se félicitait dans un communiqué qu'il y eût, au sein de cette équipe gouvernementale, « deux homosexuels ». On ne voyait guère en quoi cette remarque pouvait présenter le moindre intérêt, sauf d'un point de vue « communautariste » ou « identitaire », et dans le désir de faire *avancer* des intérêts identitaires ou communautaristes. On sait que ceux-ci culminent pour le moment dans le projet d'imposer au plus vite une loi contre les propos « discriminatoires à caractère sexiste et homophobe », c'est-à-dire une interdiction totale de la pensée elle-même, car ces propos ne sont pas définis et ne peuvent d'ailleurs l'être. Les plus radicaux ne se cachent pas, cependant, d'avoir une conception très extensive de la pénalisation de l'homophobie, et ne se gênent pas pour écrire qu'elle « ne doit pas se limiter aux seules insultes ou violences, mais doit être élargie à l'homophobie discursive de certain(e)s intellectuel(le)s supposé(e)s bien-pensants ». Il s'agit donc bien d'une *loi des suspects* destinée à interdire toute expression jugée non correcte et même à bâillonner tout contradicteur potentiel, si possible avant même qu'il se soit manifesté, fût-ce de manière *discursive* (*août 2002*).

mirifiques avancées comme les trente-cinq heures ? L'entre-deux-tours a au moins poussé les journalistes à aller interroger des ouvriers qui avaient mal voté. Et qu'est-ce qu'ils ont dit des trente-cinq heures, ces ouvriers ? Eh bien ils les ont maudites. Au scandale de ceux qui pensent, comme la pub, qu'*on a le droit de tout rater sauf ses vacances*, ils ont révélé qu'ils préféraient faire des heures supplémentaires plutôt que d'avoir du temps libre. Ils ne se sont pas montrés spécialement enthousiasmés par la perspective de rentrer à la maison. Les *cadeaux* de Ségolène Thénardier, le livret de paternité, le congé paternel, etc., ils semblent les avoir parfaitement décryptés comme de doucereuses volontés de meurtre. Comme des propositions de *dealers*. Comme des tentatives de les rendre accros à la dope du loisir domestique maternoïde. L'un d'entre eux a même déclaré cette chose extraordinaire : « Nous les ouvriers, on voulait pas des trente-cinq heures, on dit les "Retiens-Tes-Testicules" (RTT) parce qu'on est empêché de faire des heures sup'. » Le vote Le Pen comme revanche obscène du *phallus* humilié par des années de propagande libérale-féministe et *revenant* sous une forme hideuse ? Toutes les belles âmes de l'avenir radieux ont dénoncé dans le « programme frontiste » une volonté d'« assigner les femmes aux tâches reproductives » et de les « faire rentrer à la maison » ; mais c'est bel et bien la volonté de faire rentrer les hommes à la maison qui a commencé à être appliquée sous Jospin, et personne n'a osé remarquer ce forfait jusqu'à ce que les résultats du 21 avril éclatent comme un coup de réel dans le ciel bleu des jeux qui sont faits.

Cela dit, l'heure est grave : l'anti-fascisme est à nos portes. On peut même dire, après le joyeux happening du 1ᵉʳ mai, que l'anti-fascisme est passé. En effet, à peine connu le score du Front national, Festivus festivus, jamais en retard d'une sottise, se ressaisissait, se réunissait, se regardait si résistant en ce miroir et arpentait les rues de Paris en criant : « F comme fasciste ! N comme nazi ! ». Les acteurs de cette grande effusion jouaient à se faire peur et ne paraissaient pas vraiment croire à leurs masques de Jean Moulin de bazar. Frappés d'amnésie, ces mémoirolâtres paraissent avoir totalement oublié que, depuis quinze ans, la progression du Front national est rythmée par les festivités « anti-fascistes », comme le formidable Woodstock anti-Le Pen organisé en 1997 à Strasbourg.

Ou même, bien avant encore, les premiers grands concerts publics de SOS Racisme qui devaient noyer le monstre frontiste sous des flots d'harmonie et des bouquets d'amour. Vous remarquerez d'ailleurs qu'on parle de plus en plus de « monstres », qu'il s'agisse de qualifier le pédophile, l'islamiste au Boeing entre les dents, le néofasciste, le touriste sexuel, etc. « Monstre » est un mot commode pour ne rien nommer du tout, et par conséquent ne rien essayer de comprendre non plus, puisqu'il s'agit alors d'innommable, justement, de non-représentable, d'impensable. La non-pensée s'en est donné à cœur joie, ces derniers temps. Nous venons de vivre la Quinzaine anti-Le Pen, c'est-à-dire une série de Journées héroïques de la Fierté par la Honte. Du renforcement de la fierté, passion moderne essentielle, par son contraire providentiel. Évidemment, en renforçant la fierté, on renforce aussi la honte, sinon la fierté ne serait rien et ne servirait à rien. D'où la progression dont vous parlez. On est fier d'être anti-lepéniste. Or, être anti-lepéniste est bien. C'est même la moindre des choses. Être a-lepéniste, en revanche, serait moins facile. De même qu'être agnostique, c'est-à-dire étranger à la question des origines et des fins, est toujours plus difficile que d'être athée, c'est-à-dire de nier formellement Dieu et de le faire de manière militante et passionnée.

Tout croyant a besoin de penser qu'il combat avec Satan.

Oui. L'anti-lepéniste est un théologien du lepénisme, et il combat ce dernier avec lyrisme, mais ainsi conserve-t-il avec lui des modes de raisonner communs et s'expose-t-il à des chocs en retour (celui du 21 avril par exemple). L'a-lepéniste, à l'opposé, considère le lepénisme comme vide de sens. C'est mon cas. Il n'entretient donc pas, même par l'exécration, cette ornière. L'anti-lepéniste, lui, dès le soir du premier tour, se précipite pour y déverser, dans cette ornière, toutes ses protestations. Et la suite s'enchaîne. Pendant quinze jours, du haut de leurs rollers anti-fascistes, les jeunes au bord des larmes de crocodile accusent « la connerie des adultes », lesquels ne sont pourtant guère plus que des jeunes un peu vieillis. La presse s'extasie de tous ces défilés et décrit, dans l'inimitable style de bergerie néo-stalinienne qui est le sien, ces merveilleuses coulées de foules, ces « débats ambulants nourris par des fanfares », ces « veillées citoyennes », ce « mouvement quasi festif qui déroule son cortège dans les rues de Paris, entre les cris de "No Pasarán" et de "Nous sommes tous des enfants d'immigrés" ». On hurle aussi : « Le Pen, crapaud, le peuple aura ta peau » ; ou encore : « Le Pen au zoo, libérez les animaux » (slogans qui nous ramènent à la monstruosité dont je parlais et qui mériteraient de longues gloses fort instructives…). Les jeunes, qui ont toujours dit oui à tout, toujours tout approuvé, apprennent à dire NON, en grosses lettres, en capitales, pour la première fois de leur vie et sans doute aussi pour la dernière. La *rave party* devient la résistance continuée par les moyens de la sono. Un battage de coulpe frénétique, mais toujours « festif, créatif et imaginatif » (« Beaucoup de lycéens, confie un responsable de la Fédération lycéenne, nous appellent pour nous demander comment structurer leur action, comment rendre leur mouvement festif »), parcourt les rues de son frisson sacré. Avec, de temps en temps, une lueur d'intelligence : « Il faut qu'il y ait une suite sinon ça n'a pas de sens, charabiate ainsi un manifestant. Que les jeunes se bougent, qu'on organise une marche silencieuse sur l'Élysée, pour plus d'impact. Le côté festif de ce soir, c'est un peu bizarre parce qu'après, on ne sait plus pourquoi on est là. »

Des landaus surgissent dans tous les cortèges (« La Poussette, nous voici ! »). Une génération se baptise passionnément et dévotement dans l'anti-lepénisme. Puis, la grande peur passée, tous ces Pokémons pieux se demandent (d'après *Le Monde*) comment « transformer l'émotion en action » ; faisant ainsi l'économie rentable du stade intermédiaire : celui où ils se seraient demandé où est le sens de tout cela. Mais, déjà, le durcissement en mythe de leur niaiserie bruyante est en cours. Et il ne faudra que quinze jours pour qu'ils se persuadent qu'ils ont vécu une épopée. Et qu'ils ont *fait quelque chose*, dans les rues, alors que personne ne leur demandait rien (à part les médias, c'est-à-dire personne au sens propre). Et qu'ils ressemblent, dès lors, à la souris de la vieille histoire drôle qui, courant à côté de l'éléphant, lui dit : « Qu'est-ce qu'on soulève comme poussière !... »

Il s'agit bien, alors, d'un rituel, mais peut-être devrait-on parler d'un rite d'aliénation plus que d'initiation. Chaque génération, courant le danger d'arriver à l'âge adulte, pourrait, par une de ces teufs appelées manifestations, s'assurer de l'enfance éternelle. Ce ressassement qui s'ignore est une névrose de répétition.

C'est surtout un indice de plus que l'existence de l'Histoire est pour le moins problématique désormais : la tragédie ne se répète même plus en farce ; c'est la répétition qui se répète en répétition. Depuis qu'on a inventé les « générations », on essaie aussi tant bien que mal de leur donner une utilité, de leur attribuer un rôle. À propos de celle de mai 2002, on évoque celle de 1968 et on se demande si quelque chose d'analogue ne serait pas en train d'apparaître. Mais alors comment la nommera-t-on, cette merveilleuse génération anti-Le Pen, plus tard, dans vingt ou trente ans, vers 2025, quand elle aura pris de la bouteille et le pouvoir et que les générations suivantes la détesteront cordialement comme on déteste aujourd'hui les soixante-huitards ? Comment les appellera-t-on ? Les zérodeuxhistes ? Les deux-milledeuzards ? Il serait urgent d'y penser.

À mon avis, on ne les appellera pas du tout. Les soixante-huitistes ont effectivement inauguré un monde nouveau, sans rien comprendre d'ailleurs au monde qu'ils inauguraient. Vos Pokémons ont beau proclamer tous les quatre matins que plus-rien-ne-sera-jamais-comme-avant, ils n'ont aucun impact sur le réel.

Tandis que l'angélisme occupe la rue, mais que la rue n'est plus rien depuis qu'elle est festivisée et moralisée, Le Pen occupe en effet, quasi seul, cette chose noire, inavouable, torve, tordue, tortueuse, entêtée, innommable, si pleine d'ambivalences et de mauvaises surprises en suspens, et qui ne relève d'aucune illusion générationnelle et publicitaire : la *réalité* ; ou du moins ce qu'il en reste. C'est une situation assez curieuse où l'on voit le monstre, l'hors-humain, assumer le peu qui reste encore de concret dans la société, tandis que celle-ci, dans son écrasante majorité, livrée aux sortilèges confuso-oniriques, devient un jardin d'enfants en transes, en folie. Et le sens ultime de tout cet exhibitionnisme de la grande peur des bien-portants se condense dans cette pancarte que tenait une petite fille, le 1er mai, sur laquelle on pouvait lire : « Contre les méchants ». On était bien au jardin d'enfants, à la crèche, pas dans ce « retour du politique » évoqué par certains dans l'échauffement du spectacle.

Mais déjà la campagne électorale elle-même, scandée de crachats, de tartes à la crème, de jets de ketchup et de gifles, avait annoncé cette infantilisation et haussé le débat politique au niveau de la lutte des claques. La Quinzaine anti-Le Pen a aussi été un moment d'effervescence mammaïfiante tout à fait spectaculaire. *Le Journal du Dimanche*, supplément Paris, le reconnaissait avec candeur dès le lendemain du premier tour : si la capitale « résiste mieux à l'extrême droite que le reste du pays », c'est que sa population « s'intéresse moins à la défense du pouvoir d'achat ou aux préoccupations sécuritaires qu'à l'écologie ou au féminisme ». Rien que des soucis haut de gamme, en effet, qui expliquent que cette horrible ville ne résiste plus du tout à Delanoë et à ses sbires.

Les *mères*, le 1ᵉʳ mai, étaient à leur affaire. « Je leur ai expliqué, disait l'une d'elles qui avait amené ses enfants à la manifestation, que Le Pen était quelqu'un de pas gentil qui voulait que les Chinois, les Arabes, les Africains s'en aillent. Comme elles ont des copains chinois, arabes et africains, elles comprennent. » Une autre parlait ainsi de son jeune fils : « Le soir du premier tour, il a pleuré. Il avait peur que son copain marocain soit obligé de repartir dans son pays. J'ai dit qu'on ne laisserait pas faire ça. » Et la petite Rose défilait avec sa maman pour « dire à Jean-Marie Le Pen qu'il arrête d'être méchant ». On peut vraiment se demander pourquoi on n'a pas dépêché sur place, dans les écoles, dans les familles, des *psys de catastrophe*, comme avec les inondés de la Somme ou avec les éleveurs dont on brûle les vaches folles. Une autre mère confiait en effet : « Dans l'école de ma fille, il y a des enfants extrêmement angoissés, qui se sentent en danger depuis le premier tour. Toute la semaine, la maîtresse a dû gérer les maux de ventre. »

On a aussi vu cette chose ahurissante : des professeurs et des instituteurs sommant leurs élèves de sécher la classe pour aller manifester.

Il est à noter également qu'après la grande peur de l'entre-deux-tours, des milliers de repentants se sont précipités dans le giron des vieux partis anémiés. Cette « vague de nouvelles adhésions » semble avoir profité en priorité au parti socialiste dont les électeurs avaient à se faire pardonner d'avoir *mal voté* au premier tour, et qui voulaient *rattraper ce gâchis*. « Pour protester, ils sont allés vers les autres candidats de gauche, mais quand il y a péril en la demeure, c'est vers nous qu'ils se tournent », a triomphalement commenté la responsable des adhésions à la fédération socialiste de Paris. De manière plus énigmatique (si peu...), elle a aussi confié : « Les gens sont venus pour parler et pour agir sur le terrain. On a l'impression d'être chez les alcooliques anonymes. » Il est néanmoins permis de se demander *de quoi* le parti socialiste pourrait bien dessoûler qui que ce soit, tant il est le divin vin du moderne par qui arrive l'ivresse de la rebellitude. Aujourd'hui, enfin, on peut lire dans la page « Rebonds » de *Libération*, sous la plume de je ne sais plus quelle *auteure*, que « si seules les femmes avaient voté, Le Pen aurait été éliminé au premier tour de scrutin ». Pourquoi, dans ces conditions, ne pas retirer tout de suite le droit de vote aux hommes ? Ou ne plus l'accorder qu'aux enfants de quatre ans ? Le second tour, alors, aurait sûrement placé face à face Chirac et Casimir. Ou Jospin et Gloubiboulga.

Ces allégations sur la douceur des femmes en politique sont d'autant plus amusantes qu'il est facile de constater empiriquement que les femmes de pouvoir sont souvent d'odieuses harpies. En tout cas, on a pu avoir le sentiment que la fin de l'Histoire est terminée. Après tout, si on définit l'âge historique comme celui de la division, du conflit, de la dialectique, le « choc du 21 avril », ainsi que l'irruption des djihadistes dans nos existences ont au moins le goût et la couleur de l'Histoire, non ?

J'ai envie de vous répondre, une fois encore, qu'un coup de théâtre historique jamais n'abolira la fin de l'Histoire. *A fortiori* plusieurs. Mais vous m'accuseriez à juste titre de m'en tirer avec une boutade. La fin de l'Histoire, ce n'est évidemment pas la fin de l'humanité ni des événements, c'est une période de l'histoire humaine qui se caractérise par l'effacement des anciennes déterminations géographiques et temporelles. La réalité est encore là, bien sûr, mais amputée de ses références, de ses origines et de ses finalités, de sa consistance. À partir de ce moment, ce qu'il y a encore de plus réel c'est le présent, l'*éternel présent*, et cet éternel présent, personne ne l'incarnera jamais mieux que l'enfant. Ce n'est donc pas pour rien que notre époque est infantolâtre, qu'elle ne voit plus que ça, qu'elle ne pense plus qu'à ça, à l'enfant, aux enfants. Ce n'est pas pour rien que les fastidieux, les répétitifs incidents liés à la croissance de l'enfant sont les seuls événements qu'elle peut désormais apprécier, et même qu'elle est capable d'identifier comme des événements. Elle y reconnaît ce qu'elle aime, tout ce qu'elle aime, rien que ce qu'elle aime. Vous dites qu'il y a eu du conflit, de la division après le premier tour des élections présidentielles en France ? Mais regardez comment, d'instinct, les *gens de bien* ont répondu au monstre Le Pen pendant la Grande Quinzaine : en brandissant leurs enfants, c'est-à-dire en mettant en avant, comme un argument, comme leur seul argument, et même comme un slogan, ces êtres *par définition sans histoire* que sont les enfants[1]. Sans histoire et sans réplique. L'enfant, l'émotion, la compassion, tout cela c'est du pareil au même. L'immense babil infantile des médias environne de son bourdonnement pieux toute cette dévotion.

---

1. Un peu plus tard, on fit le panégyrique d'une certaine Anne Tristan, définie comme « la vigie qui dénonce sans relâche les idées d'extrême droite » ; et cette sainte femme qui ne craignait pas le comique de répétition déclarait : « Au lendemain du 21 mars, je n'arrive pas à renoncer à être obsessionnelle. Je n'ai pas mis au monde deux enfants pour qu'ils soient gouvernés par des racistes. » Ainsi le fétiche infantile était-il une fois de plus agité contre la bête immonde, comme une évidence innocente contre un sophisme criminel, comme le droit divin contre les rustres. À vingt ans déjà, confie cette sainte femme, « je ne comprenais pas comment un mouvement que j'identifie comme fasciste pouvait recueillir des voix ». Elle n'a, de toute évidence, toujours pas compris, et, de toute évidence aussi, comprendre n'entre pas dans son programme. Elle se souvient paraît-il avec nostalgie (dans un tel cas, la nostalgie est juste et bonne) des années 1980 où « les élus de la gauche socialiste quittaient un plateau de télévision à l'arrivée de Le Pen ». Elle devrait même regretter que, de ces merveilleux plateaux, ils ne l'aient pas chassé démocratiquement à coups de balai. Philaminte et Bélise, les femmes savantes de Molière, congédient bien Martine, leur servante, parce qu'elle offense la grammaire (que la malheureuse confond avec « grand-mère ») et massacre le langage « fondé sur la raison et sur le bel usage » (*août 2003*).

L'enfant est le totem des temps post-historiques. Il n'y en a pas d'autre, tout revient là ; et pour la dialectique, je m'excuse, mais vous repasserez ! Il y a eu du conflit, si vous voulez ; mais, comme toujours, il n'y a eu du conflit que pour imposer la fin du conflit, la fin de tous les conflits. De même y a-t-il encore, si on veut, de l'agitation « historique », mais elle ne se produit que dans le but d'instaurer la fin de l'Histoire. Sur un théâtre infiniment plus vaste que celui du 21 avril, les Américains ne réagissent pas autrement que les belles âmes anti-Le Pen : s'étant découvert des ennemis irréductibles, les islamistes, ils veulent établir de force, pour leur propre tranquillité post-historique, ce vide organisé, cet éternel présent, cette fin de l'Histoire qu'ils appellent « démocratie ». Et qu'il ne se passe plus rien, enfin !

Toute cette affaire, je le répète, conforte aussi mon idée que l'Histoire, si Histoire il y a, ne peut plus revenir, à supposer qu'elle revienne, que *de l'extérieur*, un extérieur aussi lointain, par rapport à notre univers de nursery, que la planète Mars. Ben Laden et Le Pen, à des titres différents, sont deux denrées exotiques, deux produits d'importation (deux ratés de la mondialisation aussi). L'Islam extrémiste, dans le cas de Ben Laden, et le passé honteux de l'Europe, dans celui de Le Pen, peuvent être regardés comme les *pays exportateurs* d'une marchandise négative que l'on ne trouve plus sous nos climats. Et de même que Ben Laden est utile, d'une façon générale, pour donner une légitimité de béton au nouvel Occident planétaire, de même Le Pen est-il indispensable pour sacraliser ceux qui luttent contre lui et aussi, en passant, pour disqualifier toutes les « valeurs » qu'il fait semblant de défendre. L'intensité de la protestation de ceux qui ont défilé contre lui pendant quinze jours montre bien qu'il ne s'agit nullement de dialectique, ou de retour du conflit. Le conflit reste extérieur : c'est Le Pen, hélas, qui l'incarne. Tout seul. Le conflit suppose au moins l'affrontement de thèses également respectables et défendables, alors que le lepénisme n'est ni respectable ni défendable. Comme il est l'anti-monde de la politique, il ne s'agit que de le repousser.

De même repousse-t-on la réalité quand on vocifère contre les médias qui auraient créé un « sentiment d'insécurité » et fait peur aux Français en montant en épingle des faits divers criminels spectaculaires. Dans les manifestations qui ont suivi le résultat du scrutin du 21 avril, des banderoles protestaient contre le « complot sécuritaire » (vous remarquerez qu'il n'y a jamais que la gauche qui a le droit de parler de *complots* quand ceux-ci dérangent – si peu, hélas – ses manipulations ténébreuses et ses mensonges sans nombre) et mettaient en cause le traitement médiatique de la « hausse de la délinquance en France ». On a fini par se focaliser sur le tabassage à Orléans d'un vieil homme que des voyous voulaient racketter, qui n'avait pas un sou et dont ils ont brûlé la maison, son seul bien. Mais, très vite, cette histoire n'a plus été considérée dans sa réalité concrète, et le cynisme de tous les indignés, de tous les *offensés* du premier tour (*le réel est une offense*, et c'est bien ce qu'a voulu proclamer à la hâte un ridicule opuscule collectif intitulé *Contre Offensive*, arrivé d'ailleurs après la bataille, en bonne mouche qui rate un coche qui n'existait même pas, où l'angélisme vrombissant le disputait à l'obscurantisme avant-gardiste) a éclaté dans ce procès intenté aux médias. Cachez cette plaie que nous ne saurions voir, leur a-t-on ordonné.

Il faut dire qu'en général, ceux-ci s'y entendent fort bien pour cacher les plaies. Qu'ils évoquent l'insécurité qui pourrit la vie concrète de gens concrets avait de quoi affoler. Les médias ne devraient tout de même pas nous ennuyer avec la réalité.

En tout cas pas quand le monstre que nous jouissons tant de haïr est à nos portes. Ainsi s'est-on conduit comme Oriane de

Guermantes ne voulant pas croire Swann, refusant même de l'entendre quand il vient lui dire qu'il est gravement malade et même qu'il sera mort dans six mois, et le congédiant gentiment parce qu'elle s'apprête pour aller au bal et qu'il la dérange dans ses préparatifs. Swann aussi, dans cet épisode, *offensait* Oriane de Guermantes. Au comble de la pensée magique et de la haine du réel, un lecteur de *Libération* a fulminé contre ces médias qui consacrent, disait-il avec mépris, « au moins un quart d'heure à la rubrique des chiens et chats écrasés » : on y détaille au cas par cas, poursuivait-il (et, en effet, sans doute vaudrait-il mieux en faire un tas indifférencié que les détailler au cas par cas), « les faits divers qu'on trouve depuis toujours loin en arrière dans les pages de tous les quotidiens, et pour cause : ils n'ont d'autre intérêt que de gonfler l'Audimat en flattant le voyeurisme le plus mesquin. Étant donné l'impact depuis longtemps éprouvé des images, il n'en a pas fallu plus pour créer de toutes pièces un sentiment d'insécurité à mon sens tout ou en partie fallacieux. » *Fallacieux* et *chiens écrasés*, concernant le vieillard tabassé à Orléans, ou le père de famille lynché à mort à Évreux, ou le vigile brûlé vif dans un supermarché de Nantes, ou cette adolescente de Besançon longuement et savamment torturée par deux autres jeunes filles, c'était déjà d'une élégance toute moderne et cela disait bien le cas que les modernes, précisément, sont décidés à réserver à ce qui reste du malheureux monde concret, surtout quand il est dans le malheur. *Chiens écrasés, fallacieux*, concernant le carnage de Nanterre, ces huit conseillers municipaux massacrés au pistolet automatique par Richard Durn, c'est aimable aussi, il faut bien le reconnaître, pour les huit chiens écrasés du Conseil municipal. Outre la dérision qu'il y a à reprocher à la télévision d'avoir parlé de ce qui déplaît, et ainsi d'avoir mis des bâtons dans les roues du candidat progressiste, qui sans doute n'était que le candidat de l'avenir radieux ou du futur heureux, on peut déceler un autre sentiment chez les haïsseurs du réel : pour eux, maintenant, le réel c'est le Mal. Le réel, quand il détourne les gens de bien voter, est une félonie. On ne se demande même pas si ces faits divers ont eu lieu ou non, ça on s'en fout ; on les considère de toute façon comme des traîtrises, comme des coups bas.

Ce n'est pas faux, du reste : le réel c'est aussi le Mal, d'où la nécessité de s'en débarrasser au plus vite.

On les déteste, ces faits divers, comme l'humain qui révèle notre inhumanité. Le phénomène prend des dimensions véritablement fantastiques avec le carnage de Nanterre. Là aussi, on a affaire à un « monstre », paraît-il. « Monstre » est un mot commode pour ne rien nommer du tout, et par conséquent ne rien essayer de comprendre non plus, puisqu'il s'agit alors d'innommable, justement, de non-représentable, d'impensable. Richard Durn, pourtant, apparaît relativement pensable, même si son crime, lui, comme d'ailleurs tous les crimes, ne l'est pas. On peut cependant essayer de décrire le théâtre mental sur lequel celui-ci se prépare puis se déploie, après tout c'est le nôtre. Militant de base au Parti socialiste dans les années quatre-vingt-dix, membre d'une association citoyenne, Réinventons Nanterre (!), comédien amateur, trésorier de la Ligue des droits de l'homme de Nanterre, participant à des missions humanitaires au Kosovo et en Bosnie-Herzégovine, est-ce parce que son *curriculum vitæ* ressemble comme deux gouttes d'eau à celui de tant de *bien-votants*, de tant de femmes et d'hommes frénétiquement normaux, c'est-à-dire de gauche, que ceux-ci préfèrent ne rien savoir de lui, qui est leur prochain, et se signer comme s'ils apercevaient soudain dans la glace le reflet d'un vampire (mais on sait bien que les vampires ne se reflètent pas dans les glaces) ? Il y a un mystère de Richard Durn, mais il faudrait être moins inhumain que les bien-votants pour seulement en approcher.

À moi, pour vous dire le vrai, il m'a tout de suite rappelé cet autre dingue, Friedrich Leibacher, débarqué un beau matin, il y a six mois, un jour de septembre dernier je crois, en tenue de combat avec ceinturon de cuir, bottes noires, casquette de police, dans la salle du parlement de Zoug, un paisible canton suisse, pour y « faire le ménage » comme il l'a annoncé, et qui a descendu quatorze élus (sur quatre-vingts, c'est-à-dire tout de même près de vingt pour cent des députés du Parlement) au fusil d'assaut, puis s'est lui-même fait sauter à la grenade. Richard Durn, lui, est passé par la fenêtre du bureau où on l'interrogeait, au quatrième étage du 36 quai des Orfèvres, et il s'est écrasé dans la cour. On a moins parlé du carnage de Friedrich Leibacher que de celui de Durn, surtout en France, mais l'un et l'autre s'éclairent mutuellement à mon avis. Durn, dans les écrits qu'il a laissés, dit qu'il ne supporte plus « cette mascarade de démocratie locale », qu'il n'a aucun contrôle sur le pouvoir réel, que les notables l'ont toujours pris pour un con quand il militait. Friedrich Leibacher, lui, après une altercation avec un chauffeur de bus du canton de Zoug, s'est mis à déposer des montagnes de plaintes contre ce dernier, toutes classées sans suite. Puis il a commencé à dénoncer par voie de presse les abus d'autorité commis par des fonctionnaires et des magistrats du canton. Enfin, comme ses plaintes continuaient à être rejetées, il a décidé de « faire le ménage » et de liquider ce qu'il appelait « la mafia de Zoug », c'est-à-dire les députés.

Vous admettrez que, pour pousser une gueulante, pour signifier qu'ils ne veulent pas acheter la marchandise qu'on prétend leur vendre sous le nom de progrès, mieux vaut que les gens votent Le Pen que de trucider leurs semblables (j'aggrave mon cas), non ?

Sans doute, mais dans les deux situations il s'agit aussi de suicide ; à ceci près que dans la seconde on peut encore jouir, pour ainsi dire *post mortem*, du bordel que l'on a semé. Je crois qu'il faudrait, dans le cas de Durn comme dans celui de Leibacher, inventer une nouvelle catégorie psychopathologique : la statopathie. Durn et Leibacher sont des statopathes. Ces gens-là souffrent de l'État. Autrefois, on massacrait sa famille, ses enfants, sa femme, ses *proches*. On le fait encore, bien entendu, mais ce sont des carnages à l'ancienne, si je puis dire. Le carnage nouveau, le crime nouveau correspondant à l'époque qui commence, c'est le statocide. On attaque l'État ou ses représentants parce que ce sont les seuls, les derniers *proches* que l'on a sous la main. Et dont on peut attendre quelque chose. Dont on croit qu'on peut attendre quelque chose. Le statopathe n'est pas un asocial ni un antisocial, c'est même le contraire. Richard Durn ou Leibacher crevaient de trop de social en eux. C'étaient des pro-sociaux, des statophiles devenus statopathes, des déçus de l'État, des humiliés et des offensés de l'État, des amoureux éconduits et qui se sont vengés. En cela le système statocratique, qui ne souffre plus qu'aucun être demeure si peu que soit extérieur à lui, et qui procède par tous les moyens à une minutieuse, à une constante et systématique *reductio ad socialum* des individus, accouche logiquement de ses désenchantés, remplis plus ou moins de rancune, et qui, comme Durn ou comme Leibacher, n'attendent plus rien que de lui, donc ne connaissent pas non plus d'autre cible sur laquelle tirer le jour où leur attente déçue se transforme en colère. Carnage mis à part, Durn et Leibacher ne sont nullement différents de quatre-vingt dix-neuf pour cent de la population. Et de même que certains chercheurs considèrent la psychopathie criminelle comme un échec de la psychopathie ordinaire (dont tous les individus modernes seraient affectés mais sans que cela produise de drames), de même pourrait-on dire que le statopathe clinique n'est qu'une variante sanglante du statopathe courant, c'est-à-dire de n'importe lequel d'entre nous, normalement esclavagisé, avec son consentement, par l'État moderne, et définitivement dépendant de lui, à la manière dont les enfants sont dépendants de leur père et de leur mère, vivant si je puis dire à jamais dans la *statosphère* et nulle part ailleurs.

Le problème, cher Philippe, n'est pas que les individus soient esclavagisés par l'État, mais que l'État soit devenu incapable d'incarner l'intérêt général.

À mon avis, ils sont en même temps esclavagisés et abandonnés. Dépendants et largués. L'État devenu incapable d'incarner l'intérêt général se mêle également de tout, mais sur le mauvais versant. D'où l'explosion de la violence chez les moins statosceptiques, chez les plus croyants. Cet englobement, ce rapt de l'individu par la statosphère totale et totalitaire est une chose d'une absolue nouveauté quand on songe aux très longs siècles où l'homme n'a entretenu avec l'État que des rapports plus ou moins flous et distants[1]. Avec Durn et Leibacher, on a maintenant affaire à des gens pour qui l'État c'est le destin, leur destin. Comme les parents sont le destin de l'enfant tout le temps que dure l'enfance. Avoir le *monstre froid* comme destin c'est assez spécial, vous en conviendrez. En tout cas ça ne se retrouve nulle part, ni en Grèce, ni à Rome, ni dans l'ancienne monarchie française, ni dans l'ancienne République française. Avoir le Léviathan comme unique famille, comme seule référence, comme seul *prochain*, c'est encore, me semble-t-il, quelque chose qui ne

---

1. À cet égard, et pour qui a un peu le sens du comique pathétique en matière de statodépendance, le spectacle récent de mille cinq cent personnes défilant à Guéret pour *sauver les perceptions du département de la Creuse* et pour la *défense des services publics en milieu rural* est un plaisir d'une grande perversité, parfaitement inimaginable il y a seulement cinquante ans ; comme d'ailleurs tous les nouveaux plaisirs de notre époque si particulière (*novembre 2004*).

pouvait pas survenir avant notre époque. Avoir Moloch comme oncle d'Amérique, comme oncle décevant, comme oncle lâcheur et liquidateur, c'est nouveau. Avoir respectivement, comme Leibacher et Durn, le parlement de Zoug et le conseil municipal de Nanterre comme destin, tuer et mourir pour le parlement de Zoug ou pour le conseil municipal de Nanterre, c'est une expérience originale ; en tout cas c'est une expérience sans précédent, et c'est ce sans précédent qui constitue le réel d'aujourd'hui, dont les bien-votants ne veulent même pas entendre parler, dont ils essaient de se débarrasser en criant qu'il s'agit d'histoires de « chiens écrasés », de « faits divers sordides » qui flattent « le voyeurisme le plus mesquin ». Je les plains[1].

Alors changeons le réel, comme on voulait autrefois changer le peuple ! Le pire est qu'on va y parvenir, en éliminant du champ des caméras la population réfractaire à ce merveilleux Disneyland qui nous est promis. Des « gens » continueront peut-être à vivre : on les fera disparaître de la photo et le tour sera joué. De temps en temps l'un d'eux, un peu plus excédé que les autres, fera un carnage...

---

1. Éminemment et immédiatement statopathes ou statodépendantes furent, dans une période plus récente, les réactions au « double crime de Pau », c'est-à-dire au massacre insensé d'une infirmière et d'une aide-soignante dans un Centre hospitalier psychiatrique. On vit aussitôt, et alors même que le sang de ces malheureuses n'avait pas séché, s'élever une « polémique syndicale sur la sécurité et les moyens financiers de ce type d'établissement », sur « les réductions d'effectifs et les fermetures de lits massives dans les hôpitaux psychiatriques ». Sans doute s'agissait-il alors d'un rituel moderne de deuil ; et d'ailleurs une collègue des deux victimes confiait aux journalistes dès le lendemain du carnage : « L'émotion est toujours là, on attend les obsèques pour commencer à faire le deuil. Quand elles seront passées, on pourra avancer, on est trop sous le coup de l'émotion. » Certes on le serait à moins, surtout quand on sait que la tête de l'une des deux femmes, décapitée à l'aide d'un sabre de samouraï, fut retrouvée posée sur un téléviseur. Mais à voir de telles réactions, on comprend aussi que le deuil ou le ressentiment syndical servent désormais, d'abord et avant tout, à se détourner de la réalité ; et par exemple à ne rien vouloir savoir de l'usage si particulier et si effrayant, mais aussi si révélateur, de la télévision (*décembre 2004*).

Assimilé à la peste brune, le réel ne devrait plus avoir droit de cité, même à travers sa destruction ou sa virtualisation télévisée de routine (ce qu'ils appellent information). Tous contre le réel ! En se bouchant le nez, évidemment. Le réel est le bouc émissaire de Festivus festivus. *L'irréel est devenu une commande sociale.* Il est devenu la commande sociale par excellence. Tous contre le désespoir, contre la « France affreuse », comme l'a appelée Serge July au lendemain du premier tour (alors que son propre journal, trois semaines auparavant, et en prévision de l'inéluctable victoire d'Amélie Jospin, avait célébré pendant huit jours consécutifs une nouvelle France radieuse qui lui allait comme un gant Mapa, à Amélie Jospin, la « France décomplexée »). Tous contre la France de mauvais goût qui a encore le culot de vivre dans le monde réel, ou complexe, ou complexé, ou tordu, ou inhibé, comme vous voulez, et même d'y croupir. Tous contre le vieil homme d'Orléans, qui finirait facilement par devenir en somme le tombeur sordide de Jospin. Il n'avait qu'à ne pas se faire lyncher, après tout, ce salaud. C'est lui qui les a excités, non ? Tous contre les journaux télévisés auxquels on reproche de « ne pas faire la part des choses ». Quelle part ? Quelles choses ? Tous contre TF1 aussi, pour descendre encore plus bas dans le grotesque. Tous contre *TFN*, comme a dit quelques jours après l'élection Julien Dray : cet illustre collectionneur de montres à système[1] témoignait là de sa candeur, à croire que TF1 existe, alors que TF1 n'a pas plus de consistance que n'importe quelle autre chaîne, pas plus de consistance que lui et que n'importe quel fantôme médiatique. Mais ce qui est intéressant c'est que ce délicat socialiste, par principe et profession au moins compatissant envers l'*autre*, le *lointain*, nous disait en substance que la société

---

1. Qu'il faut voir, dans le film de Moati sur la campagne électorale de 2002, à quelques minutes des résultats du premier tour qui devaient bafouer tant d'espoirs, proclamer sur un ton d'initié confituré : « Jospin sera devant Chirac, je prends les paris ! » (*mai 2003*).

ne se résume pas à ces affaires sinistres, qu'elles ne concernent qu'une infime minorité, que ça n'arrive qu'aux autres, et qu'il ne faut pas ramener toute la réalité à ce qui se passe dans ses marges, aux bavures qui y ont lieu, et qui ne sont que des exceptions plus ou moins odieuses et sanglantes. Et, alors qu'on ne cesse de rabattre la norme sous l'exception quand il s'agit par exemple de « violences conjugales » (un homme sur un million bat sa femme, *donc* tous les hommes battent leur femme), de « harcèlement sexuel » (un chef de service sur cinq cent trente-sept mille harcèle son assistante, *donc* toutes les femmes sont harcelées par leur chef de service) ou d'« homophobie » (un hétéro sur dix-huit mille neuf cent dix est homophobe, *donc* tous les hétéros sont homophobes), et que l'on prend gaillardement la partie pour le tout quand ça arrange les intérêts du Parti Avanciste, il faut soudain dénier toute valeur à l'exception lorsqu'elle est supposée avoir fait battre Jospin.

Sauf que l'insécurité est bien plus réelle que le harcèlement...

Mais il suffit que le réel soit flagellé sous le nom abusif d'insécurité pour le congédier ; et faire honte à TF1 ou d'autres chaînes d'en parler. Comme si la télévision faisait autre chose que de mettre en scène ce dont elle fait semblant de traiter ! Le vieil homme d'Orléans, elle l'a mis passagèrement en scène comme elle met en scène tout le reste, le sexe obligatoire, la météo, les jeux imbéciles, la sodomie à la maison, les débats vides de sens. Chateaubriand, pourtant si hautement pessimiste, ne l'était pas encore assez quand il affirmait dans la conclusion des *Mémoires d'outre-tombe* : « La découverte de l'imprimerie a changé les conditions sociales : la presse, machine qu'on ne peut plus briser, continuera à détruire l'ancien monde, jusqu'à ce qu'elle en ait formé un nouveau. » Les médias modernes détruisent l'ancien monde et en forgent un nouveau, en effet, mais ils le font tous les jours, *pas une fois*, et c'est tous les jours qu'en forgeant un nouveau monde ils s'étonnent que l'on puisse encore parler du nouveau monde d'hier ou de celui d'avant-hier.

D'où ce dialogue de sourds comique engagé dès après les élections entre les socialistes défaits et « la télévision » à propos d'un réel (les faits divers) qui les aurait desservis. D'où le ridicule de Julien Dray s'insurgeant contre « le bruit médiatique de l'insécurité ». Et d'ailleurs, comment peut-on affirmer avec tant de hauteur que c'est le vieil homme d'Orléans qui a précipité Jospin six pieds sous terre ? Pourquoi ne serait-ce pas le sourire terrifique de Ségolène Royal ? Ou Martine Aubry ? Ou simplement Jospin lui-même, l'austère qui austère ? Maintenant, du côté du vote Le Pen, que s'est-il passé ? Psychopathologiquement, une fois encore, on pourrait parler d'une sorte de mécanisme sauvage de *défense* en pleine cure radicale (Jospin faisant ses adieux aux socialistes l'a plus ou moins exprimé dans sa langue de goudron : « Nous avons cru que nous avions davantage avancé dans la guérison d'un certain nombre de maux de la société française »). Le patient, c'est-à-dire le corps social, objet depuis quelques décennies d'une opération de transformation profonde et longue que les bouches en cul-de-poule des dominants de toutes sortes, dominants culturels, dominants économiques ou politiques, appellent cauteleusement *modernisation*, se rebiffe. Il le fait de telle façon, en votant Le Pen, qu'il se met d'office dans son tort, comme s'il voulait sans le savoir que ses plaintes ne soient pas du tout entendues, que ses souffrances et ses colères soient irrecevables ; et c'est peut-être bien cela qu'il veut. L'usage de ce Le Pen, de ce nom si ancien, si *vieux* (il a frappé mes oreilles il y a très longtemps, dès mon enfance, comme celui de Mitterrand et comme, bien sûr, celui de De Gaulle ; mais les deux derniers sont morts et le premier est toujours là : songez que si vous consultez l'index des *Œuvres complètes* de Barthes vous l'y trouvez, figurant en 1957 dans *Mythologies* à l'occasion d'un texte sur « Poujade et les intellectuels » !), pour exercer une quelconque influence sur la nouvelle réalité, me fait penser qu'il ne s'agissait au contraire que de renforcer celle-ci, et l'aider à accélérer toutes ses « déconstructions ». Et que le réel est venu se suicider comme un kamikaze islamiste en se fracassant contre le premier tour de l'élection. Une fois encore, le rapprochement avec le 11 septembre et ses suites est frappant, bien que les dimensions des tours soient évidemment incomparables (par-dessus le marché, le deuxième tour a mieux résisté que la deuxième tour). L'oubli du « séisme Le Pen », enfin, sera sans doute aussi rapide que celui du « tremblement de terre Ben Laden ». Chateaubriand encore écrivait vers la fin des *Mémoires d'outre-tombe* : « Dans ce pays fatigué, les plus grands événements ne sont plus que des drames joués pour notre divertissement : ils occupent le spectateur tant que la toile est levée, et, lorsque le rideau tombe, ils ne laissent qu'un vain souvenir. » Ils ne laissent même plus de souvenir.

Vous ne pouvez pas tracer un signe d'égalité entre Le Pen et Ben Laden. Les électeurs de Le Pen font du bruit et seulement du bruit avec leurs bulletins de vote pour protester contre la destruction du monde ancien, tandis que les adeptes de Ben Laden espèrent contribuer à la destruction du monde nouveau. À propos, savez-vous que vous avez semé le trouble jusque chez vos lecteurs avec vos Djihadistes *? Certains ont trouvé que vous vous étiez contenté d'appliquer votre système bien rodé à l'effondrement des tours. Pouvez-vous expliciter en quoi vous avez avancé de nouveaux concepts ? D'autres vous ont reproché, comme on l'a reproché à Baudrillard, de vous « placer du côté des terroristes ». L'accusation qui prétend disqualifier tous ceux qui cherchent à expliquer paraît infâme et, en tout cas, elle* *se veut infamante. Mais après tout, à force de détester cette époque et cette civilisation, pourquoi ne vous sentiriez-vous pas plus proche de ceux qui veulent la détruire ?*

Il faut être moderne à bouffer du foin comme le Nassif de *Technikart* pour croire que je *donne du « cher » aux djihadistes*, comme il l'a écrit avec ses orteils, et qu'ainsi, sans nul doute, ces djihadistes me *sont chers*. Ceux qui ne peuvent pas lire, ceux qui ne veulent pas lire, ceux qui ne veulent pas comprendre ce qu'ils lisent, on ne les convaincra jamais. Orwell, en son temps, avait d'autres ennemis irréductibles et, dans une lettre, il décourageait l'un de ses amis de riposter à de tels ânes butés : « Il y a certaines personnes, comme les végétariens et les communistes, auxquelles il est impossible de répondre. Vous devez simplement continuer à dire ce que vous dites sans vous soucier d'eux, et il peut alors arriver, chose extraordinaire, qu'ils se mettent à vous écouter. » Mais je n'espère nullement que les pauvres types de *Technikart* écoutent quoi que ce soit, et d'ailleurs je n'y tiens pas du tout, ni que ces droïdes de Panurge comprennent quoi que ce soit, cela signifierait que je me suis mal exprimé. Je préciserai néanmoins que je ne me sens aucunement « proche », bien entendu, de ceux qui veulent détruire cette civilisation-ci, parce que simplement elle s'entend très bien toute seule à se vandaliser de l'intérieur, comme je ne cesse d'en donner des exemples, et qu'elle a vocation à étendre sa vandalisation, sous le nom de modernité (et sous le nom de démocratie), au monde entier. L'occidentisme, forme sénile de l'Occident dont l'Amérique de Bush n'est que l'incarnation la plus achevée, est une destruction qui s'exporte sous le nom de civilisation occidentale et sous des apparences de démocratie. Elle use à l'occasion de moyens militaires, certes, mais elle a aussi bien d'autres cordes à son arc pour détruire les dissidences et métamorphoser les âmes de sorte qu'à l'avenir il n'y ait précisément plus de dissidents. La guerre, de toute façon, n'est pas son destin.

Vous me demandez si j'ai fabriqué de nouveaux concepts dans les *Djihadistes*. Je ne suis pas fabricant de concepts en plein vent comme on fait des merguez en plein vent à la Fête de *L'Huma* ; mais ne vous inquiétez pas, vous allez en voir sortir deux ou trois de ma manche dans pas longtemps, des concepts, puisque vous avez l'air d'aimer les concepts. Je ne saurais trop vous conseiller, par conséquent, de rester éveillée.

Je les attends de pied ferme. Et puisque vous aimez la subtilité, je me permets d'insister. Certains de vos lecteurs lisent entre les lignes – et même dans chaque ligne – des Djihadistes *une telle détestation de l'Occident terminal qu'elle pourrait finir par vous faire aimer ses ennemis.*

« Qu'elle pourrait » ? C'est un procès d'intention ! Mais je veux bien envisager cette hypothèse, encore qu'il y ait à mon avis une grande obscénité à inscrire le mot « civilisation » à côté de ce qu'est devenu l'Occident. Toujours est-il que les *Djihadistes* représentent pour moi d'abord, à travers la confrontation avec un événement *extérieur* à l'univers dont je parlais jusqu'ici, un essai de vérification de la pertinence de ma description et de mes thèses antérieures. Une chose qui semble n'avoir été comprise par presque personne, et vous m'en voyez navré, c'est que ce n'est pas exactement moi qui parle dans ce livre, et ce ne sont pas exactement mes thèses qui y sont exposées, mais plutôt celles du dernier homme, du festiviste achevé, de Festivus festivus. Il y a là un décalage subtil, *à la Swift* si vous voulez, que j'ai voulu afin que le discours de ce livre demeure ambigu. On ne devrait pas savoir si celui qui parle est, ou non, conscient des énormités qu'il débite, ou s'il s'agit simplement d'un de ces innombrables individus heureux et à l'aise dans ce monde et dans ce temps, et qui nous claironnent à longueur de journée, dans leur style *pastorale citoyenne*, la joie d'appartenir à cette époque. Par ce décalage j'ai tenté d'introduire de la fiction dans l'essai, un flottement, une indécision, de sorte que le discours que l'on entend ne soit pas exactement le mien ; un peu à la façon dont le chœur et l'acteur (l'« hypocrite ») se sont jadis dissociés sous l'influence de Thespis pour faire naître en Grèce la tragédie.

Mais tout cela est sans doute un peu trop compliqué pour la sensibilité en agglo du lecteur contemporain. Passons. Je n'ai pas écrit *contre l'Occident* après le 11 septembre ; j'avais écrit contre *avant*, et abondamment il me semble. Je ne me suis pas non plus placé « du côté » de l'ennemi, encore qu'il s'agisse là d'une attitude littéraire courante et même conseillée si on veut penser quelque chose d'intéressant : voyez Dostoïevski se plaçant du côté des nihilistes pour écrire *Les Démons*, Flaubert se mettant du côté de la bêtise pour raconter les aventures de Bouvard et Pécuchet, Bernanos entrant dans la peau de M. Ouine pour essayer de comprendre le démon et la damnation, sans oublier Shakespeare et tous les autres (par exemple Borgès et le nazisme dans son admirable *Deutsches Requiem*). Écrire c'est tenter le diable, et d'abord le diable en soi...

Sans doute mais vous vous placez simultanément dans la peau des djihadistes et dans celle du dernier homme, ce qui donne de la consistance à l'idée que le second est le double inversé des premiers.

Je ne crois pas qu'on puisse honnêtement dire que, dans les *Djihadistes*, je me mets dans la peau des djihadistes. De toute façon, entrer dans la peau d'islamistes qui vont s'exploser, le 11 septembre 2001, contre des tours à la stupéfaction du monde entier, c'est coton. C'est un défi auquel personne n'avait jamais encore été confronté. Mais on pourrait commencer, dans ce domaine littéraire, donc crucial, à s'exercer plus modestement :

par exemple avec une affaire qui s'est déroulée à Béziers et qui aujourd'hui six mois plus tard, est déjà totalement oubliée. Elle est sans commune mesure, bien entendu, avec l'attaque de Manhattan, mais elle m'apparaît, avec le recul, comme une sorte de résumé microscopique ou comme une préfiguration miniature du 11 septembre. Ça s'est donc passé en France quelques jours avant la chute des tours, exactement dans la nuit du 1er au 2 septembre 2001, et, après tout, deux hommes y sont morts. C'est l'histoire de ce garçon de vingt-neuf ans, Safir Bghiouia, qui a mis pendant quelques heures la ville de Béziers à feu et à sang avec des armes de guerre en attaquant au lance-roquettes des voitures de police, un commissariat, en tirant n'importe où sur des immeubles, et qui a fini par tuer le chef de cabinet du maire avant de donner rendez-vous aux policiers sur un parking pour un « duel » final où il a été abattu.

C'est un fait divers qui m'avait beaucoup intéressé, juste avant le 11 septembre, ce qui fait que j'ai repensé tout de suite à cette histoire en voyant les tours s'effondrer. C'est ridicule, sans doute, mais c'est comme ça. Tandis que s'écroulait le plus laid des chefs-d'œuvre de la modernité moderne et mondiale, cette réussite étincelante du crétinisme lisse, et qui ne tient sa légitimité que d'être vertigineuse comme l'ennui, je repensais à ce misérable Safir Bghiouia déjà oublié dix jours après son équipée stupide et sanglante. Tout le temps qu'a duré cette équipée, c'est-à-dire la nuit entière, cette nuit du 1er au 2 septembre 2001, affublé du bandeau blanc des « martyrs de l'Islam », il s'arrêtait dans des cabines téléphoniques, appelait le commissariat central et criait qu'il allait descendre des flics au nom d'Allah. Cette petite apocalypse aux dimensions de Béziers (mais j'oubliais une chose essentielle parce qu'inanalysable, donc littéraire : quelques heures avant de passer à l'acte, le 1er septembre dans l'après-midi, il avait tenu à emmener ses petites sœurs dans un parc d'attractions tout proche de la frontière, en Espagne : vous voyez que nous ne sommes jamais loin de la festivisation généralisée ; et d'ailleurs comment le pourrait-on ?), cette petite apocalypse, donc, s'est conclue sur le parking où il avait donné rendez-vous aux policiers et où il est apparu armé d'un fusil lance-roquettes, d'une Kalachnikov et d'un Riotgun. Il avait aussi des cartouchières en bandoulière et pas mal d'explosifs dans sa voiture. Voilà pour la chevauchée sauvage. Si j'étais futile, je vous dirais que ce type, pendant quelques heures, a joué à travers Béziers *Règlement de comptes à OK-Coran*, ou *Pour quelques dirhams de plus*, ou *Le Bon, la brute et le croyant*, ou même *Des sourates et des hommes*...

Ce n'est pas votre genre...

En effet. Et on ne plaisante pas avec ces choses-là. Reprenons donc. À dix jours de distance, donc, en septembre 2001, est-ce qu'il s'est passé quelque chose d'approchant (toutes proportions gardées bien entendu !) à Béziers et au World Trade Center ? C'est une hypothèse que j'aimerais creuser. Quel est le point commun entre ce Safir de Béziers et, dix jours plus tard, les kamikazes de Manhattan, du moins à partir de ce que l'on peut connaître des uns et des autres ? J'ai envie de répondre : ce sont tous des *occidentopathes* (Hell ! un nouveau concept ?), je veux dire qu'ils ont l'Occident comme destin parce qu'il n'y en a plus d'autre (c'est ce qu'on appelle pudiquement la mondialisation), même s'ils croient, par leur mort, faire une entrée triomphale au paradis, dans *leur* paradis, c'est-à-dire pratiquer un trou musulman dans ce destin occidentocentré.

Donc, j'y reviens, les djihadistes sont bien, pour vous, le produit de ce qu'ils exècrent, comme le génie qui sort de sa lampe, ils n'ont pas d'existence en propre ?

Ils se confondent avec leur cible (c'est d'ailleurs exactement ce qu'ils ont fait le 11 septembre). Ils se fondent et fondent avec leurs victimes. Est-ce que je me rends complice des terroristes en disant cela ? À vrai dire, je me moque de cette problématique. Et puis, quel est ce commandement nouveau et abrutissant qui vous interdit de vous intéresser à l'ennemi, d'essayer de l'analyser parce que « analyser c'est, de fait, justifier », comme l'a écrit récemment Alain Minc ? D'ailleurs, je ne cherche pas à « analyser » les djihadistes. Je ne cherche pas à les expliquer, c'est avec moi que je m'explique, ou plutôt avec tout ce que j'ai préalablement écrit. Si Ben Laden et ses sbires sont de toute évidence des criminels, cela ne légitime pas pour autant l'évolution du monde qu'ils ont choisi comme cible. Et la nécessité, ou même le devoir, d'éliminer ce Ben Laden ne nous transforme pas en héros. Si Ben Laden est le Mal, cela ne sacralise pas le démoniaque qui est à l'œuvre en face. Cela ne transforme pas en petits saints les démons du jour. Le fait que Ben Laden veuille notre mort en tant que judéo-croisés ne me rend pas plus sympathique l'Occident, si peu judéo-croisé d'ailleurs, du confort morbide, de la barbarie pornographique, de l'obscurantisme festiviste, des délires libertaires d'un nombre insensé de gens qui veulent encore détruire des tabous comme si cela ne suffisait pas amplement, qui ne croisadent que contre les « traditions en béton », les « ostracismes moyenâgeux » et les « carcans religieux » comme s'il y avait encore désormais d'autres traditions, d'autres ostracismes, d'autre béton et d'autres carcans que ceux qu'ils imposent à tour de bras ; et qui gémissent dans leur latin de cuisine contre cette « société qui ploie encore sous les réflexes les plus conservateurs », comme s'il y avait autre chose sous quoi ployer que leur tératologie et leur volonté d'anéantir tout regard un tant soit peu critique posé sur cette tératologie imposée comme une nouvelle norme ; et qui ne sont même pas contents de leurs destructions, même pas rassasiés ; et qui regardent l'anti-monde qu'ils ont décréé et se montrent encore plus difficiles que le Dieu de la Genèse parce que, à l'opposé de Dieu qui trouvait belle et bonne sa Création et allait se reposer, ils trouvent toujours qu'il manque quelque chose à leur dé-création et ne vont jamais se reposer ; et qui n'arrêtent pas de donner des leçons au nom de leur démence ; et qui, concernant l'effacement qu'ils exigent de la différence sexuelle, parviennent même à faire plier les États, les rendant ainsi encore plus criminels qu'ils ne le sont d'ordinaire, dans la mesure où cette différence sexuelle est la base de toute raison, et que l'État apeuré n'est désormais même plus capable de garantir *ça*, ce service minimum de la raison que tout État, jusqu'à nous, et même les pires, avait garanti.

D'abord, si les États ont servi à garantir ce service minimum de la raison, ils n'ont pas été les criminels que vous dites. Un monde sans États, cher Philippe, est exactement ce que veulent tous les Festivus Festivus de la terre. Mais peut-être en reparlerons nous. Cela dit, pardonnez-moi cet accès de vertuisme démocratique, mais je prétends que l'Occident conserve – serait-ce à son corps défendant – un avantage : vous pouvez y penser et y écrire à votre guise. La servitude, en conséquence, y est toujours volontaire.

Vous voulez que nous parlions de la liberté ? Ici ? Chez nous ? Que l'on reparle des innombrables fomentateurs de lois qui harcèlent l'État, justement, jour après jour, pour qu'il étrangle à leur profit la liberté, notamment celle d'écrire et de penser à sa guise ? On nous dit que Ben Laden est contre la liberté de penser. C'est vrai, bien sûr. Mais il n'y a plus de liberté de penser (elle n'aura duré que deux ou trois siècles, peut-être même quatre si on compte Rabelais, en tout cas elle était d'invention récente, comme le conflit et comme le rire). Il n'y a plus que la liberté de penser comme les néo-tyrans de la liberté de penser comme eux.

On ne sort la morale et la liberté que lorsqu'il s'agit de l'adversaire. Mais ce sont ceux qui ont détruit toute morale et qui asphyxient la liberté qui sortent cela. Personne, dans le néo-Occident terminal d'après le 11 septembre, n'a proposé d'en finir *au moins* une bonne fois, par exemple, avec la démence pénaliste qui dévore l'humanité occidentale chaque jour un peu plus, ne serait-ce que dans le but de se donner une chance de retrouver un minimum d'énergie vitale pour combattre nos ennemis. On vient d'avoir droit à un article grotesque, dans *Le Monde*, sur le fait que « nos voisins britanniques » consomment plus d'alcool, fument plus de cigarettes, achètent plus de préservatifs et s'adonnent davantage aux jeux de hasard depuis la chute du World Trade Center. Bonne nouvelle, mais cela ne durera pas. Jamais la démence pénaliste occidentale ne s'arrêtera plus, parce qu'elle est la colonne vertébrale d'un monde qui a perdu jusqu'à son corps et qui se raccroche à cette colonne idiote, malfaisante et frigide qui lui donne encore une illusion de vie.

En vérité, c'est tout ce qui s'est passé de pire depuis quarante ou cinquante ans dans le monde occidental, et qui ne fait que commencer, et qui continue à être chanté comme un merveilleux progrès, qu'il faudrait liquider d'un trait de plume, en cinq minutes. On ne le fera certes pas (les associations veillent à leurs *acquis*). A-t-on déjà oublié qu'après le 11 septembre, Jean-Marie Messier, encore dans sa splendeur, publiait un article comique intitulé *Construire les ponts de l'après-11 septembre*, où il expliquait que « la marche vers la modernité, vers le progrès et les valeurs universelles » était irréversible, que l'Islam « dans son immense majorité » y aspirait, que le « conseil de prospective » de Vivendi Universal s'en occupait, qu'« une foule d'artistes arabo-musulmans rêvaient d'exprimer leurs talents » et qu'avec Universal Music l'affaire était déjà dans le sac, dans un excellent sac ? Je ne veux pas m'amuser à piétiner *a posteriori* ce Messier, cette victime de la mort subite du PDG, ni lui demander s'il a laissé son sac d'Universal Music à la revue *L'Infini* où il donna une interviouve si mémorable, tout cela n'a aucune importance, toutes ces singeries n'ont d'intérêt que si on sait qu'il s'agit de singeries, de criailleries de petits singes. Le grand singe intéressant, même s'il n'a jamais existé, même s'il s'agit d'une invention de l'Amérique, de la BD américaine ou de l'Amérique en tant que BD, et même s'il existe car, après tout, pourquoi pas, c'est King Kong, je veux dire Ben Laden. C'est d'une absurdité à hurler d'en parler, ainsi que le fait Glucksmann, en le définissant comme l'incarnation du « négatif » ou du « nihilisme ». Je crois bien qu'il n'y a rien de plus *faux* qui ait été écrit sur le 11 septembre, lequel pourtant a suscité un nombre impressionnant de thèses aberrantes ; et, bien entendu, c'est à cette thèse plus aberrante encore que les autres que l'on a offert un maximum de résonance, parce qu'au fond elle arrangeait tout le monde. Le nihilisme est une maladie du christianisme, l'athéisme n'est concevable que sortant du ventre du christianisme comme son *alien*, il n'est jamais sorti du ventre d'aucune autre civilisation parce qu'il ne le pouvait pas. Croire que le nihilisme puisse s'exporter comme concept hors du champ judéo-chrétien est une ânerie. Le nihilisme n'appartient qu'à l'histoire chrétienne, ou plutôt à l'histoire de sa décomposition.

> *Vous avez oublié de préciser que, pour défendre l'Occident, Glucksmann essaie d'enrôler Dostoïevski, ce qui est à hurler de rire. Mais je vous ai interrompu.*

Comment se décompose le christianisme ? Lorsque l'on descend du *salut* à la *sécurité*, de l'espoir du salut à la demande de sécurité, et de la grâce à la santé, de la grâce sanctifiante à la prison de la santé. Le nihilisme (et aussi bien le fascisme) se loge entre ces deux stades, entre ces deux marches de la descente aux enfers de la modernité : le salut n'est déjà plus crédible, mais la sécurité n'a pas encore disposé sa police efficace, totalisante et maternelle. Il y a donc une place pour l'explosion : c'est le nihilisme. Orphelin de la croyance, le nihiliste ne demande qu'une chose : qu'elle soit remplacée par quelque chose d'encore plus efficace. Ce sera le contrôle, l'espionnage, la lutte planétaire du Bien contre le Mal, la terreur sécuritaire enfin réalisée à tous les niveaux. Le nihiliste s'en satisfera pleinement : c'est cela qu'il voulait, comme un enfant turbulent réclame une baffe sans le savoir. La baffe est faite, les jeux aussi. La sécurité, qui est l'idéal sur lequel se rebâtit le monde d'après l'Histoire (et, pour moi, l'Histoire, j'y insiste, était celle du salut), comble pleinement le nihiliste dont le malheur était d'avoir perdu un maître et de ne pas en avoir trouvé un autre (c'est tout le sens des *Démons*). Il en a retrouvé un. Le nihilisme est derrière nous. Le sécuritisme universel l'a englobé. Il n'y a plus de nihilisme en Occident parce que tout l'Occident est nihiliste. Ramener le nihilisme à l'occasion du 11 septembre, comme s'il pouvait y avoir autre chose, relève donc purement et simplement de la désinformation intéressée.

Pire : vouloir faire du nihilisme et de l'athéisme la clé du comportement criminel de Ben Laden relève de la bêtise crasse. S'il y a quelqu'un justement qui n'est pas nihiliste sur cette planète, c'est Ben Laden ! Il n'en est même pas encore là ! Il est bien pire ! Il vient de bien plus loin et de bien ailleurs. Écrire que le terrorisme islamiste est un nihilisme, c'est l'enfermer, ou plutôt croire l'enfermer dans une catégorie où il n'a rien à faire. Ben Laden est le Mal, c'est incontestable (enfin une partie du Mal), mais est-ce qu'il a joui, le 11 septembre, comme un bon nihiliste classique, de faire le mal ? Sans doute, mais pas davantage que n'importe quel type qui se pense en guerre et qui se félicite parce qu'il se dit qu'il vient de remporter une victoire. Je veux suggérer par là que Ben Laden, *de son point de vue*, ne fait pas le mal pour le mal, en tout cas pas seulement, il croit vraiment à ce qu'il fait, il est véritablement persuadé que l'*Oumma* pour laquelle il lutte c'est le Bien, et que le califat mondial qu'il espère est l'avenir radieux et barbu de l'humanité. Ne pas comprendre cela, parler de « puissance de destruction universelle », de « jouissance à faire le mal » ou de « voyoucratie nihiliste », c'est à mon avis se donner les meilleurs moyens de ne rien voir de l'adversaire, et par conséquent, même avec une énorme supériorité militaire, de toujours taper à côté. Au moins la chrétienté, quand elle se battait contre le cauchemar de l'époque, les Turcs, ne se racontait pas qu'elle avait en face d'elle des Orientaux dégénérés, voyoucrates et nihilistes. Et il est évident que les Turcs de Kara Mustapha Pacha, quand ils assiégeaient Vienne en 1683, n'étaient pas non plus occidentopathes parce que l'Occident, tout simplement, n'était pas (pas encore) leur destin. Il s'agissait donc d'ennemis parfaitement résolus à se faire la peau et n'entrant nullement dans les raisons de l'adversaire. D'ailleurs, en face des Turcs, il n'y avait pas d'Occident, ni même d'Europe ; il y avait la chrétienté en lutte à mort avec l'Islam. Est-ce qu'un Occident non chrétien (malgré les simagrées des fondamentalistes américains) fait le poids contre l'Islam ? J'aimerais le croire.

Est-ce qu'un Occident qui n'aurait rien à voir avec le christianisme aurait un sens ?

Un Occident débarrassé du christianisme et du judéo-christianisme, c'est l'espèce de non-sens inconnu vers lequel nous allons. Et où nous essayons d'entraîner le reste de la planète. L'Occident détruit par lui-même est aussi le destin inéluctable de tout le monde. C'est pour cela que je dis que Ben Laden, si étranger soit-il à l'Occident, est un occidentopathe, dans le sens exact où je disais aussi que Richard Durn était un statopathe. Malgré les apparences, malgré son turban, son salafisme et sa barbe, Ben Laden est un moderne, comme l'étaient aussi les terroristes qui se sont précipités sur Manhattan et sur le Pentagone. Ce sont des modernes pathologiques, si vous voulez, des modernopathes, mais ce ne sont déjà plus, ou plus complètement, des islamistes (d'où le ridicule de la thèse du choc des civilisations). L'inéluctabilité universelle de l'Occident contemporain, c'est-à-dire en ruines volontaires, est un sujet qui m'intéresse depuis longtemps. N'étant pas un ami, c'est le moins qu'on puisse dire, de cet Occident tel qu'il se développe, et ne pouvant pas *ne pas* l'écrire, car toute ma préoccupation esthétique depuis des années *consiste à essayer de transformer mon dégoût en art*, et ce n'est pas fini, il est logique que je me sois intéressé à d'autres ennemis de ce même monde, et que je me sois demandé si j'avais quelque chose en commun avec eux. La réponse est non, fort clairement, mais ce n'est pas pour ne pas avoir l'air complice des djihadistes et de leurs avions-suicide que je vous dis cela ; c'est simplement parce que, après examen, j'ai pu déterminer que mon allergie à l'ordre occidentiste mondial se différenciait de celle des djihadistes en ce sens que ce sont, qu'ils le veuillent ou non, je le répète, des occidentopathes. Ils peuvent bien se tuer, et tuer en se tuant des milliers d'Occidentaux, il ne changeront rien à ce fait que l'Occident, cet Occident-ci, cet Occident-monde, est leur destin comme il est le nôtre. Ils peuvent bien mourir ; leur destin c'est le zéro mort. Ils peuvent bien prendre les pires risques ; leur destin c'est le zéro risque. Ils peuvent bien se sacrifier ; leur destin c'est le zéro sacrifice, c'est-à-dire le néo-matriarcat, c'est-à-dire l'Occident terminal, ses barrières de précaution, ses barreaux de sécurité, ses ceintures de prévention.

Quant à l'avenir-Occident des djihadistes, je ne voudrais pas vous flatter exagérément, vous avez suffisamment de problèmes avec vos ailes de géant, mais il y a peut-être dans les Djihadistes *des vérités que nul n'a envie de connaître. On voit mal comment des populations qui prétendent être la vie même pourraient envisager de s'appliquer à elles-mêmes votre conclusion : « Nous vaincrons parce que nous sommes les plus morts ».*

Ou encore : ce n'est pas parce qu'ils nous tuent que nous ne sommes pas morts. Je sais bien que cette proposition, « nous vaincrons parce que nous sommes les plus morts », qui clôt mes *Chers djihadistes…*, a été très mal accueillie. Je crois même savoir que le producteur d'une émission de télévision a exigé que l'on coupe une séquence qui était consacrée à mon livre parce que cette phrase y était citée. « On ne peut pas dire aux gens qui regardent la télé *vous êtes morts !* » s'est-il indigné. Eh bien, ce brave homme a raison. Ce n'est pas parce qu'on est mort qu'on ne doit pas regarder la télé. Quand j'écris, à la fin des *Djihadistes*, que nous vaincrons parce que nous sommes les plus morts, cela signifie que nous avons une longueur d'avance sur les djihadistes puisque nous sommes au-delà de cette mort dont ils font une arme. Mais contre qui ?

Pour résumer, d'une façon générale, et puisque vous citez aussi Baudrillard, je ne vois guère que lui, en effet, qui ait été à la hauteur de l'événement. D'où les attaques immédiates d'une grappe d'imbéciles venimeux. Ce qui ne signifie d'ailleurs pas que je sois d'accord avec lui, notamment sur la question du 11 septembre comme « événement pur ». Mais qu'importe. C'est tout de même autre chose que d'en appeler à Dostoïevski pour commenter Ben Laden ! Cette absurdité ou cette indignité est concurrencée seulement par l'excitation de Nabe, qui se croit devant l'effondrement de la grande Babylone et multiplie comme de juste les petites provocations narcissiques d'avance classées sans suite. Dans les deux cas, il s'agit d'une sottise artiste : Glucksmann imagine qu'il peut expliquer Ben Laden par *Les Démons* (quand c'est le Crystal Palace de Londres vomi par Dostoïevski qui explique les tours de Manhattan du temps où elles étaient debout) ; et Nabe, par Nabe. Pour ce qui me concerne, une fois encore, je ne me suis pas le moins du monde placé du côté des terroristes. C'est au contraire, je le répète, la *cible* des attaques terroristes, *the target*, qui parle dans ce livre, c'est-à-dire Festivus festivus.

Mais vous voyez bien que la festivisation du monde n'est pas une partie de campagne. Quelque mal que l'on pense de ceux qui y résistent et de la façon dont ils y résistent, vous voyez bien que la victoire des « sections FF » (Festivus festivus) n'est pas certaine. Peut-être en arriverons-nous un jour à le regretter…

Qui a dit que la festivisation du monde, qui est à peu de chose près ce que Kojève appelait l'alignement des provinces, était une partie de campagne ? Nous n'avons encore rien vu ! Attendez la suite. Une fois encore, comme dans le cas du vote lepéniste, le réel s'est vengé le 11 septembre, et il a choisi la voie la plus horrible pour le faire. Et la plus suicidaire. Évidemment. Le réel refoulé a fait retour, brièvement, dans le processus de festivisation générale. Là aussi, il s'agit d'un coup de réel éclatant dans le ciel bleu des jeux qui sont faits. Et d'un sursaut sauvage de *défense*, d'une réaction psychopathologique en pleine cure, en pleine métamorphose, en plein travail de mutation. Le monde festiviste ayant été incapable de festiviser assez vite les populations musulmanes, ce qui d'ailleurs relève de la catégorie des travaux d'Hercule (mais sera fait, ou au moins tenté), le sujet d'expérience, le patient innombrable s'est réveillé brutalement, par surprise, mais son coup d'éclat est sans avenir. L'hypothèse qu'il existerait, face au monde sans contradiction dominant, une alternative (islamique là, lepéniste ici) est une illusion totale. Le réel ne mène plus que des combats d'arrière-garde et il les mène, par-dessus le marché, derrière les pires bannières qui soient. Le monde confuso-onirique est indestructible, voilà le *nouveau* que nous apprend le 11 septembre et que mes *Chers djihadistes...* tente d'expliciter. Même cette nuit en plein jour dans Manhattan, même ce feu héraclitéen terrifiant n'ont pu que rendre ce monde plus fort. Comme Le Pen nous aide à consolider les structures flexibles et festives du nouvel univers sur les ruines de l'ancien concret. Le réel est ringard. Le réel est un *ci-devant*. Quant à nous autres, qui sommes tombés de haut le 21 avril, comme d'innombrables malheureux tombèrent de cent-dix étages le 11 septembre, mais sans nous tuer, nous n'avons d'autre solution (hormis bien sûr le châtiment des « coupables ») que d'accélérer la cure, l'opération de métamorphose, le gavage aux droits de l'homme et au marché comme forme suprême et finale de la société, l'achèvement de la liquidation de l'ordre symbolique, et le renforcement illimité de nos principes fondamentaux, ceux qui ont présidé à la fin de notre Histoire, dans le but que nos ennemis ne recommencent jamais parce qu'ils auront, eux aussi, une bonne fois pour toutes, été *changés*. Et que la vie, la vraie, continue ! Et que l'on recommence, comme d'habitude, à faire sauter les tabous du judéo-christianisme comme des bouchons de champagne, à lutter contre les « préjugés » (mais jamais les nôtres) et à surenchérir dans l'angélisme transgénique à roulettes ! Et que reprenne le cours, un instant troublé, de nos *destructions innocentes* après ce coup de réel. C'est tout ce que nous demandons.

Mai 2002

IV

LE COUP DU GRAND-DUC

L'affront fait à Martine — Le pneumatique est mauvais joueur mais il ne joue pas — Brève histoire de la politique et, accessoirement, de la droite et de la gauche — Du sociétal comme ennemi absolu — Classes fréquentantes, classes fréquentables — Classes culturantes, classes conceptuantes — La France d'en bas, la France dans le bain — Où l'on voit apparaître racontantes et racontants, et ce qui s'en déduit — Le coup du grand-duc — Réalités de premier et de second ordre : quelques exemples — De la résistance des lecteurs les mieux intentionnés — De la peur qui fit l'Histoire et de ce qui advint après sa disparition — Où l'on découvrira que la littérature actuelle, qui croyait habiter au Flore, est en réalité domiciliée à Pougne-Hérisson, Jardin du Nombril (Deux-Sèvres) — Parlez-vous l'enflé ? — Le moderne ne connaît pas la marche arrière — Du coup du grand-duc au coup du Dragoon — Progressisme et érotomanie : le triomphe de Bélise.

« Le réel est reporté à une date ultérieure », écriviez-vous il y a quelque temps au sortir de la « Quinzaine anti-Le Pen ». Votre diagnostic n'était-il pas un peu hâtif ? Après tout, entre « modestie »,

« pragmatisme » et autres « France d'en bas », peut-être que les amateurs du bon sens près de chez vous sont sur le point de supplanter les apôtres à roulettes du monde confuso-onirique – ce qui n'est pas forcément enthousiasmant, d'ailleurs. Plutôt qu'une défaite de la gauche – encore faudrait-il être d'accord sur le sens de ce terme –, ce que nous observons est peut-être le désaveu infligé aux modernes ?

Le nouveau monde confuso-onirique en a pris un coup, c'est vrai, au printemps dernier, mais enfin il continue. Et quand j'écris que le réel est reporté à une date ultérieure, vous pensez bien que je suis convaincu que cette date n'arrivera jamais, qu'elle n'adviendra jamais plus, sinon par poussées folles, auto-dévastatrices et sans lendemain, comme lors du premier tour des élections présidentielles. Le réel est reporté à une date ultérieure comme la fin du monde, en quelque sorte, et pour les mêmes raisons : parce qu'ils ont déjà eu lieu. Quant à l'espèce de camouflet qui a été infligé par surprise au nouveau monde confuso-onirique et à ses thuriféraires le 21 avril, il ne devrait au contraire que renforcer ceux-là dans la conviction qu'ils ont de leur absolue légitimité et de l'obligation où ils sont de la renforcer pour le bien de tous. C'est moins le camouflet, d'ailleurs, que la surprise qui a été cuisante. On ne pouvait pas s'attendre à ça parce qu'*on ne le méritait pas*. C'est ce que se sont dit les magnifiques socialistes de l'ancien Parti pluriel unique aujourd'hui en cours de redéfinition. Et il me paraît intéressant de s'arrêter quelques minutes sur ce point. Quand vous voyez Martine Aubry au bord des larmes parce qu'elle a été battue à Lille, vous ne voyez pas une femme politique ; vous voyez quelqu'un qui est absolument persuadé de subir une injustice, presque une injure, en tout cas un affront. Ses sanglots sont des reproches. Et des accusations. Voilà une posture qui mérite d'être étudiée de près, car il me semble que le destin de la politique, ou plutôt de sa métamorphose, peut y être déchiffré. Je parle de Martine Aubry parce que, malheureusement, Ségolène Thénardier n'a pas subi le même sort ; ce qui est très dommageable car les larmes de Ségolène Thénardier, dans les mêmes circonstances, auraient été encore plus émouvantes et significatives, et nous auraient plongés dans des rêveries sans doute encore bien plus exquises et suaves. Arrêtons-nous donc sur les larmes de Martine Aubry, si vous le voulez bien, et analysons-les...

C'est très tendance, les larmes, de nos jours. Jamais à court de jérémiades féministes, nos pétroleuses paritaristes pleurnichent dès qu'elles veulent échapper à une situation embarrassante. On a ainsi vu Juliette Binoche défenseur – absolument ignorante – de la cause palestinienne s'effondrer face à Alain Finkielkraut qui lui demandait d'argumenter, ou encore Arlette Laguillier pleurnichant pour éluder des questions inconvenantes. Des larmes de guerre en somme...

D'une façon générale, toutes ces larmes de reproche sont celles que l'Innocence incarnée adresse, de toute sa vibration outrée, au Vice suprême. Encore faut-il savoir quel Vice. Pour en revenir à Martine Aubry, il est évident qu'elle est convaincue que l'affront qu'on lui a fait va bien au-delà d'elle, qu'il touche à quelque chose de transcendant et de religieux. Et ainsi se révèle ce que l'on savait déjà : que les dirigeants de l'ancienne majorité ne faisaient pas de politique, mais qu'ils avaient reçu une mission divine et que, devant la majesté de cette mission, nous n'avions qu'à nous taire très bas et très respectueusement. La démocratie n'avait encore droit de cité que tant que nous votions pour eux. Le *cercle démocratique* dont, durant l'entre-deux-tours, ils écartaient Le Pen et ses électeurs, mais où ils accueillaient généreusement, quoique à regret, et parce qu'ils ne pouvaient pas faire autrement, Chirac, est une enceinte magique dont la circonférence est partout et le centre nulle part ailleurs que là où ils sont. Voilà ce que nous enseigne d'abord le spectacle de cette *Martine dolorosa* tel qu'il nous a été livré par la télévision au soir du second tour des législatives.

La gauche divine selon l'excellente formule de Baudrillard qu'on aimerait bien avoir trouvée... Mais, bien sûr, ce camp du Bien englobe aujourd'hui tous les partis de gouvernement – ou d'acquiescement...

Mieux encore : il est certain que Martine Aubry est convaincue que l'affront qu'on lui fait atteint aussi directement, et par-delà sa personne, les raisons d'espérer du genre humain. Ses larmes ont une portée universelle. C'est le *J'accuse* de Martine Aubry. Et c'est son *ultima ratio*. D'une façon ou d'une autre, l'offense qu'elle subit écorne l'Absolu dont elle porte, c'est l'évidence même, une part non négligeable. Sur ce point, les journaux après sa défaite ont été extrêmement instructifs. Ainsi a-t-on par exemple rapporté l'« exclamation spontanée d'un militant » à l'annonce des résultats : « Faire ça à Martine ! ». Faire ça à Martine. C'est inouï, en effet. On n'est pas loin de ce « Plus jamais ça ! » que l'on clame à propos de n'importe quoi désormais, parce qu'il y a mécontentement concernant une crème antirides, parce que vient de se produire l'explosion d'une centrale nucléaire ou qu'un autobus de ramassage scolaire s'est couché dans le fossé. Jamais, poursuit-on dans le même article, les socialistes de la région lilloise n'auraient « imaginé que celle qu'ils admirent, et dont ils sont fiers parce qu'elle a fait les trente-cinq heures, la CMU, les emplois-jeunes, puisse être rejetée au profit d'un inconnu qui ne connaît même pas le programme de son parti ». On mesure l'abus : que celui qui a fait mordre la poussière à Martine Aubry soit un inconnu auquel, par-dessus le marché, le programme de son propre parti est inconnu, voilà qui est bien suffisant pour le rendre détestable. Mais c'est assurément qu'il soit lui-même inconnu qui le rend criminel. Et par-dessus tout méprisable.

Il entre beaucoup de transcendance dans ces indignations. Et fort peu d'Histoire, c'est-à-dire de dialectique et de relativité. Très peu d'*individu concret*. C'est presque à une sainte qu'on a infligé un camouflet. Nous ne sommes plus du tout dans le jeu parlementaire, dans la lutte politique et dans cette espèce de fatalisme des politiciens à l'ancienne mode aux yeux desquels, après tout, la roue tournait, et pour lesquels demain serait un autre jour, même si cette fois ils avaient perdu. Cette attitude de relativisation, somme toute bon enfant, n'est absolument plus de mise pour une représentante de l'ancien Parti pluriel unique mais toujours transcendant (pas plus qu'elle n'a été de mise pour Jospin, missionnaire de première classe et démissionnaire de première bourre qui, devant l'échec, n'a pas un instant imaginé de continuer à faire semblant de faire de la politique alors qu'il faisait de la théologie appliquée). La déroute de Martine Aubry aux législatives prive l'humanité de ses raisons de vivre : telle est la leçon des larmes de Martine Aubry. Elles viennent *à la place* d'une argumentation sur cette déroute, et parce qu'une telle argumentation, qui concéderait à l'adversaire qu'il puisse au moins pour une part avoir eu raison, entraînerait aussi le risque d'envisager qu'elle-même, pour une part, ait pu avoir tort. Ce qui est impossible. Ce sont des larmes fatales. Tirées à bout portant. Le pneumatique (si vous vous souvenez de la distinction que j'avais faite, au début de nos entretiens, entre les pneumatiques, les psychiques et les hyliques) peut certes apparaître, en une telle occasion, comme un mauvais joueur ; mais c'est parce qu'en vérité il ne joue pas du tout. Je veux dire qu'il n'a pas de partenaires (et s'il n'en a pas, c'est qu'il les méprise).

Nous voilà revenus, en somme, à une forme d'Ancien Régime. Mais, tandis que les brigades libertaires invoquent le retour de l'ordre moral et la menace de l'emprise de l'Église sur les consciences, la nouvelle Église entend décréter ce que les manants – vos hyliques – doivent penser...

Je crois bien que jamais sous l'Ancien Régime on n'a atteint un tel degré de mépris. En tout cas, on n'y a jamais utilisé, me semble-t-il, le chantage aux larmes. Le chantage, en politique, et comme facteur de destruction de la politique (songez à l'accusation pétrifiante de « misogynie », toujours prête à sortir dès qu'une femme politique est attaquée), est d'invention récente mais d'utilisation systématique. L'imposture sentimentale est de facture moderne et démocratique. Mais je ne suis même pas certain que ce soit une imposture. Il est probable que ceux et celles qui utilisent l'arme des larmes le font en toute sincérité et au nom d'une sorte de mission apostolique dont la justification est sans cesse renouvelée par la nécessité de lutter, en vrac, contre les « fascistes détracteurs de l'art moderne qui battent leur femme et votent Front national ».

Sans oublier – rapport à mademoiselle Binoche – qu'ils soutiennent l'entreprise sioniste impérialiste. Mais je ne voulais pas vous entraîner dans les sables moyen-orientaux. Pas maintenant...

Il s'agit d'une affaire de légitimité. C'est dans l'increvable conviction d'incarner la guerre contre le Mal que s'est constituée la gauche d'aujourd'hui, qui n'est autre que le *parti dévot* contemporain. À ce propos, je vais m'offrir le plaisir de vous citer un étourdissant passage de Péguy, dans sa *Note conjointe sur M. Descartes et la philosophie cartésienne*, où il parle justement de ce qui fonde le parti dévot moderne : « Parce qu'ils n'ont pas la force (et la grâce) d'être de la nature ils croient qu'ils sont de la grâce. Parce qu'ils n'ont pas le courage temporel ils croient qu'ils sont entrés dans la pénétration de l'éternel. Parce qu'ils n'ont pas le courage d'être du monde ils croient qu'ils sont de Dieu. Parce qu'ils n'ont pas le courage d'être d'un des partis de l'homme ils croient qu'ils sont du parti de Dieu. Parce qu'ils ne sont pas de l'homme, ils croient qu'ils sont de Dieu. Parce qu'ils n'aiment personne, ils croient qu'ils aiment Dieu. » Bien entendu, il faut remplacer « Dieu » par autre chose (encore que…), mais, de toute façon, la légitimité du dévot de gauche, s'il est permis d'employer un tel pléonasme, relève du droit divin ; et ce qui est arrivé en avril puis mai derniers est de l'ordre de la désacralisation, ou de la tentative de régicide, au moins de la velléité de déposition de monarque.

Mais oui, il faut remplacer Dieu par autre chose. Et c'est tout le problème. Car cette chose majusculisée est autrement péremptoire que le Dieu biblique qui avait au moins l'avantage de ne pas trop séjourner parmi les humains. La religion de la Raison, sur laquelle Péguy a écrit des pages magnifiques, est autrement terrifiante. Nous en revenons toujours à la définition de la Gauche qui n'a plus grand-chose à voir avec la redistribution ou la lutte des classes, mais dont la caractéristique première est d'être indiscutable.

En effet. C'est le point essentiel. Je vais essayer de m'expliquer là-dessus, mais il faut remonter un peu dans le temps. Vous vous demandez s'il s'agit en ce moment d'une défaite de la gauche ou d'un désaveu infligé aux modernes. Après tout, la gauche et la droite sont de création assez récente. *Il n'y a pas toujours eu une gauche et une droite* et je suis surpris, à chaque fois qu'a lieu l'un de ces éternels débats sur la pertinence ou la pérennité de ces notions de droite et de gauche, qu'on les traite comme si elles n'étaient pas déterminées, contingentes, *historiques*. Je suis toujours étonné qu'on les regarde, de manière générale, comme des Idées échappant au devenir, ce qui reviendrait aussi à dire qu'il y avait des sensibilités de droite et des sensibilités de gauche sous Aménophis IV, par exemple, ou encore sous Chilpéric Iᵉʳ ou Ivan le Terrible. Nous savons qu'il n'en est rien, mais personne ne le dit jamais parce que le dire reviendrait à reconnaître un *commencement* aux notions de droite et de gauche, donc à supposer aussi que ces notions pourraient avoir une *fin*. Or il est de l'intérêt général, même pour ceux qui s'aventurent jusqu'à constater que ces notions ne signifient plus grand-chose, d'affirmer qu'elles sont sans fin pour pouvoir s'obstiner à discuter de leur perte éventuelle à perte de vue, tout en continuant grâce à elles à retailler, dans un réel qui les dépasse de toute part, un monde à dormir debout encore décryptable et contrôlable dans les termes de jadis. Et comment mieux faire croire qu'elles sont sans fin qu'en passant sous silence qu'elles ont eu un début ? Sans fin comme sans début, ces notions demeurent donc informes, et infinies, elles se confondent avec la réalité du monde même, ce qui permet également de faire semblant d'en débattre jusqu'à plus soif, et, par ce bavardage infini et inconsistant, d'en conserver le sens sous les apparences d'un fantôme de plus en plus usé. Mais c'est évidemment d'abord la gauche qui a tout à perdre à ce que soient révélés le vide, et même la mort, de ces mots désormais privés de sens, parce qu'elle avait l'habitude de s'en servir comme d'instruments de terreur et d'hégémonie. Que l'on soit extrêmement discret, et même obstinément silencieux, sur l'*historicité* de ces notions, que l'on tienne pour ainsi dire à les conserver incréées, comme s'il s'agissait de propriétés divines, indique bien que nous ne sommes absolument plus dans le domaine du politique mais, d'une manière ou d'une autre, dans celui de la croyance. D'une croyance qui, précisément, à travers la non-historicité supposée de ces notions, veut faire durer d'abord l'Histoire elle-même, la période *dense* et *dure* de l'Histoire, l'Histoire en tant que dense et dure, comme si elle l'avait toujours été et comme si elle l'était encore. *Comme si* : c'est la formule exacte de toute croyance tartuffisée. On ne croit plus en Dieu mais on fait comme si.

Je ne crois pas que la politique échapperait ou aurait jamais échappé à la croyance. Dans Impasse Adam Smith, *Jean-Claude Michéa rappelle que « la Gauche, depuis le XIXe siècle, a surtout fonctionné comme une religion de remplacement (la religion du "Progrès") ; et l'on sait bien que toutes les religions ont pour fonction première de conférer à leurs fidèles une identité, et de leur garantir la paix avec eux-mêmes ».*

La politique n'échappe bien entendu pas plus à la croyance que la croyance n'échappe à la politique. Mais la démocratie, malgré son culte du progrès, aura été tout de même un effort de désacralisation, non ? Ce à quoi l'on peut assister aujourd'hui, et qui constitue la terrible originalité de l'époque qui commence, c'est à une resacralisation de ce qui en avait été écarté tant bien que mal, qui s'accompagne d'une dévastation quasi officielle et institutionnelle de la raison. Pour en terminer avec cette affaire de droite et de gauche, si on veut sortir de la situation de complicité où ceux qui disent que la droite et la gauche ne signifient plus rien sont au fond d'accord avec ceux qui affirment le contraire, il ne suffit toutefois pas de préciser que ces notions n'ont que deux cents ans ; il faut aussi rappeler qu'avant cette époque, qui est celle des Lumières, de Kant et de Rousseau, elles n'avaient pas le moindre sens ni la moindre existence, et que l'humanité a vécu sans elles pendant, pour ainsi dire, une éternité. Comment se débrouillait-elle, l'humanité, sans la droite et la gauche ? Comment pouvait-elle survivre sans cette latéralisation ? Comment pouvait-elle s'orienter sans cette boussole ? Comment se repérait-on *avant* l'invention de la sensibilité de droite et de la sensibilité de gauche ?

Évidemment, on ne pouvait pas encore savoir qu'il manquait quelque chose et que ce quelque chose manquait cruellement puisqu'on ne savait pas ce que c'était. La question de la relation des hommes entre eux apparaissait subalterne, et peut-être presque inexistante en regard de la relation des hommes à Dieu à quoi se résumait aussi le rapport que les hommes pouvaient entretenir avec le monde, lequel était un don de Dieu. C'est cette relation des hommes à Dieu, verticale et transcendante, qui cède pour de bon et s'effondre et sur les ruines de laquelle, il n'y a guère plus de deux cents ans, s'établit une autre relation, des hommes aux hommes, que l'on peut dire horizontale, dialectique et relative, en tout cas indispensable pour qu'existent des affrontements politiques (c'est aussi l'époque où s'épanouit le genre romanesque), que l'on ait des adversaires et que ceux-ci puissent même avoir leurs raisons, sinon raison du moins de bonnes raisons, des raisons respectables de penser autrement que vous, de vous battre à des élections, puis d'être à leur tour battus et ainsi de suite.

Justement, si on ne s'en tient pas à une définition trop stricte qui date l'apparition de la gauche de 1789 (Molière qui refusait le caractère transcendantal du pouvoir royal en était bien l'annonciateur), la longue émergence de ces clivages n'est-elle pas la caractéristique de l'âge historique ?

En effet. Mais inversement, la vision de Martine Aubry au bord des larmes, cette *Aubry aux outrages* dont un peintre d'autrefois aurait pu faire un tableau extrêmement édifiant dans le genre sulpicien, témoigne de ce que la courte période des deux cents ans de la « politique », des deux cents ans de la gauche et de la droite, des deux cents ans de dialectique et d'horizontalité, sont peut-être en train de prendre fin à leur tour au profit d'un nouveau grand sommeil matriarcal garanti par une nouvelle forme (burlesque) d'exercice transcendantal du pouvoir. À partir de là, on peut toujours, comme cela s'écrit à intervalles réguliers, annoncer le « renouveau de l'opposition gauche-droite », se féliciter de la « restructuration de l'espace politique » par un affrontement de nouveau clair et simple entre une « droite de droite » et une « gauche de gauche », tout cela ressemble fort à une annonce de résurrection imaginaire : la politique disparue ressuscite au troisième jour ; effacée comme affrontement concret, elle réapparaît comme divinité. En corps glorieux. D'où les larmes. C'est la domination divinisée qui, par les yeux de Martine Aubry, pleure d'avoir été si mal comprise de ses serviteurs. C'est le pouvoir transcendantal appuyé sur le mythe qui saigne devant nous, ses sujets, et qui, faute de pouvoir (provisoirement) continuer sa mission sur terre, s'offre en corps glorieux. Il n'y a plus du tout de politique dans ces larmes-là...

Et donc, vous me pardonnerez ce lieu commun, plus de démocratie...

Ce n'est pas un lieu commun, c'est un point capital ; et qui aura dans l'avenir, je vous le prédis (mais il ne s'agit pas d'une prédiction), des conséquences atroces. Ces larmes *gomment* l'adversaire, le conflit, l'affrontement. Ce sont des larmes absolues. Elles tombent d'un Bien lacrymal également absolu. De ces larmes l'Histoire relative est exclue (et pas par moi, remarquez-le, je vous prie !), de même évidemment que la société et l'humanité concrètes et actuelles. L'ennemi lui-même est absolu. Et il doit donc être absolument tué. Nous sommes devant une attitude qu'il faut bien, avec toutes les précautions d'usage, appeler religieuse. Le non-religieux n'aurait donc duré, très relativement d'ailleurs, qu'à peu près deux cents ans. Bâti sur les droits de l'homme dont il avait fait sa morale, il finit dévoré par ceux-ci, qui dégénèrent en mystique géante et totalisante (mais cette mystique droitdel'hommiste est aussi bourrée de bien d'autres choses qu'il conviendrait de dénombrer, à commencer par toutes les conséquences démentes du règne encore embryonnaire de la théorie de la « domination masculine » et de la nécessité d'en finir avec le « patriarcat », c'est-à-dire avec la structuration humaine et avec les normes, mais nous y reviendrons). Dans ces conditions, l'adversaire vainqueur n'est même pas un ennemi idéologique qui aurait eu de la chance à défaut d'avoir raison ; c'est une espèce de catastrophe naturelle insupportable et anonyme devant laquelle l'Innocence crucifiée mais intacte n'a plus que les larmes. Ces larmes chosifient l'adversaire ; ce n'est plus qu'une bête malfaisante ou une météorite calamiteuse. Et que dire des électeurs ? Est-ce que ce sont seulement des cailloux ? C'est sans doute pire encore, et on sait que les socialistes, faute d'être suffisamment révérés à tout coup par ces cailloux-là, ont déjà entrepris depuis quelque temps de les métamorphoser par toutes sortes de « réformes » et de « modernisations » qui sont autant d'interventions de chirurgie plus ou moins fine au terme desquelles le patient ne devrait plus se ressembler et, enfin, irait voter en masse dans le bon sens de la vraie foi. J'ai déjà cité cette phrase de Jospin faisant ses adieux aux socialistes après la défaite : « Nous avons cru que nous avions davantage avancé dans la guérison d'un certain nombre de maux de la société française. » Ce propos de savant fou camouflé en médecin aux pieds nus va dans la même direction que cette autre phrase du leader des Verts de Lille, courroucé après la défaite de Martine Aubry : « Ce coup dur démultiplie mon envie d'engager le chantier des transformations de la ville. » Martine Aubry elle-même, à cette occasion, en bonne savante folle, a parlé de « laboratoire lillois » : « Il faut, dans le laboratoire lillois, perdre le sens de l'intérêt immédiat pour retrouver celui de l'intérêt général. »

Ce qui, dans la novlangue de notre jolie époque, signifie se débarrasser au plus vite du grain de sable qui empêche la réalisation du projet néo-divin, à savoir le suffrage universel... Nous avons tout de même vécu deux semaines fantasmagoriques durant lesquelles des foules ont défilé contre le résultat du premier tour pour défendre la démocratie menacée...

Tout le monde est légitime, mais certains légitimes sont plus légitimes que d'autres. L'accomplissement de l'espèce de mission divine dont l'ancienne majorité se sent et se sait investie quoi qu'il arrive passe par un changement du peuple sans précédent. Il lui aurait certes fallu quelques années de plus, peut-être un quinquennat, ou deux ou trois, pour y parvenir tout à fait librement et réaliser son rêve : changer le peuple (dans l'*intérêt général*). En termes de sociologie de bazar médiatique, il s'agit *grosso modo* d'achever de néantiser les classes populaires et de les transformer en public de médiathèques, c'est-à-dire en *classes fréquentantes* : diplômés, couches moyennes et supérieures, cadres, étudiants ; c'est-à-dire la clientèle captive de la festivisation intégrale, et dépendante pour tout le reste, dépendante de l'État, *stato-dépendante*, dépendante jusqu'à ne même plus savoir comment on épluche une pomme de terre, comment on cuit un œuf ou fait un enfant sans en appeler aux travailleurs sociaux et aux aides familiales. Dépendante au point, s'il lui arrive un malheur, de ne plus savoir quoi faire de son chagrin sans l'appui d'une « cellule d'aide psychologique ». Voilà Festivus festivus : l'être qui s'est déchargé de la quasi totalité de son existence sur l'État en échange de la disparition de sa liberté, disparition qu'il ne voit même pas puisqu'on réussit à le passionner avec la baliverne de la *réappropriation* de son existence et de son environnement.

Que l'État ait été amené à protéger les plus faibles, je ne vois pas ce que cela a de choquant. Ce dont vous parlez n'est pas l'État en tant que tel mais sa dégradation en nounou, que l'excellent Michel Schneider a fort bien traité dans Big Mother. *Mais passons.*

Il ne s'agit pas de critiquer la protection par l'État des plus faibles, mais l'affaiblissement de tous par la protection comme unique programme de gouvernement, comme projet d'*entropisation*, si je puis dire, de tout le monde. Ce programme entropique passe par la transformation de chacun en dépendant et en fréquentant. Le rêve qu'il n'y ait plus que cela, de la classe fréquentante, donc fréquentable, autrement dit rien que du Festivus festivus, et qu'on soit enfin tranquilles, ne s'est d'ailleurs pas brisé avec la défaite de la gauche dévote. Comment le pourrait-il ? L'ancienne majorité divine va devoir certes emprunter d'autres chemins pour réaliser son but, mais elle n'y renoncera pas. Elle a d'ailleurs commencé, car le démoniaque angélique est infatigable, et j'indiquerai de quelle manière un peu plus tard. Ce sur quoi j'insiste, c'est sur le fait que ce *clergé* ne peut se détourner de sa route ; ni un seul instant imaginer qu'il y ait une autre voie que la sienne. Mais, à vrai dire, ce n'est plus dans le discours politique, mais dans cet autre jargon qu'on appelle « sociétal », que se fait entendre la voix de la gauche dévote ; ou, plus exactement, ce « sociétal » est devenu le seul et véritable champ dans lequel se livre le combat politique, et là, c'est un vrai festival. Il faut sentir le ton d'*objectivité* tranquille avec lequel, en toute occasion, et quoi qu'il arrive, la gauche dévote donne des leçons. Comment elle s'amuse de ce que les « normes bougent » et de ce que cela « engendre inquiétude et mélancolie chez ceux qui perdent leurs repères ». Comment, pour elle, l'éternel débat des anciens et des modernes est toujours déjà réglé. Et avec quelle assurance elle vous répète qu'elle est certes démocrate, et que donc elle vous laisse parfaitement libre d'avoir une opinion divergente de la sienne, du moment que c'est la même ; qu'elle n'a d'ailleurs nullement « le monopole de l'intelligence » et qu'elle vous en abandonne donc généreusement votre part, dont elle a au préalable défini elle-même les contours et rédigé le cahier des charges.

Il faut entendre cette voix naturelle, assurée, perpétuelle. Il faut voir comment, à force de tourner toutes les crétineries du monde dans leurs moulins à prières déconstructionnistes, ils ont vraiment fini par croire que les identités sexuelles étaient « fabriquées » et les genres « construits ». Et comment Blandine Commedevant, incarnation presque parfaite de la gauche dévote, personnage capital de la tragédie contemporaine, Saint-Simon (Sainte-Simone ?) encore méconnu (mais je me promets de remédier à cela et de l'aider à accéder à la pure lumière qu'elle a déjà méritée mille fois en transformant en archétype son contentement de soi et cette certitude si particulière de tenir un discours *non marqué* comme on dit en linguistique), traite d'« idéologue toxique » un pédiatre qui n'a pas l'air de se réjouir de la confusion actuelle des rôles, laquelle procède pourtant d'un grand mouvement historique, familial et triomphal de chaises musicales. Et encore comment tel psittacidé de la gauche dévote félicite une municipalité de droite de ses touchants efforts pour essayer de corriger son « image droitière » en s'affublant du nez rouge de la dissidence festive et en se coiffant de l'entonnoir à pois ou à rayures de la dérangeance à roulettes. Car il n'y a aucune autre solution, pour corriger une « image droitière », que le nez rouge et l'entonnoir.

Mais on pourrait aussi, cette problématique, l'envoyer foutre.

Pourquoi ne l'envoie-t-on pas foutre ?

Je fais ici une parenthèse. Je ne veux nullement la disparition de ces gens ni de leurs semblables. Je suis convaincu que la civilisation n'existait, tant qu'elle a été capable d'exister, je veux dire tant qu'elle a eu la force de résister à la glu matriarcale, car il n'y a pas d'autre définition de la civilisation que cette résistance, qui fut quotidienne, et nullement héroïque, et se poursuivit pendant des dizaines de millénaires, que pour que les Blandine Commedevant ou les Sophie des Dunes, et mille autres encore, ne soient pas possibles, pour que nul n'en désire l'avènement, et même pour que ce qu'elles tartinent aujourd'hui de manière presque quotidienne, avec une satisfaction véritablement remarquable, et sans doute le sentiment d'avoir derrière elles toute une masse de modernes aussi modernants qu'elles, soit inaudible. De même la civilisation n'existait en somme qu'afin que Paris-Plage ne soit pas possible, et elle n'existait que pour cela, même si elle ne le savait pas puisqu'elle ne connaissait pas Paris-Plage ni ses inventeurs, qu'elle étouffait quotidiennement dans leurs œufs avant qu'ils n'osent éclore. Je ne veux pas la disparition de tous ces personnages si représentatifs, mais je souhaite, pour le salut de l'humanité ou de ce qu'il en reste, qu'ils redeviennent inaudibles le plus vite possible, et je crois que c'est l'une des tâches d'un écrivain de rendre *inaudibles* les malfaisants en les faisant *entendre*, c'est-à-dire d'essayer de redonner un peu d'espérance aux êtres humains. Dans la perdition générale, ces individus ne servent qu'à sauver la perdition, en lui donnant un discours, si lamentable soit-il, et ainsi accélèrent encore la perdition du monde humain. Leurs analyses à la chaîne, leur style de masse et leurs arguments agglutinateurs n'ont d'autre but que d'empêcher la pensée à la main. Il faut libérer le monde de ces gens et de leurs semblables. Le monde ne pourra être sauvé tant qu'ils existeront.

Et je ferme cette parenthèse.

Les cartes sont à vrai dire de plus en plus brouillées dès lors que le camp appelé droite fait de touchants efforts pour être admis au sein de la communion des croyants.

La droite est ventriloquisée, pour ainsi dire, par la gauche. Usant d'une autre métaphore, je dirai que la droite n'est plus que la « mule » (au sens où l'on désigne ainsi les passeurs de drogue) qui avale les boulettes de la cocaïne sociétale et leur fait ainsi traverser la frontière... Maintenant si, comme cette Martine Aubry au bord du ravin des larmes nous l'indique, nous sommes dans une néo-transcendance et non plus dans la politique, le peuple, quand il vote mal, n'est même plus un peuple qui vote mal, mais un agglomérat d'impies. Une classe véritablement dangereuse, pour le coup. On ne s'y intéressera donc, on ne s'intéressera à cette extériorité massive, c'est-à-dire à ce réel résiduel, que pour le transformer. On ne s'intéressera bien sûr pas à ce réel en tant que réel, c'est-à-dire en tant qu'extériorité. Lorsque j'ai écrit dans *Le Figaro*, juste après le second tour des présidentielles, que le réel était reporté à une date ultérieure, je ne voulais même pas dire que l'on tenterait un jour d'interpréter le réel qui avait alors fait irruption et que l'on y échouerait, car c'est là le destin du réel, en somme ; et c'est même par le divorce qu'introduit toujours le langage entre la représentation et lui, qu'il existe. Je voulais dire que l'on n'essaierait même pas. La déroute de la gauche, cet « impensable devenu possible », comme l'exprime si excellemment *Libération*, rend du même coup le pensable impossible. Il n'est même pas souhaitable de l'envisager. On peut s'en passer.

De ce point de vue, les propos de militants défaits recueillis par la presse étaient édifiants. L'un d'eux, venu d'Indre-et-Loire, déclarait : « Quand on ne pense pas s'être trompé, c'est difficile de comprendre ce qui se passe » (remarquez, je vous prie, ce délicieux « quand on ne pense pas s'être trompé »). Une autre disait ne pas du tout s'inquiéter du sort de son parti, le communiste (et d'ailleurs pourquoi s'inquiéter quand tout est fini ?), mais de celui de la « société française », ce qui est d'une grande âme. Une autre encore n'en revenait toujours pas de voir ces « gens sympathiques dans la vie qui ont voté Front national » (sympathiques dans la vie ? mais alors *antipathiques où* ?). Quant au militant Vert, il jugeait « injuste » le résultat des élections, lequel, disait-il, « ne rend pas compte du boulot effectué ». Dans ce dernier propos, on touchait l'illusion du clergé actuel à s'imaginer que le peuple puisse mal voter par *ignorance* du « boulot effectué », alors que c'est précisément *à cause* de ce « boulot », dont il est très bien informé, et *contre lui*, qu'il prend au peuple la fantaisie de voter si mal. De même que ce n'est jamais *malgré* les artistes, ou parce que ceux-ci n'en ont pas encore fait assez dans la friche industrielle où ils gesticulent et étalent leur misère arrogante depuis si longtemps, mais parce qu'ils en ont déjà fait bien trop, justement, que le *vote horrible* se multiplie. Sous cet éclairage, toutes les analyses du petit ou haut clergé culturel sont ridicules. Comme ce clergé ne peut jamais remettre en cause ce dont pourtant le scandale crève les yeux, à savoir lui-même et sa prétendue légitimité, on le voit disserter avec une éloquence bureaucratique à propos des menaces que l'extrême droite « fait courir sur la culture, sur la liberté d'expression, sur les arts, sur la littérature, sur la pensée en général », c'est-à-dire sur ce qu'il estime, lui, clergé culturel, et sans aucune raison défendable, être sa propriété foncière. Et, finalement, à bout de patience, il anathématise, il dénonce, il s'exaspère, il stigmatise le vote horrible, parce que c'est la seule chose qu'il sache faire dans cet ordre *culturel* où on le voit tant briller. Ainsi se débarrasse-t-il, une fois encore, du réel. Comme le font les larmes de Martine Aubry…

Sur ce point, les élections municipales ont été fort intéressantes. Ainsi, dans nos grandes villes peuplées de modernes et de « CSP » plus, comme disent les vendeurs de réclame, la gauche a triomphé. Paris, ville la plus bourgeoise de France – dix-neuf pour cent de cadres en 1954, cinquante-huit et demi aujourd'hui – s'est offert un maire qui ressemble à une bande-annonce pour le nouveau monde. Ce qui m'amène à une question qui continue à me turlupiner même si j'ai parfois du mal à vous y intéresser. Comme vous, je crois que le clivage droite-gauche a, en quelque sorte, fait son temps (l'hypothèse selon laquelle la gauche a réalisé sa mission historique est assez séduisante). Seulement, à l'inverse de vous, je ne crois pas qu'il ait entraîné avec lui la disparition de l'idée du conflit. Même si les « jeux sont brouillés » (joli titre d'un essai de Marc Riglet-Chevanche), il y a toujours des clivages dans cette société, à commencer par la lutte des classes. Et au fait, tout cela n'aurait-il pas un petit parfum d'Histoire ?

Je ne vois malheureusement qu'une lutte, chère Élisabeth, je vous l'ai déjà dit, et elle est unilatérale : c'est celle qui consiste à imposer l'identification des avancées sociétales les plus maniaques avec le bien commun, et même avec le Bien radical. En tout cas, c'est la lutte qui me semble la plus ardente aujourd'hui. Ensuite, si vous permettez, un mot sur l'Histoire (mais nous y reviendrons abondamment, je vous fais confiance). D'elle-même l'Histoire n'est rien et elle ne fait rien. Elle n'est, comme disait Marx, que l'activité de l'homme poursuivant ses propres fins. Quand j'insiste sur l'Histoire, c'est donc sur l'homme vivant et concret que je m'interroge ; et quand j'envisage la fin de l'Histoire, c'est l'hypothèse de la transformation de cet homme vivant et concret que j'envisage. En quoi se métamorphose-t-il ? C'est l'unique interrogation qui court à travers toutes mes réflexions. Un certain nombre d'idiots, qui sont nés par inertie, qui vivent et qui mourront de même, pensent et écrivent que l'idée de la fin, de manière générale, est une paresse intellectuelle. Je voudrais les y voir. Je n'ai pas en tout cas le sentiment de paresser quand je constate les oppositions et les protestations que suscite l'idée de la « fin de l'Histoire » telle que je l'entends, et tous les cris de poulailler qu'elle déclenche, comme si on décrétait la mort de l'homme, ce qui est exactement le contraire, ou comme si on annonçait une éternité apaisée, ce qui n'est pas le cas non plus. Tous ces malentendus commencent à me fatiguer un peu, je vous l'avoue. Mais est-il nécessaire d'être compris pour persévérer ? Certes non. Je vous dis et vous répète qu'à mon avis (mais vous n'êtes pas obligée de me croire), tout le *politique vivant* est désormais dans le sociétal, puisque le reste de la civilisation, livré au management déchaîné, échappe pour le moment à tout le monde. Le sociétal est l'*impensé* majeur de notre époque, et c'est pour cette raison qu'il m'intéresse énormément : parce que si la domination, un jour, doit être renversée, c'est de là que ça viendra ; encore faudrait-il la connaître, cette domination ; et de toute façon, s'il existe le moindre espoir dans le monde, il viendra de notre capacité à détruire toutes ces destructions sociétales que les ennemis du genre humain appellent maintenant des acquis et sur lesquels ils sont couchés comme des chiens sur leur tas d'os. *Le sociétal est le maillon faible de la nouvelle domination, et c'est donc sur lui qu'il faut faire feu à volonté et sans répit.* C'est là que se jouent les conflits et les luttes dont vous affirmez, sans doute pas à tort, la pérennité ; mais ils s'y jouent sur des bases et dans des termes complètement changés. D'où la nécessité d'aller y voir de plus près plutôt que de répéter des concepts devenus inopérants.

Sans doute, puisque c'est là que se niche l'anthropologie, autrement dit la permanence ou la rupture dans les comportements humains. Votre tout-sociétal pourrait se définir comme l'hégémonie conférée à des minorités agressives. Mais vous admettrez qu'il est bien plus gratifiant de faire du sociétal que du social. Aller porter la bonne parole à Boboland, c'est tout de même plus amusant que d'arpenter les usines et les cités.

D'autant qu'on y est reçu avec des pierres. Le sociétal, c'est la surenchère constante dans la destruction de la société. C'est le Sociététhon. Le sociétal, c'est la comédie balzacienne *plus* le brouillage des genres. C'est la comédie de Balzac dans le brouillage. Un brouillage devenu synonyme d'avant-garde ou d'évolution des mœurs. Balzac aujourd'hui écrirait des « Scènes de la vie sociétale », il montrerait par exemple les avocats déments qui exhortent les juges à suivre le train du désastre et à s'affirmer dans un « rôle de créateurs juridiques » en entérinant sans broncher toutes les pitreries dictées par des associations qui, sans la surenchère à laquelle elles se livrent, et qui leur donne l'impression d'être lancées dans une « lutte épuisante pour une société enfin vraiment égalitaire », n'existeraient simplement pas. Balzac, s'il vivait aujourd'hui, essaierait de comprendre ce monde concret devenu une espèce de messe noire quotidienne. Il essaierait de saisir, autre exemple pittoresque parmi des milliers, ce qu'il faut de misère, de solitude, de détresse, de difformité mentale pour tartiner dix mille signes, je ne plaisante pas, dix mille signes sur le fait que les jouets sont « sexistes », que le père Noël est un salaud, qu'à travers les jouets que le petit garçon reçoit « la fabrication du mâle continue de répondre à des critères traditionnels », ce qui est inouï, que les petites filles reçoivent des « poupons qui réclament maman », ce qui est atroce, que le « paradigme différencialiste » perdure, que les « différences socialement construites » se cramponnent, que le scandale persiste, que les marchands de jouets s'obstinent, à travers leurs productions, à dispenser des « messages avilissants et aliénants », etc. Balzac essaierait d'entrer dans la peau de ce sociologue, maître de conférences dans une université dont je préfère oublier le nom, il essaierait d'imaginer la vie quotidienne, les petites joies et les grandes anxiétés de ce type qui se vante d'opérer « depuis quinze ans une lecture critique des catalogues de jouets », et qui donc depuis quinze ans de « lecture » n'a rien trouvé d'autre à chanter que la chanson gâteuse de la gauche sociétalitaire et indifférencialiste. Et ainsi de suite. De manière générale, un Balzac essaierait de saisir ce moment particulier que nous vivons d'effacement plus ou moins rapide de tous les discriminants, entre les sexes mais aussi entre le beau et le laid, entre le vrai et le faux, entre ce qui est humain et ce qui est non humain, entre l'Histoire et l'après-Histoire, etc.

Je dis qu'il y a une métamorphose, qu'elle est gigantesque, que personne ne la voit, ou que l'on préfère détourner le regard, qu'elle se déploie avec une sorte de naturel pétrifiant, que ça sourd et jaillit de partout, comme une contre-résurrection démoniaque perpétuelle, et qu'aucun écrivain n'avait été encore confronté à un acharnement si surprenant, si comique et tragique, dans tous les domaines.

Cela me semble être un excellent programme pour vous.

Intéressant, en tout cas. Pour décrire cette métamorphose, je suis sans cesse forcé de recourir à des anecdotes et je ne le regrette pas. Les plus apparemment futiles sont aussi celles où s'exprime de la manière la plus frappante l'homme vivant et concret, Festivus festivus, libéré de toute réalité et imposant son monde onirique comme vérité définitive et conscience du temps. Ainsi voit-on par exemple en ce moment s'élever un conflit entre les partisans de la corrida qui veulent organiser à Carcassonne une « novillada avec mise à mort de taureaux » et ces effrayants militants de l'extrême-zoophilie que sont les membres d'associations anticorridas, lesquels se déclarent résolus à « sensibiliser les Carcassonnais et les touristes à cette école du sadisme ». Le silence des agneaux de l'anticorridisme, on le sait, remplit le monde de ses bêlements. N'étant pour ainsi dire jamais combattus, ces agneaux enragés se prennent pour l'une des voix officielles de l'époque. C'est ainsi que, parvenue sans doute au comble de l'indignation, une fanatique de l'extrême-zoophilisme en arrive à s'exclamer : « Nous comprenons mal comment une ville qui a un patrimoine classé peut prôner la violence. » Chaque mot, dans cette phrase, est une sorte de chef-d'œuvre, et il faudrait la commenter longtemps, dans son ensemble et en détail. Je me bornerai à remarquer que, pour cette personne : 1° un patrimoine est d'autant plus prestigieux qu'il est classé, autant dire rangé ; 2° qu'il n'a jamais été autre chose à ses yeux que patrimoine, c'est-à-dire pur objet de contemplation détaché des forces réelles, *historiques* et *nécessairement violentes* qui l'ont produit tel qu'il est ; 3° qu'il peut donc être enrôlé, en tant qu'objet mort, dans la lutte contre cette violence sans laquelle il n'existerait même pas et qui a le tort, à travers la corrida, de se manifester encore métaphoriquement ; 4° que l'on attend, enfin, de voir les merveilles patrimoniales (à classer) que ne manqueront pas de produire les apôtres des droits de l'homme et du taureau dans la période qui commence. Je ne fais ici, une fois de plus, que donner un exemple parmi tant d'autres de ce qu'est un discours post-historique ne doutant pas un seul instant de son bon droit[1].

---

1. Les exactions de ces grands dérangés devaient se poursuivre, ainsi que le relatait *Libération* qui rapportait ainsi un attentat perpétré par les partisans de l'extrême-zoophilisme sous les arènes de Carcassonne : « "Un simple pétard", préfère sourire le président du club taurin en levant les yeux au ciel. "Acte de vandalisme", a administrativement noté le commissariat avant d'ouvrir une enquête. La petite bouteille de gaz reliée à un détonateur qui a explosé dans la nuit de samedi à dimanche sous les arènes mobiles installées à la périphérie de Carcassonne n'aura pas empêché la mise à mort de six jeunes taureaux, hier après-midi, devant trois mille spectateurs. L'explosion n'a pas endommagé les structures métalliques de l'ensemble démontable. Les arènes en dur de la Patte-d'Oie ont, elles, disparu de la cité en 1955. C'était d'ailleurs l'argument plaidé la semaine dernière par les associations Alliance contre les corridas et One Voice pour demander l'interdiction du spectacle au nom de "l'interruption de la tradition taurine", avant d'être déboutées par le tribunal civil de Carcassonne. Les durs de la Fédération de liaison anti-corrida – "qui ne fédèrent qu'eux-mêmes", peste la très légaliste Alliance – ont tâché de prendre le relais. Après avoir déposé une pétition auprès du maire de la ville, ils se sont ensuite rassemblés à près de deux cents avec des membres de la fondation Brigitte Bardot devant les arènes provisoires pour sensibiliser les aficionados. Lesquels ne se laissent pas trop émouvoir par les banderoles dénonçant la "torture" des animaux. "Bouchers !", lance même ce militant anti-corrida, venu tout exprès de Marseille, à un jeune couple qui se contente de hausser les épaules. Un cordon de CRS veille de toute façon sur les abords. Le calme est total autour des arènes quand, à 17 h, les trompettes du paseo annoncent l'entrée en lice des toreros. La crainte des militants anti-corridas est en fait que la réintroduction de ces courses à Carcassonne n'apporte de l'eau au moulin des pro-corridas de Luchon, Tarbes, Castres ou Toulouse. Le Sud-Ouest taurin se prend en effet à rêver de voir revivre de grandes ferias comme à Nîmes et au Pays basque. » Il a fallu par ailleurs attendre la mort de Derrida, devenu le jour de sa disparition le plus grand philosophe de tous les temps, pour découvrir qu'il était aussi président d'honneur du Crac (Comité radicalement anti-corrida), ce qui en fait également le plus grand corridicide de l'histoire de l'humanité (*octobre 2004*).

Encore un mot. La question n'est pas de savoir si l'hypothèse de la fin de l'Histoire me plaît ou ne me plaît pas ; la question n'est pas non plus de savoir si cette hypothèse plaît aux autres, ni si elle arrange leurs petites affaires ; ni si elle est morale ou immorale. La question est de savoir si elle éclaire ce qui se passe en nous et dans la société soumise à d'intenses transformations. L'apparition d'une nouvelle humanité, son auto-accouchement dans les larmes et la fête, et dans l'inconscience de cette apparition, voilà ce que j'essaie de rendre *pensable* par divers moyens artistiques, en utilisant divers genres littéraires. Dont celui de l'entretien...

Je vous rappelle que ma question portait sur les nouveaux conflits et sur la nécessité de les formuler pour échapper à l'irréalité du clivage droite-gauche. On pourrait évoquer celui qui oppose les tenants de la main invisible aux défenseurs de la politique, les obsessionnels de l'émotion aux partisans de la raison critique... Mon ami Gilles Casanova, ancien conseiller de Chevènement, a essayé d'énoncer le nouveau clivage comme celui qui opposerait nature et culture. Cela vous semble-t-il satisfaisant ?

D'abord, si vous me permettez, une petite remarque supplémentaire sur votre fameuse gauche. Ce n'est pas d'hier qu'elle a fait son temps. Cela fait une vingtaine d'années qu'elle représente ce qu'il y a de moins *désirable* au monde ; ou, pour parler plus nettement, de plus *débandant*. Personne ne le dit parce que tout le monde, encore, se réfugie en tremblotant dans cette cabane œdipienne.

Par ailleurs, et pour le coup, il faudrait s'entendre sur ces termes de nature et de culture. Dans mon vocabulaire à moi, la « culture » n'est plus que l'arme de la classe des festivocrates qui ne supportent plus d'être contredits et qui imposent chaque jour l'assimilation au Bien de leurs ouvrages incohérents, de leurs discours de terreur et de leurs réalisations mortifères. Mais la chose se complique de ce qu'ils considèrent tout cela comme l'évidence même alors qu'il ne s'agit que de produits de leur fausse conscience, autrement dit de leur idéologie, où l'on n'entend jamais gronder que l'expression déterminée d'intérêts dont le programme n'est pas énonçable mais se ramène toujours à encourager l'asservissement envers la destruction maquillée en rêverie libertaire. Quand par exemple Blandine Commedevant, troubadoure (prononcez bien ce *re*, je vous prie) sociétale, se fend d'un article pour regretter qu'à Paris-Plage, chaque soir, la fête se termine vers minuit (« Après avoir lutté pour décrocher la table d'enfer, tout contre la Seine, en face de l'Île Saint-Louis, au niveau des projecteurs des bateaux-mouches auxquels on fait de grands coucous, Caroline, son frère François, Laurent, le copain avec qui elle doit prendre la route du Sud le lendemain, et Denis en ont presque les larmes aux yeux », etc. ; mais il faudrait la citer tout du long pour apprécier son style si remarquable où fusionnent la rebellitude académique et la pastorale en toile de Jouy), elle conclut par une *pointe* où se met en scène, dans un ricanement entendu, et par une judicieuse utilisation des guillemets, tout l'affreux despotisme de l'idéologie moderne présentée comme évidence contre un passé (ici « les parents ») devenu préjugé absolu : « Minuit, c'est la faveur ultime qu'accordent à leurs adolescents les parents qui croient encore aux "repères" ». Est-il dérision plus dérisoire que de croire *encore* aux « repères », hein ?

Mais le phénomène devient plus noir encore lorsque l'artifice qui passe pour norme s'impose par la loi. Le *nomothète* de Socrate dans le *Cratyle*, ce législateur ivre qui, à la place de Dieu, attribue aux choses des noms qui en représentent l'essence, et donc réconcilie culture et nature, *nomos* et *physis*, mais se contredit sans cesse parce qu'il est ivre, c'est déjà mon festivocrate. Dans tous les domaines, je l'ai dit, les festivocrates veulent que ce qu'ils décrètent soit considéré comme naturel, donc qu'entre leurs inventions et la réalité il n'y ait plus de différence, et même qu'existe un lien de nature indiscutable entre les deux. Inceste du signe et de son référent. Ils ne veulent plus voir qu'une classe, la *classe fréquentante*. Ce sont les flics et les mouchards, et aussi les agents recruteurs de la nouvelle société, autrement dit des artistes. Faute de réaliser quoi que ce soit de présentable, ils en *imposent la perception élogieuse*, au besoin par la terreur et le chantage. Le peuple qui leur déplaît, ils le changent ; le jugement qui leur déplaît, ils le changent aussi. Ils changent également le langage à leur guise, selon ce que leur dicte leur principe de plaisir. Le fantasme règne et le droit, « fondé sur le principe généalogique, laisse la place à une logique hédoniste héritière du nazisme », comme l'a dit récemment et courageusement Pierre Legendre qui parlait du Pacs et de l'institution de « l'homosexualité avec un statut familial ». Le vocabulaire défiguré prend en charge l'irréalisme général. J'ai lu récemment l'éloge des nouveaux restaurateurs et des nouvelles restauratrices qui savent, en cuisine, « faire clignoter la modernité de leurs ruptures » (par la « provocation au métissage » dans la préparation du jarret de porc). J'ai lu que deux lesbiennes racontaient qu'elles avaient « eu » un enfant (pas d'affolement : l'une des deux l'a eu par insémination artificielle avec donneur anonyme, comme tout le monde). J'ai lu qu'il y a quelque temps, je ne sais où en France, le père d'un garçon de huit ans s'est fait opérer pour « devenir une femme » puis a demandé que, dans la famille, on l'appelle désormais « maman ». J'ai lu aussi que sa femme lui a cédé ce titre, acceptant de n'être plus que la « tante » de son jeune fils, tandis que son propre amant devenait « papa » pour l'enfant.

Je ne sais pas si c'est de la culture mais il faut reconnaître que c'est fort éloigné de la nature...

J'en ai lu encore bien d'autres (et toujours la même question me revient à l'esprit : peut-on encore écrire des romans après ça, est-ce bien nécessaire ?). La classe culturante transforme sans relâche la nature. Je dis classe culturante mais, bien évidemment, la culture n'est plus pour rien dans l'affaire (il ne saurait y avoir de culture sans société et on ne peut pas appeler société la bouillie contemporaine faite de sottises monumentales, de catéchisme ressassé jusqu'au vertige, jusqu'à la nausée, de chantages répugnants toujours couverts par de nouvelles lois fabriquées en hâte dans un silence terrorisé, puis garanties par des jurisprudences que produisent des juges modernes ou apeurés, ou les deux). L'existence de la classe culturante dépend de son monopole idéologique à quoi se résume l'ensemble de ses *mérites* comme de ses *œuvres*. C'est pourquoi ces dernières ne sont jamais que conceptuelles, c'est-à-dire vides et nulles, et dérisoires, mais indiscutables aussi parce que cette dérision et cette nullité se déploient sur un arrière-plan de chantage qui en est également le seul contenu.

Pour ce qui est de la question de la droite et de la gauche qui vous turlupine, dites-vous, je crois que j'ai commencé à vous répondre antérieurement. Je ne pense pas, par ailleurs, que les jeux soient brouillés pour la bonne raison, que j'ai indiquée aussi plus haut, que tout le monde ne joue pas. Ou alors, s'ils le sont quand même, ce n'est qu'en fonction de notions anciennes. Les clivages de classes qui subsistent me semblent s'ordonner de plus en plus, je le répète, entre classes fréquentantes et classes non fréquentantes. Les classes non fréquentantes sont infréquentables et c'est à en réduire l'importance numérique ainsi que le poids social que l'on s'active. Dans l'idéal, il ne devrait plus y avoir un jour que des fréquentants. Un ancien trotskiste devenu fabiusien évoquait il n'y a pas longtemps, dans son charabia de mutant, la « frustration des individus situés en bas de l'échelle sociale et qui ne parviennent pas vraiment à profiter des potentialités de diversification statutaire offertes par la société contemporaine »…

Il n'avait pas tout à fait tort. Ces potentialités sont celles que promet la réalité médiatique qui se substitue au réel et qui permet à des crétins impériaux de se retrouver au sommet d'une échelle non plus sociale, mais, comme vous le disiez précédemment, sociétale.

À propos d'échelle, justement, il était très en retrait, à mon avis, par rapport à Alphonse Allais qui, à la fin du XIXe siècle, dans un texte intitulé *La Question sociale*, parlait déjà de « ceux d'en bas », mais oui, et inventait une solution ludique à leur frustration. Consulté par le président de la République de l'époque, en l'occurrence Sadi Carnot, il attaquait ainsi : « Laissez-moi, mon cher Sadi, comparer la société à une échelle. » Puis il continuait : « Une échelle se compose généralement de deux montants et d'un nombre d'échelons ou barreaux variant avec la longueur de l'instrument. Les échelons parallèles entre eux s'enchâssent perpendiculairement dans la face interne des montants (...). Quand un certain nombre de personnes sont appelées (ou est appelé) à évoluer sur cette échelle, il est préférable que cette tourbe s'éparpille sur tous les échelons au lieu de séjourner sur le même (...). Oui, mais voilà : les gens qui sont contraints à demeurer sur les échelons inférieurs (c'est ceux d'en bas que je désigne ainsi), en proie à l'humidité sociale, trop près des crapauds pustuleux du mauvais destin, paludéennes victimes d'une sale organisation, envient ceux d'en haut, qui se prélassent sur des barreaux de peluche et d'or, en haut, au bel azur du ciel. » Et il concluait : « Eh bien, la solution, la voici : Il est monstrueux que des gens soient fatalement voués, et pour jamais, à un patrimoine de détresse, de misère et de travail (lequel est le pire des maux), cependant que de jeunes bougres n'ont qu'à naître pour mener une existence de flemme, de haute cocotterie et de bicyclette en aluminium. La vraie devise sociale devrait être : Chacun son tour. Ou bien encore : C'est pas toujours les mêmes qui doivent détenir l'assiette au beurre (...). À votre place, je créerais une énorme tombola sociale, composée de lots variant entre cinq cent mille livres de rente et peau de balle et balai de crin, en passant par mille positions intermédiaires. Autant de lots que de citoyens français. Tirage, chaque année (au 1er avril, pour rigoler un peu). Dès lors, la vie deviendrait exquise et habitable. Le tumulte des passions s'assoupirait. L'envie reploierait ses odieuses ailes vertes. Et renaîtrait l'espoir ! Tel qui détiendrait, pour le moment, la peau de balle ou le balai de crin, se croirait le plus fortuné des bougres, à l'espérance que, dans un an, ce serait lui qui ferait son petit tour de lac ou, tout au moins, qui jouirait d'une bonne petite vingtaine de mille livres de rente. » Tirade si brillante que le président de la République s'écrie : « Voilà bien la solution de la question sociale ! La voilà bien ! »

Vous pensez peut-être que je m'amuse avec toutes ces choses graves, mais d'abord ce n'est pas moi, c'est Alphonse Allais ; et, par ailleurs, je ne l'ai cité que dans le but d'indiquer ultérieurement la très nette supériorité, à mon sens, de certaines réalisations de notre époque concernant la « question sociale », notamment celles de Delanoë dont nous parlerons bientôt, je suppose…

Il serait un peu fort que vous fussiez victime de la propagande que vous dénoncez, laquelle essaie de nous faire croire que les ouvriers – et plus largement les milieux populaires – n'existent plus. Je sais bien qu'on les a chassés du centre des villes et qu'on tente de les convaincre eux-mêmes qu'ils sont des « futurs bobos » et qu'ils ne désirent rien d'autre que rallier la cohorte des connectés-branchés-innovés, mais comme vous l'avez souvent remarqué, ils résistent…

Ils résistent ? Disons que ça résiste. Et voyons comment ; et surtout jusqu'où. On raconte beaucoup, depuis quelques mois, que la gauche et ses élites ont oublié la « France d'en bas », les laissés-pour-compte, la plèbe, la France des marges, les ouvriers, au profit des pacsés à roulettes ou des jeunes couples friands de crèches sous vidéosurveillance et de bicyclettes en aluminium. Je crois que la gauche et ses élites ne les oublient pas du tout, mais le travail de transformation véritablement chirurgical auquel elles se livrent sur ces populations embarrassantes est un ouvrage de longue haleine qui ne fait que commencer. Et ce n'est pas une défaite électorale qui l'interrompra (de ce point de vue, la défaite n'est qu'un accident de parcours)[1]. Il n'y a pas d'alternative à ce projet d'absorption généralisée, et la droite en poursuivra la réalisation aussi bien que la gauche, même si elle n'a pas conscience de ce qu'elle fait (cette absence de conscience est aujourd'hui à peu près la seule différence entre la gauche et la droite). Elle n'aura pas le choix.

On voit déjà les dirigeants dits de droite s'aligner avec servilité sur les positions de leurs prédécesseurs, et justement dans les domaines les plus indéfendables, parce que ce sont ceux-là qu'ils croient fédérateurs et que leur compassion pour la « France d'en bas » s'arrête aux mots qu'ils emploient. C'est une compassion, elle aussi, conceptuelle. Rien ne m'a paru plus glaçant, à cet égard, que l'hommage rendu par Raffarin, fraîchement nommé Premier ministre, au promoteur de cette agression légale et inaugurale de la civilisation hyperfestive qu'est la Fête de la musique, encore appelée par moi couramment la Nuit des Porcs-vivants. « Raffarin aime la Fête de la musique », se sont empressés de noter les médias. Raffarin lui-même, le jour du vingt-et-unième anniversaire de cette Nuit des Porcs-vivants, s'est dit « très heureux de fêter cet anniversaire », et il a cru bon de pontifier que « la musique est un élément de la cohésion sociale » (elle l'est tellement que les gens de la France d'en bas, en l'occurrence les

---

1. Depuis cette plaisante défaite, en effet, le peuple de gauche peut s'enorgueillir de trois ou quatre victoires à la faveur desquelles il a oniriquement élu Jospin dès le premier tour de piste, dans une espèce de repentance votatoire et votive où s'illustre peut-être le seul esprit qui lui reste : *l'esprit d'escalier* (*septembre 2004*).

bouseux, s'organisent maintenant en corps francs et repoussent par leurs propres moyens les jeunes *teufeurs* venus transformer leurs potagers en succursales de la *scène techno*)...

> *Il suffit de voir des grappes d'individus errants, le soir de ladite fête, dans des odeurs de merguez et au milieu d'un vacarme que seules la surdité ou une touchante bonne volonté permettent de qualifier de musique mais qui présente l'avantage d'éviter les affres de la conversation, pour savoir ce qu'on appelle aujourd'hui cohésion sociale.*

La « cohésion sociale » ne s'obtient plus que par le bruit, c'est-à-dire en écrasant tout sous le vacarme, à commencer par le social. Interrogé sur le fait de savoir si ses propos constituaient un hommage à Jack Lang, Raffarin a répondu que « quand les choses sont bien quelque part, il faut les accepter ». Mais qu'est-ce qu'il y a de *bien quelque part* dans la Fête de la musique ? Elle est *inacceptable* depuis sa création ! Cette idylle assez grasse s'est déroulée au Puy-en-Velay, Haute-Loire, et ensuite on a discuté des problèmes de raccordement au téléphone mobile et aux NTIC (nouvelles technologies de l'information et de la communication) dans le département, avant de s'arrêter, ici ou là, pour « écouter des concerts ». Voilà une petite scène charmante et programmative, il me semble, de bien des choses. Raffarin gouverne la classe fréquentante parce que c'est la seule qui soit gouvernable et qu'il n'y a plus d'autre issue que de l'élargir, cette classe, aux dimensions de la population entière. Que fréquente la classe fréquentante ? D'une manière générale, de la friche industrielle ; ou les berges de la Seine aménagées en concept par un scénographe. À cela, ou presque, peut être résumé ce que l'on appelle culture. Du moment que cette culture, c'est-à-dire un continuel chantage conceptuel, est assimilée par presque tout le monde au Bien, c'est légitimement, du moins en apparence, que l'on considère comme une catastrophe que « les exclus culturels représentent quarante pour cent de la population ». Mais ce chiffre est donné par le département des études du ministère de la Culture, c'est-à-dire le ministère de l'Offense conceptuelle protégée et subventionnée. Ce ministère a tout intérêt à voir une immense différence qualitative entre la « télévision soumise à l'Audimat », dont se repaissent bassement les « exclus culturels », et ses propres « sites de création contemporaine » où il place toute sa complaisance mais qui, pour le moment, ne comblent encore, regrette-t-il, que « les goûts de l'élite ».

Encore que, il me faut vous rendre raison sur ce point, il n'est pas certain que cela reste limité à la soi-disant élite. Et il est difficile de ne pas voir dans la magnifique opération Paris-Plage une réalisation de vos noires prophéties. Il n'est guère étonnant que la machine à encenser ait fonctionné comme jamais, chacun rivalisant dans le superlatif pour s'émerveiller de l'installation de transats et de palmiers sur les berges de la Seine. Mais il est bien décourageant que cette initiative grotesque ait remporté un succès massif.

Puisque vous parlez de noires prophéties, je vais m'offrir le plaisir, une fois n'est pas coutume (et parce que personne ne le fera à ma place), de me citer. Je ne veux pas la ramener abusivement, mais là, il me semble que cela s'impose. Vous allez voir que je n'avais pas attendu Delanoë pour inventer le droit au sable. C'est dans un passage d'*On ferme* (page 589), vers la fin de ce que j'ai appelé la Nuit du Droit aux droits. Je rappelle que ce roman a été publié en 1997. « À proximité de la Bastille, par-dessus cette saleté d'Opéra, le ciel était blond platiné. Une grande moitié de la place elle-même, investie en début de soirée par les militants de Droit au Sable, avait été transfigurée en une espèce de vaste plage avec parasols et transats. C'était drôlement bien organisé. On avait fait venir du sable de mer.

Et puis des buvettes sur les pourtours, des marchands de beignets, des feux de Bengale. Stands de piercing, tee-shirts Van Gogh et slips Monet. Bien sûr, il crachinait sur tout ça. Mais l'humeur était excellente, comme Parneix et Bérénice purent le constater en traversant. Paris-vacances en plein hiver. La pluie ne décourage pas les estivants. » Et ainsi de suite. Bien sûr, il ne s'agit pas là de prophétie, ni noire ni blanche, mais de quelque chose qui était déjà envisageable, et même très raisonnablement calculable, bien avant 1997.

Cinq ans plus tard, vous remarquerez qu'il y en a pour tous les goûts, dans l'ordre de la « plage », qui est une catégorie de la *friche*, c'est-à-dire de l'« art », et le succès de l'opération delanoësque appelée Paris-Plage, cet été, nous indique que le nombre des fréquentants ne cesse de s'accroître. On peut certes penser que la victoire socialiste à Paris n'est, comme vous le dites, que l'arbre en fête qui cache une forêt de défaites...

Vous avez raison, c'est plutôt le contraire. L'arbre de la défaite cache la forêt du triomphe anthropologique...

Si l'on s'en tient en effet aux anciens clivages sociologiques, les résultats des élections municipales puis présidentielles et législatives en France sont un désastre pour la gauche, que masquent seulement des triomphes dans des agglomérations plaquées-or comme Paris ou Lyon. On dira alors que la gauche a « perdu le peuple ». Ça c'est l'analyse plate, à mon avis, l'analyse politicienne et médiatique de la situation ; et cette camelote a pour utilité de nous dissimuler l'expérience en cours, la vraie. Une autre hypothèse en effet, à mes yeux beaucoup plus riche, est qu'un travail de longue haleine pour transformer ce peuple est entamé, et que ce travail ne peut pas aboutir en quarante-huit heures, ni même sans doute en une ou deux générations. On a beaucoup dit que les soixante-huitards, faute de s'appuyer sur les masses ouvrières qui les rejetaient, avaient *changé de peuple* en montant en épingle de pseudos prolétariats de remplacement largement mythifiés (immigrés, femmes, minorités sexuelles, etc.). Eh bien ce processus, qui n'est d'ailleurs pas abandonné, est maintenant englobé dans un autre, bien plus vaste, consistant à transformer un maximum de gens, une fois encore, en fréquentants...

Mais quand les fréquentants sont des baigneurs, les bornes sont franchies, comme le disait le sapeur Camember.

Et quand les bornes sont franchies, comme disait Balzac, il n'y a plus de limites. Nous voilà donc au cœur de l'opération. Il s'agit toujours de changer le peuple, mais cette fois on va y arriver parce qu'il n'y en aura plus. Le jour de l'inauguration de l'expérience scientifique nommée Paris-Plage, il y eut paraît-il six cent mille fréquentants et le maître-nageur Delanoë se frottait les palmes. C'est en effet à la docilité, c'est à la servilité que met la classe fréquentante à reconnaître une plage là où il y a un concept miséreusement agrémenté par un scénographe, que se mesure son degré de domestication et que se calculent les efforts qu'il faudra encore accomplir pour accroître celle-ci et la parachever. Je me trouvais sur les quais de la Seine le jour de l'ouverture du concept. Il n'était que midi, et déjà d'innombrables fréquentants avaient accepté de reconnaître pour des choses ce qui n'était indiqué que par des mots.

On se surprend parfois à regretter que le mot plage ne noie pas...

Il ne mouille même pas. Ce qui était touchant, ce matin-là, c'était la bonne volonté des fréquentants à faire là où on leur disait de faire, c'est-à-dire à croire là où on leur disait de croire. Ici, trois centimètres de sable étaient une plage. Là, des bouts de torchon bleu étaient des oriflammes claquant au vent. Quelques transats et quelques parasols plantés dans le bitume de la voie sur berge recouverte de galets de Dieppe étaient généralement reconnus en tant que transats, parasols et galets de Dieppe. Et ces plumeaux en pots à intervalles réguliers se voyaient sans difficulté attribuer le nom de palmiers. Il y avait aussi des brumisateurs qui dispensaient des gouttes d'eau. On était exactement dans le programme des bateleurs de la Mairie de Paris : « En journée, plages de sable fin ou de gazon, ateliers de nœuds marins, location de vélos, initiations à la pêche et à la pétanque, mur d'escalade. En soirée, spectacles de rue, guinguette, concerts, performances, scène techno. » Et, bien entendu, il n'y avait rien d'autre de *balnéaire* que ce qui était écrit dans ce programme. Le balnéaire n'était pas ailleurs que sur le papier. Le littoral ne se résumait qu'à ce littéral. Mais l'important n'était pas là. L'important résidait dans l'air de béatitude de ceux et de celles qui ne cessaient d'affluer. Je ne voudrais pas avoir l'air exagérément désagréable, mais je crois me souvenir qu'il existe un film de propagande qui s'intitule *Hitler offre une ville aux Juifs*. Les médias aux ordres, dès le lendemain de l'inauguration du concept Paris-Plage, ont battu des mains et sauté en l'air, et leurs discours auraient pu très bien se condenser en cette bonne nouvelle : *Delanoë offre une plage aux touristes…*

Je ne suis pas certaine qu'il soit nécessaire de donner des ordres aux médias. Ils s'en donnent très bien tout seuls. En tout cas, il est sidérant que les Parisiens aient accepté ce cadeau avec une telle docilité, que personne n'ait simplement dit ce que le bon sens commandait, à savoir, pardonnez-moi, qu'on nous prend pour des cons !

Des cons ? Ce serait trop simple. Des mutés. Des mutés de Panurge, comme de bien entendu. Durant cette expérience, en tout cas, ceux qui se bousculaient sur la « plage » acceptaient sans sourciller de *se réconcilier avec la Seine*. On leur disait de cesser *de tourner le dos au fleuve*, et ils cessaient de tourner le dos au fleuve. Avec une gravité magnifique qui confirme le principe selon lequel moins les choses existent, et plus il convient qu'elles soient prises au sérieux. On croisait toutes sortes de fréquentants : fréquentants à bicyclette, fréquentants à rollers, fréquentants à poussette, fréquentants sans famille, fréquentants en famille, fréquentants à poil, fréquentants en string, fréquentants habillés, enfants fréquentants, jeunes fréquentants, vieux fréquentants. Aucun *piéton*, bien entendu, malgré le tartuffier projet delanoïesque de « piétonnisation totale des berges ». Le piéton c'était l'ancien monde, et il n'a rien à voir avec le fréquentant, qui est un ahuri de centre-ville (si on veut savoir ce qu'était un piéton, donc aussi une ville, il faut lire Simenon ou Marcel Aymé, et jeter Delanoë avec l'eau du bain de sa pataugeoire virtuelle). Contrairement à ce que racontent les médias à genoux, il n'y a pas de piétons à Paris-Plage parce qu'il ne peut pas y en avoir. Il y a, en revanche, diverses sortes de piétonnoïdes avec divers genres de roulettes. Le piétonnoïde à roulettes est le post-piéton. Installer le post-piéton dans son territoire légitime, d'où le piéton à l'ancienne, le piéton normal, l'être humain, est encore plus barbarement banni que par les voitures d'autrefois, tel est le projet du marchand de sable de la Mairie de Paris, qui non seulement flatte mais crée, s'il le faut, et en tout cas refaçonne savamment sa population de baigneurs-électeurs. Ceux que j'ai vus, le jour de l'inauguration du concept, évoluaient avec cet air hébété et ces regards inquiétants de retombés en enfance qu'on voit de plus en plus aux hommes contemporains. On avait transformé le bord de la Seine en quartier piétonnier et ils n'étaient pas près de se rendre compte de cette catastrophe (il est facile de savoir ce qu'est un quartier piétonnier : c'est un quartier où il y a des boutiques, et même où il n'y a plus que cela, mais où il n'y a plus d'arrière-boutiques).

LE COUP DU GRAND-DUC

Je ne sais plus qui, je crois que c'est Alexandre Vialatte, parlait d'un ami à qui il venait d'« arriver une histoire vraie » et qui s'en montrait tout heureux. On le comprend. Vous avez vu que, le 14 Juillet dernier, il a failli arriver une histoire vraie à Chirac quand il descendait les Champs-Élysées, debout sur un *command-car*, et qu'un imbécile néonazi a essayé de tirer sur lui à la carabine ? Encore un statopathe, ce Maxime Brunerie qui a failli faire arriver à Chirac, pour la première fois de sa vie, une histoire vraie, c'est-à-dire un attentat, comme du temps de De Gaulle, comme quand il y avait encore de vrais morceaux de réel dans le bouillon des apparences. Eh bien, quelques jours plus tard, sur les bords de la Seine, il a failli arriver une plage vraie aux fréquentants de Paris-Plage. Évidemment c'est une fausse alerte, mais les gens sont quand même contents. Ils évoluent dans le concept comme des poissons dans l'eau. Est-ce qu'ils sont aussi faux que la plage ? Pas tout à fait, pas encore, mais on s'en occupe.

La clé du succès, au contraire, est sans doute que cette plage soit en carton-pâte. Tout à leur aise dans un univers qui ressemble à un décor d'émission de télévision, les baigneurs-bronzeurs n'ont à craindre ni un coup de réel, ni un coup de soleil.

Les remous noirs de la Seine, ses suicidés et ses berges à voitures, c'était encore le monde sexué (depuis que je connais Delanoë, j'aime les voitures, il aura aussi réussi cela) ; Paris-Plage, ce sont les retrouvailles avec l'harmonie matricielle perdue, c'est l'effacement des séparations irréversibles jadis provoquées par la pensée rationnelle. On peut bronzer, dès lors, dans une vision du monde, dans une interprétation des choses, dans un hiéroglyphe qui, correctement déchiffré, signifie « plage » à n'en pas douter (mais dans quelle langue ?). Ou dans un signifiant, une image phonique sans signifié ni référent. On n'est pas embêté, comme ça, avec des résidus de réel. On est dans le sublime de la plage. Dans une blague, une imposture joyeusement consentie par les deux parties, imposteurs et impostés ; lesquels acceptent avec une fermeté inébranlable que le *rien* dans lequel ils se trouvent soit appelé *quelque chose*.

Mais le *rien* extatique est toujours l'autre nom du *tout* fusionnel, c'est-à-dire de la complétude originaire et maternelle ouvrant sur le fantasme de la souveraineté cosmique. Et ce n'est pas par hasard non plus qu'en ce riche été, dans le même temps où Delanoë offre une plage aux Parisiens, on redécouvre, comme l'écrit *Libération*, le conte de fées, « cet art populaire tombé dans l'oubli des campagnes » et « revenu à la vie sous une forme différente grâce à une nouvelle génération d'artistes plutôt urbains qui puisent dans les traditions du monde et qui collectent les faits divers et les récits de vie pour nourrir un nouvel imaginaire collectif » ; et que l'on envoie en mission un peu partout des *racontantes* et des *racontants*. Sur ce phénomène-là aussi, bien entendu, qui est une sorte de film *gore* que l'on pourrait intituler *L'Invasion des racontants*, il conviendra de méditer. Mais revenons à nos moutons, c'est-à-dire à notre plage, qui est elle-même un conte de fées, un *Märchen*, un conte de sage-femme comme dit si bien l'allemand. On croit qu'on s'y roule dans le sable alors qu'on est assis sur une idée, elle-même suspendue à un projet. On se promène avec béatitude au milieu des poussettes en pot et des palmiers à roulettes…

Et on prend avec un très grand sérieux des cours de nœuds marins, ce qui aurait tout de même pu arracher un sourire ironique aux plageurs extasiés et un cri de colère aux marins.

Et j'oubliais l'atelier de nœuds marins ! *L'atelier de nœuds marins*. Une douzaine de personnes, vers midi, qui nouaient déjà des bouts de ficelle accrochés à un quai, et elles s'y affairaient avec cette gravité féroce qu'on voit aux grands déments quand ils ne sont pas en crise. On leur avait dit qu'elles pouvaient faire des nœuds, alors elles faisaient des nœuds. On leur aurait dit de ne pas faire de nœuds, elles auraient fait autre chose. À considérer tous ces gens qui faisaient des nœuds, je vous jure qu'on sentait que la question sociale approchait de sa solution au galop, du moins dans Paris et sa périphérie. J'ai encore l'air de plaisanter, mais je vous garantis qu'à regarder tant de *perdants de la croissance*, comme s'expriment les médiatiques, se transformer en gagnants du nœud, et avec un pareil sérieux, on avait chaud au cœur. Et on se disait que le mirifique Delanoë ne se foutait pas du monde quand il répétait à la presse, il y a quelques mois, qu'il voulait réussir une nouvelle « alchimie » à Paris. La réussite de l'expérience se ramène tout bonnement à mesurer le degré d'acceptation, chez les fréquentants, de l'histoire à dormir debout qu'on leur fourgue comme une réalité. Eh bien, ils l'ont acceptée avec beaucoup d'ardeur, la réalité de cette histoire à dormir debout de Paris-Plage ! Exactement comme dans le conte d'Andersen où le grand-duc est nu (entre parenthèses, je ne sais pas pourquoi on veut toujours que ce soit un roi qui soit nu ; mais non, désolé, chez Andersen ce n'est qu'un grand-duc). Delanoë a tenté le coup du grand-duc et ça a marché. « C'est Deauville ! » s'exclame une passante en découvrant les cabines rayées ; tandis que des Japonais photographient celles-ci (ils photographient bien leur assiette au restaurant) ; et que quelqu'un d'autre dit qu'« on se croirait presque sur la Riviera ». Presque.

Cela ne date pas d'hier que le pouvoir se mesure à la capacité à faire avaler aux populations que le grand-duc est vêtu, qu'il y a une plage à Paris, que deux et deux font cinq ou que le socialisme fait le bonheur. Orwell, me semble-t-il, en a déjà dit un rayon sur la question.

Mais devant Paris-Plage, il n'y a pas de nouvel Orwell. Même pas de nouvel Andersen. Et le coup du grand-duc est une totale réussite. On va donc pouvoir l'exporter, l'agrandir, l'améliorer, l'élargir, l'appliquer, faire progressivement le coup du grand-duc à tout le pays. Et aux autres. À l'Europe entière qui a bien besoin, avouons-le, de cesser de tourner le dos à ses fleuves et à ses plages. Tout le monde va vouloir son littoral imaginaire. Il y aura Landerneau-on-the-beach. Bécon-les-Gruyères-sur-mer. Clochemerle-les-Bains. Etc. Mais le plus raffiné, je le signale en passant, serait encore qu'on reconstitue des plages sur les plages, sur les anciennes vraies plages, sur les plages à l'ancienne devenues définitivement non crédibles telles quelles. Ainsi la métamorphose alchimique delanoïesque, par transmutation des vieilles plages en concepts de plages, toucherait-elle aux cimes du mysticisme. C'est d'ailleurs de quoi l'inénarrable éditorialiste Gaudemar de *Libération* se félicitait dans sa langue rustique mais enthousiaste, une semaine après l'ouverture du concept, au terme d'un papier intitulé précisément « Laboratoire » : « À ce compte-là, Paris ne sera plus seulement une plage, une fête, ce qui n'est déjà pas si mal, mais un laboratoire observé et, espérons-le, imité. » Espérons-le, c'est le mot que je cherchais. Jusqu'alors, en effet, le coup du grand-duc ne marchait qu'avec l'élite, notamment quand on lui montrait de l'« art » contemporain ; mais l'expérience scientifique pratiquée sur les bords de la Seine par le marchand de sable de la Mairie de Paris, ses barbouzes culturelles et ses nervis innovants, expérience qui s'adressait plutôt aux classes populaires, montre que les *gens de peu* ont aussi quelque aptitude à devenir à leur tour des fréquentants, à condition qu'on sache les prendre, et à mener, pour citer encore une fois Alphonse Allais, « une existence de flemme, de haute cocotterie et de bicyclette en aluminium ».

Évidemment, nul n'est obligé d'accepter les robinsonnades perverses et méthodiques de Delanoë ; mais il faut savoir qu'elles ont plus d'avenir, et sont plus pertinentes parce que plus efficaces, que toutes les « refondations » idéologiques laborieuses de ses amis socialistes. Ce sont elles qui leur montrent le chemin, tandis qu'ils s'époumonent, comme ils croient encore nécessaire de dire, à « construire une nouvelle offre politique » ; et qu'ils se torturent la cervelle à se demander s'il faut « une gauche plus à gauche combattant la mondialisation néolibérale ou une gauche moins à gauche donnant la priorité à la modernité ». Ils parlent aussi de « réconcilier la modernité et les couches populaires », c'est-à-dire d'en finir une bonne fois pour toutes avec les derniers résidus de la lutte des classes, quand Delanoë, lui, en est déjà à la lutte des plages, stade achevé de l'émancipation humaine. En attendant, se félicite aussi le jamais décevant *Libération*, « la droite parisienne est sur le sable ». Elle est « déconnectée des attentes des Parisiens ». Mais qui pourrait imaginer plus grande félicité que d'être déconnecté des attentes de qui que ce soit vivant actuellement, notamment de ces successeurs des Parisiens qu'on appelle par abus de langage des Parisiens, et sur quelque sujet que ce soit ? Ai-je bien répondu à vos questions ?

À ce sujet, permettez-moi de vous signaler que nombre de nos, enfin surtout de vos lecteurs, se plaignent que vous n'y répondiez pas, à mes questions, ni à mes sommations. Vous aviez bien prévu que je reviendrais sur cette affaire. Une fois de plus, je résume donc le problème que vous posez à vos lecteurs : leur existence même prouve que vous ne pouvez avoir totalement raison sur la fin de l'Histoire et donc de l'homme...

D'abord, si nombre de lecteurs croient que je ne réponds pas à vos questions, c'est que généralement j'y donne plusieurs réponses, et que donc ils n'en voient aucune. Par ailleurs, mon objectif n'est pas d'avoir, moi, « totalement raison » ; mon constat est qu'ils ont totalement tort de poser le problème de cette manière. Aucune existence n'est la preuve de rien. Si sympathiques que soient les lecteurs, leur existence ne prouve rien. La mienne non plus. Ce n'est pas parce que j'ai mal lorsque je me pince les doigts dans une porte que cette réalité, qu'on peut appeler *de premier ordre*, m'informe sur la signification de son contenu. Elle n'est pas non plus la démonstration péremptoire que je me tiens bien solidement planté dans le devenir historique. Le « premier homme » aussi, quel qu'il soit, il y a des millions d'années, dans je ne sais quel désert d'Afrique, devait bien s'écraser de temps en temps les doigts en essayant de faire du feu avec des silex, et il poussait alors sûrement de très beaux cris qui indiquaient qu'il existait, mais qui n'étaient aucunement d'irréfutables preuves de son existence historique (laquelle n'était pas encore commencée). Et, pour prendre un tout autre exemple, s'il m'arrive de recevoir une gifle après avoir, dans la rue, mis la main aux fesses d'une jeune femme qui pourtant se baladait en tortillant admirablement tout ce qu'elle pouvait dans une jupe très serrée, cette jupe très serrée peut être appelée réalité de premier ordre ; mais la gifle qui répond à mon geste m'informe aimablement sur ce que contenait comme significations étrangères, et même opposées, cette réalité de premier ordre : elle m'indique donc une réalité plus riche, *une réalité de second ordre*, faite en l'occurrence d'hystérie répressive autant que d'exhibition, mais qui pourrait être faite de tout autre chose. Songez encore, pour prendre un dernier exemple, aux deux petits bonshommes vert et rouge qui s'allument alternativement aux carrefours. Un très jeune enfant n'aura aucune difficulté à les repérer en tant que réalité du premier ordre ; mais il ne saura pas ce qu'ils signifient tant qu'on ne le lui aura pas expliqué, c'est-à-dire qu'il n'aura aucune connaissance de leur réalité seconde (et il se fera, alors, certainement écraser). C'est une illusion de s'imaginer que sa propre existence, qui n'est jamais qu'une réalité de premier ordre, serait un argument contre ou pour quoi que ce soit. C'est une illusion touchante et sympathique, mais idiote et surtout inopérante, puisque la question de l'Histoire, finie ou pas, se situe dans le domaine, tout autre, des réalités de deuxième ordre. Celles-ci n'annulent d'ailleurs pas non plus les premières, et je n'ai jamais dit que les êtres humains, après la fin de l'Histoire, ne continueraient pas à faire l'ensemble de ce qu'ils faisaient déjà très bien (ou très mal) avant, à commencer par se reproduire. Au contraire : ils ne feront – ils ne font – plus que ça. C'est la signification, et la valeur, de ce qui sera fait alors, ou de ce qui est déjà fait, sur lesquelles je porte mon attention. Et ressens de légers doutes. S'ils me lisent, mes lecteurs, comme vous dites, c'est qu'ils doivent bien eux aussi ressentir quelques doutes, nonobstant leur exaspération dont vous me voyez navré. La « fin de l'Histoire » n'est rien d'autre, si vous voulez, que la formule choquante dans laquelle j'essaie de condenser mes doutes à propos de ce temps particulier, sans temps et sans espace, dans lequel nous nous précipitons. Le sentiment d'une ruée massive et irréversible vers l'incompréhensible définitif m'oblige aussi à forcer le ton dans l'espoir d'attirer les dernières envies de compréhension de ceux qui ne sont pas encore convertis à la perspective qu'il n'y a rien à comprendre. C'est déjà une infime partie de la population, car grossit chaque jour le nombre de ceux qui ne voient même plus de quoi il s'agit...

Sophisme ! Ce que font vos lecteurs quand ils vous lisent, vous critiquent, vous admirent, ne pourrait pas avoir lieu si les uns et les autres ne tentaient pas de repérer le jeu dialectique entre réalités de premier et de second ordre, autrement dit s'ils prenaient leur existence pour le réel sonnant et trébuchant. Or, si je vous ai bien compris, tant qu'il y a de la dialectique, il y a de l'Histoire.

Je ne nie pas qu'il y a une interrogation générale devant le mystère de tant d'évanouissements. Où est passée la vie ? Tout le monde se le demande, même les pires modernes, même les plus noirs optimistes, même les fanatiques du Positif, même les littérateurs à la bouche en sucre qui déclarent que l'important c'est de trouver comment « sauver la civilisation ». On trouve le moyen de la recréer, la vie, de la réinventer, au moment même, vous le noterez, où on en a perdu le sens ! C'est horrible ! Tel est pourtant le cadeau empoisonné du Moderne parvenu à son stade presque ultime. Tout le monde le sait. Tout le monde s'en affole. C'est révoltant, en effet. Par conséquent, il y a et il y aura toujours des gens qui, devant des constats qui leur paraissent inquiétants, penseront annuler ceux-ci en avançant de bonnes grosses réalités réconfortantes de premier ordre : je suis là, j'existe, le ciel ne nous est pas encore tombé sur la tête, tant qu'il y a de la vie il y a du réel, etc. Et c'est le genre d'argument que l'on pourrait toujours opposer à n'importe qui, à Dostoïevski, à Sophocle, à Flaubert, à Balzac, à Kafka. « Vous me dites (s'adressant à Balzac par exemple) que seul l'argent coule dans les veines des sociétés humaines et que l'intérêt dirige d'autant plus tyranniquement les individus qu'ils ne cessent de proclamer l'inverse au fil d'une rhétorique sentimentale de plus en plus assourdissante. Mais cela me déplaît, à moi. Et cela me déplaît tellement que je ne veux même pas savoir si c'est vrai ou pas, ni si cela se vérifie à chaque instant, encore moins si cela pourrait me rendre plus clairvoyant sur le monde humain qui m'entoure. D'ailleurs je ne me reconnais pas dans cette vision cynique et quelque peu catastrophiste des choses, et la meilleure preuve que cette vision est erronée réside en moi-même, qui suis capable de véritables élans du cœur, d'engagements désintéressés autant que citoyens, et que toutes les injustices mobilisent. » À quoi bon essayer d'opposer une pensée à ce qui se proclame ainsi, et avec tant de jovialité, comble de non-pensée satisfaite ? Vous remarquerez que le *travail* de beaucoup de lecteurs, même parmi les mieux disposés, consiste à *retraduire* dans la langue de la banalité, de *leur* banalité, c'est-à-dire dans la langue des réalités de premier ordre, ceux qu'ils admirent pourtant de s'en être extraits, au prix de quel effort, pour *dépayser* ce dont ils parlent, et de refuser ainsi de lire ce qui pourtant les aurait peut-être rendus moins niais. En fin de compte, cela se ramène toujours à vous accuser de voir tout en noir alors que tout va si bien. Cela revient par exemple aussi à reprocher à Kafka de décrire l'avènement d'une bureaucratie dévastatrice quand on n'en voit encore à son époque, ici ou là, que des manifestations embryonnaires. Mais l'indignation des gens à l'idée qu'ils pourraient être pris dans les filets de la fin de l'Histoire, et leurs réactions irritées, comme les preuves qu'ils brandissent de votre erreur de jugement, font évidemment partie de l'expérience.

C'est peut-être plus du désespoir que de l'indignation.

Mais le désespoir, surtout maquillé en pensée positive, en système D comme on disait autrefois, n'est pas un argument, il faut trouver autre chose. Sinon c'est l'histrionisme du désespoir, un sourire de clown plaqué sur une figure d'épouvante. Le carnaval macabre. Le chant perpétuel du *Tout va bien*. Et c'est dans ce temps-là aussi, où tout va si bien, pour ainsi dire *comme sur des roulettes*, que l'on voit surfer le long des trottoirs tant de personnes décontractées et athlétiques, mais aussi généralement soignées pour troubles nerveux ; et que tant de touristes en suivi psychiatrique décollent, hilares, pour des courses lointaines et des destinations qui ne se souviennent plus d'avoir jamais été des pays ; ou que cette grand-mère s'apprête à devenir mère grâce au sperme de son arrière-petit-fils mort d'un cancer du pancréas ; ou que l'on se dépêche d'apprendre à faire des nœuds sur un quai de Paris ; et que plus personne ne comprend ce qui se passe ; mais que tout le monde se révolte si l'on commence à mettre en rapport un certain nombre de choses (logique délirante des droits, affranchissement des anciens conditionnements sexuels, disparition du passé, maternisation, infantilisation) pour suggérer que ce qui avait fait l'Histoire – la terreur de retomber dans l'animalité – s'est dissipé. Cette terreur n'existe plus. L'animalité sans forme est même chantée sous divers noms dont la variété garantit qu'on ne la reconnaîtra pas, du moins pas tout de suite, et peut-être jamais, en fin de compte, sous son véritable visage…

Pendant ce temps, tout est mis en œuvre pour faire échapper les animaux à l'animalité…

Et, ce faisant, pour arracher symétriquement l'homme à son ancienne définition (à sa transcendance), et le noyer avec l'animal dans les grandes eaux matricielles d'une nouvelle immanence. Mais nous reparlerons peut-être des grands singes, qui sont des hommes comme tout le monde et qui ont droit à des droits. Pour le moment, je voudrais revenir un peu à un autre sujet qui devrait alarmer au plus haut point tous ceux, s'il en reste, que préoccupe encore l'humaine condition : les redoutables raconteurs et surtout raconteuses dont je parlais tout à l'heure. C'est ainsi que par exemple, dans le cadre d'une autre festivité abstraite, « Paris Quartier d'été » (mais pas seulement là), sévissent des bureaucrates culturels tombés du ventre de plus en plus fécond de l'effrayant *théâtre de rue*, et que ces pitoyables histrions auxquels les gamins auraient jeté des cailloux dans les villages il n'y a pas trente ans, viennent, dans « des lieux chargés d'émotion » (salles des mariages des mairies, entrepôts des grands magasins, synagogues, banques, cimetières, salle des rotatives de *France-Soir*, etc.), vous raconter qu'*il était une fois* (c'est-à-dire jamais), qu'*il était quelque part* (c'est-à-dire nulle part), qu'*il était quelqu'un* (le Chat Botté, le Petit Poucet, une bergère, Riquet à la houppe, c'est-à-dire personne), et qu'ils font tout cela, c'est-à-dire rien, avec la bénédiction des plus hautes autorités et pour l'intérêt lassé de quelques spectateurs. Car le conte, par définition, est à la fois atopique (il se passe toujours dans une forêt primordiale ou dans un royaume où le roi est remarquablement dépourvu de sujets), uchronique (il copie l'*in illo tempore* des mythes) et anonyme (les personnages n'y apparaissent que sous des prénoms ou des sobriquets, ils n'ont jamais d'état civil et à peine sont-ils pourvus d'un sexe ; encore s'abstiennent-ils prudemment d'en faire usage, sauf à la fin quand il s'agit *d'être heureux et d'avoir beaucoup d'enfants*)…

Aussi sont-ils destinés aux enfants. Il existe bien un rapport entre l'Histoire et l'âge adulte et, subséquemment, entre la fin de l'Histoire, version Muray, et le retour généralisé à l'enfance.

Je me tue à vous le dire ! Et ce sont ces trois propriétés fondamentales – atopisme, uchronisme, anonymisme –, que l'art romanesque a rejetées si violemment, *et qui sont réfractaires à l'Histoire*, qui reviennent triomphalement parmi nous et que célèbrent les médias les plus asservis (des pages et des pages extasiées dans *Libération* et dans *Le Monde* cet été). « Le conte, nouvelle parole de la ville », titre je ne sais plus lequel des journaux funéraires sus-cités. « Il faut dépoussiérer les contes, s'adapter au monde actuel », déclare un autre ou le même. Ce qui est en cours car, « signe de l'évolution de la profession, ce n'est plus le conte en lui-même qui occupe le devant de la scène, mais le conteur, dont le profil est à des années-lumière de la figure ancestrale assise au coin du feu ». Ici encore, donc, l'egomanie ramène sa fraise et le racontant, comme l'intermittent du spectacle et comme tant d'autres, ne délivre qu'un seul message : qu'il a raison puisqu'il existe et qu'on doit l'admirer en tant que tel, non le juger selon des critères archaïques et par comparaison avec on ne sait quelles figures ancestrales heureusement englouties[1]. Et ces théâtreux du coche, *créateurs atypiques nécessaires à la diversité culturelle*, se veulent eux aussi des raccommodeurs du lien social. « Alors que les campagnes se désertifiaient, creusant la tombe des conteurs, dit l'un, les villes ont vu apparaître un manque énorme du côté de l'histoire, de la transmission. Ce vide a ouvert le champ aux nouveaux parleurs et éclaté l'image sclérosée du passé tout en relançant le conte. » « Entre le bla-bla officiel auquel plus personne ne croit comme celui des politiciens, dit un autre, et le manque de paroles dont souffrent les gens, il y a la place pour la voix juste et démocratique du conteur qui doit laisser à chacun la responsabilité de son interprétation. » D'autres, un peu plus allumés, je veux dire un peu plus logiques (au Québec, par exemple), s'asseoient au bord des lacs ou devant un arbre pour demander à ceux-ci leurs *secrets et les paroles qui guérissent*. Bien évidemment, car il ne faut jamais perdre de vue que la démolition de la Bible se poursuit jour et nuit, ils en arrivent toujours à raconter comment « Première Mère donna sa chair en nourriture aux hommes pour les sauver de la famine » (*Télérama*). Et on applaudit bien fort.

---

1. C'est à peu près ce que répète à tout bout de champ Mme Ubu, je veux dire Christine Angot, quand on lui demande si elle ne manquerait pas un peu d'humour. « Oui, parce que je déteste qu'on se gausse, qu'on nie quelqu'un qui donne à entendre sa voix, à nu, et qui tente de ne pas perdre sa dignité. » Autrement dit : ma sincérité, qui est d'ailleurs mon seul talent, vous impose de me respecter et même de m'admirer comme si j'avais quelque talent supplémentaire. À quoi il est hélas impossible, comme à tout discours d'époque d'ailleurs, de répondre par exemple ceci qu'on ne lui demandait rien, pas même d'être sincère, encore moins d'écrire. Car le règne de l'égalitisme écarte jusqu'à l'idée qu'on ne vous demande rien. Il exige même de croire le contraire ou de faire semblant. Et c'est aussi de ce chantage que vivent les fameux intermittents du spectacle (*septembre 2004*).

Ce qui a évidemment une autre allure que cette ténébreuse affaire de pomme et de connaissance.

Je ne vous le fais pas dire. Et on apprend aussi avec une intense épouvante qu'il existe une Maison du conte dans le Val-de-Marne (« rendez-vous incontournable de nomades et de solitaires en manque de lieu de travail et de confrontation »), un Centre des arts du récit en Isère, et surtout un village poitevin, Pougne-Hérisson (Deux-Sèvres), qui s'est officiellement jumelé avec l'étoile polaire « devant une assemblée en liesse » et qui abrite un *Jardin du nombril*, une *machine à tarabuster le minerai de conte et un couvoir à histoires*. Je n'invente rien, c'était dans tous les journaux cet été. Et le 15 août (car tout cela est bien sûr aussi une offensive catégorique contre la civilisation chrétienne et une tentative de résurrection du gâtisme païen), « jour fameux de l'assomption du nombril dédié à sa fécondation », le village de Pougne-Hérisson procédera à une « gigantesque mythopause » (notons qu'il est probable que les inventeurs de cette crétinerie se sont ici emmêlé les pinceaux en calquant leur néologisme sur « ménopause », car *pausis*, en grec, signifie « cessation », et ce n'est certainement pas ce qu'ils visaient). De la manière la plus sérieuse qui soit, *Le Monde*, chroniquant l'événement, note que ce Festival du Sacré Nombril constitue « un projet de développement en milieu rural » ; comme quoi le réaménagement du territoire selon les besoins post-historiques peut emprunter diverses voies. Tout cela se passe de commentaire, mais vous comprenez pourquoi je parlais de film d'horreur en évoquant *L'Invasion des racontants*.

Il est certain que quand les paysans sont remplacés par des tarabusteurs de minerai de conte (!), le souvenir même du monde ancien est effacé. C'est le but, d'ailleurs...

À l'expression monde ancien, je préférerais substituer monde de toujours, par rapport au nouveau monde qui est et qui se veut de nulle part. Le monde actuel est une lutte, une guerre à mort, une conspiration à mort contre tous les mondes de toujours. Mais continuons. Dans le même ordre d'atrocités, je pourrais encore évoquer cet ancien bassin minier de Carmaux *reconverti en pôle multiloisirs baptisé Cap'Découverte.* Je me souviens que j'en avais déjà parlé dans *Après l'Histoire II*, c'était en juin 1999 et on promettait à ce site historique, lié au souvenir de Jaurès et à la naissance du socialisme, une nouvelle vie. De quoi aurait-elle pu être tissée, sinon de cette étoffe dont sont faites les fêtes ? Eh bien ça y est, c'est terminé, le site est reconverti et les fréquentants s'y bousculent ; en attendant les racontants et racontantes qui ne manqueront pas de rappliquer. « La glisse, nouvelle mine d'or de Carmaux », plastronne *Libération*. D'anciens mineurs septuagénaires, s'efforçant de vivre avec leur temps, se penchent sur le trou devenu *règne de la glisse* et rempli maintenant de pistes de luge sur rail, de dévalkarts et de pistes de ski artificielles ; et ils gardent plus ou moins leurs réflexions pour eux. Mais de quoi se plaindraient-ils ? N'a-t-on pas pris soin d'installer aussi un *pôle mémoire* et un musée de la Mine ? Leur vie ne fait-elle pas partie désormais, elle aussi, du *patrimoine classé* ?

Je pourrais enfin gloser sur cette redoutable Nuit blanche du 5 octobre prochain à Paris, dont on nous menace, qui nous pend au nez (mais j'attends encore que les braves gens, les simples gens dont vous me parlez trimbalent au bout de leurs piques les têtes des organisateurs de cette future infamie ; si cela se passait, soyez assurée que j'en serais), et où l'on se promet de « balader les promeneurs de lectures en installations sonores, visuelles et olfactives », de leur faire « investir trente lieux » et même, dans la rue Oberkampf (pourquoi la rue Oberkampf, qu'est-ce qu'elle leur a fait cette malheureuse rue Oberkampf pour qu'on la traite comme ça ?), de les faire *communiquer en morse*, ce qui vaut bien l'école de nœuds de Paris-Plage dans l'ordre du rien grotesque en apothéose.

Mais si vous vous étiez récemment rendu dans ce conservatoire-du-Paris-authentique qu'est devenu la rue Oberkampf, vous sauriez qu'elle n'attendait plus que de parler morse !

Morse où est ta victoire ?... Mais ne lassons pas notre public aimé et résumons-nous. Vous me parliez de l'Histoire et doutiez qu'elle fût finie.

Ce que je vous disais était très légèrement plus sophistiqué, moins premier degré si vous préférez. Pour faire court, je crois – comme vous me semble-t-il, que l'Histoire n'a pas forcément dit son dernier mot. C'est un peu comme dans le dialogue entre Dieu et Loth : s'il ne reste qu'un humain... Certes, vous pourriez me rétorquer que Sodome et Gomorrhe ont été détruites...

J'allais vous le rétorquer. Ma thèse est que tout, *absolument tout* ce qui faisait peur depuis toujours (*et c'est cette peur qui faisait l'Histoire*, la peur de retomber hors de l'Histoire, c'est-à-dire dans l'animalité, et il n'y a peut-être pas d'autre définition de l'Histoire que cette peur elle-même) est désormais célébré comme un bienfait. Mais il faut aussi que l'on dise que l'Histoire continue ; et que l'on stigmatise comme peu conviviaux ceux qui, à l'égard de tant de bonnes choses, pourraient émettre timidement des opinions si peu que ce soit négatives. Mais, du moment que l'Histoire est sortie de l'ordre du naturel, elle est fragile ; et même ceux qui en parlent encore comme d'une évidence doivent plaider pour elle, et tenter d'apporter des preuves de son existence comme on élaborait au Moyen Âge des preuves de l'existence de Dieu. Et il faudra de plus en plus de preuves, il va falloir en accumuler des montagnes. Ils disent que je n'ai pas totalement raison sur la fin de l'Histoire, et ils ont raison ; mais c'est seulement l'*histoire naturelle*, c'est-à-dire une forme non encore historique de l'Histoire, dont nos existences démontrent l'existence ; et elles la démontrent de plus en plus, en effet. D'une manière générale, ils sont obligés de hurler sans cesse que le grand-duc est habillé (alors que si peu de gens les contredisent). Ai-je répondu à la question, cette fois, de manière satisfaisante ?

Laissons cela pour une prochaine discussion, si vous voulez bien. En attendant, vous voilà privé de quelques-uns de vos héros favoris. Vous avez très profondément parlé des larmes de Martine Aubry, mais c'est peut-être vous qui devriez en verser sur la disparition de cette héroïne dont Sollers, il y a quelques mois, nous annonçait le retour triomphal à Paris, « en trottinette et amaigrie ». Celui-ci nous a par ailleurs gratifiés il y a quelque temps d'un article sur le mystère français dans lequel il brocardait avec arrogance le goût français pour la protection – en réalité, à l'exception de ce que l'on nomme aujourd'hui les élites mondialisées, tous les peuples attendent de leurs dirigeants qu'ils les protègent. Quoi qu'il en soit, moi je trouve qu'il y a un « mystère Sollers » et pas seulement parce que, ainsi que je l'ai précédemment souligné, de Balladur à Jospin en passant par Messier et même Kenza, les « pipole » à qui il témoigne son affection semblent frappés par la poisse. On savait déjà que la culture ne protège nullement contre la barbarie, mais il est plus surprenant qu'elle n'immunise pas contre le conformisme le plus plat. Bref, comment l'auteur de Femmes *peut-il se vautrer avec autant d'ardeur dans tous les lieux communs de l'époque ?*

Vous imaginez bien que je ne vais pas me laisser entraîner dans le piège consistant à attribuer une signification à ce qui n'est qu'une longue affaire de servilité (trop incohérente, par-dessus le marché, pour entrer dans un tableau intéressant de la catastrophe contemporaine ; et c'est, maintenant, en plus, de la servilité tendance gâteuse)...

C'est déjà une signification.

Il y a des gens qu'il faut savoir frustrer des attaques qu'ils pourraient mériter. De même convient-il, à certaines époques, de priver des réponses qu'ils attendent avec impatience ceux qui ont eu tant de joie à vous attaquer parce qu'ils pensaient qu'ainsi ils allaient nouer le dialogue. « Ne va pas user la part qui te reste de vie en pensées dont les autres soient l'objet, à moins que tu ne les rapportes à l'intérêt public », conseille d'ailleurs fort à propos Marc-Aurèle.

Mais le dévoilement des impostures, cher Philippe, va dans le sens de l'intérêt public.

Je ne me priverai certes pas en une autre occasion, et d'ailleurs dans l'intérêt public, de riposter par le menu ; et nous nous amuserons bien alors, car j'ai maintenant quelques détracteurs compulsifs qui ne craignent guère le comique de répétition et, ne comprenant pas ce que j'écris, glapissent généralement à mon sujet le mot « réactionnaire » : vocable qui, dans leur bas-latin de déconfits, signifie « je ne comprends rien ». Ceux-là ne font pas le coup du grand-duc, ils n'en sont même pas capables. Ils ne savent que tailler à leurs ennemis des costumes de réactionnaire à carreaux tirés de la naphtaline de leur ignorance et de leur peur. Ainsi m'a-t-on fiché dans quelques revues comme *Esprit* ou *Art Press*, ce qui est bien le moindre des honneurs à notre époque.

Dans *Le Monde diplomatique*, ce bréviaire des morts-vivants, ce missel mensuel des élites altermondialisées, on écrit que je défends « des conceptions franchement réactionnaires ». Je rassure tout de suite les pions pieux du *Monde diplomatique* : je n'ai jamais rien eu à *défendre* ; ce que je dis se défend très bien tout seul, à l'inverse des solécismes laborieux du *Monde diplomatique*, que l'on doit toujours étayer à coups de paragraphes infirmes dans lesquels on patauge comme dans des fondrières. Un mot cependant sur ce terme de « réactionnaire » où ils mettent toute leur aigreur. Je ne suis pas réactionnaire. Mais je les soupçonne, eux, de haïr la littérature, dont il m'a toujours paru qu'elle devait être préservée de certains excès de la démocratie (dont je ne songe pas à nier les bienfaits par ailleurs)...

La littérature n'a pas plus à voir avec la démocratie que le sexe, vous le savez bien.

Justement. Dans un article de 1909, Bernanos analysait les « effets du préjugé démocratique dans le monde des lettres ». Et il définissait ainsi ce qu'il appelait l'« œuvre du jacobin » : « Toujours impuissant à délivrer des contraintes réelles, il ne détruit que ce qui les rend supportables aux hommes, c'est-à-dire le lien social. » Amusant, non ? La désocialisation des gens de lettres, ajoutait-il, a porté ses fruits (déjà). L'écrivain, débarrassé de la tutelle aristocratique, a transféré dans le monde littéraire les mœurs de la démocratie : « La démocratie littéraire n'est pas un songe. Elle a de sa sœur politique les procédés électoraux : elle en a la réclame grossière, les programmes indéfinis et systématiques, l'esprit de méfiance et de dénigrement, l'affaissement moral. » Elle a détruit, poursuivait-il, « cette solidarité professionnelle née d'une admiration commune pour certaines formes supérieures de la beauté et du respect de quelques règles éternelles ».

Elle a dissous le sens moral « car, de l'observateur consciencieux elle a fait une sorte de rhéteur, gros de vanités imperturbables, et s'étalant sans pudeur pour qu'on vienne toucher sa plaie ». Ne croirait-on pas que Bernanos, en 1909, avait eu l'extrême malheur de lire entre les lignes de l'avenir Christine Angot et Catherine Millet ?

Mais voyez comme le hasard, ou la Providence, fait bien les choses : *La Quinzaine littéraire*, dans le même temps, sous la plume d'un Garapon-petit-patapon, stigmatise pompeusement et même garapompeusement ma « colère policée, spirituelle et aristocratique ». Je ne sais pas très bien ce que veut dire, dans la tête d'un Garapompon, le terme « aristocratique » ; je sais vaguement que les gens de gauche parlent toujours de « mépris aristocratique » quand on ne se met pas à poil devant eux ; mais je me mets à poil devant qui je veux, moi, et sûrement pas devant un gens de gauche, aurait-il gagné le pompon. Par ailleurs, et sans surprise, la bêtise à front de techno s'est exprimée à mon endroit dans *Technikart*. Il y a eu aussi quelques sottises sans éloquence signées Jacques Henric ; mais ce n'était qu'insignifiant puisque publié dans *L'Infini*. Tous ces gens, en résumé, veulent absolument que l'on continue comme eux à ne rien concevoir de l'époque, laquelle est pourtant notre seul *inconscient passionnant*.

Vous mettriez-vous à poil qu'ils continueraient à faire des moulinets devant vos vilains habits de réactionnaire. Le coup du grand-duc, vous dis-je !

C'est bien pourquoi je pense qu'il faut, dans certains cas, les priver de riposte. Quant à mes héros favoris, comme vous dites, ils sont certes un peu fatigués, ils ont un peu de plomb dans le roller ; mais ils s'en remettront, ils s'en remettent déjà. Le succès de Delanoë et de ses palmeraies fictives et festives indique, une fois encore, que la relève est largement assurée. Ce coup magistral du grand-duc mérite que j'y revienne encore un instant, si vous me le permettez, car il me paraît capital.

Du point de vue technique, ce à quoi on a pu assister avec l'opération Paris-Plage, c'est au dépassement radical d'un antique dispositif, celui dans lequel le réel vécu se trouvait jusque-là signifié par le substitut symbolique du langage dans lequel le réel se *perdait* (par l'inadéquation de tout langage à « coller » au réel), mais où il était *représenté*. Vous me suivez ? Alors ne laissez pas, je vous prie, retomber votre attention. De ce que je viens de dire, s'ensuit que le réel vécu n'était jamais représenté par le langage qu'à partir du moment où il était absent comme tel. Et cette scission entre le réel vécu et ce qui venait le signifier se retrouvait chez le sujet lui-même, aliéné dans et par le langage, et s'évanouissant d'une certaine manière comme sujet dans la chaîne signifiante. Vous me suivez toujours ? En toutes circonstances donc, et pour aller très vite, le langage était ainsi investi d'une propriété singulière qui consistait à représenter la présence d'un réel au bénéfice de l'absence de ce réel comme tel. Vous me suivez encore ? D'où l'aphorisme d'un psychanalyste, qui fut un peu plus que cela et eut à juste titre son heure de gloire : « Il faut que la chose se perde pour être représentée. »

Eh bien, ce qu'il y a de très intéressant, dans le cas de l'opération Paris-Plage, encore appelée coup du grand-duc, c'est que rien ne s'y perd et que rien n'y est représenté, puisqu'il n'y a rien, mais que tout le monde est d'accord pour en parler comme s'il y avait encore là un réel, un substitut symbolique et un sujet en relation (divisée, aliénée) avec son propre discours. Comme *autrefois*. Comme *avant*. Comme du temps de l'Histoire (que je viens une fois de plus de résumer, mais cette fois par le biais de la symbolisation langagière, *et de définir*, ce que ne sont jamais capables de faire ceux qui la *défendent*, contre moi qui suis censé la détruire, ce qui est burlesque, mais qui, à l'inverse d'eux, la *connais* ou m'y efforce). Or, il n'y a plus rien de tout cela. Pas de réel vécu ; pas de substitut symbolique représentant le réel au prix de sa perte ; pas de réel perdu non plus, évidemment ; et, bien entendu, pas de sujet divisé ou aliéné. Rien. Voilà la situation en termes psycho-linguistiques. Elle est simple. Elle est simplifiée. Elle est merveilleusement stylisée.

Il est assez amusant que vous soyez allé constater de vos propres yeux la nudité du grand-duc. En effet, vous ne vous êtes pas contenté comme à votre habitude d'analyser les éloges et célébrations orchestrées autour du concept mais vous avez tenu à voir, ce qui s'appelle voir, l'irréalité de cette réalité. Et vous n'avez pas été déçu, bien sûr...

Vous pensez bien que je ne vais pas perdre mon temps à aller regarder de l'ancien réel, c'est-à-dire des souvenirs, mes souvenirs, ma vie, tout ce que je connais et que j'aime. J'ai bonne mémoire, je sais qu'il existe encore des gens, qu'il y a encore des quartiers où on pourrait, non pas se croire *avant*, comme le disent les salauds, mais toujours. En revanche, l'inédit m'intéresse. *Ce qui ne pouvait pas exister* il y a seulement vingt ans ou même quinze, me passionne. Il faut de temps en temps, n'est-ce pas, aller y mettre les doigts, dans la plaie, je veux dire dans le moderne modernant, et s'assurer que ça existe, quoique d'une façon tout à fait particulière. Bien entendu, avec de telles curiosités, on court le risque de tomber neuf fois sur dix sur du monstrueux, mais que voulez-vous, le non-réactionnarisme entraîne ses servitudes. Toujours est-il que, dans le cas de Paris-Plage, il m'eût paru franchement criminel de ne pas aller voir qu'il n'y avait rien à voir, sauf des tunnels puant l'urine et les hydrocarbures, entre lesquels se trouvent jetés sur l'asphalte, comme au hasard, les éléments disparates d'un jeu de construction qui, si on parvenait à le reconstituer, mais c'est impossible, indiquerait peut-être en grosses lettres le mot « PLAGE ».

Et c'est avec cela que les médias tartinent des dossiers entiers, comme ils auraient tartiné des pages entières sur les magnifiques habits du grand-duc tout nu, comme ils tartinent des pages sur l'invasion des raconteuses qui ne racontent jamais rien que la disparition de l'Histoire et leur retour à elles ! Me fais-je bien comprendre ? Ce que j'essaie d'approcher, c'est l'allégresse de tout un nouveau monde humain à constater qu'il y a rien plutôt que quelque chose, et à s'en congratuler bruyamment parce que ce rien c'est eux. Le *fait ontologique*, le fait tout simple qu'il y a quelque chose, n'est plus source d'aucune réjouissance. L'inexistant seul est déclencheur de célébrations légitimes. Les grandes mobilisations de notre temps se font, et se feront de plus en plus, en faveur de choses qui relèvent du non-être, ou qui sont depuis longtemps tombées en poussière (le *patrimoine classé*), ou qui se sont tellement métamorphosées qu'elles ne gardent leur prétendue identité que par le nom qu'elles conservent encore, mais qui est devenu fallacieux tant il recouvre, telle une étiquette mensongère, un produit transformé de fond en comble.

Il faut dire que ce qui persiste de réel – et contre quoi on manifeste en rangs serrés – n'est pas très engageant…

C'est ce qui reste du réel. C'est son déchet, et ce déchet fascine ceux qui font profession de manifester contre dans l'espoir de le faire encore un petit peu exister, de lui donner un petit coup de pouce pour se sentir eux-mêmes exister *a contrario*. Ils s'abreuvent, ils se régénèrent dans ce qu'ils combattent. C'est ainsi que récemment, et sans doute pour donner un petit coup de fouet à tout le monde *dans la stupeur et la torpeur de l'été*, s'est élevé un débat à propos du marché de la pornographie et de sa diffusion à la télé. Le CSA et Christine Boutin, en demandant l'interdiction des films X, se sont courageusement dévoués pour jouer les rôles, indispensables dans ce genre d'affaire, du croquemitaine et de la dinosaure. Ainsi ont-ils collaboré à ce qui n'est qu'un coup du grand-duc de plus. Car ennemis comme amis de la pornographie sont au moins d'accord sur une chose : il y a du sexe là-dedans, *c'est-à-dire du réel vécu* (toutefois médiatisé par des images) ; or il n'y en a pas et il n'y en a jamais eu. Et c'est aussi pourquoi on a pu immédiatement entendre quelques volailles décorées de l'élite intellectuelle émancipée et libertine pousser leurs cris de basse-cour à l'idée que l'on pouvait menacer leur si bonne pornographie comme s'il s'agissait de protéger d'irremplaçables éléments de notre patrimoine (classé), la fleur de sel de Guérande, par exemple, ou l'olive de Nyons. Ces protecteurs de l'environnement pornomaniaque, ces écopornophiles sourcilleux défendent contre une censure aussi inexistante et impuissante qu'eux-mêmes une pornographie devenue depuis longtemps aussi peu sexuelle qu'un produit de supermarché conditionné pour la congélation (ce qui fait entre celle-ci et ses défenseurs une similitude de plus). Et les acteurs et actrices de ces spectacles, où ce ne sont que verges en 3D qui vont à la rencontre de cybervagins et de bouches à pierçages, ont autant de réalité que des poulets vidés. Mais de cela, parce qu'elles n'utilisent plus le langage que de manière gâteuse, et seulement pour célébrer un rien dont elles ne savent même plus qu'il est là à la place de quelque chose, les volailles décorées de l'élite intellectuelle émancipée et libertine n'ont aucune conscience ; ce qui leur permet de mobiliser Georges Bataille ou Sade pour la millionnième fois dans leur croisade-réflexe également gâteuse.

Au risque de vous paraître frappée de sensiblerie, permettez-moi de vous rappeler que ce débat imbécile est né de l'idée selon laquelle les films X encourageaient les adolescents à se comporter comme de petits barbares. Peut-être, justement, ne perçoivent-ils plus qu'il y a là une réalité. Une jeune fille qui subit un viol collectif dans un local à poubelles ne sait peut-être pas que ce n'est pas cela qu'on appelle sexe, mais elle doit trouver ça très réel. Et même trop...

Précisément, le seul réel dans cette affaire confuso-onirique est assuré par les adolescents qui *se servent*, eux, en effet, de la pornographie qu'on laisse avec tant de générosité à leur disposition, au nom de la liberté libertaire intégrale et de la non-discrimination absolue (notamment entre les générations : elle est très bien réduite, du point de vue de la pornographie, cette *fracture générationnelle* dont certains s'épouvantent ; elle est si bien réduite que, comme dans tous les autres domaines, elle va déboucher, elle débouche sur l'abolition du tabou de l'inceste, conséquence inévitable de la disparition de ce qu'*elles* appellent le *patriarcat*), et qui la *vérifient* avec une simplicité, une sauvagerie et un aplomb confondants, à la manière dont on passe au banc d'essai n'importe quel objet de consommation, et s'aperçoivent alors évidemment qu'elle *ne marche pas* : la fille de treize ans *concrète* qu'ils poussent dans un réduit à balais ou une cave de HLM récrimine, hurle, proteste qu'elle a mal, n'est pas contente du tout, pleure et finalement porte plainte. Et ces crétins se retrouvent, sans avoir rien compris, mis en examen pour « viol en réunion » alors qu'ils ne faisaient, comme tout le monde, que célébrer de manière *festive* et *dérangeante* (ce qui n'est déjà pas si mal, comme nous le chuchote, souvenez-vous, l'éditorialiste de *Libération*), donc *moderne*, le fait qu'il y a rien plutôt que quelque chose (le seul nom de « tournante », où se retrouve l'écho du temps cyclique de la période pré-historique, est par lui-même tout un programme). Ils se heurtent par là à une sorte de spectre du réel, mais ils ne saisissent même pas leur chance de comprendre cela, car ils se perdent alors généralement en allégations oiseuses autant que grossières (« Elle nous a allumés, c'est une salope, elle était super-consentante », etc.). Je pourrais multiplier les exemples, et il est nécessaire, en effet, de le faire, car le nouveau monde confuso-onirique, qui éprouve son pouvoir en accumulant les coups du grand-duc, ne peut être décrit et révélé que si l'on décompose artificiellement l'ensemble de plus en plus majestueux et baroque qu'il forme, et que si l'on réduit sa domination à une succession d'anecdotes qu'il convient d'étudier l'une après l'autre.

Ainsi se rend-on compte toujours que le langage utilisé pour chanter telle ou telle nouveauté ne *représente* aucun réel, parce que ce réel n'a même pas la propriété de s'être perdu comme l'« ancien » réel : il n'a simplement jamais eu lieu. Et c'est ce monde très particulier, où ce qui est vanté n'a même jamais été présent d'aucune façon, qui s'offre désormais à la pensée et à la description comme un défi : étant non-contradictoire, il se modifie aussi très rapidement et donne l'impression qu'il s'y passe toujours quelque chose. Et, en effet : « Les événements vont vite quand il n'y en a plus », comme écrit Ionesco dans je ne sais plus laquelle de ses merveilleuses pièces, sans doute *Délire à deux*. L'échauffement de tous à constater qu'il y a rien plutôt que quelque chose, et à s'affairer toujours davantage pour faire en sorte qu'il y ait *toujours plus rien*, est le sujet même de la littérature contemporaine quand elle est capable d'exister. Il ne peut pas y en avoir d'autre. Le cliché, déjà niais et futile en son temps, selon lequel le romancier « invente un monde », est devenu une imbécillité et la marque foncière d'un aveuglement sur le temps présent. Car c'est le monde lui-même qui n'arrête pas d'inventer et de s'inventer. C'est le monde humain qui se dépense et se surpasse à chaque instant dans l'invention.

L'objection qu'on peut vous faire est celle de la nouveauté de cette invention. Ce n'est pas la première fois que l'humanité traverse de profondes transformations.

L'argument que tout a toujours changé, qu'il y a toujours eu du nouveau sous le soleil, ne me convaincra pas. Car c'est la première fois qu'une classe entière, si je puis dire, s'organise pour faire l'éloge de la nouvelle nouveauté, ainsi que sa fausse critique, et interdire qu'aucune autre critique puisse être entendue. C'est cela la véritable nouveauté de l'époque : l'existence d'une classe spécialisée dans l'éloge industriel et terroriste de la nouveauté. Il s'agit d'inspirer de la peur à ceux qui n'adhéreraient pas spontanément. À la valeur d'usage et à la valeur d'échange, se substituent ce que j'appelle la valeur d'éloge et la valeur d'effroi. Je reviens un instant sur ce que devrait être *le sujet* de la littérature contemporaine. La nouveauté justement. La nouveauté et l'éloge qui l'enveloppe, l'ensemble composant la réalité toute nouvelle. Et ce sont ceux qui ne veulent pas voir cette réalité toute nouvelle (ou même s'en satisfont pleinement) qui reprochent à la littérature actuelle d'être médiocre, inexistante ou fatiguée. Elle ne le serait que si ce monde était celui de Proust ou d'Homère, et qu'il n'y aurait alors qu'à broder là-dessus. Mais la situation toute nouvelle est que le monde s'invente avec frénésie, et seule la littérature qui sait cela sait aussi que toute la littérature du passé, même proche, même la plus sublime, ne peut plus en aucune façon servir de référence. Il est donc impératif de s'en débarrasser pour traiter avec énergie l'industrie actuelle, monstrueuse et perpétuelle, de l'invention qui a remplacé la vie.

Ainsi la littérature actuelle doit-elle nier la littérature du passé ; mais elle est seule aussi, parce qu'elle s'en écarte en la connaissant, *à en conserver le sens*. Et ainsi conserve-t-elle aussi Proust et Homère. En tout cas, ce sens n'est conservé nulle part ailleurs, et surtout pas dans les hectolitres de narcissisme malade à la Angot ou à la Nothomb (pour ne citer que deux *auteures* de cette *rentrée*) que dégorgent la plupart des livres informes d'aujourd'hui qui croient habiter au Flore alors que, pour quatre-vingt-dix-neuf pour cent d'entre eux, ils sont domiciliés dans ce Jardin du nombril de Pougne-Hérisson (Deux-Sèvres) abritant, répétons-le, une *machine à tarabuster le minerai de conte* et un *couvoir à histoires*.

Toutes expressions qui se voudraient burlesques, et en décalage plaisant par rapport au réel, quand elles ne font que tristement et platement le définir. Car il n'y a plus en vérité que des machines à tarabuster le néant, et les nombrils poussent partout comme escargots après la pluie. Et les pires des êtres sont ceux qui, ne sachant pas cela, font tout cela en croyant et surtout en disant faire autre chose.

Une petite consolation pour vous, cher Philippe. Peut-être tenez-vous avec notre nouveau ministre de la Culture Jean-Jacques Aillagon un bon petit sujet. Traversée de Paris à moto le soir de la Fête de la musique, outing dans Le Figaro, *il est assez prometteur, non ? D'ailleurs, le fait que le ministère de la Culture soit absolument imperméable aux changements politiques révèle la permanence de l'hégémonie culturelle de la « gauche » ou, ce qui revient au même, de l'armée du Bien.*

L'*outing* du nouveau ministre de la Culture devrait au moins mettre un peu de baume au cœur de ces deux gays courroucés que *Le Monde* hissait en épingle après le second tour de l'élection présidentielle et qui venaient d'écrire à Chirac une lettre de deux pages (deux pages, c'est trop ou trop peu, c'est du bavardage ou de la stérilité) dans laquelle ils lui expliquaient qu'ils avaient voté en sa faveur, après la terrible embuscade du 21 avril, « uniquement pour des valeurs qui dépassent et transcendent l'homme et son parti », mais qu'ils n'étaient « pas satisfaits » et craignaient « pour leur avenir car ils ne croient pas en lui ». Et ces idéologues ajoutaient ce propos formidable, recueilli avec l'agenouillement qui convient par le Quotidien de la débilité vigilante, vespérale, replète et officielle : « Quand Raffarin dit qu'il va gérer la France en bon père de famille, c'est terriblement choquant pour tous ceux qui ne le sont pas ou ne se reconnaissent pas dans cette référence désuète. »

Terriblement. Choquant. Référence désuète. D'une façon générale, il n'est pas certain que le proverbe selon lequel il vaut mieux entendre tout ça que d'être sourd demeure pertinent. Mais passons. Vous me parlez du ministre de la Culture et de son foutu ministère. La culture est le centre de la domination confuso-onirique. Elle est le lieu où se fomentent et d'où partent presque tous les coups du grand-duc aujourd'hui repérables. Notez qu'à mon avis le concept de domination confuso-onirique englobe mais aussi dépasse de très loin celui d'hégémonie culturelle de la gauche que vous employez...

Dont je vous concède qu'il est en peu plat...

La classe culturante se situe très au-dessus des changements de majorité politique parce qu'elle n'entretient avec le réel absolument aucun rapport, et c'est par là qu'elle perpétue son hégémonie sur les majorités politiques transitoires. Ce qu'elle dit devient des choses (du moins la plupart acceptent-ils de les reconnaître comme telles) ; et, pour que ces choses aient un pouvoir d'intimidation et de majesté que l'on ne discutera pas, elle est amenée à *enfler* le ton. De sorte que la rhétorique de la classe culturante est toujours de l'ordre de l'enflure. Cette enflure tient lieu de réalité. Elle est la réalité même. La classe culturante *parle enflé*. Elle parle l'enflé. Elle ne s'exprime qu'en enflé. C'est son seul idiome ; et c'est par là que l'on peut dire qu'elle vit, elle aussi, dans le régime du narcissisme intégral, pour autant que le narcissisme, bien davantage qu'un amour de soi, est surtout une indifférence de fer au réel extérieur. C'est ainsi que ce réel extérieur, chaque fois qu'il se manifeste, peut être balayé par la classe culturante narcissique d'un coup d'enflure souveraine, et rejeté, c'est le cas de le dire, dans les ténèbres extérieures. C'est aussi pourquoi la classe culturante, sous ses aspects doux et fourrés de

Raminagrobis, est une classe extrêmement violente : parce qu'elle fait violence au réel toutes les fois que celui-ci la contredit, c'est-à-dire toujours. Et, en un sens, la classe culturante est la classe véritablement délinquante ; du moins représente-t-elle la plus dangereuse des délinquances, puisqu'elle n'est jamais évoquée comme telle.

Forcément, puisque c'est elle qui décide du licite et de l'illicite, et pas seulement de manière métaphorique.

Pour revenir une fois de plus à ce qui s'est passé en avril et mai derniers en France, j'avais trouvé frappant qu'il n'ait fallu que quelques semaines après que la « France affreuse » eut donné de la voix (et, à cette voix, quelques semaines encore plus tard, une « Hollande affreuse », puisque également populiste, faisait écho), pour que se ressaisissent parfaitement les porte-parole de la classe culturante et qu'ils reprennent comme si de rien n'était leurs litanies d'enflures. Il s'agissait, en gros comme en détail, d'affirmer que puisqu'une partie du peuple avait si mal voté, il convenait d'aller plus loin et plus vite dans toutes les directions et dans tous les domaines qui avaient provoqué ce vote malséant et malodorant (car ces gens n'abhorrent le bruit et les odeurs que lorsqu'ils viennent de l'extrême droite, c'est-à-dire de *leur* fantasme). *Ignorer* le réel extérieur devenait ici une véritable activité ; un travail et même une mission. Un devoir moral. C'est là désormais, vous le savez fort bien, la conduite habituelle de toutes les élites lorsque les peuples se rebellent contre leurs diktats, notamment européens. Quand un électorat dit clairement qu'il ne veut pas de l'Europe telle qu'on la lui vend, eh bien on décide qu'il faut *plus* d'Europe. Après cela, allez m'accuser de ne pas être démocrate, quand c'est chaque jour que les démocrates-dirigeants bafouent les électeurs !

De toute façon, le moderne n'a pas été conçu avec une marche arrière. Il ressemble à cette formidable machine à asphalter que Giono a inventée à la fin de sa vie dans *Dragoon*, un roman qu'il n'a pas eu le temps de terminer, ce qui est bien dommage, et où il met en scène un engin si large, si énorme que, pour le faire venir d'Italie où il est fabriqué, on doit sur son passage démolir des villages entiers.

Ce qui rappelle certaines installations infligées aux places séculaires de bourgades paisibles.

Mais ces bourgades et leurs habitants sont également sommés d'admirer ces installations destructrices. Il y a des tas de Dragoons dans l'Usine du Moderne irrésistible. Il sort tout le temps de nouveaux modèles de Dragoons de ses chaînes de montage. Et il faut qu'ils passent. Bien entendu, on ne dit pas qu'on va détruire tout ce qui leur fait obstacle ; on tient un discours onirique, un discours d'enflure si grandiose et compact qu'il annule les obstacles en question (qui sont le réel extérieur). C'est ainsi que dans *Le Monde*, un bon apôtre observait que pour répondre au « populisme de plus en plus présent dans les pays de l'Union européenne », il était « impératif » de procéder à l'« approfondissement » de cette Europe impopulaire, et de la rendre le plus vite possible encore plus fatale, encore plus irréversible qu'elle n'est déjà. Voilà quelqu'un qui parle très bien l'enflé.

L'enflé de cuisine...

Comme le parlait à peu près au même moment cet autre qui déclamait que le monde ne se « désagrège » pas du tout, ainsi que des esprits superficiels pourraient le croire, que la société ne se délite que par rapport à des « valeurs du passé » franchement antipathiques, et concluait : « L'extrême difficulté est de continuer, non de revenir en arrière. »

Un autre encore estimait que « la culture doit quitter les lieux habituels de sa consommation » et voulait toujours plus de spectacles de rue et de friches d'artistes (*Enfrichissez-vous !*).

Un autre exigeait dans les cinq minutes davantage de « visibilité des minorités sexuelles, ethniques et religieuses », davantage de « particularismes privés » et de « divergences identitaires » dans les « instances de décision » ; et se demandait comment le peuple français pouvait encore « se reconnaître dans des représentants mâles-blancs-bourgeois-hétérosexuels dans leur écrasante majorité ».

Une autre, membre de l'Observatoire de la parité (qui se fout de l'hôpital mais qui ne devrait pas), voulait approfondir séance tenante la politique qui venait d'être repoussée et continuer à « diffuser une culture paritaire dans l'ensemble du pays ».

Et tout cela se braillait alors qu'une majorité d'électeurs venait très clairement, et à plusieurs reprises, de voter pour l'exact contraire de ce que voulaient, et veulent plus que jamais, ces maniaques. Du camouflet qu'ils venaient d'essuyer, ils ne déduisaient qu'une chose : qu'ils avaient raison, qu'on les aimait et qu'il fallait aller plus loin, toujours plus loin.

D'où il me semble pouvoir conclure que la gauche est atteinte de cette maladie mentale bien connue qu'on appelle l'érotomanie. Quelqu'un, avant moi, avait-il porté ce diagnostic ? C'est peu dire, en tout cas, qu'elle en est atteinte ; elle l'incarne pleinement, cette érotomanie où les rebuffades infligées par l'objet aimé ne font que renforcer le postulat que c'est lui, l'objet aimé, qui a commencé, et que lorsqu'il vous envoie promener, c'est sur lui-même et sur son désir qu'il se trompe ; à moins encore qu'il ne préfère, par on ne sait quelle délicatesse ou pudeur merveilleuses, tenir sa flamme secrète. Bélise, des *Femmes savantes*, qui se croit aimée à la fois de Damis,

Dorante, Cléonte et Lycidas, nous éclairerait sans doute mieux sur le mécanisme érotomaniaque de la gauche que toutes les analyses politiques possibles. Lui objecte-t-on que Damis la fuit ? « C'est pour me faire voir un respect plus soumis », répond-elle. Et tout le mal que Dorante dit d'elle ? « Ce sont emportements d'une jalouse rage. » Et le fait que Cléonte et Lycidas se soient tous deux mariés ? « C'est par un désespoir où j'ai réduit leurs feux. » De pareille situation, ceux qui y ont été confrontés dans la vie concrète le savent, on ne se sort jamais que par quelque drame.

Le vote Le Pen, dans cette intéressante perspective, serait le cri de colère des milliers de villages honteusement privés de couvoirs à histoires (d'ailleurs, nous aurions pu nous demander si cette affaire de Pougne ne signifie pas que c'est l'Histoire qui est en couveuse).

Alors il faudrait de toute urgence inventer une machine à tarabuster le minerai d'Histoire, il en a bien besoin ! Cent mille voix ont parlé, ce printemps, la langue de Bélise. Comme la parlait admirablement cet autre bon apôtre de l'érotomanie légale nommé Christophe Girard, adjoint au maire de Paris chargé de la Culture qui, toujours dans le même temps, s'adressait au nouveau ministre de la Culture et l'avertissait d'entrée de jeu d'avoir à « prendre en compte les nouvelles exigences culturelles de la société » (laquelle, répétons-le, venait justement de l'envoyer foutre par son vote, lui et ses semblables). Rejetant l'idée même que la culture, et surtout la tuante classe culturante, ait pu si peu que ce soit être dans le collimateur des mal-votants, ce Girard au nom si regrettable (mais dont on peut se consoler en sachant qu'il sera vite oublié au profit de l'autre, le vrai, l'immortel, notre ami René) chantait l'envoûtante grandeur de la culture et la nécessité d'en remettre plusieurs couches pour le bien de tous ceux qui l'avaient envoyée paître : « La culture fait rêver... Le nécessaire développement d'un accès facilité aux établissements culturels est urgent et légitime… Notre pays regorge de créateurs de talent… Les nouvelles musiques doivent être prises en compte, tout comme les nouvelles expressions chorégraphiques doivent trouver leur place dans l'enseignement artistique… » Autant de crétineries agglutinantes couronnées par ce prototype de l'enflure péremptoire : « Les cultures, la culture sont devenues "civiques". »

À la Lautréamont, et si l'on avait du temps à perdre, on pourrait cependant tout reprendre de ce discours, et lui donner enfin un sens : « La culture c'est le cauchemar. Les établissements culturels sont les coupe-gorge de la vie. S'il y avait des "créateurs de talent", ce n'est certes pas toi qu'ils seraient allés voir, tu n'en saurais donc rien. » Et ainsi de suite.

Même rejeté avec énergie, tout ce qui a été décrété d'absolue utilité commune, et qui toujours s'identifie au *moderne* en soi, doit être renforcé d'urgence, et cela à proportion du rejet qu'il suscite. Quand le malfaiteur culturant ne peut pas réussir le coup du grand-duc, il a toujours sous la main le coup du Dragoon. Et ce coup-là, de toute façon, ne peut pas rater. Car la machine est pilotée par Bélise, et elle est en pleine forme.

Août 2002

V

UNE GUERRE DE MERDE

Du tragique de répétition — Polyphème cherche Personne désespérément — Entre ici, Parité ! — D'Allah le Tout-Maternant — De la Nuit du Long Couteau — Qui veut se réapproprier la ville et pourquoi ? — Une chape de cons — Du fusil à tirer les Maurras — De l'euro qui n'est toujours pas dans les têtes — Du déjospinage nécessaire — De la politique de la terre pillée et d'Alain Minc en pamphlétaire modérantiste — Des insanités punies par la loi — Des aventures conjugales de Mars et Vénus — Des colporteurs de bibles et des prophètes de la brousse — L'Autre est un chien enragé — Le quotidien de référence est-il entré en déshérence ?

Festivus festivus est toujours en pleine forme. Il a fait sa Nuit blanche, admiré l'entrée du métissage au Panthéon. Il s'indigne de la délinquance routière, voire – sans rire – du terrorisme routier. Il se désole avec Josyane Savigneau que les hommes disposent d'un organe leur permettant de faire pipi debout. Avant d'en venir au tableau d'ensemble, pouvez-vous commenter ces diverses foucades de notre héros ?

Oui, profitons-en. Parlons de futilités. Parlons de toutes ces petites choses, de ces détails incongrus, de ces anecdotes qui continuent à courir. Parlons du monde concret. Parlons-en tant que nous en avons encore le loisir. Car approche le moment où, sous l'effet d'une guerre grandiose de l'Amérique sublime contre l'Irak criminel, on ne pourra plus égrener que des considérations tout aussi grandioses. Profitons-en donc avant que n'éclate cette guerre de merde, car je ne parviens pas à lui trouver d'autre nom, dont il faudra discourir et discourir et discourir encore pour dissimuler qu'elle n'a aucun sens (en dehors du projet jamais vraiment avoué, et tout de même légèrement loufoque, du moins à moyen terme, de réduire le monde arabo-musulman en esclavage, c'est-à-dire de lui refiler l'Occident actuel comme on refile le choléra à la peste). Repassons donc le film de toutes ces choses dérisoires et oubliées dès après qu'elles ont été montrées. En septembre 2002, pour commencer, on a commémoré septembre 2001 pour mieux en effacer la singularité. Les mêmes avions sont revenus percuter les mêmes tours, lesquelles ont repris feu, se sont réemplumées de fumée puis réécroulées. Pour la millième fois, sur les écrans de télévision, des milliers d'Américains épouvantés ont fui à travers les rues avec un déluge de gravats aux fesses qui les poursuivait comme un monstre ; ou comme le refoulé de leur propre bouffée délirante. C'est le tragique de répétition de notre époque ; un tragique tel qu'à force de se répéter, il assèche toute possibilité de compassion. Et que l'on finit (honteusement) par avoir envie de dire à tous ces malheureux qui refuient, épouvantés, le cataclysme, avec à leurs trousses ces monuments soudain repulvérisés de l'avant-garde architecturale : « Cours, camarade, le nouveau monde est derrière toi. »

Sauf qu'ils n'ont aucune chance d'y échapper, au nouveau monde, et que, du reste, ils n'en ont nullement le désir...

Ils ne pensent à y échapper que lorsqu'il s'écroule un peu trop concrètement. La *répétition* à l'infini du 11 septembre depuis le 11 septembre n'est pas pour rien, à mon avis, dans l'actuelle et massive flambée d'insensibilité des peuples de la quasi totalité du monde (pas seulement les musulmans) vis-à-vis de cette espèce de *détresse guerrière* trépignante des Américains, ou du moins de ceux qui les gouvernent, et qui a pourtant quelque chose de touchant. Ils ressemblent à Polyphème, le cyclope géant de *L'Odyssée*, quand Ulysse crève son œil unique et qu'il appelle au secours les autres cyclopes : ceux-ci lui demandent alors qui l'a blessé, et il répond « Personne », car c'est ainsi qu'Ulysse s'est nommé à lui. La solitude émouvante de Polyphème, et son incapacité de comprendre que « Personne » c'est quelqu'un, ressemblent à l'isolement de Washington qui, à force de se croire le Bien, a fini par se persuader que le Mal c'est Personne, c'est-à-dire Saddam, et qui lève donc une Armada contre Personne avec l'intention de le remplacer par le Bien ; ce que Colin Powell, s'exprimant devant la commission des Affaires étrangères du Sénat américain, vient de traduire ainsi : « Un succès pourrait fondamentalement remodeler cette région d'une manière puissamment positive qui favoriserait les intérêts américains. » Proposition de type calviniste ou post-calviniste selon laquelle un acte est déclaré moral quand il sert l'intérêt de celui qui l'accomplit et non l'inverse. Quant au « remodelage », il ne s'agit bien sûr, par celui-ci, que de poursuivre ou de parachever ce travail apostolique d'*unification des provinces* qui est l'œuvre essentielle de notre temps...

Permettez-moi de me faire l'avocat du Bien. Après tout, il n'y a rien de choquant à ce qu'un État veuille défendre ses intérêts. Par ailleurs, et quelque ironie que vous inspire cette idée, peut-être ce monde arabo-musulman dont vous redoutez la réduction en esclavage se trouverait-il un peu mieux, même avec cet ersatz que les Américains exportent sous le nom de démocratie.

Drôle de démocratie que les Américains, en ce moment, essaient de vendre à coups de mensonges quotidiens, de chantages, de coups de gueule et de mises au pied du mur ; tandis que la quasi totalité des populations de la planète (dont on peut raisonnablement penser qu'elles ne sont tout de même pas à cent pour cent saddamophiles ou irakomanes, ni d'ailleurs toutes anti-américaines) leur crie que leur projet de « remodelage », tel qu'il se présente en tout cas, est une démence. La Confédération planétaire du Bien ne veut pas le Bien. Elle a d'ailleurs de celui-ci une conception tout enveloppée de pieuses pensées chargées d'en camoufler la corruption. Et c'est au Bien, en fin de compte, qu'elle va faire payer très cher d'avoir lié sa cause avec son entreprise de saccage en grand. La Confédération planétaire du Bien a pour but une homogénéisation sans précédent qui, sous couvert d'apporter belliqueusement les droits de l'homme, la démocratie, les libertés, un Coran enfin citoyen et paritaire, des sourates souriantes, du musulman BCBG (bon chiite-bon genre) et l'Internet à haut débit, veut achever de dissoudre les singularités régionales, les antagonismes locaux, les résistances et les négativités de toutes sortes qui subsistent dans tant de coins obscurs de la Terre, notamment ceux où on croupit devant un thé à la menthe en remuant un chapelet. Je ne redoute nullement les velléités de réduction du monde arabe en esclavage qui démangent Washington. Je n'ai pas, croyez-moi, une sympathie si débordante pour le monde islamique. Si je m'intéresse à son remodelage par les Américains, c'est que je m'intéresse à la façon dont *mon monde* a été remodelé (pas seulement par les Américains), c'est-à-dire détruit sans retour, et que je vois là une occasion de comprendre ce remodelage et cette destruction, en en observant une nouvelle étape.

UNE GUERRE DE MERDE

Le siècle qui commence, et l'Empire qui le domine, ne se connaissent pas d'autre devoir que de transformer le monde en un espace de libre circulation pour cet individu qui incarne au plus haut point le marché universel : le touriste. Le touriste en rotation perpétuelle, dévastatrice et absurde, dans des espaces sans obstacles (sans populations réfractaires) où ne demeureront plus, comme seuls témoignages de la négativité et de la singularité disparues, que les monuments du passé (mais ces *anomalies*, devenues patrimoine de la néo-humanité, seront heureusement plastifiées). Nous en sommes déjà là à peu près partout ; et, de ce point de vue, toutes les ténébreuses entreprises festives que j'ai si abondamment commentées ces dernières années ne sont que la face modeste et quotidienne, mais essentielle aussi, de la guerre du Bien livrée avec plus d'ampleur sur tant de continents. Il s'agit de la plus vaste épuration jamais entreprise. Le tourisme est un flicage absolu et planétaire. Il est même bien plus efficace que toutes les techniques de fichage et de contrôle par vidéosurveillance, identifications biométriques, etc., que l'on puisse imaginer. Ici comme ailleurs, le tourisme est le meilleur moyen d'accroître le maintien de l'ordre. Beaucoup plus encore que le pétrole dont les médiatiques aiment tant parler parce que c'est ce qu'on leur montre et qu'ils regardent toujours le doigt, il est l'*ultima ratio* de l'Empire. Il faut bien se mettre dans la tête que, par-delà toutes les autres considérations politiques, économiques, écologiques, passionnelles et géopolitiques, le tourisme est le destin de l'humanité. Personne ne l'a encore compris. Et cependant tout le monde travaille dans cette direction. Et nul n'y échappe.

Il y a pourtant de sacrées résistances, pas toutes bienfaisantes au demeurant, à cette rééducation par le tourisme. Regardez ce qui arrive à la touriste innocente dont vous narrez drôlement, dans l'un de vos poèmes, la triste fin sur l'Île de Tralâlâ. Et voyez, dans un genre nettement moins amusant, le sort atroce réservé à un nombre croissant de vrais touristes.

Il y a hélas des tas de malentendus dans cette idée de « résistance ». Et il est rare que cette résistance se dirige spontanément vers la chose qui mérite d'abord aujourd'hui qu'on lui résiste : l'ensemble de ce qui est désigné par les Archontes du moderne comme bienfaisant ; et qui est généralement, pour moi, le maléfique en soi. Mais revenons au film des derniers mois, voulez-vous ? Revenons aux futilités de l'actualité passée, dépassée et croustillante. Vous avez évoqué la panthéonification du malheureux Alexandre Dumas, l'« entrée du métissage au Panthéon » comme a titré *Le Monde* sans craindre le ridicule.

J'ai d'ailleurs appris à cette occasion que Dumas était métis. Belle opération qui fait d'un écrivain que pour ma part j'aime beaucoup, et dont je me fiche éperdument de la couleur de la peau, en chef de file d'une minorité opprimée – et donc revancharde. Pauvre Dumas.

Oui, pauvre Dumas. Sa panthéonification a signifié trois choses : la destruction de la littérature, cette négativité ; la domestication des écrivains, cette population réfractaire ; l'alignement de l'art, cette province récalcitrante. Dès qu'il avait été question du transfert de ses cendres, il y a deux ans, j'avais retenu que le pauvre Dumas était ainsi décrit (et en même temps effacé, annulé, c'est-à-dire actualisé, modernisé) dans *Libération* : « Fils d'esclave aristocrate (racheté par son père distrait et devenu général d'Empire), sauvageon autodidacte spirite, chasseur extrême (loups, tigres, êtres humains), lanceur du drame romantique, insurgé des Trois Glorieuses, directeur des fouilles de Pompéi pour Garibaldi, ambassadeur itinérant de l'idée républicaine française dans le Bassin méditerranéen, le Caucase ou le Sinaï, pionnier de la nouvelle cuisine, copain mulâtre esthète de Delacroix ou Lafayette. » Tout, en somme, sauf écrivain. Un véritable caniche du moderne modernant, ce néo-Dumas (il y manque seulement l'homosexualité, à quoi pensait-il ?). Et Didier Decoin, président de la Société de ses faux amis, commentait alors pesamment : « Dans la France d'aujourd'hui, c'est bien de mettre au zénith un beur ou un quarteron. » Mais déjà se prépare la panthéonification de George Sand, et l'on pourra assister à de nouveaux étalages de crétinisme boursouflé dans le genre : « Entre ici, Parité ! » Sans préjuger de ce qui se chantera quand ce sera au tour de Marguerite Duras d'y passer : « Entre ici, Pull-over ! » Et de bien d'autres. J'espère vivre assez vieux pour voir Christine Angot transférée au Panthéon : « Entre ici, N'importe quoi ! » Et Delerm : « Entre ici, Petits riens ! » Ou Virginie Despentes : « Entre ici, Aphasie ! » Ou Anne Gavalda : « Entre ici, Ensemblecétout ! » Pour qui se sent des dispositions à la rigolade, il y a du rire sur la planche...

Ne vous inquiétez pas, peu de gens en ont. Encore que, vous le savez, j'ai tendance à penser que l'être humain persiste dans son être malgré la tentative de liquidation dont vous assurez la chronique. L'offensive criailleuse et récrimineuse des « Tatas cruellas » du féminisme n'a pas pris dans l'opinion. Il y a bien quelques épisodes ignominieux comme la mise en accusation par les procureurs du journal Le Monde *d'un malheureux universitaire accusé de harcèlement, et dont le seul crime avéré (encore que je ne suis même pas sûre qu'il était avéré) était d'avoir posé sa main sur le genou de la charmante enfant de 33 ans, ou tout à fait ridicules comme le pipi de dame Jojo que je vous laisse le plaisir de narrer. Pour autant, l'antique différence des sexes, comme vous dites, ne se laissera peut-être pas éradiquer aussi facilement...*

En tout cas, on continue à y travailler. L'opinion d'en haut se fout pas mal de l'opinion d'en bas. C'est elle qui a la parole, et elle a déterminé souverainement un certain nombre d'urgences parmi lesquelles, en effet, l'éradication de la différence des sexes figure à une place de choix. Pour la faire triompher, cette éradication, tous les moyens sont bons et les éradicateurs sont infatigables. Je n'épiloguerai pas (je l'ai fait dans *Exorcismes III*) sur la sinistre histoire de l'universitaire odieusement accusé d'avoir « harcelé » une de ses anciennes étudiantes et qui a failli, avec un infarctus, y laisser sa peau ; ni sur Éric Fassin, inspirateur du brillant « collectif » de doctorants à l'origine de cette persécution *montée* au nom du Bien et qui a été à deux doigts de se solder par une sorte de crime crapuleux. Rien n'est pire que le mal absolu commis au nom du Bien et l'injustice accomplie au nom de la justice. Le féminisme outré, le militantisme gay obsessionnel et divers autres communautarismes déchaînés sont aujourd'hui les réservoirs inépuisables d'où jaillissent de nouveaux moines fanatiques qui, s'ils ont un anneau dans le nez, des piercings partout et des roulettes aux pieds, n'en sont pas moins les exacts descendants des insatiables Tartuffes simoniaques de l'Inquisition espagnole. Je note seulement qu'à quelques semaines de là on faisait dans un magazine l'éloge de cet Éric Fassin qui devrait inspirer de tout autres envies que de le louer, et on vantait son « œuvre ». À l'examen, cependant, celle-ci se révélait tissée de lieux communs sur la « déghettoïsation des questions sexuelles », sur la « domination masculine », sur l'« anti-américanisme » dont se servirait la France « pour récuser les questions sexuelles », et encore sur quelques autres de ces âneries dont sont faites les atrocités de la connerie moderne. Il est évident que ce Fassin « subversif » (on employait aussi à son propos, et avec le plus grand sérieux, ce mot pourtant devenu si rigolo) a d'autres mérites que ceux de son « travail » universitaire pour accéder à la postérité. L'espèce de coup de force médiatico-policier à quoi se résume cette affaire de faux harcèlement inventée de toutes pièces parce qu'après avoir créé un « collectif » contre le harcèlement il fallait, comme à tout Moloch associatif, lui donner de la pâture pour le faire exister, est en soi une espèce de réussite. Il est des chefs-d'œuvre de haine qui forcent l'admiration. Vous noterez toutefois que ni *Le Monde* ni *Libération*, qui ont précipité sans raison la vie d'un homme dans le déshonneur, ne se sont ensuite repentis. Qu'importent les victimes pourvu que la sainte cause de la disparition des sexes progresse !

Cause d'autant plus sainte qu'elle nous est toujours fourguée sous les auspices de la lutte contre la discrimination, l'obscurantisme ou le patriarcat, autrement dit par des indignations qu'on ne peut pas refuser.

Cela va de soi. Dans un autre domaine, en octobre dernier, j'ai noté que l'on vantait dans *Le Monde* un certain Youssef Sedik, Tunisien présenté comme philosophe, anthropologue et helléniste, qui avait la vertu de proposer une nouvelle traduction *iconoclaste et poétique* du Coran. Pour commencer, on nous expliquait qu'il avait supprimé « tous les passages d'ordre législatif, les règles concernant les femmes, l'héritage ou les punitions », ce qui représente un débarbouillage poétique à sec déjà assez conséquent. On devrait faire ça avec tous les textes, qu'ils soient saints ou littéraires.

Ne vous inquiétez pas, beaucoup en rêvent.

Ils font mieux qu'en rêver. Après quoi, ce Youssef Sedik proposait de remplacer l'invocation rituelle « Au nom de Dieu, le Miséricordieux, le Clément » par « Au nom de Dieu, le Tout-Maternant, le Clément ». Le Tout-Maternant. Voilà la clé de tout, si je puis dire. De Tout-Tout. Et remplacer la miséricorde par le maternage est révélateur. Pourquoi pas le Tout-Couvant ? Le Tout-Enfermant ? Ou encore, de manière plus directe, le Tout-Amniotique ? Le Tout-Menstruel ? Voilà en tout cas un philosophe tunisien qui travaille d'arrache-pied, lui aussi, comme le Fassin précédemment cité, contre la domination masculine.

Tout-Couvant encore fut à cette époque le *Journal de campagne* de Sylviane Agacinski où l'on voyait l'incompétence et l'arrogance se donner la main pour en arriver à la meilleure noncompréhension possible de la divine défaite du couple Jospin, qui furent souverains en Pluralie comme les Ceausescu le furent en Roumanie. Tout-Couvant aussi fut, dès le début de janvier, cet article de Josyane Savigneau dans *Le Monde* auquel vous avez fait allusion tout à l'heure, intitulé « De la supériorité du zizi sur autoroute et sous la neige », et grâce auquel on put constater avec plaisir que son auteur allait de mieux en mieux. Piégée par une soudaine tempête de neige quelques jours après la Saint-Sylvestre, et comme des milliers de gens, sur *l'autoroute du retour*, à une quarantaine de kilomètres de Paris, elle fut contrainte d'y passer une partie de la journée et même de la nuit. De cette mésaventure elle tira une fable arthritique, publiée en « une » de son quotidien de déférence, à la faveur de laquelle elle nous informait qu'elle avait découvert cette chose renversante qu'il est plus facile pour un homme que pour une femme de pisser debout en bordure d'autoroute. « Le froid, on le sait, accélère certains besoins naturels pressants », constate-t-elle avec gravité. Le froid me fait rire, disait Céline plus poétiquement : il prétendait avoir le système nerveux agencé de telle sorte que lorsqu'il grelottait il riait (« je grelotte je profite ! j'imagine un quiproquo !... une situation burlesque... »). Mais passons. Et citons la fin de cette épopée urologique : « Les hommes, les premiers, sont sortis des voitures pour rejoindre le bas-côté et se soulager. Cela leur est facile. Les femmes sont descendues ensuite, mais avec leurs chiens ou leurs enfants, pour permettre à ceux-ci de satisfaire les mêmes besoins. Mais elles-mêmes ont mis longtemps à s'envelopper dans leurs manteaux pour oser s'accroupir près de leurs voitures et méditer sur la supériorité masculine... »

Vous n'êtes pas frappé par cette odieuse injustice que subissent les femmes ? Dans les années 70, certaines féministes voulaient obliger les hommes à uriner assis. Mais Savigneau a raison : pour rétablir une saine égalité, ne vaudrait-il pas mieux, en effet, priver enfin les mâles du vilain instrument de leur domination ?

Nous y arrivons. Baudelaire, qui était parti en Belgique vérifier que le monde entier était devenu pour lui inhabitable, s'indigne dans les notes de *Pauvre Belgique !* de voir tant de femmes belges pisser debout dans les rues tout en continuant à parler entre elles. C'est qu'elles avaient de longues jupes. On descend bien entendu quelques degrés dans l'étonnement quand on voit Savigneau découvrir l'une des conséquences (mais il en reste encore quelques autres) de la différence des sexes et même de la « supériorité » (c'est elle qui l'écrit) du « zizi sur autoroute et sous la neige ». Faut-il la leur couper, aux hommes, pour en finir avec cette réalité discriminatoire, insultante et résiduelle ? Est-ce le sens de cet étrange article ? Est-ce la question subliminale qui s'affichait en « une » de notre quotidien de suffisance ? Ou bien Savigneau découvrait-elle, stupéfaite, à la faveur d'une halte sur l'autoroute enneigée, qu'il y avait de l'*autre*, encore de l'autre, et même peut-être de l'Autre ? Après la fin de l'Histoire, en effet, l'autre (ou l'Autre) ne peut plus être qu'une incongruité, au pire un monstre, un Saddam, un Ben Laden, un Le Pen. Le Mal, quoi. Savigneau n'aime pas ceux qu'elle appelle les raconteurs d'histoires, elle préfère les « mots », l'« écriture », et elle nous en informe à longueur de colonnes dans le supplément livres de son quotidien de connivence. Les histoires, en effet, ont ceci de commun avec l'Histoire qu'elles supposent de l'autre (ou de l'Autre) ; lequel, à l'occasion, et entre autres activités toutes également surprenantes, pisse debout en bordure d'autoroute...

Je me demande si les enfants emploient encore cette expression : hé, l'autre !... *Mais vous n'allez pas nier, cependant, que l'Autre (ou l'autre), de nos jours, a souvent une sale tête, des intentions belliqueuses, voire criminelles...*

Il est même effrayant. En somme, il tient très bien son rôle de Méchant si absolu qu'on est obligé de lui préférer automatiquement le Même. C'est ce qui se passe d'ailleurs aussi avec le réel, que le monde présent confuso-onirique a chassé de chez lui et qui, lorsqu'il rentre par la fenêtre, a la sale gueule du terrorisme, de l'intégrisme ou du néo-fascisme... De toute façon, le problème fondamental avec l'autre (ou l'Autre), c'est qu'il n'est pas vous (ou moi). On a cru le régler, ce problème, par les *trucs* du métissage emphatique, du pathos multiculturel et de la xénophilie, autant de mots flatteurs pour enrober la volonté de meurtre de l'Autre (ou de l'autre). Il arrive néanmoins que l'Autre (ou l'autre) résiste ; et il le fait alors d'une manière abominable. Mais, en même temps, il révèle aussi quelque chose chez ses victimes.

Lesquelles adorent l'Autre en général, à condition qu'il soit un Autre de carte postale. Quand il se mue en tueur en série, ce n'est pas de jeu...

L'Autre idéal, c'est l'Autre tel que le touriste le croise : c'est l'indigène qui tient la boutique de souvenirs sur l'île de rêve. Pour continuer justement à dérouler le film de ces derniers mois, alors même que « les professionnels du voyage se remettaient lentement de leurs blessures après le choc du 11 septembre », un abominable carnage à Bali dans une discothèque, deux cents touristes déchiquetés, calcinés, « rouvraient les plaies » de ces mêmes « professionnels ». Il y avait bien d'autres plaies, au même moment, et de plus irrémédiables (j'ai vu à la télévision des monceaux de cadavres dans les ruines de la discothèque ; croyant ne pas montrer les pires, ceux qui étaient méconnaissables, on montrait effectivement les pires, ceux qui étaient reconnaissables et qui étaient *morts habillés en touristes* : minijupes et nombrils à l'air pour les femmes, shorts à fleurs pour les hommes), mais ce sont les plaies des tours-opérateurs dont on s'alarmait sans détours : « Chez Fram, on concède que "la mémoire des touristes est courte, mais là, les événements se succèdent à un rythme de plus en plus rapide" » (*Libération*). Le touriste est bien coupable, en effet, d'avoir encore un peu de mémoire, il faut la lui couper dare-dare, comme le « zizi » supérieur, pour qu'il voyage plus vite, si possible n'importe où, n'importe comment, en zigzag, comme le poulet auquel on vient de couper la tête.

Peu après le massacre de Bali, je note encore à Moscou, dans un théâtre où on jouait une comédie musicale à la con, la prise en otages de sept cents spectateurs par un commando tchétchène et leur libération au prix de cent trente morts. Quant au *sniper* qui a terrorisé Washington pendant trois semaines et qui a abattu dix personnes, on l'a enfin arrêté : ils étaient deux. Deux Noirs « paumés », d'après ce qu'on sait, se réclamant vaguement de l'Islam (du moins est-ce ce que l'on a dit pour prêter un fantôme de sens à leurs crimes). Les États-Unis ont respiré : tous leurs jardins étaient déjà décorés de citrouilles, de sorcières et de fausses toiles d'araignée, et ils ne se sentaient pas du tout grotesques avec ces crétineries, non, bien au contraire, ils avaient seulement peur d'être empêchés d'en jouir. « On va pouvoir fêter dignement Halloween sans craindre de se prendre un pruneau », a confié un Américain. Car il s'agit toujours, bien entendu, que la fête continue. Et vous remarquerez que, dans les trois cas, à Bali, à Moscou et à Washington, la négation sanglante des conditions actuelles d'existence a choisi ses cibles avec soin. Des touristes. Des fréquentants. Des derniers hommes en train de mettre des citrouilles dans leur jardin. Mais y a-t-il encore d'autres cibles ?

Cela n'empêchera pas les touristes de se ruer dans les boîtes de nuit balinaises ni les Russes de célébrer leur liberté retrouvée en se payant des spectacles aussi navrants que les nôtres. Comme vous le notiez il y a peu de temps, le plus accablant est que les mêmes qui clament leur indignation contre la prétention américaine à unifier le monde sous sa bannière sont les agents consentants de leur propre alignement, puisque les innovations les plus pénibles s'avèrent extrêmement populaires.

C'est bien ce qui fait que j'ai du mal à m'enthousiasmer pour une quelconque « résistance »... Terminons, si vous le voulez bien, ce tour d'horizon par la Nuit blanche de Delanoë. Bagdad va probablement connaître bientôt quelques nuits blanches gratinées (après quoi on entreprendra de construire sur sa *tabula rasa* de ces savoureux Babyloneworld, Sumerland, Mésopotamie-Youpi et autres Hammourabi-*resorts* dont les Américains ont le secret), mais au moins sera-ce contre son gré ; tandis que la nôtre, de Nuit blanche, celle de Delanoë et de ses sbires, à commencer par le terrifique Christophe Girard, a, semble-t-il, soulevé l'extase des foules embouteillées. Vous y étiez. Moi aussi. Il fallait bien aller se documenter sur le non-terrain, n'est-ce pas, comme dans le cas de Paris-Plage.

Et cela ne nous a pas étonnés, le spectacle était dans la salle, c'est-à-dire dans les rues, livrées à un public qui ne se demandait même pas ce qu'il était supposé admirer.

C'est ce qui fait que cette Nuit blanche c'est encore plus fort que Paris-Plage. En guise de hors-d'œuvre, je ne résiste pas à vous soumettre quelques lignes d'un article sur le principal responsable de cette nouvelle machination, un certain Jean Blaise, fondateur du Lieu unique à Nantes (« ouvert sur la vie quotidienne et les cultures métissées » comme on ne s'y attendait pas le moins du monde) et surnommé pour l'occasion « allumeur de nuits ». Je ne vous cite d'ailleurs ces malheureuses phrases que pour donner un exemple de ce qu'est devenu à notre époque le genre littéraire de l'*éloge* : « Il n'a pas la tête de l'emploi. Pas de mèche en bataille, pas de grands gestes, pas l'air d'un allumé, prêt à faire feu de la nuit. Pas du tout. Blouson, polo, Jean Blaise, cinquante et un ans, a l'air calme face aux contretemps, et de plus en plus dense, de celui qui écoute. Il sourit beaucoup, yeux et visage plissés, comme s'il voulait conjurer le sort, mettre dans cette expression l'entier de sa volonté de convaincre, toute son énergie, toute sa patience. » Entendez-vous, pour décrire un individu tout à fait quelconque, ce style entortillé qui ne décrit rien sauf l'effort de son auteur pour camoufler ses propres mensonges puisqu'il parle littéralement de personne et de rien, et qu'il veut faire croire qu'il s'agit de quelqu'un qui fait quelque chose. Mais poursuivons. Voilà qu'apparaissent les noms des coupables en chef. « À Paris, il a plutôt entendu un "oui" quand le maire de la capitale, Bertrand Delanoë, sur une idée de Christophe Girard, adjoint à la Culture, lui a confié la direction artistique de la Nuit blanche, le 5 octobre. Une nuit ouverte qui s'éteindra avec le jour, le 6 octobre à huit heures du matin. Reste à imaginer, organiser, rendre possible ce parcours nocturne en une vingtaine d'étapes, transfigurées par musiciens, vidéastes et plasticiens, qui n'a pas pour objectif, assure Jean Blaise, "d'augmenter la notoriété de la capitale, même si l'on veut montrer, justement, des artistes importants, mais d'abord de faire que les Parisiens redécouvrent Paris". » Ces bons apôtres sont trop bons. La fable de la *redécouverte* (généralement on parle de la *réappropriation*) de Paris est encore une de ces tartes à la crème que l'on nous sert pour faire croire qu'il s'agit d'une conquête ou d'une reconquête, quand il n'est jamais question que d'approuver les pires désastres. Non seulement Paris n'existe plus, mais on vous propose de le redécouvrir en compagnie des pires des non-êtres qui soient, et sans distinction de discipline : les artistes contemporains, ces Bélises superstars. Mais reprenons : « Quel métier ! Trouver des lieux, choisir des artistes, faire que cela arrive. Dans la jungle des villes, il y a des explorateurs : ils poussent une porte, découvrent une cour ou un jardin oubliés, une usine-cathédrale abandonnée, un espace qui vit sur ses souvenirs mais qui pourrait inspirer de nouvelles aventures. »

Qui permettront enfin d'oublier qu'on a eu autrefois des souvenirs.

Exactement. Mais laissez-moi, de grâce, achever ma lecture : « Certains flâneurs ardents pratiquent cet art pour leur propre compte. D'autres en font profession. » On ne sait toujours pas quel art ni quelle profession, sauf que l'on comprend qu'il n'est plus question, ici comme ailleurs, de laisser un jardin oublié ou une usine abandonnée vivre précisément *sur leurs souvenirs*, c'est-à-dire de ce qu'il faut bien appeler leur âme, même si cela fait rire les Blaise, les Delanoë, les Girard et autres destructeurs parfaitement au fait, eux, de ce qu'ils trament. Et ce qu'ils trament est tout simple : ils vident les cerveaux des individus pour les rendre tout à fait réceptifs à leur propre message, qui consiste en l'identification du moderne modernant avec le Bien. C'est exactement cela, leur fameuse réappropriation. La Nuit blanche, comme Paris-Plage et comme tant d'autres choses, est une opération de lavage cérébral. Quand on a méthodiquement installé le vide là où il y avait un cerveau, il n'y a plus non plus de capacité de jugement. C'est le but recherché. On peut alors faire croire à de pauvres gens qu'ils vont se réapproprier la ville, et ces pauvres gens sautent de joie car ils sont persuadés qu'on la leur avait volée, quand en réalité on vient tout simplement d'achever de l'anéantir. Comme eux.

Nous étions donc dans cette Nuit blanche, vous et moi... Il n'y avait, souvenez-vous, que des encombrements. Et des queues. Pour voir des rossignols modernes : la risible Sophie Calle shéhérazadifiée au sommet de la tour Eiffel ; une piscine éclairée en rouge ; des illuminées récitant des poèmes dans la cantine de l'École Estienne ; un type pathétique et solitaire, grimpé sur un gros bloc de pierre, et qui entendait avant le matin réduire celui-ci en un tas de pierres plus petites. Quoi d'autre ? Rien, si ce n'est le redoutable et fondamental projet avoué de Christophe Girard d'*en finir avec le réflexe conservateur qu'ont encore trop de Parisiens*, notamment quand on les empêche de dormir.

Cela me rappelle ces salauds de paysans qui s'avisent de rouspéter quand des « teufeurs » dévastent leurs champs...

Bien sûr. Et dès le lendemain, tandis que les Parisiens congratulaient Delanoë de les avoir une fois de plus transformés chez eux en touristes hébétés, on se demandait déjà comment se débrouiller l'année prochaine pour éviter les frustrations de ceux qui avaient fait trop longtemps la queue. Étaler la fête sur deux ou trois nuits ? Pourquoi pas dix ? Cent ? Trois cent soixante-cinq ? Et, surtout, ouvrir d'autres lieux. Tous les lieux. Tous les appartements. Par force, au besoin. Car c'est bien là la vocation de cette manigance : l'éventrement de Paris, son *ouverture*, l'achèvement de la destruction de la ville par ses habitants mêmes, et avec l'aide de ce qu'il y a aujourd'hui de plus dégradant : l'art contemporain (les arts dits plastiques, les seuls où règne encore l'escroquerie de l'avant-garde ; car partout ailleurs, en littérature et même en musique, cette escroquerie a *cédé*). Que plus personne n'échappe à l'enrôlement festif. La fête est la bave qui coule sans répit des babines des Nérons enragés de la modernité modernante.

De même que, sous certains régimes, on dénonçait ceux qui refusaient de participer aux célébrations officielles, quelque voisin pourrait bien vous signaler comme asocial si vous persistez à vous cloîtrer chez vous, ou, pire encore, à ricaner, pour la Fête de la musique ou la Nuit blanche.

C'est ce que je me fatigue à annoncer depuis quelques années. Le festivisme parvenu à son stade d'accumulation actuel est aussi une excellente méthode pour repérer ceux qui s'obstinent à récalcitrer. Mais que dire encore de cet assassinat hétéroclite ? Il faudrait recopier les plus belles énormités du programme distribué par les hommes de la *Securitate* de la Mairie de Paris, ne serait-ce que pour continuer à fixer la rhétorique particulière de l'époque. Sophie Calle, donc, l'« irrévérencieuse » Sophie Calle qui reçoit des visiteurs au sommet de la tour Eiffel et leur demande de lui raconter une histoire, est présentée ainsi : « Elle déjoue les interdits, accomplit des fantasmes. Scandaleuse et engagée, elle se perd et s'abîme, prend tous les risques pendant que son défi résonne en sourdine » (*qu'est-ce que ça veut dire ?*). Un autre met en scène dans une vitrine des Galeries Lafayette un personnage que des « situations incongrues ou burlesques, répétées en boucle, placent dans une situation de soumission face à la figure féminine » (vite, imaginons le contraire : une femme que des situations incongrues ou burlesques, répétées en boucle, placent dans une situation de soumission face à la figure masculine). Un autre, « plasticien-chercheur », s'est « approprié un réseau symbolique, une infrastructure usinière dont il a fait son territoire de recherche et la matière même de son activité. Il s'agit avant tout d'un réseau immatériel que l'artiste a constitué patiemment, un réseau de résistance souterraine reposant sur la notion de mémoire » (résistance à quoi, mémoire de quoi ? vous remarquerez une fois de plus que, dans l'univers désolé de la post-Histoire, les mots comme les êtres humains ont perdu leur complément d'objet). Encore de la résistance rue de la Réunion, dans le XXe : « Une nuit de débats sur la résistance culturelle » (à quoi ?). Et ainsi de suite.

Communiquer, comme résister, est un verbe intransitif... Mais je ne résiste pas au plaisir de rappeler, pour ceux qui l'ont raté, le réjouissant titre de votre article publié dans Marianne : Nuit blanche gravement à la santé. *Cela dit, le poignardeur de Bertrand Delanoë vous a contraint à une relative retenue...*

L'Arabe *homophobe* qui, vers trois heures du matin, dans les salons de l'Hôtel de Ville, vint sanctifier à l'arme blanche de série noire cette déroute nocturne devenue par son geste la Nuit du Long Couteau ! Et, par ce crime, donna à un bien plus profond crime une sorte d'immunité ! Au moins a-t-il obligé Delanoë, juste avant qu'on ne lui mette le masque à oxygène, à jeter l'autre masque et à lâcher un cri du cœur : « Surtout, que la Nuit blanche continue ! » Car rien ne serait plus néfaste pour ces entrepreneurs en machinations que l'arrêt de leurs nuisances et l'examen rigoureux de celles-ci. Vous remarquerez qu'à chaque fois que se trame quelque chose de malfaisant, c'est-à-dire de moderne, quelqu'un vient à propos pour transfigurer *a contrario*, par quelque forfait, cette malfaisance en mission apostolique. C'est d'ailleurs ce qu'à quelques jours de là Anne Hidalgo, première adjointe de Delanoë, exprimait en annonçant qu'il y aurait bien sûr une autre Nuit blanche l'année prochaine, comme si on avait pu en douter. « Nous ne capitulerons pas devant la violence », clamait-elle avec un bel héroïsme. Et elle ajoutait : « Hormis l'agression terrible dont Bertrand a été victime, ça a été un moment très fort, très festif. Je me suis beaucoup baladée cette nuit-là, et les gens avaient l'air heureux. » Mais ce n'est pas parce qu'un imbécile poignarde Delanoë que sa Nuit blanche est sanctifiée. De même que ce n'est pas parce que vingt pour cent d'électeurs votent pour le Parti Maudit français que cela rend moins néfaste la gauche. Et de même n'est-ce pas parce que Ben Laden est un assassin que Bush devient le père Noël. Ma retenue, comme vous dites, concernant la Nuit blanche, n'aura donc été que fort relative. Je n'oublie jamais, par ailleurs, le souhait fondamental de Delanoë, ainsi formulé par lui-même il y a quelque temps à propos de ses grands projets : « Il faudra qu'on puisse encore dire du bien, dans trente ans, de ce que nous décidons maintenant. » Je n'attendrai certes pas trente ans, quant à moi, pour dire tout le mal que j'en pense. C'est maintenant aussi qu'il me paraît urgent de le faire.

Pour en terminer avec cette Nuit blanche, une anecdote si vous le voulez bien : à quelque temps de cette sainte Nuit-là, on a appris que le chef du service des cimetières de la Ville de Paris venait d'être viré par le maire adjoint à l'environnement, un Vert nommé Contassot, sous le prétexte qu'il avait eu le culot de s'opposer à la volonté du dit Contassot d'inclure le Père-Lachaise dans l'opération Nuit blanche. Par quoi l'on peut une fois de plus vérifier que le festivisme est un despotisme. Et ce despotisme devient même furieux lorsqu'on l'empêche de transformer en friches à raves les grands cimetières sous la lune. Delanoë c'est : *J'irai karaoker sur vos tombes.*

Élevons-lui promptement une statue à cet héroïque croque-mort inconnu. De toute façon, la nuit blanche c'est tous les jours ! Je ne sais si je dois vous en faire le reproche, mais j'ai de moins en moins de plaisir à marcher dans Paris…

Au moins marchez-vous les yeux grands ouverts. La Nuit blanche doit continuer. La fête doit s'étendre. Le cauchemar doit s'approfondir. En janvier, on a pu lire dans je ne sais plus quelle feuille que « l'esprit Amélie Poulain » allait « souffler sur la capitale à l'horizon 2020 ». Commentaire dans le pur style pastorale urbaine d'aujourd'hui : « Les commerçants qu'on tutoie, les riverains qui engagent la conversation dans la rue, les pots d'amitié entre voisins... c'est un peu ce à quoi aspirent les Parisiens. La Ville veut y contribuer en développant la vie de quartier. Tous les moyens sont bons : défense du commerce de proximité, création d'espaces culturels dans chaque arrondissement, aménagement de rues plus conviviales. Chacun aura ainsi la sensation de vivre dans un petit village. » Quant à ceux qui remarqueraient que l'Histoire est née dans les villes, où l'on a pu échapper précisément à la proximité cancanière comme à l'isolement propres aux *petits villages*, et qu'en revillagisant la ville on la tue, ils peuvent aller se rhabiller. « Paris veut recréer l'esprit village », dit-on aussi, et l'emploi de ce verbe, *recréer*, destiné à faire croire qu'il y aurait eu un jour un tel esprit et qu'il faut le retrouver, participe de l'escroquerie. En chaque occasion il s'agit de présenter de monstrueuses nouveautés comme des reconquêtes, des retrouvailles, des résurrections, des victoires sur un passé honni.

J'évoque rapidement quelques autres projets idylliques et tout-maternants : « Des rues préservées de l'automobile où les parents pourront promener leurs enfants en poussette tranquillement et où les cyclistes auront un large espace pour rouler » ; « Comme ce fut le cas cet été pendant l'opération Paris-Plage, il est question de rendre piétonnes les voies sur berges qui longent la Seine et d'y développer des activités ludiques et sportives » ; « La Ville veut mettre de la verdure à tous les coins de rue : planter de nombreux arbres d'alignement mais aussi investir le moindre mètre carré disponible, façades, terrasses, murs pignons, recoins abandonnés. Paris va prendre un air champêtre. » Quelques jours plus tard, l'urbicide en chef présentait aux journalistes son plan culturel pour la capitale et souhaitait encourager les Parisiens, sans surprise, à « se réapproprier leur cité », ainsi que les artistes à « investir l'espace urbain pour accentuer la beauté de Paris ». Et il annonçait, entre autres idées lamentables, « un parcours de bande dessinée sur les murs de la capitale ».

Et si de mauvais citoyens s'entêtent à vouloir travailler, qu'ils aillent le faire ailleurs ! Car le point commun à toutes ces activités nouvelles et fortement conseillées est qu'elle n'ont rien à voir avec l'activité aux fins de laquelle se sont créées les villes.

Il est même urgent d'oublier que l'Histoire y est née. Mais je voudrais une nouvelle fois m'arrêter sur ce stéréotype de la *réappropriation* de la cité, véritable psittacisme que les nervis dada de la Mairie de Paris, mais pas seulement eux, ont sans cesse au bec. Récemment, dans un quotidien, on parlait d'inciter les gens à « se réapproprier les points d'accès public à l'Internet sans fil », c'est-à-dire le réseau wi-fi, comme si quelque chose qui vient seulement d'apparaître pouvait déjà avoir été méchamment dérobé et qu'il fallait partir à sa reconquête. Qu'est-ce que c'est que cette affaire de réappropriation en général et de réappropriation de Paris en particulier ? Qu'est-ce que c'est que cet impératif catégorique et onirique selon lequel la ville aurait une finalité en soi et qu'il faudrait se la réapproprier à tout prix ? Qu'est-ce que c'est que ce « il faut » ? Ce « tu dois » ? Qu'est-ce que c'est que ce mot d'ordre ? Qu'est-ce que c'est que ces travaux forcés de la réappropriation[1] ? Et si je ne veux pas me réapproprier la ville, moi ? Et si ça ne m'intéresse pas du

---

1. Ou de la *réconciliation*, autre poisson mort proliférant dans le bocal de la modernité. À quelque temps de là, on annonçait la treizième édition de la Fête de la science, et *Libération*, avant de se livrer à des pitreries convenues (« c'est la fête aux cornues, blouses blanches et canons à électrons », etc.), titrait : « L'occasion de réconcilier chercheurs et citoyens » (*octobre 2004*).

tout ? Il y a mille choses à faire, dans une ville, plutôt que de se la réapproprier. Et d'abord, quand est-ce qu'elle a été appropriée ? À quelle époque ? Et quand a-t-elle été désappropriée ? Quand a commencé la castration ou le refoulement dont on devine le fantasme sous-jacent dans ce syntagme empaillé qui n'arrête pas de sortir comme un serpent mort de la bouche du Maire de Paris ?

Tout le pouvoir aux soviets des amuseurs !

Oui. J'entends bien qu'il y a là-dedans du revenez-y de Mai-68, de l'époque où le stéréotype prétend que l'on se parlait dans les rues et que l'on prenait la cité pour ses réalités. Mais cette singerie de la *réappropriation* est en réalité un encouragement à achever de détruire ce qui reste des villes, et tout particulièrement de Paris. En le maternifiant (« des rues préservées de l'automobile où les parents pourront promener leurs enfants en poussette ») ; en le campagnifiant (« la Ville veut mettre de la verdure à tous les coins de rue ») ; en le ludiquisant (« il est question de rendre piétonnes les voies sur berges qui longent la Seine et d'y développer des activités ludiques et sportives »). Ici comme ailleurs, l'opération d'alignement des provinces se poursuit sous des mots mensongers. La prétendue *réappropriation* de la ville n'est que l'achèvement d'un vieux programme d'expropriation des derniers *humains* citadins épargnés par les précédentes vagues massives d'expulsions, qui doivent être au plus vite remplacés par leurs cyborg-successeurs. À cet égard, il faudrait revenir encore une fois sur les trois types d'occupants actuels de la ville : le piéton, l'automobiliste et le rolléreur (ou la rolléreure). Dans cette triade, de toute façon, le piéton a été liquidé depuis longtemps, et ce ne sont pas de nouveaux quartiers piétonniers désolés qui pourraient le ressusciter. Restent l'automobiliste et le rolléreur (ou la rolléreure). L'automobiliste, en un certain sens, coincé entre les quatre tôles de son cercueil roulant, hérite encore de quelque chose, de la voiture à chevaux, du carrosse, de la carriole, du char à bancs, du landau ou du cabriolet. Le rolléreur (ou la rolléreure) n'hérite de rien qui relève des anciens moyens de transport. Ce n'est pas non plus un piéton. C'est un hybride. C'est le nouveau robot enthousiaste de la modernité moderne. De l'ancien humain il lui reste quelque chose que l'on peut repérer dans les mouvements de son corps, et même dans ses yeux sans regard ; mais, de la machine, il a déjà les roulettes qui l'excluent, en bonne taxinomie, de l'humanité classique. De quel labo de biotechnologie est-il sorti ? Peu importe. On comprend en tout cas mieux, dès lors, pourquoi les nervis dada de la Mairie de Paris privilégient à l'infini son développement : parce qu'en réconciliant la roulette (la technique) et quelques restes d'humain, il abolit la différence (le conflit) entre la technique et l'homme, chasse l'homme de ces endroits où il croyait encore pouvoir se déplacer, les trottoirs (il se les *réapproprie* !) et devient en quelque sorte son successeur, à la manière dont Homo sapiens sapiens évinça l'Homme de Neandertal. Sapiens sapiens, c'était celui qui savait qu'il savait. Festivus festivus, c'est celui qui festive qu'il festive. Et qui ne fait que cela. Avec l'aide de la technologie à laquelle il est désormais asservi. Voilà, en quelques mots, tout ce qu'il est urgent de rejeter ; ou tout ce dont il est urgent de ne rien faire d'autre que rire.

Tous ces épisodes pourraient laisser penser que tout continue, en effet : la murayification du monde se poursuit, le progressisme triomphant triomphe. Et, pourtant, avec l'affaire des « nouveaux réactionnaires » – désormais plus célèbre que l'affaire Dreyfus – quelque chose semble s'être grippé dans le camp des approbateurs, des partisans de la révolution moderne. Non seulement, ils ont trouvé en face d'eux tout ce que ce pays compte d'intelligence, de talent et d'humour, mais leur opération n'a pas pris dans le public. De même, la perspective de création d'un nouvel homme en éprouvette, qui devrait enthousiasmer les foules, a plutôt déclenché la réprobation générale : on dirait que les gens regrettent la vieille humanité.

Une chape de cons m'est tombée dessus au mois de novembre 2002. Pas que sur moi ; mais sur moi aussi. Et ça a continué pendant quelques semaines. Ce n'était ni une tourmente ni une tempête, ni rien de ce qu'on a raconté dans la presse parce que le devoir des serfs médiatiques consiste essentiellement à croire et à faire croire qu'il se passe quelque chose, et ils ne peuvent jamais rien faire d'autre ; mais très exactement une chape de cons. Mais, à vrai dire, pour ce qui me concerne, si cette affaire de « nouveaux réactionnaires » ne m'a pas du tout paru nouvelle, c'est que j'avais déjà été attaqué sur ce ton à plusieurs reprises par des rogatons de l'ancien monde. Il y avait eu *Art Press* en 1999, puis *Le Monde diplomatique*, nous en avons déjà parlé. J'ai été traité de « nouveau croisé », de « nôvôhussard » et de « céliniensituationniste », ce qui fait beaucoup, dans *Technikart*, organe des Pokémons polymorphes, et je suppose qu'il ne s'agissait pas là de compliments, mais je ne peux que le supposer car leur confusion mentale a toujours quelque chose d'apocalyptique et même leur bêtise demeure en grande partie indéchiffrable[1]. Dans *Libération*, un plus

---

[1]. L'absence de talent, ce douloureux problème, lié à celui de l'alphabétisation hâtive d'individus de toute façon plus doués pour la basse police et la dénonciation que pour la littérature, ou même pour le simple commentaire de textes, a favorisé l'apparition d'un nouveau genre d'ouvrages : l'opuscule sans qualités. On sait que sur le berceau des moins doués se penchent toujours les mauvaises fées de l'envie, de la jalousie et de la haine impuissante. Mais l'époque de l'égalitarisme donne des pouvoirs exorbitants à ces malheureux, leur haine n'est plus du tout impuissante et si leur absence de talent est le seul *message de fond* de leurs œuvres, ils existent également dans le but d'imposer silence à tout ce qui ne récite pas les sourates désastreuses du nouvel ordre imposé. C'est ainsi qu'après le triste Lindenberg, qui s'attaquait à tout ce qui montrait un peu d'art ou de brio, un autre incompétent nommé Thomas Florian vient d'essayer de nuire au seul Baudrillard dans une plaquette où apparaissent quelques autres noms, à commencer par le mien ; mais c'est un honneur d'être pris dans la même rafle indigente que le grand Baudrillard (*novembre 2004*).

vivant que les autres, Philippe Lançon, me qualifie de « provocateur métaphorique » et parle de mes « roues de paon » ; mais il s'embrouille dans ses propres métaphores en ajoutant que je jouis de « péter dans l'air du temps », dont je n'avais pas vu qu'il sentait tellement la rose, et convoque pour finir Cioran parlant de Joseph de Maistre, ce qui est loin d'être idiot mais qui est aussi très incomplet. On pourrait en citer de pires. Encore un petit effort. Durant cette période également, une revue québécoise, *Arguments*, me fichait quant à elle en tant que « nouveau pessimiste » ayant avec quelques autres une « complaisance » de Cassandre « pour le désastreux ». Mais où ont-ils vu que je cassandrisais ? J'ai au contraire toujours dit que la fin du monde était terminée, et qu'y a-t-il de plus rassurant, de plus pacifiant qu'une telle certitude ?

Vous commettez un crime bien plus épouvantable : vous vous payez leur tête !

Pour pas cher, au demeurant. Ces aimables censeurs, fliqueurs ou chroniqueurs essaient à la hâte de constituer des « tendances » imaginaires par rapport auxquelles ils pourraient de nouveau comprendre quelque chose au monde et à eux-mêmes ; et comprendre, pour commencer, pourquoi ils sont de moins en moins désirables. Ils voudraient bien continuer à avoir le monopole de la critique des conditions d'existence, mais ce monopole leur échappe comme les autres. Ils sont l'ordre établi et ils voudraient qu'on les prenne encore pour des transgresseurs de tabous parce que c'est là, dans la transgression de tabous, qu'ils ont mis leur libido il y a très longtemps, avant de la renforcer plus récemment par du maintien de l'ordre. Mais les décrets qu'ils prennent et les oukases qu'ils fulminent n'impressionnent plus personne. Aussi s'affolent-ils et essaient-ils d'alerter la galerie. Je les vois communiquer en morse. « Réac ! Réac ! Réac ! » Ou par signaux de fumée. De toutes les collines s'élèvent des tourbillons anxieux. « Réac ! Réac ! Dérive extrême-droitière ! » Et ainsi de suite. Mais cet inventaire des incuries d'Augias ne serait pas complet si je n'évoquais aussi la revue *Esprit* qui, en novembre 2001, à la faveur d'un dossier gentiment intitulé « Postures et impostures critiques », me consacrait une diatribe signée par un certain Joël Roman et intitulée : *Un nouveau réactionnaire M. Philippe Muray*. Ce Roman si peu romanesque se prend pour Péguy (*Un nouveau théologien Monsieur Laudet*) ; il est loin, bien loin d'en avoir la force sourde, la capacité de répétition opaque, le sublime piétonnier, le comique de rabâchage, le balbutiement céleste. Il en est loin. Il n'arrivera à rien ; et je pourrais démontrer qu'il ne m'a jamais lu, même s'il croit sincèrement le contraire, mais j'ai l'habitude de ce genre de quiproquo. Je note toutefois qu'il me trouve quelques qualités : « Incontestablement, écrit-il, Philippe Muray a du style : ce pamphlétaire sait écrire, et y met toute la séduction nécessaire. Mais il n'est pas seulement question de style dans ses textes : il fait mouche aussi, plus d'une fois. » De quoi se plaint-on alors ? Eh bien, de ce que je prends « la pose de l'aristocrate », de ce que je me pare de l'« aristocratisme désuet de l'écrivain », de ce que je renoue « avec une grande tradition de l'écrivain français, cet aristocrate déchu d'après la Révolution ». Où y a-t-il là-dedans de quoi fouetter un plumitif d'*Esprit* ? Et d'où vient à ce dernier l'assurance que je me *pare* de quelque chose que je ne posséderais pas auparavant et depuis longtemps ? Qu'en sait-il ? Nous sommes-nous rencontrés ? Lui ai-je fait des confidences ? Avons-nous gardé ensemble la revue *Esprit* ? Il semble aussi, selon lui, que je développe une « vision apocalyptique » et même « souvent gauchiste ». Il faudrait savoir : je suis aristocrate ou gauchiste ? Les deux, sans doute, et on n'est alors plus très loin du vieux « complot rouge-brun ». Quant à mon critique, il se vante, lui, humblement, d'occuper le rôle de bouffon de juste milieu : « La médiocrité ambiante m'horripile certes, mais sans doute pas au point de me faire perdre le sens des mots, ni celui des distinctions les plus élémentaires. » Ce louable souci de mesure l'amène même à des espèces d'éloges : « On se dit qu'il exagère, que, pour être bien enlevées, ses descriptions n'en sont pas moins des caricatures : on se sent plus de compassion pour l'époque et on réclame un censeur moins rigide. Et puis, soudain, au début du mois d'août, on tombe sur un article du *Monde* relatant que quelque part aux antipodes on a organisé une exposition de peintures réalisées... par des éléphants avec leur queue ! Et le journal de citer le commissaire de l'exposition, ou le conservateur du musée, qui s'extasie sur la qualité artistique de ces productions, s'insurge que l'on puisse dénier à ses braves bêtes un talent incontestable, et vient tout bonnement inscrire ce haut fait dans la continuité de l'histoire de l'art, tout cela avec un sérieux impayable qui dissipe vite l'espoir un temps caressé que ç'aurait pu être un canular, un clin d'œil décapant. Et on se dit alors que Muray est bien en deçà de la vérité, qu'il a encore du pain sur la planche. » Oui, et même toute une chaîne de croissanteries franchisées. Mais laissons ces histoires d'éléphants malades et revenons à nos moutons, je veux dire à notre chape de cons[1]...

---

1. À cet inventaire non exhaustif de ceux qui me veulent trop de bien, il faut maintenant ajouter Marcelin Pleynet qui, dans le n° 88 de la revue *L'Infini*, me consacre quelques paragraphes de ventriloquie moisie assez gratinés. De sa non-lecture de *Minimum respect*, ce doryphore mérovingien conclut, chez moi, à un regret de l'URSS et à une stalinostalgie qui m'ont bien fait rire (*stalinostalgie*, le mot est de moi, bien entendu). C'est d'ailleurs certainement la première fois que ce malheureux fait rire quelqu'un. Maintenant, pour la recension complète de ses sottises, pour le relevé rigoureux de toutes ses bourdes et fautes d'orthographe obstinées, pour le déchiquetage amusant, et ligne à ligne, de son pensum, et pour la démolition en détail d'une stratégie qui n'est même pas la sienne, il devra attendre la publication *posthume* de mon Journal. *Ce qui saurait tarder* ; mais viendra bien un jour quand même. Notons par ailleurs que, dans le même temps, les mouches du coche pixellisées de *Technikart*, continuant à se croire en mesure de parler de moi, me classaient platement parmi les « néophobes » (*novembre 2004*).

Grâce à l'inimitable Lindenberg, vous n'êtes pas seul face au peloton d'exécution —qui ne tire même pas au gaz hilarant. Ce qui surprend, c'est que l'inoubliable auteur des Nouveaux réactionnaires *a, sans rien y comprendre, débusqué un nid de mauvais esprits. Ceux qu'il croit épingler à son tableau de chasse aux papillons partagent effectivement le même scepticisme —voire une certaine aversion —à l'endroit des vessies à l'aide desquelles l'époque prétend éclairer nos lanternes.*

Il s'agissait de faire tomber la chape sur ceux qui, depuis quelques années, ont simplement le tort d'avoir les yeux ouverts, bien ouverts sur le nouveau monde humain concret tel qu'il se développe ; et s'efforcent, dans de multiples domaines, sous de multiples formes, d'écrire ce qu'ils voient. Le scandale, pour le moustachu sous-doué qui a lancé la campagne dite des néoréacs, et pour son commanditaire Rosanvallon, comme pour son admirateur empressé Edwy Plenel, du quotidien de pénitence, ne venait que de là : de ce que quelques personnes ont de bons yeux ; et contemplent le réel tel qu'il est et tel qu'il se métamorphose, et ne considèrent pas un seul instant la bonne pensée progressiste comme un fait établi de toute éternité. J'ai aussitôt tiré de cette affaire une sorte d'apologue, « Les Nouveaux actionnaires », qui a été publié dans *Le Figaro*, et je ne crois pas qu'il y ait grand-chose à en dire de plus. Ce serait une triste épreuve que de prolonger le piteux Lindenberg en lui répondant davantage, et même si j'ai eu la tentation de le faire dans un livre (je l'aurais peut-être intitulé *Les Dépossédés*), j'y ai vite renoncé. Par ennui. Au surplus, trois volumes d'*Exorcismes spirituels*, deux *Après l'Histoire* et encore bien d'autres choses ont balayé par avance toutes ces lindenbergeries éreintées. Ce serait, pour le coup, du réactionnarisme de mauvais aloi que de revenir en arrière et d'accepter de discuter encore de telles platitudes retardataires. Un peu plus tard, d'ailleurs, la fausse riposte tortillée de Jacques-

Alain Miller, ce *Neveu de Lacan* vain et mondain, qui n'avait d'autre but que de faire de Sollers une sorte d'analyseur de cette histoire, alors que la seule drôlerie de celle-ci, d'ailleurs cuisante et croustillante, venait justement de ce qu'il n'en était pas partie prenante, m'a convaincu que j'avais eu raison de laisser tomber.

Curieusement, Miller, quand il n'est pas étouffé par ses propres embrassades à Sollers, touche parfois juste. Quant à Lindenberg...

Lindenberg par lui-même n'a aucune importance. Les médiatiques qui l'ont soutenu, en revanche, et surtout les Rosanvallon ou Plenel qui ont essayé de faire croire que sa plaquette vermoulue était le tremplin de la pensée et ont entrepris de lui donner tout le retentissement nécessaire, sont plus intéressants. Ce sont eux que j'appelle les nouveaux actionnaires – actionnaires de la société en commandite Nouveau Monde, maîtres d'une nouvelle réalité qu'ils ne comprennent pas du tout mais sur laquelle ils entendent avoir le monopole de l'interprétation claudicante et de la critique percluse. Qu'une autre interprétation et une autre critique se développent en dehors d'eux, et ils se gendarment. On n'a pas le droit, en effet, de désobéir à leurs petites désobéissances de mérinos ; ni de déranger leurs dérangements routiniers ; encore moins d'iconoclaster leur iconoclasme. On ne doit, en d'autres termes, jamais se mutiner en dehors des plates-bandes d'*Esprit*, de *Libération*, des *Inrockuptibles* et du *Monde* : c'est là que se retrouvent les révoltés estampillés du New-Bounty, et nulle part ailleurs. C'est là aussi que s'établissent les interdits, que se mettent à jour les fiches de police et que l'on répertorie les « dérapages » (ils ne risquent pas de déraper, eux, ils sont le verglas)...

Que les lecteurs ne s'impatientent pas. Nous en viendrons bientôt au ventre toujours fécond d'où est sorti la Bête Monde. Mais poursuivez donc votre aimable portrait du journalisme de droit divin...

Merci. Que leurs interdits sautent, et les voilà foutus. Et les voilà qui prennent pour le retour de la Bête immonde, justement, leur propre décapilotade. Mais c'est bien leur fin, et uniquement elle, qui s'annonce dans ce « mouvement » hétéroclite sur lequel ils sont même incapables de plaquer le moindre semblant de cohérence. Car il partent d'une vieille pensée de l'homogène, mais cet homogène n'existe plus, même chez ceux qu'ils ont constitués en ennemis, et ils sont alors obligés de réunir artificiellement des éclats disparates, des singularités, des individualités. Et même leurs efforts ne réduisent pas ces singularités à un groupe homogène. Tout leur acharnement n'aboutit qu'à les constituer, eux, en secte ennemie de la liberté. Ils voudraient bien que ceux qui pensent librement forment une secte. Mais même cela est une absurdité puisque le premier principe de ceux qui pensent librement est que chacun est libre de penser ce qui lui chante. Et, en fin de compte, ceux qui pensent librement ne sont réunis que contre les persécuteurs de toute pensée libre et de toute intelligence critique. La pensée unique de ces persécuteurs se heurte à des éclats multiples, et à toutes les négativités auxquelles ils opposent leurs valeurs universelles d'aligneurs de provinces (droits de l'homme, société ouverte, démocratie, réclamation insatiable de lois répressives) devenues la grosse artillerie du nouvel absolu post-historique chargé d'abattre les murailles de Chine toujours renaissantes de la dissidence et de la singularité.

Dans la tentative désespérée de faire croire que leur absolu est encore dans le jeu dialectique et historique, qu'il y a encore de l'Histoire, ils se créent des adversaires ; mais ainsi n'aboutissent-ils jamais qu'à se renforcer en tant que police ; et aussi à désigner un *irréductible* qui, pour être hétéroclite, représente ce qui leur échappe désormais irréversiblement. Jusqu'ici, s'alarme par exemple Rosanvallon, « l'espace politique était traditionnellement structuré entre, d'une part, l'ensemble droite libérale/social-démocratie et, d'autre part, un pôle de radicalité. Or on voit maintenant apparaître une sensibilité inédite, un mouvement indissociablement critique et réactif ». D'où le désarroi. Ces gens-là, ces gens de gauche si friands d'innovation, n'aiment pas du tout les « sensibilités inédites ». Ils en perdent la tête, qu'ils n'avaient pas solide. D'où la décision des nouveaux actionnaires d'envoyer un petit enquêteur incompétent sur le terrain. Celui-ci fait un travail de cochon, recopie n'importe quoi n'importe où, s'embrouille dans les dates, les citations, les références, et torche un rapport ni fait ni à faire, même aux yeux d'un flic débutant (et il faudrait la patience d'un géologue spécialisé dans l'étude ultra-complexe des strates successives de la falsification pour remonter, dans ce minuscule ouvrage, jusqu'aux plus anciens empilements de pataquès fossiles). Arrivé à la page 92 de son malheureux devoir de vacant, il s'arrête, contemple son absence d'œuvre, la trouve bonne et conclut avec pompe comme le pompier qu'il est : « La nouvelle pensée réactionnaire existe. Nous l'avons rencontrée. » Mais il ne se relit pas. Sa maison d'édition non plus. Ils ont tous trop peur de mourir d'ennui.

Ils ont surtout peur de se prendre un coup de réel sur la tête. La grande affaire de ce printemps pendant lequel le peuple, tel un diablotin, est sorti de sa boîte avec un nez rouge, a tout de même fait chuter le cours de vos petits actionnaires. Leurs pieux sentiments et leur méchanceté vertueuse sont de la monnaie de singe. La vigilance fait moins recette. Il est même parfois permis de brocarder ses vaches sacrées. Peut-être que le crime parfait de Baudrillard n'est pas si parfait que ça : le réel bouge encore...

Il y a une mêlée furieuse. Je ne sais pas si c'est le réel qui se débat, mais on aperçoit des tas de gens patibulaires qui s'agitent, en train d'essayer d'étrangler quelque chose. Je dois dire que j'ai été un peu étonné de voir toute la canaille de gauche en déconfiture tenter de ressouder ses débris autour de six ou sept boucs émissaires, dont moi, chargés *a contrario* de lui restaurer une idéologie présentable. Mais c'est impossible. Et puis, quelle idée de transformer en fétiche la pauvre petite ânerie de Lindenberg ! Il est vrai qu'ils n'avaient que cela à se mettre sous la dent et qu'on ne peut pas être difficile quand on est journaliste au *Monde*, à *Télérama*, à *Libération* ou aux *Inrockuptibles*.

J'ai toujours du mal à imaginer qu'on puisse avoir une existence assez vide pour se demander qui est « réactionnaire » et qui ne l'est pas. Ou fustiger, ce qui revient au même, ceux qui disent que « c'était mieux avant ». Mais qui dit ça ? Où ont-ils entendu ça ? Nulle part, sauf dans leurs têtes malades et vides, malades de vide. D'ailleurs, dans cette expression, « c'était mieux avant », ce qui est intéressant c'est le mot « avant ». Mais avant quoi ? Voilà le grand mystère, le miroir dans lequel viennent s'écraser les alouettes fossiles du progressisme qui n'arrêtent pas de récriminer que cet « avant » n'est jamais défini. Justement ! C'est fait exprès ! C'est fait pour les pousser à récriminer ! C'est le point qu'ils ne comprennent pas. Cet « avant » est leur point aveugle. On pourrait d'ailleurs aussi bien dire que c'était pire avant, ça ne changerait pas grand-chose à l'affaire. Ce qu'ils n'arrivent pas à saisir c'est que ce terme, « avant », désigne la frontière au-delà de laquelle ce sont eux-mêmes qui deviennent obsolètes. Ils ne le saisissent pas mais ils le sentent, et ils en deviennent enragés de destruction, de flicages, de traques aux sorcières et de persécutions. Certes il ne s'agit généralement, comme disait Voltaire de ses ennemis, que de « fanatiques du coin de la rue », de « misérables à qui on ne prend pas garde » ; mais il ajoutait qu'« un jour de Saint-Barthélemy ils feraient de grandes choses ». Ils font de grandes choses. Les quelques semaines que dura la sarabande, je pensais aussi à la merveilleuse tirade de Chateaubriand emprisonné à la Conciergerie en juin 1832 et décrivant comme un ballet les allées et venues des indics de la police : « Pendant ma promenade, je voyais rentrer les mouchards dans différents déguisements comme des masques le mercredi des Cendres à la descente de la Courtille : ils venaient rendre compte des faits et gestes de la nuit. Les uns étaient habillés en marchands de salades, en crieurs des rues, en charbonniers, en forts de la halle, en marchands de vieux habits, en chiffonniers, en joueurs d'orgue ; les autres étaient coiffés de perruques sous lesquelles paraissaient des cheveux d'une autre couleur ; les autres avaient barbes, moustaches et favoris postiches ; les autres traînaient les jambes comme de respectables invalides et portaient un éclatant ruban rouge à leur boutonnière. Ils s'enfonçaient dans une petite cour et bientôt revenaient sous d'autres costumes, sans moustaches, sans barbes, sans favoris, sans perruques, sans hottes, sans jambes de bois, sans bras en écharpe ; tous ces oiseaux du lever de l'aurore de la police s'envolaient et disparaissaient avec le jour grandissant. »

Sauf que vos indics à vous sont très amusants, tout habillés qu'ils sont en résistants, guérilleros ou révolutionnaires.

C'est là le petit plus qu'apporte notre sympathique époque. Il faut aussi dire à la décharge des nouveaux actionnaires et du petit enquêteur qu'ils sont dans une sale passe. Le printemps 2002, avec son fameux 21 avril, n'a pas seulement été exécrable ; il a été grotesque ; et ils n'ont pas le sens du grotesque. Ils ne peuvent pas rire d'eux-mêmes. Le monde souffre et gémit, sans oser le dire, sous un tas de militants et communautaristes qui harcèlent non seulement la société entière mais torturent aussi et font chanter ceux qu'ils prétendent arbitrairement représenter (les féministes contre les femmes, les gays professionnels contre les homosexuels, etc.), et qui se signalent, dans leur souffrance quasi métaphysique, de ce qu'ils ne peuvent tout simplement pas rire.

Mais revenons aux anti-nouveaux réacs. Le millénaire qui s'amorce a tout l'air pour eux d'un mauvais millésime. Que faire avec la réalité telle qu'elle change ? Sataniser ceux qui osent en penser quoi que ce soit d'intéressant. Tenter de suggérer qu'ils *blasphèment*. Les jésuites accusaient Pascal de tourner les choses saintes en raillerie, et il leur répond dans sa onzième lettre des *Provinciales* qu'il ne voit rien de saint dans ce qu'il raille, puisqu'il s'agit de ce qu'ils vénèrent. Les choses saintes ont certes bien changé depuis le temps de Pascal où l'on ne révérait ni l'art d'avant-garde, ni la pornographie industrielle, ni les raves, ni le roller, ni l'homoparentalité, mais elles n'ont guère changé en cela qu'il est toujours dangereux, et même plus que jamais, de les railler.

Défense de rire, tel est le mot d'ordre.

Oui. Et du moment qu'on l'a repéré, ce mot d'ordre, il faut lui rire dessus à boulets rouges. Les Vigilants ne vigilent qu'autour des plus désastreuses réalisations de la modernité, qu'ils aiment et qu'ils veulent qu'on adore, et ils ne craignent rien tant que de voir quelqu'un « confondre avec risée leur égarement et leur folie », comme disait encore Pascal. C'est leur *œuvre religieuse* qu'ils défendent en défendant les ruines du présent. Et ils ne veulent pas qu'on les voie en tant que ruines, c'est-à-dire en tant que réel. En accusant les autres d'être réactionnaires, ils s'autodécrètent progressistes. Marx définissait les réactionnaires comme ceux qui « cherchent à faire tourner en arrière la roue de l'Histoire ». Qui pourrait encore nourrir aujourd'hui une si burlesque ambition ? De toute façon elle est carrée, maintenant, cette roue ! Et elle va de l'avant comme ça, carrément, rondement. Ne pas le comprendre, c'est agiter de vieux boniments qui n'ont plus rien à voir avec le réel. Il n'y a certes rien de plus *inventé* que le réel, rien de plus *rêvé* ; mais le petit enquêteur et les nouveaux actionnaires ne s'en doutent pas. Ils ne voient pas le réel ; ils ne voient que le *mot réel*. Et, quand ils le voient, ils sortent leur fusil à tirer les Maurras. Mais moi, je n'ai jamais eu besoin de Maurras pour ouvrir les yeux. Qu'est-ce que c'est, d'ailleurs, Maurras ? Comment le savoir ?...

En le lisant peut-être, ce que la plupart des vigilants n'imaginent même pas qu'ils pourraient faire sans être réduits immédiatement en poussière.

Il faut en tout cas refuser de vivre en un monde où l'on vous intime l'ordre de haïr des gens, des écrivains que l'on ne vous donne même pas la possibilité de juger par vous-même. J'ai néanmoins lu de Maurras, il y a un million d'années, un livre qui m'avait intéressé, *Les Amants de Venise*, destruction du romantisme qui « unit » les couples, autant que je me le rappelle ; par ailleurs, je me souviens que dans *Situations I*, Sartre le cite tout à fait normalement, mais c'était avant-guerre, il n'aurait jamais pris ce risque-là après ; et d'ailleurs, quel risque Sartre a-t-il jamais pris ? Il paraît que le petit enquêteur est « historien des idées ». Elles sont bien gardées, les idées, dans ces conditions, elles sont gardées de tout risque de se frotter jamais au monde concret. Gombrowicz trouvait la philosophie existentialiste inconciliable « avec le fait qu'on circule en pantalon et qu'on parle au téléphone ». J'ai toujours trouvé moi aussi, et de manière plus générale, que la philosophie (et bien d'autres choses futiles comme l'« histoire des idées ») manquait de pantalons et de téléphones. Il n'y a pas de pantalons ni de téléphones chez le petit enquêteur. Derrière ses grands mots et ses « idées » gelées, il y a encore d'autres grands mots et d'autres prétendues idées, mais jamais de pantalons, jamais de téléphones, rien. La pensée élucubrante du petit enquêteur souffre cruellement d'un déficit de téléphones et de pantalons (et de robes, et de jupes, et de soutien-gorge, et de porte-jarretelles, surtout les porte-jarretelles, mais ça dépend qui les porte). On en revient toujours à la question de marier les idées et la vie concrète, l'entendement et le mouvement, le concept et le pantalon. Est-ce que les pantalons sont réactionnaires ? Commentant le travail immortel du petit enquêteur, Joffrin, de *L'Obs*, était bien forcé de conclure : « Ce n'est plus la droite qui est réactionnaire. C'est la réalité. »

Cet aveu témoigne d'une certaine honnêteté.

Certes. Néanmoins, il ajoutait aussitôt un surprenant : « Mais faut-il se résigner ? » Se résigner à quoi ? À la réalité ? Aux pantalons ? Si les pantalons sont réactionnaires, ne vaudrait-il pas mieux dissoudre les pantalons ? Je ne crois pas que nous ayons gagné, comme vous dites ; mais que la question se pose en ces termes est réconfortant pour les pantalons, c'est-à-dire pour l'univers humain concret. « Une grande philosophie, écrivait Péguy, n'est pas celle qui a le plus de vérité, c'est celle qui a le plus de réalité. » C'est-à-dire également, si l'on en croit Joffrin, celle dont la teneur en « réaction » est la plus puissante…

Soyez charitable et comprenez que cette pilule de réalité est difficile à avaler. Cependant, la perspective de remiser définitivement au magasin des accessoires l'univers concret commence à effrayer les modernophiles les plus béats : la naissance supposée d'un bébé cloné a été accueillie par un concert de commentaires réprobateurs. Comme si, tout de même, on hésitait à tuer le vieil homme…

Oui. Et je dois dire que j'ai été étonné. Dans l'affaire de la naissance (bidon ?) du premier bébé cloné, trompettée par les raéliens aux alentours de Noël, ce qui m'a le plus frappé c'est la réaction quasi unanime d'horreur de toute une élite qui fait depuis si longtemps de la transgression dans n'importe quel domaine son horizon perpétuellement dépassable et désirable, et qui a soudain crié à la transgression affreuse. Le réel rejette Raël ? J'aurais tendance à penser, hélas, que dans cette histoire c'est moins le clonage lui-même que Raël qui fait horreur. Peu de temps après la dernière guerre, Bernanos, au cours d'une conférence, disait ceci : « L'espèce de civilisation qu'on appelle encore de ce nom – alors qu'aucune barbarie n'a fait mieux qu'elle, n'a été plus loin qu'elle dans la destruction – ne menace pas seulement les ouvrages de l'homme : elle menace l'homme lui-même ; elle est capable d'en modifier profondément la nature, non pas en y ajoutant sans doute mais en y retranchant. Devenue plus ou moins maîtresse de nos cerveaux par sa propagande colossale, elle peut se donner, bientôt peut-être, un matériel humain fait pour elle, approprié à ses besoins. » Et il ajoutait : « Si vous êtes assez naïfs pour croire que les expériences monstrueuses des savants allemands ne seront pas reprises un jour ici ou ailleurs, qu'elles ne sont pas dans l'esprit de cette civilisation technique, je n'ai plus qu'à ramasser mes papiers en vous demandant la permission de me retirer. Libre à vous d'entrer dans le laboratoire, de vous confier à de telles mains ! » Nous n'en sommes pas encore tout à fait là, mais nous nous en approchons. Nous sommes devant la porte du laboratoire. Certes, le réel se cabre encore contre toutes les greffes confuso-oniriques qu'on lui inflige ; mais les confuso-onirocrates sont infatigables, et aucun échec ne les rebute. Ils ne cessent de considérer qu'il s'agit alors de retards, ou de résistances abjectes.

Pantalonnades et téléphonages continueraient de hanter le monde ?

C'est bien le problème. Ainsi, dans le temps où l'on débattait si sombrement d'un clonage de toute façon inéluctable, comme le reste, *Le Journal du Dimanche* s'effarait de cette autre anomalie qu'au bout d'un an que l'euro est « dans les poches », il n'est toujours pas « dans les têtes ». Pire : alors que le « basculement technique » avait été « un vrai succès » il y a un an (c'est eux et eux seuls qui avaient décrété d'office qu'il s'agissait d'un succès ; et maintenant, ayant proféré à l'époque une affirmation imbécile, ils la considèrent comme une loi de la nature que la réalité, encore elle, viendrait bouffonnement contrarier), les Français « se sont majoritairement remis à penser en francs ». Les salopards ! Seraient-ils tous réacs ou néo-réacs ? Si l'euro n'est toujours pas « dans les têtes », pourquoi ne coupe-t-on pas celles-ci ? En somme, ce qui ne pouvait pas échouer (leur basculement technique) a réussi ; et ce qui risquait de rater (l'asservissement) a raté. Mais la foi des dominants en la désirabilité des nouvelles conditions d'existence est si intense qu'ils ne peuvent, même lorsqu'ils le constatent, donner le moindre sens au rejet de ces conditions. Au même moment, *Libération* se lamentait aussi : « Un an après le passage à la monnaie unique, la France dépense euro et pense franc. » N'est-ce pas là très exactement la situation du colonisé, contraint de parler la langue du colonisateur en présence de ce dernier, *et seulement en sa présence* (ou du marrane professant par force le christianisme) ?

Voulez-vous encore que nous parlions de futilités ? Eh bien, par exemple, contre toute attente, dans l'affaire *Rose bonbon*, on a vu le ministre de l'Intérieur Sarkozy ne pas tomber dans le piège d'interdire ce fort mauvais livre, alors même que les plus vieux chevaux de retour de l'intelligentsia pétitionnaire (la Race des Signeurs) hennissaient déjà à la perspective de se lancer dans un nouveau tour de piste sans risque contre l'intolérance et le retour de l'ordre moral (le tout récent réquisitoire du substitut du procureur de Carpentras contre Léo Scheer, éditeur d'*Il entrerait dans la légende*, est en revanche inadmissible : une fois pour toutes, un roman ne peut jamais être coupable d'autre chose que d'être mauvais, et cela ne tombe pas sous le coup de la loi). Il aurait été si délicieux pourtant de le défendre, ce *Casse bonbon*, à la face d'un monde d'ailleurs unanimement indigné ! N'est-ce que partie remise ? On verra bien. Il est vrai que ce pouvoir n'est pas toujours aussi inspiré, c'est le moins que l'on puisse dire. Traquer les prostituées, pour ne prendre que cet exemple, n'est pas très malin. Alors qu'un immense chantier devrait s'ouvrir : celui du déjospinage de tout, partout, dans tous les coins, comme on fait du désamiantage. Malheureusement, on est bien obligé de constater que la carte jospinienne (et langienne, et aubryenne, et ségolénienne, etc.) continue, aujourd'hui encore, à pourrir massivement sur le territoire. Avec la complicité, ou grâce à la sottise, des nouveaux gouvernants...

De fait, pendant que Lindenberg et ses amis s'agitent en vain pour ressusciter la gauche lyrique, un autre danger nous menace. Un certain nombre des reproches que vous adressez à ce monde sont maintenant un lieu commun repris en chœur par les nouvelles consciences critiques. Dans son Épîtres à nos nouveaux maîtres, *Alain Minc découvre les horreurs du féminisme, du communautarisme et du nationalisme corse. On brûle de le voir dénoncer la vigilance de ses amis du* Monde. *Mais la machine à recycler les idées lave plus blanc que jamais. Comment sortir de cette confusion ?*

En continuant à inventer. Les récupérateurs n'inventent jamais. C'est leur maladie. Les récupérateurs font parfois du bruit, mais jamais de vieux os (de toute façon, d'autres attendent toujours derrière la porte pour les remplacer). Même s'il a été bien monté, les suites du coup de Minc sont minces. En tout cas, pas en proportion avec les efforts déployés pour le faire prospérer.

Quoi qu'il en soit, dans la confusion d'un monde où les grandes antithèses se sont presque totalement effacées, il n'y a plus beaucoup de surprise à voir le laudateur bien peigné de la « mondialisation heureuse » coiffer à l'occasion une perruque de détracteur échevelé des « communautarismes » gays, féministes, corses, etc. Pourquoi pas ça aujourd'hui et autre chose demain ? Certes, le glaçant spectacle d'un Minc s'attaquant aux « minorités culturelles, régionales ou sexuelles » donne envie de passer à toute allure dans le camp de ceux qu'il attaque. Heureusement, il ne les attaque pas vraiment. Il ne les attaque même pas du tout. Il les apostrophe pour faire du vent. Du vent dans le sens du vent. Lequel change souvent de sens. Les médiatiques accueillent d'autant plus volontiers les Minc en tout genre et leurs débats préfabriqués qu'ils ne pèsent pas plus lourd que les brûlots spongieux qu'ils publient à la hâte, et qui durent exactement le quart d'heure qu'ils doivent durer.

Par-dessus le marché, le monde concret est absolument absent, là encore, de leurs pénibles « travaux », et ils usent sans jamais les mettre en examen des termes mêmes avec lesquels les médias débattent entre eux (« communautarisme », pour commencer) dans la chambre sourde de leur perpétuel confusoonirisme. Or, il faut *toujours* mettre les mots des médiatiques en examen, c'est le moindre des préalables ; et ce réflexe de mise en examen perpétuelle ne risque pas, lui, d'être récupéré. Pas davantage que le *rire* par lequel il vaut mieux, si toutefois on en est capable, accompagner ce que l'on écrit, et qui fait que l'on ne risque pas, par là non plus, d'être trop imité. Car les Minc de tout poil ne rient pas. C'est même ce qui différencie ces graphomanes automatiques des écrivains. Il n'y a pas beaucoup plus à dire, en vérité, de l'opération Minc que de l'opération Lindenberg : c'est l'avers et le revers de la même fausse monnaie. Cet électron enchaîné qui veut brusquement se faire prendre pendant cinq minutes pour une particule néo-réactionnaire rugissante n'est pas très intéressant. C'est seulement la politique de la terre pillée. Ce virtuose de la terre plagiée, de la terre pompée, n'invente qu'une chose : la vitupération sans excès. La charge avachie. La philippique flaccide. Ce fulminateur improvisé pèse le pour et le contre. Ce folliculaire équitable souffle le tiède et le mou et plaide cauteleusement de tous les côtés à la fois (« Méfiez-vous, Mesdames les Chiennes de garde... Méfiez-vous, Messieurs les névrosés anti-américains... »). Il n'est guère plus surprenant de voir Minc repeint en pamphlétaire modérantiste que de croiser dans la rue des gens au visage couvert de porte-clés ou à la chevelure taillée en crête de coq et teinte en rouge. Après la fin de l'Histoire et le renoncement à faire l'histoire humaine, on se refait soi-même et cela donne des résultats étonnants qui, très vite, n'étonnent plus. Seule, dès lors, la succession précipitée des étonnements procure encore l'impression que les choses continuent. Minc en nouveau pamphlétaire provisoire n'est jamais qu'un organisme génétiquement modifié de plus. Naulleau et Jourde, avec leur *Petit Déjeuner chez Tyrannie*, sont beaucoup plus réjouissants. Ne serait-ce que parce qu'ils vont traquer avec talent les monstres au plus noir de leur sanctuaire, dans le fond de la caverne : *Le Monde* ; et révèlent que ce ne sont que des tigres en papier-cul (que ces tigres, par ailleurs, satisfassent leurs besoins naturels accroupis ou debout), et que leur livre demeurera quand toute la petite nomenklatura savignoïde sera morte, si elle ne l'est déjà. Ne serait-ce que parce que c'est ce livre qui transforme en comédie, c'est-à-dire immortalise, le purgatoire savignesque.

Justement, les populations écroulées de rire découvrent que ces grands-ducs-là sont nus comme des vers. Après avoir perdu nos délicieux socialistes, voici que la dame Savigneau précitée semble connaître de graves difficultés – pas seulement psychologiques. Il est désormais permis de l'attaquer, tout comme on peut dire du mal de

Sollers, cela devient même assez commun. Ne risquons-nous pas de nous retrouver face à du néant ?

Non. On était déjà face à du néant depuis longtemps, du néant rugissant et intimidant ; et qui n'intimidait que les intimidables. Mais ce néant existe toujours et je ne partage pas du tout votre optimisme quant aux possibilités qui seraient désormais offertes d'exposer ce que l'on pense vraiment des tigres dont j'ai parlé plus haut et dont j'ai qualifié le papier dont ils sont faits. Imaginez par exemple un inconscient qui se rappellerait soudain la pétulance entendue avec laquelle Josyane Savigneau, il y a quelques mois, échappée de son autoroute enneigée, soutenait l'ami Houellebecq lorsqu'on le poursuivait odieusement devant un tribunal parce qu'il avait osé dire que « la religion la plus con, c'est quand même l'Islam » ; imaginez donc un seul instant que l'inconscient en question soit assez dingue, aujourd'hui, pour vouloir faire paraître un article parfaitement irresponsable et blâmable qui s'intitulerait : *La Religion la plus con, c'est quand même Savigneau*. Je doute, pour commencer, qu'il trouve un endroit où publier pareille insanité. Et cela est heureux. Car un tel texte, titré de façon aussi consternante, tomberait illico et légitimement sous le coup (entre autres) de l'article 29 alinéa 2 de la loi du 29 juillet 1881 (vous savez, cette loi tellement rigolote sur la liberté de la presse qui conclut joyeusement et tout de suite que la liberté n'existe plus) selon lequel « toutes expressions outrageantes, termes de mépris ou invective qui ne renferme l'imputation d'aucun fait est une injure ». Nous savons bien, chère amie, que les juges ont à de nombreuses reprises rappelé que la critique doit être « émise en termes qui peuvent être sévères mais qui doivent toujours demeurer corrects et dépourvus d'intentions malveillantes ». Rien n'est plus infâme que les intentions malveillantes ; et la liberté d'expression elle-même dégénérerait en abus dès lors que paraîtrait un tel article. Ce comportement illicite appellerait une sanction rapide.

Vous vous méprenez, cher Philippe, en déduisant de la loi de 1881 que « la liberté n'existe plus ». Cela dépend de quelle liberté on parle. Quand il s'agit de diffamer ou d'injurier un inconnu ou, mieux, un politique, ou encore tout personnage public déjà détesté de l'opinion, on ne transige pas avec la liberté de la presse : elle est, de fait, pratiquement illimitée. J'ajouterai que seuls les vrais « pipoles » ont les moyens de se défendre quand cela les arrange. Ce qui leur permet d'être doublement rétribués : une première fois quand ils font commerce de leur intimité et une seconde quand ils réclament réparation pour la blessure représentée par l'exposition obscène de cette intimité. Quant au cas fictif que vous décrivez, celui d'un journal se payant la tête de dame Savigneau, il serait fort intéressant puisqu'il mettrait aux prises deux dépositaires de l'Esprit-Saint du temps incarné par ses médias. Vous imaginez bien que l'issue d'un tel choc de titans ne refléterait rien d'autre que le rapport de forces du moment. Soyez-en certain : un jour prochain, nous verrons la pauvrette déchiquetée par la meute qu'elle a si souvent lancée sur d'autres proies. Et ce sera dégoûtant. En attendant ce triste jour – et je dis cela sérieusement car il est toujours déplaisant de voir ses ennemis attaqués de façon méprisable – vous avez évidemment raison. Seul un benêt ou un fieffé impudent prendrait le risque d'égratigner la grande prêtresse des lettres et du système Sollers. Pour l'instant.

Mais, à supposer même que l'auteur détraqué de l'ignoble article en question parvienne à le publier, qui trouverait-il alors pour pétitionner en sa faveur, défendre la liberté d'expression et de jugement, et aller devant un tribunal pour le soutenir ? Je doute fort que l'on retrouve, même aujourd'hui, parmi ses défenseurs, beaucoup des courageux écrivains voltairifiants qui pétitionnaient sans risque, il n'y a pas si longtemps, en faveur de Houellebecq et contre un milliard de musulmans. Et cela pour une raison simple : ce milliard de musulmans n'existe tout simplement pas car il n'existe pas d'*Oussama Magazine*, ni de Supplément benladéniste des Livres, d'où ces courageux écrivains voltairifiants, dont on entend d'ordinaire cliqueter les chaînes à trois kilomètres, risqueraient d'être ostracisés s'ils ne montraient pas, en toute occasion, patte blanche ; dans le juste sens, bien entendu, de la rébellion estampillée, du ricanement en charentaises et de la libre pensée sur ordonnance. La libre pensée, c'est-à-dire la bonne pensance. Il faut bien reconnaître aussi qu'aucun djihadiste ne siège dans un jury littéraire parisien.

Vous me demandez comment sortir de la confusion. J'espère vous avoir convaincue, une fois de plus, par ce petit apologue, que ce ne peut être que par le rire. Et sûrement pas par celui de Voltaire, que l'on n'entend plus siffler qu'entre les lèvres en cul de poule des rombières mal liftées. Par celui de Rabelais. Comme toujours. Le rire de Rabelais sauvera le monde. Le rire de Rabelais, c'est le monde sauvé. Rabelais existe, je l'ai rencontré, le monde est sauvé.

Il est d'ores et déjà sauvé, et pour toujours, et sauvé pour commencer de tous les Emmanuel Pierrat advenus et à venir, nés ou à naître ; *Me Emmanuel Pierrat*, comme on dit paraît-il, dont je viens, ci-dessus, et pour mettre les points sur les *i*, de *détourner* la prose (et qu'il vienne donc m'attaquer en justice pour *détournement*, je citerai illico à comparaître Lautréamont, Breton, Dada, Kierkegaard, l'intertextualité en personne !), prose extraite d'une lettre (avec AR) comme seuls savent en écrire les avocats, et que l'on pourrait considérer, toujours si on avait l'esprit mal tourné, ce qui n'est pas mon cas, comme un assez joli, quoique pâteux, texte de persécution moderne. Car ce personnage, que *Libération* croit avoir les moyens de définir comme un « avocat pro-liberté d'expression », mais aussi curieusement, et dans la même foulée ingénue, comme un « censeur anticensure », et dont le slogan est paraît-il : « À bas la censure et vive les censeurs », slogan qui ne fait que paraphraser, mais en la positivant, la première phrase d'un de mes textes de 1999 intitulé *Les Nouveaux Championnats* *de la censure* (*Exorcismes spirituels III*), et qui était le début d'un diagnostic : « Il n'y a plus de censure. Les censeurs l'ont remplacée » (et qui n'était qu'un constat lucide et désolé, non une exhortation aux pires salauds à être encore plus salauds) ; cet avocat, disais-je, qui jubile paraît-il « d'avoir plaidé le droit au blasphème pour Houellebecq », et traité (quel exploit) l'avocat général d'« analphabète général » (ce qui rend d'emblée sympathique cet avocat général), mais qui ne regrette pas, semble-t-il, d'avoir, toujours selon la même source, « soutenu mordicus une doctorante harcelant son démographe prétendu "harceleur" » (et, dans ce cas proprement odieux dont nous avons déjà parlé, les guillemets sont de *Libération*, pas de moi) ; cet avocat, dis-je encore, réfute par lui-même, et par son existence, l'illusion que vous tenez de je ne sais où que nous allons nous retrouver face à du néant[1]. L'exemple de ces épurateurs mondains (encore que leur autre nom soit bien sûr Néant, mais c'est hélas sur un autre plan) vous dit le contraire. Certes, on peut déjà, comme je l'ai déjà fait pour tous les malfaiteurs du moderne, traiter des individus de cette sorte comme les morts qu'ils sont. Je sais que tous ces bénisseurs des temps contemporains ne l'emporteront pas en paradis, et ne pourront, seuls et vieux, que dépérir avec pour unique satisfaction d'avoir été approuvés par ce qu'il y avait de pire en leur temps, c'est-à-dire une minuscule nomenklatura qui ne valait pas mieux qu'eux. De sorte aussi que, de l'autre côté, avoir été perpétuellement combattu par cette nomenklatura aura été un titre de gloire, même si l'on n'en avait pas d'autre. Mais enfin, de leur vivant, il faut bien constater que ces gens nuisent et que c'est leur raison d'exister, et qu'ils me font penser au pharmacien Homais,

---

[1]. À quelque temps de là, cet avocat pourchasseur du démographe en question subissait, après trois années de harcèlement judiciaire, une très sympathique défaite : la plainte de sa cliente était rejetée et une ordonnance de non-lieu était délivrée contre le pourchasseur. Il faut convenir que seul *Le Monde*, en cette occasion, a présenté ses excuses à la victime, c'est-à-dire au démographe (*novembre 2004*).

vers la fin de *Madame Bovary*, lorsque ce cloporte exerce enfin pleinement son droit d'ingérence et qu'on le voit se transformer, à lui tout seul, en groupe de persécution au nom des Lumières. C'est bien à tort que l'on fait généralement de ce personnage de provincial voltairien le prototype de l'abruti scientiste : il est bien pire et beaucoup plus moderne que cela. Aux dernières pages du roman, on le voit composer un livre et commencer à se préoccuper de « grandes questions » : « problème social, moralisation des classes pauvres, pisciculture, caoutchouc, chemins de fer, etc. ». Dans le journal local, il mène une campagne acharnée contre un vagabond, un malheureux aveugle qu'il a pris en grippe et qu'il parvient à faire interner définitivement (ne dirait-on pas quelque avocat pierreux pourchassant un démographe par une nuit de pleine lune ?). Et Flaubert conclut : « Ce succès l'enhardit ; et dès lors il n'y eut plus dans l'arrondissement un chien écrasé, une grange incendiée, une femme battue, dont aussitôt il ne fît part au public, toujours guidé par l'amour du progrès et la haine des prêtres. Il établissait les comparaisons entre les écoles primaires et les frères ignorantins, au détriment de ces derniers, rappelait la Saint-Barthélémy à propos des abus, lançait des boutades. C'était son mot. Homais sapait ; il devenait dangereux. » Dire que les Homais contemporains sapent et qu'ils sont non seulement dangereux mais nuisibles me semble un truisme.

Certes, mais on voit mal pour quelle raison ils se priveraient des inépuisables agréments de toute posture oxymorique : je t'embastille au nom de la liberté, je t'insulte au nom de la tolérance, je te bâillonne pour lutter contre la censure. En langage commun, cela s'appelle jouer sur tous les tableaux.

De toutes ces pierrailles, de ces gravillons et de ces caillebotis persécuteurs que nous n'avons pas fini d'avoir sur le dos puisqu'ils défendent le Bien, je voudrais encore dire une chose : de tout temps le démon aura été l'esprit qui toujours nie. On peut le reconnaître aujourd'hui à ce qu'il dit toujours oui. C'est assez curieux, redoutable et risible...

Eh bien rions maintenant, les sujets ne manquent pas. Voir notre gauche en quête d'horreur – de raisons d'exister – se rejouer Mai 1968 avec le benêt moustachu fut finalement assez divertissant. Il est moins amusant de la voir mimer le Vietnam – et même parfois l'antinazisme – avec la Palestine, nouvelle sainte cause au nom de laquelle les progressistes sont prêts à toutes les alliances. Du coup, tout se mélange : la défense de la Palestine, la critique et surtout la démonisation d'Israël, la résurgence d'un discours antijuif, le redoublement de la paranoïa des Juifs. Croyez-vous qu'il existe aujourd'hui en France une question juive ?

Tout se mélange, en effet ; mais c'est parce qu'après l'Histoire, une fois encore, les organismes génétiquement modifiés courent les rues. Il existe, comme vous dites, une « question juive ». Elle existe depuis que le monde existe, et c'est une question posée au monde, non aux Juifs ni par les Juifs, mais par l'existence des Juifs ; et c'est cette question que l'on a voulu régler de manière définitive ou « finale » il y a plus de cinquante ans. Je ne crois pas que ce soit celle-là qui resurgisse aujourd'hui en France. À moins de considérer que la France ce ne sont plus que ces *cités* autonomisées où se rejoue de manière affreuse et imbécile, et peut-être demain criminelle, ce qui se joue en tragédie au Proche-Orient. Le pire, en tout état de cause, c'est qu'il devienne en ce moment presque impossible de *discuter amicalement* de tout cela sans être accusé de nourrir les plus noires arrière-pensées. Pour quelqu'un qui n'est doué que de ce que Freud appelait le « consentement fragmentaire », et qui considère que c'est là l'essence même de l'art de vivre ensemble, c'est une situation difficile. Il est probable qu'elle ne va pas s'arranger dans les mois qui viennent...

Nous ne saurions poursuivre ce tour d'horizon sans évoquer les perspectives de guerre en Irak. Tout d'abord, et cela vient à l'appui de mon hypothèse que « quelque chose change », il faut constater que nous sommes d'accord avec quatre-vingts pour cent de la population des pays européens pour être hostiles à cette guerre et à la politique de « nos grands alliés ». Mais n'y a-t-il pas quelque chose de vrai dans la thèse (américaine) qui attribue le pacifisme européen à la volonté de sortir de l'Histoire ? Ne sommes-nous pas un peu naïfs, « vénusiens » comme dit Kagan, de nous indigner qu'un État puissant utilise sa puissance pour faire prévaloir ses intérêts de puissance ?

À l'heure où nous conversons, chère Élisabeth, les opinions publiques de la Terre entière défilent contre l'équipe Bush, Dominique de Villepin se fait applaudir à l'Onu et Chirac, comme s'en lamente *Libération*, est « sur le point de réitérer le coup du 5 mai », c'est-à-dire de faire l'unanimité derrière lui ; ce qui a, poursuit ce même quotidien, « quelque chose d'irrespirable ». Toute la gauche manifestante, pacifiste, rollérante, tolérante, civilisante, fréquentante, citoyenne, touristique-citoyenne, antiraciste-citoyenne, culturelle-citoyenne, morte-citoyenne, ahurie-citoyenne, débile-citoyenne, se retrouve forcée une nouvelle fois de manger son chapeau et de soutenir Chirac. En quelques mois, cela fait beaucoup. Les nouveaux réactionnaires sont-ils responsables de cette seconde humiliation ? Il faudrait demander son avis au petit enquêteur. Les *annus horribilis* (ou faut-il dire *anni horribiles* ?) se suivent et se ressemblent. Et la loufoquerie atteint son comble. Les anciens pays satellites de l'Union soviétique, orphelins de l'ancien Empire et de toutes les délices que procurait la servitude, se jettent dans les bras du nouvel Empire. Colin Powell tente désespérément de nous convaincre que Bagdad a des armes de destruction massive en exhibant des suppositoires qu'il appelle « preuves » et qui feraient même rire un trisomique s'il se les mettait dans le cul. Le gouvernement anglais publie un rapport « accablant » contre Saddam, mais il a été copié sur une thèse universitaire vieille de douze ans. Sous prétexte de lutter contre le terrorisme international, on décide la guerre contre un État qui ne terrorise que sa population (ce qui est déjà beaucoup et même trop, je le reconnais). Pendant ce temps-là, les petits robots de la Corée du Nord agitent l'arme nucléaire, mais on fait semblant de ne pas les voir (l'Irak, c'est l'arbre qui cache la Corée). Enfin, juste au moment où il le faut, Ben Laden réapparaît par cassette interposée comme une divine surprise démoniaque. Tout devient burlesque et sinistre. Ce n'est plus la tragédie qui se répète en farce ; c'est la farce qui caracole en tête de cortège, juste avant que la tragédie ne commence. Je vous vois chagrinée d'être en accord avec quatre-vingts pour cent de la population...

Pas chagrinée, déconcertée. Et d'accord sur les conclusions, certainement pas sur les prémisses citoyennes et pacifistes que vous venez de rappeler...

Mais d'abord, croyez-moi, le désaccord pour le désaccord n'est pas un programme ; ensuite, comment se battre contre ceux qui disent que les feuilles des arbres sont vertes quand vient l'été ? L'unanimité, enfin, ou la quasi unanimité de l'opinion publique n'est la preuve de rien et ne peut être utilisée en aucun sens. Péguy le disait mieux : « Nous ne commettrons donc pas cette inconséquence de nous en prendre à l'opinion publique, comme ayant par elle-même une valeur mauvaise quand elle nous est contraire, et de nous référer à l'opinion publique, comme ayant par elle-même une valeur, quand elle nous est devenue favorable ; nous ne dirons pas avec un ancien rhéteur bourgeois qu'il y a le peuple et la foule, que le peuple est en haut et la foule est en bas ; nous ne commettrons pas cette inconséquence de déclarer que nous avions évidemment raison puisque nous étions communément condamnés par les tribunaux petits, moyens et grands, puisqu'un jury de bourgeois condamnait honteusement Émile Zola, et qu'à présent nous avons non moins évidemment raison puisqu'un tribunal suprême nous a rendu justice. » Par ailleurs, rassurez-vous : les opinions publiques, fussent-elles unanimes, pèsent moins lourd que la Maison Blanche. Dix millions de gens dans les rues sont une minorité futile par rapport à Bush tout seul.

Par-dessus le marché, on peut très bien s'opposer à *cette guerre-là* sans être pacifiste le moins du monde. Je n'ai pas attendu aujourd'hui pour *ne pas être* pacifiste, j'ai même publié en 1995 une *Autopsie du pacifisme* que l'on peut lire dans le premier volume de mes *Exorcismes*. Mais passons. Nous ne sommes plus en 1995 et il suffit, une fois encore, d'avoir de bons yeux et de bonnes oreilles, et de voir comment toute cette affaire se déchaîne, là aussi, dans un climat confuso-onirique total, pour au moins se méfier.

Je vous ferai remarquer l'inquiétant emploi par Bush du terme de « croisade », inquiétant non parce qu'il rallume le souvenir d'anciennes guerres de religion, comme le disent les idiots, mais par la fonction d'échappatoire qu'il implique. La croisade sacralise celui qui la mène, et l'esprit de croisade permet d'effacer les conditions concrètes dans lesquelles se déroule un conflit. Après le 11 septembre, Bush avait déjà averti : « Ceux qui ne sont pas avec nous sont contre nous. » Et maintenant, suivi d'ailleurs par tous les intellectuels qui l'approuvent, il traite de « munichois » les opposants à cette guerre-ci, ce qui est une façon efficace de les diaboliser, et aussi de falsifier l'Histoire, car qu'est-ce que

Munich sinon la paix sauvée provisoirement au prix du déshonneur puis de la tragédie, ou l'esclavage préféré à la mort avec la mort en prime, et le suicide plutôt que la guerre avec la guerre quand même. Mais qui, depuis le 11 septembre, dit qu'il faut sauver la paix à n'importe quel prix ? En tout cas pas moi. Il me semble seulement que cette guerre-ci est à côté de la plaque, et même qu'elle dispense d'en livrer une autre. Tous ces gens parlent de « Munich », depuis les attaques de Manhattan, comme si l'on se trouvait en face d'États totalitaires et que l'alternative était de se coucher ou de leur faire la guerre. Il ne s'agit pas d'États mais de terroristes, contre lesquels l'arme appropriée est la police, une police mondiale et infatigable qu'il faudrait peut-être d'ailleurs inventer de toutes pièces face à un ennemi lui-même tout à fait inédit. Je suis convaincu que c'est dans l'impuissance à imaginer une telle police que l'on se livre à cette « croisade » qui apparaît dès lors comme une solution de paresse (prometteuse de catastrophes par-dessus le marché). Quand je dis qu'il s'agit d'une guerre de merde, cela ne signifie pas, bien au contraire, que toutes les guerres sont des guerres de merde ; mais celle-là l'est assurément.

Reste que nous avons affaire à deux illusions symétriques : les Américains croient faire régner l'ordre par la force et les Européens espèrent échapper au désordre du monde en rentrant la tête dans les épaules. Le pacifisme des populations ne traduit pas un retour inattendu du bon sens. Au sujet de l'Europe, Sloterdijk emploie la métaphore du Crystal Palace et celle de la salle de gym. Les foules qui ont défilé contre la guerre veulent avant tout qu'on les laisse tranquilles dans leur salle de gym. En ce sens, je le répète, Kagan touche peut-être juste.

« Les Américains sont de Mars et les Européens de Vénus », vient de lâcher l'un des idéologues de Washington. C'est de la très mauvaise mythologie : Vénus et Mars, en vérité, sont inséparables. Lui, veut toujours faire la guerre, remettre l'Histoire en marche par le fer et par le feu, et elle, tente de l'en empêcher. C'est ainsi qu'ils fonctionnent et c'est un thème qui a suscité autrefois d'innombrables tableaux. Il y en a un, de Rubens, qui se trouve à Florence, au Palazzo Pitti, et qui s'intitule *Vénus cherche à retenir Mars*. On y voit une admirable Vénus nue se cramponnant désespérément à Mars qui, casqué, cuirassé, glaive en main, est prêt à partir en expédition. Je me souviens d'avoir commenté passionnément ce tableau dans mon livre sur Rubens, dans la nuit des temps. Sans Vénus, Mars n'est rien ; l'inverse est vrai aussi. Lucrèce lui-même (un munichois ?), dans le *De Natura rerum*, suppliait Vénus de faire cesser « les cruels travaux de la guerre » en retenant Mars dans son lit : « Ah ! lorsque ainsi, ô Déesse, il repose près de ton corps sacré, enlace-toi à lui, et que ta bouche, répandant de douces paroles, lui demande le repos de la paix, ô glorieuse ! » Vénus et Mars sont en constante opposition, en constante disjonction dialectique, et c'est précisément la volonté de les séparer qui relève d'une mentalité post-historique réellement maniaque. Mais personne n'est capable de comprendre cela, et je dois avouer que je suis d'avance fatigué de tout ce qui va être dit sur la haute teneur en historicité (en *Geschichtlichkeit*) des événements qui ne vont pas manquer de se produire, et sur leur fonction de preuve que l'Histoire continue. Une preuve aussi solide, à vrai dire, que les suppositoires de Colin Powell. On ne manquera pas, une fois de plus, de fustiger ces « théoriciens de la fin de l'Histoire qui nous voyaient déjà entrés dans un dimanche éternel » (mais qui a dit que le dimanche de la vie est un moment heureux ? et qui se fait des illusions sur l'horreur torpide des dimanches, en dehors de tous ces *pères de famille* qui, le dimanche, promènent leur progéniture sur rollers en racontant que le dimanche de la vie n'existe pas, alors que ce sont eux qui ont disparu ?)...

Il est assez normal que, confrontés à ce que nous percevons comme un risque de déflagration en chaîne dans le monde musulman, nous cherchions à y comprendre quelque chose. Il y a quelques années, Fukuyama annonçait la fin de l'Histoire et le meilleur des mondes. Aujourd'hui, beaucoup sont tentés par l'idée que l'Histoire recommence.

Ce n'est certes pas en nous référant à l'Histoire que nous pourrons comprendre quelque chose à ce qui se passe. La méthode généalogique, j'en suis convaincu, est morte avec la période où les conditions d'existence étaient historiques. L'hypothèse que j'avais formulée dans les *Djihadistes* – que l'Occident était invincible parce qu'il ne ressemblait plus à rien, de même que le sexe (la vie sexuelle concrète, sensible) est désormais immortel parce qu'il a été tué par la pornographie, de même que la fête a été enterrée par la festivisation générale, par l'hypostasie hystérique du festif, et de même encore que tant d'autres choses sont purement et simplement *réalisées*, éternisées par une sorte de cryogénisation spontanée, et jusqu'à l'espace, mort sous sa *vacancisation* (forme de léthargie dont on n'arrive plus à le tirer qu'à coups d'attentats terroristes ou de catastrophes) –, cette hypothèse, donc, me paraît toujours et plus que jamais pertinente. Où est passé l'Occident ? Dans son outrepassement quasi parodique effectué par les États-Unis. La guerre elle-même, cette *guerre de précaution-ci* que s'apprête à livrer un Bush désinhibé à mort par le 11 septembre et avide de bien s'éclater sans complexes dans le magasin de porcelaine du Moyen-Orient, est post-historique, ne serait-ce que parce qu'elle relève de la hantise sécuritaire, du judiciarisme le plus exalté, de l'intervention punitive à côté de la plaque et de la volonté d'imposer une réalité sans contradiction. Le plus vieux sentiment du monde, la vengeance, n'est pas nécessairement méprisable ; mais il devient imbécile et criminel lorsqu'il se dirige vers autre chose que le coupable. Or, Saddam est coupable de tout, mais pas du 11 septembre, et c'est simplement, je pense, ce qu'ont dit les millions de gens qui ont défilé dans les rues de tant de villes du monde. En tout cas, c'est ce que j'aurais dit si j'avais défilé avec eux, ce que je me suis bien gardé de faire, évidemment, et qui d'ailleurs ne m'est pas un instant venu à l'idée.

Il est curieux, alors, que les mêmes qui manifestent chaque jour pour le Bien, les mêmes qui se proclament justiciers en toute occasion se soient insurgés contre cette application à l'échelle mondiale de leurs vertueux principes. Après tout, eux veulent changer le peuple, Bush prétend changer les peuples, c'est juste un peu plus délirant – et aussi beaucoup plus dangereux je vous le concède, dès lors que les premiers n'ont que des armes d'opérette et le second une armada bien rodée.

La seule chose qui a un sens, dans toute cette affaire, c'est l'acharnement spectaculaire de Bush et des forcenés qui l'entourent. Bernanos écrivait peu après la Seconde Guerre mondiale (je sais que c'est la énième fois que je vous la cite mais je ne m'en lasse pas, excusez-moi) : « En passant de la raison à l'instinct, l'idée de justice acquiert une prodigieuse capacité de destruction. Elle n'est d'ailleurs pas plus, alors, la justice que l'instinct sexuel n'est l'amour, elle n'est même pas le désir de justice, mais la concupiscence féroce et une des formes les plus efficaces de la haine de l'homme pour l'homme. L'instinct de justice, disposant de toutes les ressources de la technique, s'apprête à ravager la Terre. » L'Empire américain gardait peut-être certains doutes sur l'authenticité de sa mission apostolique, mais le 11 septembre a transformé celle-ci en chose sacrée, ininterrogeable. Et de même que la gauche française s'est vue littéralement remontée dans sa propre estime par sa grande culbute du 21 avril, de même l'écroulement des tours de Manhattan a-t-il fait de la démocratie américaine le destin obligatoire de toute la planète. Mais je ne vois guère de raison d'assimiler les futurs tapis de bombes américains avec la démocratie. Pour comprendre Bush et sa horde de conseillers fanatiques, sans doute faudrait-il relire Flannery O'Connor, cette admirable romancière catholique thomiste américaine immergée dans sa Géorgie natale bourrée de protestants allumés, de colporteurs de bibles, de prêcheurs fous prophétisants et tonitruants dans la brousse. Bush est éminemment dangereux parce qu'il est à la fois puéril (« *The game is over* ») et illuminé. Il ressemble à un enfant qui trépigne en croyant à ce qu'il dit (ou à ce qu'on lui souffle de dire) et non à un individu réellement souverain, c'est-à-dire quelqu'un qui commencerait par n'avoir jamais cru en rien. Il est dangereux parce qu'il *veut* que consiste, qu'existe Saddam en tant que danger mondial, comme tant d'autres veulent que le fascisme existe et sont prêts à aller le chercher jusqu'en enfer, et à l'y réveiller pour justifier leurs gesticulations (voir, encore une fois, le 21 avril en France). Il est dangereux parce qu'on va lui *passer* cette guerre, cette guerre narcissique, cette guerre d'au-delà des guerres, comme des parents fatigués, faibles, culpabilisés, passent un caprice à un enfant emmerdant et déchaîné qui augmente ainsi son pouvoir sur ses géniteurs...

On va lui passer ce caprice parce qu'on ne sait pas du tout comment l'empêcher de le réaliser. Mais ne confondez-vous pas les objectifs affichés et les ambitions réelles qui présentent au moins l'avantage d'être fort prosaïques ?

UNE GUERRE DE MERDE

Même étayé par toutes sortes de considérations (la vengeance post-11 septembre, la lutte contre le nouveau terrorisme international, l'urgence d'en finir avec le Hamas et le Djihad islamique, la nécessité de vassaliser un maximum de pays d'Europe, le pétrole, la volonté de recouvrir le monde sous la mondialisation américaine, etc.), le conflit qui s'annonce, avec ses « valeurs » basées sur le principe d'identité (l'Empire, le pouvoir unipolaire, Mars sans Vénus) et sa démocratie aéroportée en lutte contre toutes les singularités, toutes les dissidences, toutes les divergences, toutes les différences (à commencer par celle des sexes : après tout, cet Islam, c'est aussi de la monoculture patriarcale, de la domination masculine, du mâle tout-puissant et par définition criminel), se veut une guerre du Bien et commence par un mensonge d'État (l'Irak ne menace aucunement la paix du monde).

C'est un peu problématique de mélanger « la nécessité d'en finir avec le Hamas et le Djihad islamique » – nécessité que l'on peut approuver –, et l'insupportable vassalisation des pays européens, jeunes et vieux confondus. J'en profite pour vous transmettre une question formulée par Alain Finkielkraut au sujet de votre Empire du Bien *: faut-il renoncer à faire advenir un peu de Bien dans ce monde ?*

Ce n'est pas moi qui mélange l'urgence d'en finir avec le Hamas ou le Djihad islamique et la nécessité de vassaliser un maximum de pays d'Europe, c'est le projet américain ; lequel a commencé à détecter partout, avec ses multiples radars, des singularités ou des divergences qui lui déplaisent, croyez-moi, et pas seulement chez les Arabes. De sorte qu'on est bien dans un « choc des civilisations », mais pas exactement celui qu'on dit : la bataille qui ne fait que commencer se livre entre la civilisation américaine hégémonique, plus généralement occidentale, et tout ce qui diverge, même en Occident, même et surtout si ces divergences sont, entre elles, mortellement antagonistes.

Le Bien, quant à lui, a maintenant un problème avec le Bien, bien davantage qu'avec le Mal. Le mensonge d'État gros comme une montagne de l'administration Bush pour justifier la guerre au nom de la démocratie, c'est la corruption du Bien. Pour l'Empire du Bien, ce n'est même plus le Mal qui est mal ; c'est la divergence. Elle s'oppose au conte de fées américain, à son terrifiant rêve éveillé, à ses affabulations déconcertantes, à son hystérie de précaution généralisée. Rien n'est plus dangereux que le Bien qui progresse en mentant. Cela s'appelle tout simplement de la tartufferie. De la malfaisance de grenouille de bénitier. Chesterton, au début du XXe siècle, disait que dans les moments de grand trouble, il n'y a pas que les vices qui se libèrent, vont à l'aventure et font des ravages : « Les vertus aussi sont libérées et elles errent, plus farouches encore, et elles font des ravages plus terribles encore. » Ainsi rencontrait-il Zarathoustra : « Quelque mal que puissent faire les méchants, le mal que font les gens de bien est le pire des maux. » Il est absolument légitime d'essayer de faire advenir « un peu de Bien dans le monde », et même beaucoup, pour essayer de répondre à la question de notre ami Finkielkraut ; mais si le Bien est la finalité ultime de l'histoire humaine, il n'en constitue pas le tissu, composé depuis la Chute de bien autre chose que de Bien pur. L'exigence de Bien sans compromis, sans compromissions, sans arrangements, entraîne que le Mal qu'on prétend expulser vient illico loger dans le Bien expulseur, où il devient irréparable puisqu'il se met alors à parler dans le langage et avec la voix de ce qu'il squatte. Et c'est ainsi que le mensonge et la haine se mettent à exiger la justice et l'amour, et apportent une énergie féroce à les faire triompher le plus férocement possible. Cela se vérifie tous les jours, et dans les domaines les plus variés. À partir de là, bien sûr, comme le Mal n'est plus dehors mais dedans, comment attraper le Mal quand on est le Bien ? Quand on se croit, comme les Américains, le peuple du Bien pur ? En lui mettant du sel sur la queue ? On a essayé cette méthode en Afghanistan et elle n'a pas formidablement marché, semble-t-il.

Ne mélangez pas tout, vous aussi. La guerre en Afghanistan, pays qui abritait ouvertement les coupables du 11 septembre, était justifiée.

Aussi n'y ai-je pas trouvé à redire. Mais si vous savez ce qui se passe *aujourd'hui* en Afghanistan, vous avez de la chance... Quoi qu'il en soit, on voudrait maintenant appliquer aussi cette méthode en Irak, et sans doute encore dans beaucoup d'autres pays. L'ennui, c'est que lorsqu'on a commencé, dans ce genre d'affaire, quand le Bien ne supporte plus du tout de coexister avec le Mal (et qu'il ne sait bien sûr pas qu'il l'a en lui), il n'en finit pas de purger la Terre de sa présence, il ne s'occupe plus que de cela. J'en reviens toujours à la théorie de Leibniz, dite de « l'harmonie par les compensations », où c'est le Mal, pour ainsi dire, qui garantit le Bien, qui est le garant du Bien, qui se porte garant de son existence, qui répond en somme de lui comme on répond d'une dette et comme on est prêt à la rembourser si le débiteur est défaillant. Hors de cette situation où le Mal se porte caution, littéralement, où le Mal s'engage à répondre de l'existence du Bien, celui-ci existe seul et devient dévastateur, mais d'abord dévastateur de lui-même. C'est ce paysage cauchemardesque et antidialectique d'un Bien sans Mal pour en répondre (et de Mars sans Vénus) qui s'agite dans la tête de Bush, nourri par les criminels sophismes de ses conseillers ; ce qui permet d'affirmer qu'il s'agit d'une tête dangereuse, tout autant que l'étaient celles des inquisiteurs du XVIe siècle ou des terroristes vertueux de 1793. Il est d'ailleurs hautement significatif que la femme de Bush ait récemment vanté le fait que son mari n'avait jamais lu un livre. Du moins, disait-elle (et elle le disait, semble-t-il, de façon admirative), elle ne l'avait jamais vu en ouvrir un. Si les livres, et de manière plus particulière les romans, servent à quelque chose, c'est à rendre la possibilité du Mal envisageable. Non pas désirable, non pas bénéfique ; mais envisageable. Le Mal inenvisageable, en revanche, c'est la folie. C'est l'Amérique de Bush. Le culte du Bien pur a ceci de particulier qu'il respecte l'« autre » dans l'exacte mesure où ce dernier renonce à son altérité.

D'où l'exaltation permanente des différences et des minorités. Tous différents, tous Américains !

Et à ce niveau-là, Saddam, avec toutes ses manigances, ses crimes, ses monstruosités et ses mensonges, incarne jusqu'à la caricature l'Autre insupportable et récalcitrant. Et c'est qu'il soit cet Autre, bien davantage que tous les crimes dont il s'est montré coupable, que les Américains ne peuvent plus du tout tolérer. Comme dans tous les domaines, du haut en bas de l'échelle, l'Autre est devenu l'Ennemi. L'Autre est un chien enragé. Qu'il y ait encore de l'Autre est un scandale puisque l'Autre c'est le Mal. Ainsi les États-Unis, qui se considèrent comme les dépositaires du Bien, ne peuvent-ils pardonner aux musulmans de ne pas s'y convertir en abjurant du même coup leur propre foi. D'autant que cette autre foi, pensent-ils, a sur celle des musulmans l'avantage de les respecter ; à condition bien entendu qu'ils s'y convertissent ; donc qu'ils disparaissent en tant que musulmans.

Vous abusez un peu. Pour l'instant, on a surtout vu des musulmans exaltés souhaiter la disparition des Juifs et des Croisés.

Attendez. Pour le moment, je m'occupe de mon camp, c'est-à-dire de ceux que l'islamisme appelle en effet les judéo-croisés, et je n'en ai qu'à leurs erreurs de méthode, qui malheureusement me paraissent énormes. On compare souvent l'Empire américain et l'Empire romain. Il faudrait peut-être plutôt employer, comme le faisait Bernanos dans *Les Grands Cimetières sous la lune*, l'expression de « démocratie impériale » (« Les démocraties impériales sont des démocraties en rut »). Les Romains, par ailleurs, n'avaient pas que des qualités, mais leur domination se maintenait à la fois par la force, par la diffusion d'une civilisation en grande partie héritée de la Grèce, et par la participation des indigènes au gouvernement et à l'administration. Les Romains imposaient une civilisation aux peuples qu'ils avaient conquis là où les Américains veulent imposer un style de vie dont ils ne voient pas qu'il se partage entre l'horrible, le désolé et le grotesque. Rumsfeld vient de dire que la guerre au terrorisme ne s'arrêtera que le jour où « plus personne ne songera à attaquer le mode de vie américain » (va-t-on devoir, par décret, l'aimer ?), et il semble que rien ne paraît plus beau ni plus juste à une grande partie des Américains que ce mode de vie, résumé dans la figure de l'obèse, en même temps exsangue et écrasant, écrasant parce qu'exsangue, et ressuscitant par son énormité spectaculaire une autre figure, plus ou moins romaine d'ailleurs : celle de l'eunuque. L'obèse est l'eunuque volontaire d'après le triomphe occidental du tout-sexuel, c'est-à-dire de la disparition des sexes, il prospère sur l'effacement des rôles sexués. De cet effacement, il est en quelque sorte la parodie affaissée et géante. Il pousse à la caricature le désir de toutes les sociétés occidentales d'en finir avec le sexe comme référence identitaire essentielle. Il métaphorise paradoxalement, sous forme de structure gonflable, le passage du sexe au genre. Il annonce l'Empire de l'indistinction. Il précède son avènement. Je note d'ailleurs que l'obèse n'est plus du tout une exclusivité américaine, même s'il apparaît comme le fleuron étrange et pathétique du mode de vie américain...

Mais ce style de vie américain semble néanmoins susciter la convoitise de la terre entière. Je me suis rendue au Vietnam il y a quelques mois, vous savez ce pays qui avait mis en échec la puissance américaine. La population accepte volontiers le fatras rhétorique communiste et l'absence de liberté qui va avec, pour peu qu'on lui laisse l'espoir d'imiter l'Amérique dans ce qu'elle a de moins engageant, à commencer par l'obsession de la richesse. Encore une affaire de servitude volontaire... Dans les Djihadistes, *n'avez-vous pas prédit, justement, que nous et notre merveilleuse démocratie vaincrions parce que nous sommes les plus morts ?*

Oui. Et même que n'est pas parce qu'on nous tue que nous ne sommes pas morts. On veut croire et on raconte que les peuples dominés, actuels ou futurs (les Arabes, les musulmans en général, les peuples ou les individus divergents), désirent eux aussi ce style de vie. Mais ça, c'est ce que les médiatiques racontent. Et la majorité des médiatiques, vous le savez bien, ne voient et ne croient que ce qu'ils disent ; et comme ils imaginent qu'il leur suffit de dire quelque chose pour que ce soit vrai, ils se trompent sur toute la ligne, comme d'habitude. Mais ce n'est pas non plus parce que les peuples dominés désirent le mode de vie de la Puissance unique qu'ils ne désirent pas en même temps la destruction de celle-ci, dans une sourde complicité avec ce qu'elle a de plus mortifère, avec son propre désir obscur d'en finir avec elle-même. Tout cela n'a rien d'incompatible : posséder ce que nous avons et vouloir notre mort ; surtout si cette abondance, ce bonheur occidental sont une douce forme de mort. Les dépossédés de la planète, une fois encore, sont des occidentopathes, ou des américanopathes, des humiliés et des offensés, des amoureux éconduits de l'Amérique. Et qui se vengent (pour une part, les Français en sont d'ailleurs au même point, dans leur fascination-répulsion pour Hollywood et le reste). En réalité, il semble bien qu'ils désirent un maximum de choses qu'a notre Occident terminal, mais ils entendent se les approprier sans en payer le prix (un prix qui s'appelle, par exemple, liberté des femmes, mariage gay, homoparentalité, disputes entre lesbiennes et bi à propos du mariage gay, pornographie de masse, police du langage, associations de pression et de manipulation, débats de six mois à propos de la nécessité d'étiqueter les pieds puisqu'ils représentent un danger pour la santé publique dans la mesure où ils peuvent botter des culs, etc.), et c'est pour cela qu'ils veulent notre mort. Parce qu'ils veulent pouvoir trier, quand nous ne serons plus là, parmi toutes les petites et grandes merveilles que nous avons inventées, rejeter celles-ci, garder celles-là, etc. Mais ils n'y parviendront pas. L'ensemble est à prendre ou à laisser. Ils le prendront. À l'inverse de moi, qui laisse tout.

Maintenant, bien entendu, on peut toujours envisager une hypothèse heureuse : que le scénario officiel des Américains marche comme sur des roulettes ; qu'après que l'Innocence intégrale aura poursuivi triomphalement le Crime démoniaque et que Saddam aura été pendu par les pieds, les Irakiens et même tous les Arabes se convertissent en sautant de joie à la démocratie, à la libre pensée, au libertinage de masse, à la parité, qu'ils épousent toutes nos pathologies, se mettent aux randos, au Prozac, à l'interdiction de fumer dans tous les lieux publics, aux femmes à poil en 3D, créent Bagdad-Plage, cessent de tourner le dos au Tigre, se réapproprient l'Euphrate et trouvent tout naturel, en montant en voiture, de glisser dans leur lecteur de bord une cassette où Depardieu lit *Albertine disparue*. On peut rêver.

On peut surtout imaginer qu'à terme, l'Irak aura un régime islamiste pro-américain. De l'Autre sur mesure en somme. Cette affaire irakienne nous a aussi offert un véritable festival d'amabilités francophobes et anti-européennes en Amérique, avec l'altercation sur la vieille Europe. Mais si nous sommes la vieille Europe, tout n'est pas perdu, qu'en pensez-vous ?

D'abord que Donald Rumsfeld, en parlant avec irritation de la « vieille Europe », s'est montré injuste. Je garantis que nous faisons ce que nous pouvons. Il n'aime pas la France moisie, nous non plus. Rumsfeld, pour s'en convaincre, devrait lire mes derniers livres, où j'ai chroniqué avec assiduité nos trépidants efforts pour sortir du ringardisme visqueux, de la sénilité pusillanime et du passé poussiéreux sans avenir.

Ce qui pourrait l'inquiéter, néanmoins, c'est la manière somme toute assez placide avec laquelle nous avons accueilli l'expression de son mépris, ainsi d'ailleurs que les torrents d'injures de toute une presse américaine « sérieuse » devenue soudain aussi minablement vulgaire à notre égard que les tabloïds londoniens. Par ailleurs, je ne voudrais pas avoir l'air d'abuser avec Bernanos, mais je viens de relire sa *Lettre aux Anglais*, écrite en 1940 ou 1941, qui se termine par une longue apostrophe aux Américains et à Roosevelt, où il parle précisément de la vieille Europe : « Méfiez-vous de l'Europe, Américains ! Vous êtes sans doute un peu trop portés à croire que, au terme de cet horrible cauchemar, la vieille Europe aura épuisé toutes ses réserves spirituelles, et que vous n'aurez plus qu'à y écouler votre propre stock comme vous la réapprovisionnerez généreusement en blé ou en pommes de terre. Détrompez-vous, chers frères ! Et d'ailleurs la Vieille Europe n'est pas si vieille ; vous vous en laissez imposer par quelques siècles – une misère. Les comparaisons ne prouvent pas grand-chose, c'est entendu, mais enfin j'éclaircirai un peu ma pensée en vous priant de considérer que la cathédrale de Chartres, par exemple, est beaucoup plus jeune en réalité, c'est-à-dire beaucoup plus accordée à de jeunes cœurs, de jeunes esprits, que tant de monuments qui paraissaient à vos milliardaires, il y a cinquante ans, le dernier mot du modernisme. L'Europe n'est pas vieille ; ce sont ses institutions qui étaient trop vieilles pour elle. Les peuples d'Europe ne sont pas vieux ; ce sont les élites européennes qui auraient besoin de se renouveler, qui s'y refusent, qui nous encombrent de leurs déchets. Méfiez-vous de l'Europe, hommes d'Amérique ! Vous êtes jeunes, elle est peut-être plus jeune que vous, permettez-moi de vous le dire ; elle l'est certainement plus que vous ne l'étiez au temps des trusts. »

Évidemment, il serait impossible aujourd'hui de reprendre textuellement une pareille déclaration, mais je me demande si ce qu'on essaie d'étouffer sous le nom infamant d'« américanophobie » ne porte pas en soi une part de cette « jeunesse » qu'évoquait Bernanos. L'américanophobie, on le sait, est un très vilain défaut ; mais l'allergie à l'Empire, ce que l'on pourrait appeler l'empirophobie, a peut-être de beaux jours devant elle. Serions-nous en train de nous ressaisir tandis qu'ils s'apprêtent à allumer, aux quatre coins de la planète, mille brasiers d'un modernisme fracassant dont ils espèrent bien qu'on leur demandera ensuite de les éteindre, et cela jusqu'à la consommation des temps ?

Vous voilà pris en flagrant délit d'optimisme léger. Il vous arrive donc aussi de penser que la partie n'est pas totalement jouée.

Elle ne le sera jamais ; mais il est possible que l'on arrive à un moment où cela ne servira même plus à rien qu'elle ne le soit pas. Aujourd'hui, devant la volonté de l'Empire de s'étendre si violemment et si déraisonnablement, allons-nous nous transformer en virus, *en ses virus* ? Ce serait bien la peine d'être allé chercher si loin, avec tant de fracas, sous un soleil de plomb et derrière tant de dunes et tant de palmeraies poudreuses, de misérables résidus hypothétiques de gaz innervant VX, de botulinum ou de bacille du charbon, pour se retrouver un jour face à d'autres armes, les armes de tous les divergents, des armes de contradiction, de sédition, de séduction et de dérision également massives...

Il y a en outre de nouvelles raisons de se réjouir. Je parle de la guerre, non pas de la guerre d'opérette sanglante qui occupera bientôt nos écrans, mais de la guerre qui fait rage à Paris, après la publication du livre de notre ami Philippe Cohen et de Pierre Péan, sur notre Autre emblématique à nous : Le Monde. *Les acheteurs se sont rués sur ce livre, le Tout-Paris intellocrate et politocrate qui, hier encore, se prosternait devant* L'Officiel du Spectacle *(ce n'est pas de moi mais de Gilles Casanova), jubile bruyamment – mais, il est vrai, en privé* Ras l'Monde !*, tel semble être le nouveau cri de guerre. Bientôt Sollers déclarera qu'il a toujours détesté ce journal bien-pensant. Tout cela sera aussi dégoûtant que la chute de n'importe quelle dictature stalinienne. Lorsque Milosevic a perdu le pouvoir, les journalistes de la télévision se sont, en une seule nuit, transformés en dissidents de toujours. Cela dit, au-delà des retournements de veste et des proclamations courageuses des résistants de la onzième heure, la chute de la maison Plenel – sur le plan du pouvoir symbolique en tout cas – n'annonce-t-elle pas de nouvelles révoltes contre la normalisation ? L'irrésistible ascension d'Arturo Edwy pourrait bien, finalement, être résistible…*

À propos du quotidien de malfaisance, j'ai toujours pensé que, hormis une poignée de malades qui ne se soignent pas, il y avait deux catégories de gens : ceux qui détestent *Le Monde*, d'une part, et ceux qui détestent *Le Monde*, d'autre part. Les premiers détestent *Le Monde* mais ont la candeur d'en attendre quelque chose ; les seconds détestent *Le Monde* et n'en attendent rien, rien d'autre que le spectacle de ce moralisme déchaîné dans tous les sens, de ce terrorisme blafard, de cette volonté de nuire opiniâtre, de ces multiples campagnes, cabales et censures dont le livre de Cohen et Péan fournit un si complet catalogue. Rien n'est plus réjouissant que de les voir ainsi secouer le cocotier et d'en faire pleuvoir des Colombani, des Plenel et des turpitudes. Mais le plus grand étonnement vient de ce que toutes les protections et tous les réseaux se soient disloqués d'un coup, à la parution de cette *Face cachée*, et qu'elle n'ait pas été une seule seconde passée sous silence. C'est évidemment une bonne surprise. La précipitation des lecteurs à l'acheter ressemble à l'euphorie des foules libérées quand tombe un tyran. Une sorte de Mur de la Honte vient de crouler, mais c'était la honte qu'il y avait à subir sans broncher les flics de la Pensée de ce quotidien de surveillance et leurs continuels sermons vertuistes[1]...

Reste à connaître la gravité du mal. Peut-être que, comme le dit encore notre ami Finkielkraut, l'époque n'a plus besoin de Plenel pour penser Plenel...

C'est une formule remarquablement lucide. Reste à savoir pourquoi l'époque n'a plus besoin de Plenel pour penser Plenel. À plusieurs reprises, Cohen et Péan, détaillant les multiples campagnes lancées par les entrepreneurs de démolition du quotidien d'omnipotence, s'interrogent sur la logique de celles-ci, tant sont hétéroclites les cibles choisies, et concluent à la quasi impossibilité d'en déduire une ligne idéologique. Il me semble pourtant qu'il y en a une, et elle se dégage de ce qu'ils montrent : c'est le culte du moderne pour le moderne. Le moderne comme langue de bois, comme falsification et comme terreur intellectuelle. Le moderne comme décervelage qui ne s'embarrasse ni de cohérence dans le choix de ses victimes, ni de logique dans l'établis-

---

1. Ce Mur de la Honte n'était encore, à vrai dire, que lézardé. En juin 2004, les dirigeants du *Monde* capitulaient en rase campagne et renonçaient à poursuivre en justice le Péan-Cohen ; et même si ce renoncement était assorti de conditions ridicules, il s'agissait bien d'un renoncement. Quelques mois plus tard encore, la démission d'Edwy Plenel du poste de directeur de la rédaction de ce quotidien, accompagnée du souhait touchant de « revenir aux joies simples du journalisme et de l'écriture », indiquait que le travail de démolition des entrepreneurs en démolition se parachevait, et c'était somme toute une bonne nouvelle en une époque qui en compta si peu (*décembre 2004*).

sement de ses listes noires. Il ne se légitime que de la dévastation qu'il fait régner et du ressentiment qu'il espère exacerber tout en prétendant œuvrer pour le Bien. Nietzsche parlait de la « volonté de volonté » ; il faudrait parler, dans le cas du *Monde*, de nuisance de nuisance, pour indiquer à quel point l'objet contre lequel nuire compte finalement peu lorsque la nuisance se referme sur elle-même. Le moderne est un nihilisme, et c'est très probablement parce qu'ils la pressentaient à l'œuvre, cette figure terminale du nihilisme, sous tant de prêches doucereux, dans le quotidien des référents, que de si nombreux lecteurs en ont cherché le dévoilement dans le livre de Péan et Cohen. Il n'est pas sûr cependant que cela suffise à faire du quotidien de référence un quotidien de déshérence.

Mars 2003

VI

LES DAMNÉS DE L'ALTER

De l'utilité de la poésie quand elle est terminée — Été 2003 : l'irréel prend sa revanche — Ce qui ne fait plus débat — Où l'on évoque quelques conséquences surprenantes du réchauffement de la planète — Crétin au Congo — Du plus grand mensonge public contemporain — De l'incompétence universelle de l'Empire universel — De la surenchère comme idéologie — Quand le tueur en série écrit au tutoyeur en série — L'irréel n'a pas pris de vacances — Festivus festivus a renversé le mur de l'été — Flagellants d'Avignon, convulsionnaires du causse, spasmophiles de la techno — Du devenir-nuisance des théâtreurs de rue — Culture et dépendants — Du grand cri de 19 h 30 — Alterophiles, alterophobes — La victoire comme avantage acquis et comme rente de situation — Du trotskisme-onirisme — L'histoire sainte en marche — La mère de toutes les canicules — La Guerre de précession a commencé — Du malgré et du parce que.

Cher Philippe Muray, la guerre est finie – encore que vous aurez certainement quelques commentaires à faire sur la forfanterie avec laquelle les Irakiens refusent d'embrasser leurs libérateurs. Mais enfin, voici revenu le temps de nos activités estivales et festivales : Gay Pride, intermittents en colère, Paris-Plage... *Au demeurant, il est frappant d'observer que l'été est la saison durant laquelle la murayification du monde semble s'accélérer. Mais avant de nous intéresser à toutes ces billevesées, autorisez-moi une question personnelle. Certains de vos poèmes viennent d'être mis en musique et vous cherchez actuellement un producteur susceptible de sortir un disque. Or, cela semble vous exciter infiniment plus que votre recueil de poèmes lui-même,* Minimum respect, *qui paraîtra à la rentrée. Seriez-vous subitement sensible à l'idée de toucher un public plus large ou différent ? Quand le lecteur est le dernier de vos soucis, le gamin qui écoutera votre disque aurait-il de l'importance pour vous ?*

Chère Élisabeth, pour commencer, si vous le voulez bien, je vais essayer de réfuter certaines de vos allégations. Je ne me fiche pas du tout des lecteurs, et encore moins des lectrices, où avez-vous pris cela ? J'en connais quelques-uns et quelques-unes d'excellents et d'excellentes. Qu'ils et elles soient rares, et rares, rien n'est plus normal. Qu'est-ce qui n'est pas rare, de nos jours, quand il s'agit d'excellence ? Qu'est-ce qui est rare, hormis la prolifération et la surenchère de tout ce qui est mauvais et qui, pour cette raison, s'intitule obstinément *civique* ou *citoyen*, ou *subversif*, ou *rebelle*, et court alors les rues avec des cornes de brume et des tambours du Bronx ? Ce qui se passe, c'est que j'ai écrit des poèmes, en effet, et que cette activité m'a beaucoup amusé parce qu'elle représentait ce qui était sans doute le plus éloigné, le plus étranger à mes goûts, et cela depuis toujours. Quelques-uns de ces poèmes ont été récemment enregistrés (c'est moi qui les lis) et ces enregistrements vont être mis en musique. Je n'ai pas de raison de cacher que la nouveauté de l'exercice m'excite fort.

Mais la perspective de publier *Minimum respect* me plaît aussi. Elle me plaît d'autant plus que ces poèmes me paraissent la meilleure riposte qui se puisse imaginer à certaines attaques. Après l'affaire gâteuse dite des « nouveaux réactionnaires », l'hiver dernier, j'avais été harcelé de demandes de participation à des débats contradictoires, d'offres d'écrire des livres, des articles, etc. On m'a demandé de rédiger des préfaces à des ouvrages consacrés à l'affaire, comme s'il y avait jamais réellement eu une affaire ailleurs que dans la tête du petit enquêteur Lindenberg, dans celles de tous les Plenel à moustaches qui le poussent en avant pour prendre leur revanche sur la réalité, et dans cette banlieue sans verdure de l'âme où tous évoluent (ainsi que ceux qui les réfutent). On m'a même invité à faire des conférences sur les néo-réacs. Comme si j'étais devenu un spécialiste des insultes que j'avais reçues. Dans le misérable temps où nous vivons, il faut s'attendre à ce que, si quelqu'un vous traite soudain d'œuf pourri ou de vipère lubrique, d'autres vous sollicitent aussitôt pour venir disserter sur diverses tribunes à propos des œufs pourris ou de la lubricité des vipères, donc de servir la soupe à l'ennemi en bavassant sur son terrain. Il ne faut jamais bavasser avec l'ennemi, ni sur son terrain ni ailleurs.

« Écris comme si tu devais être lu par tes ennemis », écrit Kundera je ne sais plus où. Malgré tout, j'ai le sentiment que vous écrivez aussi pour vos ennemis. Pour autant, il ne s'agit pas de bavasser avec l'ennemi, comme vous le dites élégamment, mais de croiser le fer avec lui. Il est vrai que la guerre suppose un monde commun, un espace pour l'affrontement, donc pour une forme d'échange. Je me demande si, en parlant d'ennemi, vous ne faites pas preuve de cet esprit binaire que vous critiquez fort légitimement par ailleurs. Après tout, vos vérités devraient être aussi passibles de débat que toutes les autres. Je crois donc que je préfère le terme d'adversaire. Mais peut-être s'agit-il de ma part de coquetterie ou de chochotterie – en somme de coupable mollesse...

L'expérience m'a appris qu'il est impossible de ne pas écrire pour ses ennemis, et d'abord pour eux, parce que ce sont toujours eux qui se jettent les premiers sur ce que vous écrivez. Ils n'ont que cela à faire ! J'appelle ennemi le vigilant, le surveillant, le flic idéologique, toute la prêtraille bureaucratique qui se charge d'*être* la morale du temps tout en niant qu'elle l'est, car elle veut faire passer pour naturel ce qui est un ordre, un pouvoir, une terreur. J'aurais du mal à considérer comme de simples « adversaires », et non des ennemis, des gens dont tout l'effort consiste à se rendre invisibles en tant qu'ordre vertueux et à établir ainsi leur domination. Par ailleurs, où voyez-vous des fers à croiser ? Je ne vois que des épées en carton. Une fois encore, Lindenberg et ses semblables n'ont traité de nouveaux réactionnaires que des individus qui avaient le tort de penser quelque chose du monde contemporain. Ils ne disent jamais, eux, ce qu'ils en pensent parce qu'ils coïncident avec ce monde qui ne peut se développer qu'à condition de ne jamais être pensé, sauf bien sûr par les innombrables intellectuels parasites du CNRS et d'ailleurs chargés de produire la fausse pensée nécessaire à l'extension de ce monde. Hormis ces perroquets à demi savants et surtout aux trois quarts illettrés, mais pourvus de diplômes et de charges qui n'abusent plus qu'eux, et qui ne l'ouvrent d'ailleurs en général que pour demander qu'on aille un peu plus vite dans toutes les directions du désastre, comme n'importe quelle journaliste « sociétale » de *Libération*, n'importe quelle Blandine si vous voyez ce que je veux dire, il n'y a que dissidences coupables. C'est tout simplement de penser quelque chose de ce monde qui paraît criminel aux yeux de Lindenberg et de ses semblables. Quel fer voulez-vous croiser avec quelqu'un qui ne pense rien et vous reproche de penser quelque chose que d'ailleurs il ne parvient même pas à comprendre ? Je ne vois franchement pas ce que je pourrais « échanger » avec eux sans me sentir immédiatement floué, paupérisé. Ce qu'il faudrait, en revanche, c'est étudier la tendance qui se dessine, ce vaste mouvement de sans-talent qu'on voit maintenant se développer. Oui, on devrait parler des sans-talent comme on parle des sans-papiers ou des sans-domicile fixe, sauf que les sans-talent procèdent par un chantage plus subtil, plus arrogant, en publiant des opuscules si antipathiques et si nuls (mais toujours dans la bonne ligne du flicage de l'ordre nouveau) que vous vous sentez mal à l'aise de les trouver si nuls et si antipathiques, et qu'alors, en leur répondant, vous courez le risque de leur refiler un peu du talent qui leur manque si cruellement...

Peut-être est-ce la singularité de cette époque qu'il est difficile d'y trouver des adversaires dignes d'intérêt. Je ne dis pas ça par vanité ou par esprit de flagornerie ; si on admet que le clivage essentiel oppose les approuveurs (et plus encore les aprouveu-res) du monde tel qu'il va aux sceptiques, cela ne peut pas voler très haut dans le camp de l'acquiescement. Déjà structurellement amollis par le renoncement à l'esprit critique, les représentants de cette tendance lourde de la non-pensée contemporaine sont en outre condamnés au mensonge par la nécessité où ils se trouvent de se proclamer rebelles.

Eh bien passons ; et disons plutôt, si vous voulez, qu'il ne faut jamais répondre à l'ennemi de manière homothétique. Il faut lui faire échec en inventant un autre jeu et d'autres règles du jeu que ceux dans lesquels il tente de vous attirer (et qui sont d'ailleurs rarement des jeux, car l'ennemi n'a pas le sens du jeu, c'est même pour cela qu'il est votre ennemi). *Minimum respect* est ce jeu irrécupérable en tant qu'alternative, et cette riposte absolument asymétrique que la situation commandait. Ce n'est pas un jeu de rôles, c'est un jeu drôle. Le rire que l'on entend résonner, du moins je l'espère, dans la plupart des poèmes de

Minimum respect, et qui se répercute aussi, du moins je le crois, dans leur mise en musique, est cette non-alternative, cette non-réponse qui me paraissaient adéquates à la situation générale. C'est une façon heureuse, et la plus radicale qui soit, de *ne pas donner suite* (anecdotiquement, je signale qu'on trouvera tout de même dans mon recueil un poème consacré aux ruminations du petit enquêteur). Le rire est une radicalité qui m'apparaît bien supérieure à toutes les analyses, à tous les jugements, fussent-ils les plus radicaux, parce qu'il anéantit ce qui pourrait encore subsister comme enjeu symbolique, donc comme lien, entre vous et l'adversaire. Le rire prend en tenaille le risible, comme entre Genèse et Apocalypse. J'écrirai d'ailleurs peut-être un jour une « théorie » du rire qui considérera cette question, si j'ose dire, par ses deux bouts bibliques. D'abord par le grand Sarcasme divin de la Genèse, quand Dieu se moque de l'homme et de la femme et de leur prétention à être, par le péché, devenus comme des dieux, alors qu'il vient de les punir en les rendant mortels, et, à la lettre, se marre de cette situation de vaudeville originel : *Ecce Adam quasi unus ex nobis* (« Voilà l'homme qui est devenu comme l'un de nous ») ; et aussi en étudiant l'étrange prophétie de Proverbes, XXXI, 25, concernant la mystérieuse « femme parfaite » (la dernière femme ?) de l'Apocalypse : « Elle est revêtue de force et de beauté et elle rira au dernier jour » (*Ridebit in die novissimo*). Il n'y a peut-être pas d'autres rires que ce rire du Premier Jour et ce rire du Dernier Jour, ce rire du Créateur et ce rire de la Femme qui rit. Entre les deux, ma foi, dans le temps du monde humain, vous avez Molière : « Lorsque vous peignez des héros, vous faites ce que vous voulez. Ce sont des portraits à plaisir, où l'on ne cherche point de ressemblance ; et vous n'avez qu'à suivre les traits d'une imagination qui se donne l'essor, et qui souvent laisse le vrai pour attraper le merveilleux. Mais lorsque vous peignez les hommes, il faut peindre d'après nature. On veut que ces portraits ressemblent : et vous n'avez rien fait, si vous n'y faites reconnaître les gens de votre siècle. En un mot, dans les pièces sérieuses, il suffit, pour n'être point blâmé, de dire des choses qui soient de bon sens et bien écrites ; mais ce n'est pas assez dans les autres, il y faut plaisanter ; et c'est une étrange entreprise que celle de faire rire les honnêtes gens. » Cette remarque tirée de la *Critique de l'École des femmes* n'a rien perdu de sa pertinence ; à ceci près que le nombre des honnêtes gens s'est aujourd'hui considérablement rétréci.

Le rire comme arme de destruction massive ? Je veux bien vous suivre sur ce terrain de la guerre joyeuse contre « les ennemis des genres humains »...

Oui. Je crois de plus en plus aux vertus guerrières et esthétiques du rire, qui est le contraire d'une contre-pensée, toujours empêtrée dans les valeurs qu'elle s'emploie à réfuter. Voilà pourquoi vous me voyez joyeux ; parce que j'échappe, fût-ce pour un temps, à l'ennui et aux pieds plats des débats en prose. Ce n'est pas, évidemment, que j'aie le moindre respect pour la sucrerie poétique, ses arcanes et ses arnaques. Je ne vais pas m'étendre sur ce sujet parce que je viens d'écrire, pour *Minimum respect*, une longue préface programmative où je me répands en diverses gentillesses vis-à-vis de la poésie en général et des poètes contemporains en particulier. La poésie c'est beaucoup plus que la poésie. Elle est historiquement morte, c'est pour cela qu'elle se multiplie, qu'elle se dissémine sur la planète. Comme le théâtre. Comme la danse. Comme la totalité des arts dits plastiques. Comme la pornographie. Comme les « luttes » de libération sociétales. Comme bien d'autres choses qui ont accompli dialectiquement leur cycle et que nous venons de voir justement se récapituler et s'accumuler et déflagrer sur tant de scènes en cet étonnant été 2003 de *revanche de l'irréel*.

Une véritable prolifération de cellules poétiques ? Dans la perspective de l'accomplissement du démocratisme intégral, l'un des slogans favoris de l'époque est : Tous poètes ! Tous artistes ! Tous écrivains ! Sans doute ne savez-vous pas qu'on lit aujourd'hui des poèmes sur les murs du métro.

Si, bien sûr. La poésie gagne en surface ce qu'elle a perdu en signification. Comme elle a perdu toute signification, elle doit être sur toutes les surfaces, sur tous les murs. Depuis que la poésie est sortie du poème, on la retrouve partout. Tout le monde est poète. Tout le monde a droit à la poésie. Tout le monde fait ou a le droit de faire de la création, et cette prolifération d'armes de création massive, cette explosion effrayante de *culture*, ce lyrisme dans tous les coins, cette graphomanie, cette accumulation infernale de « spectacle vivant », ce nouveau développement insensé du quantitatif lyrique d'où la disparition de toute qualité ne fait même plus peur à personne, cette haine au fond de la poésie et de ce qu'elle a pu être malgré tout, sont mes cibles principales, et jusqu'à l'intérieur des poèmes que j'ai écrits. J'écris des poèmes contre la poésie, mais je ne le fais ni pour détruire la poésie, qui est détruite, ni pour la ressusciter. Je le fais parce que la poésie n'est plus nullement une alternative à la sorte de monde où nous vivons (les autres arts non plus, à l'exception de la littérature qui n'a pas son sens en elle-même, mais dans les significations qui se dégagent d'elle). Elle l'a peut-être été, mais elle ne l'est plus. Elle ne fait même plus illusion comme contre-monde. Elle s'identifie si parfaitement à celui-ci que taper sur l'une c'est taper sur l'autre. Jean Genet disait : « Il me semble que tout roman, poème, tableau, musique, qui ne se détruit pas, je veux dire qui ne se construit pas comme un jeu de massacre dont il serait l'une des têtes, est une imposture. » C'est là le propos de quelqu'un qui, comme tant d'autres ilotes, a reçu le moderne sur la tête comme on reçoit une tuile et qui, à partir de là, titube dans le nihilisme. Moi, à l'inverse, il me semble que tout roman, poème, tableau, musique, qui ne détruit pas les conditions actuelles d'existence, je veux dire qui ne se *construit* pas comme un jeu de massacre dont les conditions d'existence actuelles, essentiellement destructrices, seraient la tête de Turc principale, est une imposture. Il s'agit comme toujours de détruire la destruction, c'est-à-dire le non-monde qui s'élève autour de nous, et bafouer tous les Lièvres de mars qui s'en intitulent les constructeurs, et gifler tous les Chapeliers fous qui approuvent ces constructions. Il s'agit d'oublier Genet, Rimbaud et un million d'autres emmerdeurs modernes dont les destructions emphatiquement célébrées pourrissent sur nous depuis bien trop longtemps.

Je vous rappelle que Rimbaud n'est pas responsable de son érection en image publicitaire, en logo de la rébellion. En tout cas, soyez remercié, car vous me délivrez de la culpabilité que me procure mon infirmité concernant la poésie. Il y a pourtant des personnes très estimables à qui la lecture de la poésie est essentielle.

C'est marquer le plus extrême respect envers Arthur Rimbaud que de refuser la situation qui lui est faite aujourd'hui, celle d'un fétiche anomalique de la normalisation. Il ne faut plus être absolument moderne, ni nouveau, ni contemporain, ni hypercontemporain. Ce n'est pas pour rien que Rimbaud est devenu le nom même de la poésie ou de ce qui en reste, et ce n'est pas pour rien non plus qu'il s'agit d'un enfant prodige, enfin de quelqu'un qui arrête d'écrire à vingt ans. Le monde poéticocentré est aussi un monde infantocentré. Ce n'est pas pour rien non plus que la presse, désormais, utilise à tour de bras les prénoms, surtout quand il s'agit de parler de victimes, comme si ces dernières étaient promises à un aussi flatteur avenir que Jean-Jacques, Gérard ou Arthur. La poésie, ou ce qui en reste, accompagne très efficacement l'infantilisation générale du temps. La civilisation est en train de redevenir, si je puis dire, *néoténique* (la néoténie, c'est cet état de prématuration du petit d'homme qui, à l'opposé de ce qui se passe chez le primate non humain rapidement adapté à son milieu, nécessite des soins maternels longs et attentifs), et la poésie, en tant qu'expression idéale du principe de plaisir, est sa décoration quasi naturelle.

Dans Écumes, *dont la traduction paraîtra début 2005 chez Maren Sell, Peter Sloterdijk définit justement l'humanité à partir de la néoténie : ce qui distingue le petit homme du primate c'est la gâterie constitutive sans laquelle l'enfant ne survit pas, ces soins dispensés par le mécénat maternel qui reproduit après la naissance ce qui passe dans l'utérus. Cette fonction maternelle ou allomaternelle, car elle est de plus en plus assumée par les hommes et par les institutions, imposait le passage à l'âge adulte, puisque chaque être humain était à la fois le destinataire de la gâterie puis, comme parent, celui qui la dispense. Or, aujourd'hui, on veut bien fabriquer des enfants mais on accepte de moins en moins d'être parent en ce sens. L'une des caractéristiques de la génération 68 est qu'elle a interrompu la transmission en prolongeant à l'infini ce moment où l'on reçoit des soins sans en prodiguer soi-même : c'est ainsi que l'aventure humaine risque d'être déséquilibrée du côté de l'enfance. Je résume très grossièrement une pensée complexe qui vous intéressera beaucoup, cher Philippe, même si elle marie la rigueur, voire la sécheresse, philosophique à une sorte de naïveté poétique. Justement, vous disiez que la poésie est l'expression idéale du principe de plaisir ?*

Pourquoi principe de plaisir ? Parce que l'état poétique, pour le résumer d'un mot, c'est essentiellement la croyance que la phrase qu'on trace a une beauté et une force par elle-même (à l'inverse de la prose, notamment romanesque, où la beauté des phrases est inséparable des situations que celles-ci déroulent). La poésie est finie depuis longtemps, mais il faut encore prononcer sur elle le mot de la fin. La poésie est finie mais encore faut-il la terminer. C'est ce que je me suis amusé à faire. La poésie se répand sur la planète, elle la recouvre sous le nom de culture et il n'y a personne, jamais, absolument personne pour se demander si cette culture est bonne ou mauvaise. Pour employer la somptueuse langue de notre temps, ni la poésie ni la culture *ne font débat*. La poésie et la culture sont même considérées, chose incroyable, comme le dernier espoir de salut de l'humanité, comme son dernier rempart contre la barbarie (elle est bien gardée, dans ces conditions, l'humanité). Que certaines choses ne fassent pas débat, et qu'il s'agisse précisément de ces choses que notre société considère comme son indispensable parure, comme ce qui la rend la plus belle pour aller au bal des vampires de l'avenir, devrait inquiéter les souteneurs les plus effrénés de cette société (ou de l'autre société qui est possible, comme on sait, mais c'est la même). Ce n'est pas de très bon augure quand quelque chose ne fait pas débat. Et pourtant tout le monde se félicite lorsque des choses ne font plus débat. Ce sont évidemment, parmi toutes les innovations monstrueuses de notre époque, les plus monstrueuses. À l'instant où je vous réponds (mais ce sera une autre dans cinq minutes), voici Paris-Plage : « Ce pourrait être le jeu de l'été, raconte l'ahuri appointé de *Libération* : trouver un Francilien qui ne part pas en vacances parce qu'il préfère profiter de Paris-Plage. Ou un touriste avide de farniente qui a choisi Paris pour se prélasser » (vous noterez, mais n'anticipons pas, que les intermutants n'ont pas troublé cette escroquerie plagiforme où ils se retrouvaient si pleinement).

Nous voyons aujourd'hui se multiplier les phénomènes, les initiatives, les inventions vicieuses qui ne font pas débat. Cela signifie que nous voyons grandir la mort ; ou, ce qui revient au même, le retour à la langue commune, à la langue non énigmatique, non divisée, non multiple, non conflictuelle d'avant l'épisode biblique de Babel et l'introduction de la contradiction à l'infini dans les langues, donc dans les hommes (et le commencement, aussi, de l'Histoire). Ce qui est encore plus impressionnant, c'est que l'on trouve des gens qui sont employés pour ceci, et uniquement pour ceci : se féliciter que telle ou telle chose ne fasse plus débat ; c'est-à-dire pour applaudir bruyamment chaque nouvelle avancée de la mort comme une nouvelle prospérité de la vertu.

J'ai tout de même envie de vous picoter l'ego : par moments, on a l'impression que la seule chose qui, à vos yeux, ne doit pas faire débat, ce sont vos propres constructions comme, par exemple, le concept de post-Histoire. Mais je ne désespère pas de vous amener un jour à en débattre. En attendant, revenons à vos poèmes dont je reconnais qu'ils portent à l'incandescence le talent singulier que vous avez pour faire rire jusqu'au désespoir, à moins que cela ne soit celui de faire désespérer jusqu'au rire. Bref, ces poèmes sont à désespérer...

Merci pour le désespérire. Ce qui m'a le plus diverti, en effet, avec *Minimum respect*, c'est d'écrire des poèmes contre la poésie et en même temps contre le monde actuel et l'humanité actuelle, du moins dans ses variantes les plus modernantes. Je voulais faire entrer dans l'alexandrin ou le décasyllabe les innovations concrètes les plus odieuses de notre époque, de la nouvelle monnaie transgénique au téléphone portable en passant par Arthur Delanoë, le marketing éthique, Ségolène Fenouillard, les cadeaux atypiques ou la question cruciale du partage des tâches ménagères, tout ce qui ne fait pas débat précisément. Vous voyez que mes préoccupations ne sont guère différentes de celles qui conduisent mes autres livres. Il s'agit toujours de témoigner de ce qu'il en est de l'état concret de la civilisation, si on peut encore l'appeler ainsi. Montaigne disait : « Je sais bien ce que je fuis, mais non pas ce que je cherche. » Cette proposition ne me satisfait pas. Je pourrais même dire, à l'opposé, que la description de ce que je fuis est toute ma recherche. Ou encore : pourquoi chercher autre chose que ce que l'on fuit ? Ou même : pourquoi chercher quelque chose quand on a trouvé ce que l'on fuyait ? Et enfin : ce que je fuis, et qui est inépuisable, est ce que j'écris, qui est inépuisable aussi. Et de toute façon il n'y a pas à le chercher parce que c'est partout.

Il est certain qu'on ne fait pas de la très bonne littérature d'approbation ou de célébration (ce qui distingue d'ailleurs la littérature de la poésie). Eussiez-vous, cher Philippe, aimé votre époque, vous seriez peut-être pâtissier. Encore que l'on vous imagine mal aimant une époque quelle qu'elle soit, ce qui fait que vous êtes irrémédiablement écrivain.

Il faut distinguer la détestation du monde, le *contemptus mundi*, qui est une routine tout aussi détestable que la célébration, de la tentative de créer une œuvre d'art avec ce que l'on n'aime pas. J'essaie de faire de la littérature avec ce que je n'aime pas, surtout avec ce que je n'aime pas, ce qui est encore une façon de ne pas *perdre le monde*, et une manière de se conduire envers ce monde mille fois plus charitable, me semble-t-il, que toutes celles qui consistent à en tresser l'éloge filandreux ou à trouver que ses innovations et lubies vont de soi. Il n'y a que ce que l'on n'aime pas qui va de soi. L'être que l'on aime, par définition, ne va pas de soi (ce pourrait d'ailleurs être une bonne définition de l'amour). L'être que l'on n'aime plus va de soi, retourne dans le triste domaine du ce-qui-va-de-soi. Tout ce que les valets du moderne modernant désignent comme intouchable et incriticable, ils le désignent en même temps comme allant de soi ; et, ainsi, ils le tuent. Avec de bonnes intentions. Du moins montrent-ils qu'ils ne l'ont jamais aimé ; ou que cette question ne s'est jamais posée ; ce qui est logique puisqu'il s'agit de damnés et que la question de l'amour, en enfer, ne se pose plus.

Cet enfer, si j'ai bien lu mon Muray, est le paradis qui a perdu l'idée même de l'enfer. Dans le Jardin d'Éden, à part l'arbre de la connaissance, tout allait de soi.

C'est en tout cas en divisant les langages, à Babel, pour que les hommes ne s'entendent plus, pour que leur langue n'aille plus de soi, que Dieu a inventé l'Histoire, c'est-à-dire la multitude de ce qui ne va pas de soi entre les hommes et qui fait débat. Et qui cause l'amour (ou la haine). C'est en retombant progressivement dans l'animalité, par la langue mondialisée mais pas seulement par elle, que l'Histoire se referme, en même temps que la division sexuelle, et que se multiplie par-dessus cette fermeture ce qui ne fait pas ou plus débat. Mais quand toute l'humanité travaille essentiellement à ce qu'il n'y ait plus rien qui fasse débat (sauf des débats postiches, des débats d'élevage qui ne trompent que ceux qui débattent et qui font profession de cela), c'est l'ensemble des ennemis *qui la faisaient vivre* qu'elle anéantit, et c'est sa propre énergie vitale qu'elle réduit dans les mêmes proportions. L'enfer n'est peut-être en effet que le monde du Bien qui a perdu jusqu'à l'idée que le Mal pouvait exister, ou qui s'est tellement obnubilé sur le Mal absolu qu'il a oublié l'intérêt, pour lui, du Mal relatif qui le faisait exister.

Je repense brusquement à une de vos constatations préliminaires. Vous remarquez avec une grande pertinence que l'été est la saison durant laquelle la murayification du monde est la plus sensible. Autant dire que je me suis approprié le beau temps, ou plutôt *le sens* du beau temps. Je ne l'ai pas fait exprès, mais enfin c'est ainsi. Mais vous allez voir que ce n'est pas si simple parce que, si le « réchauffement de la planète » dont tout le monde parle se confirme, eh bien je vous prédis que l'hyperfestivisation va aussi logiquement s'accélérer, et Festivus festivus devenir de plus en plus despotique. Ce qui signifie aussi que je vais avoir de plus en plus de pain sur la planche, comme d'ailleurs je m'en doutais. Il faut préciser aussi, pour le lecteur ultérieur, que ces premiers échanges de notre présente conversation se déroulent pendant la première quinzaine d'août, alors que souffle dehors, derrière les volets, une chaleur *historique*, et elle est bien la seule à être historique, une chaleur blanche et raide qui sent la poussière et la détresse ; des collines entières viennent de brûler à cent kilomètres d'ici, la neige fond en haute montagne, le pape prie pour la pluie, les poulets ont commencé à mourir par centaines de milliers dans les basses-cours...

Ce qui est tout de même plus chrétien que de périr d'effroi dans le tumulte d'une rave, *comme ces milliers de poussins dont vous avez raconté la triste fin dans un article de* La Montagne *subtilement intitulé* Poulet de grain, poulet de sons...

Dans un article de septembre 2002, en effet, à propos d'une nuit électronique et décoiffante dans les Côtes-d'Armor qui s'était soldée par le massacre de cinq cents poulets morts d'étouffement parce qu'ils s'étaient jetés les uns contre les autres, affolés par les *kilos de sons* qu'on leur déversait dessus avec tant de bonté... Mais j'en termine provisoirement avec la canicule. Après les poulets qui ont commencé à mourir par centaines de milliers dans les basses-cours, ce sont les vieillards qui se sont desséchés dans les hôpitaux. Et l'indignation gronde : *que fait le gouvernement pour empêcher la disparition du climat tempéré ?* Mais personne, absolument personne ne songe à faire de la littérature (de la bonne) avec ces tornades de soleil et ces chevaux noirs de la solitude que je vois passer sans cesse sur la crête d'en face. Sans compter la voix des volets que l'on ferme, à midi, et qui grincent sans appel comme contre une pierre et qui sont la voix même de l'été, c'est-à-dire de la désolation. Personne ne songe jamais, et surtout pas les *écrivains*, ni même les *écrivaines*, que la littérature c'est le salut. Et cela est impardonnable...

Seriez-vous en train d'inventer une nouvelle théorie des climats ? L'humain encore plus post-humain quand les grosses chaleurs semblent justifier que l'on montre tout, ses seins comme ses émotions ou ce qui en tient lieu ?

Ce qui en tient lieu de quoi ? De seins ou d'émotions ? Ou les deux ? Quoi qu'il en soit, il serait peut-être temps, en effet, d'inventer une toute nouvelle théorie des climats, mais alors vraiment toute nouvelle. Le beau temps c'est le bruit, donc la fête, c'est-à-dire ce qui *ne fait pas débat* (sauf évidemment quand le temps exagère et se pousse du col jusqu'à la canicule). Rien ne serait plus important que d'analyser le présent triomphe du bruit sur les individus, l'écrasement de leur vie par cette nuisance essentielle et d'autant plus souveraine que les oreilles des humains n'ont pas de paupières pour s'en défendre.

Permettez-moi de signaler à vos lecteurs que vous avez écrit là-dessus un texte très beau et très sombre qui évoquait la fin de votre mère à l'hôpital, dans un vacarme estival.

En fait, j'ai traité le sujet deux fois : dans *Thanatomachie*, un article d'*Exorcismes I*, et aussi dans *On ferme*, mais là ce n'est pas ma mère, c'est celle d'un des personnages... Pour revenir à ce que vous disiez, il y a déjà pas mal d'années que, pour quelques-uns, l'arrivée du beau temps est devenue une sinistre menace (et nous n'avions pas besoin de l'effet de serre pour cela) puisqu'elle annonce l'explosion sans cesse accrue de la bestialité du vacarme. La loi de la jungle s'applique, dans ce domaine, avec une aussi terrifiante efficacité que dans l'économie. Avec l'hypothétique « réchauffement de la planète », le phénomène devrait croître et embellir en proportion, et la soumission de presque tous devant une si révoltante dictature croître également. Montesquieu pensait que les « zones chaudes » inclinaient les peuples à la servitude. Il n'avait pas tout à fait tort, en tout cas pour notre époque où la chaleur donne lieu à une explosion de servitude moderne, où le beau temps est comme un permis accordé aux pires avilissements contemporains. Nous aurons peut-être le malheur de pouvoir continuer à vérifier cette considération de Montesquieu ; et d'essayer alors de survivre dans l'*horreur festive* comme si elle *ne faisait pas débat*.

Transformer le ce-qui-ne-fait-pas-débat en littérature radicale est un de mes buts. Il n'y a plus au monde de questions littéraires (aussi bien éthiques et esthétiques que cognitives) plus intéressantes que celles qui traitent de ce qui ne fait plus débat. Transformer le ce-qui-ne-fait-pas-débat en scandale est la raison d'être de la littérature. La seule. La dernière. Ou la première de la nouvelle période. Tout le reste relève de la petite obsessionnalité littéraire futile et ombilicale. Chaque fois que vous lisez que quelque chose ne fait plus débat (en juin c'était la Fête de la musique, cette ignominie fondatrice, un peu plus tard la Gay Pride puis Paris-Plage ; et je vous annonce déjà qu'à l'automne vous pourrez lire que la Nuit blanche, de même d'ailleurs que la Techno Parade, ne font plus débat), vous pouvez imaginer, se profilant derrière cette formule abjecte, la face du serf festif qui la répète et l'impose comme un *ordre*. *Nos inventions les plus funestes ne doivent plus faire débat,* voilà ce que ne cesse de dire Festivus festivus. Et voilà ce qu'il faut refuser sans condition. Entre autres.

Il ne vous a pas échappé que nos écrans de télévision et les pages de nos gazettes (à propos, quelqu'un m'a dit que cela « faisait droite » d'employer le mot gazette) abondent en débats en tous genres dans lesquels, il est vrai, les désapprobateurs sont généralement assignés au rôle du réac grincheux (quant à vous, vous semez le trouble avec votre côté réac joyeux).

Les débats ne servent plus qu'à imposer les thèmes préfabriqués, les figures conventionnelles et les oppositions postiches qu'ils mettent en scène pour que ne perce jamais ce qui les excède. On a toujours les débats qu'on mérite. L'humanité présente les débats auxquels elle se réduit et qu'elle multiplie bruyamment pour ne pas voir que s'accroît le nombre de ce qui ne fait pas débat et à quoi elle s'asservit. Des deux côtés règne la servitude, ou ce que j'appelle l'effet de serf. Bien entendu, dans notre théâtre d'ombres, cette servitude fait tout ce qu'elle peut pour se rendre indétectable. Elle n'a d'ailleurs pas beaucoup d'efforts à fournir : il suffit qu'elle s'affuble du classique nez rouge de la rébellion qui permet en douce et à coup sûr toutes les exactions. Le coup est imparable. J'avais noté, l'automne dernier, que la cinquième Techno Parade, selon *Libération*, allait se dérouler « dans un climat répressif », mais qu'elle se voulait « revendicative ». Miam. De nouveau « victime d'ostracisme », comme on pouvait s'y attendre, cette Techno Parade affichait un « slogan clair », un « message fédérateur » : « Laissez-nous danser ! » Un jour viendra peut-être où les tueurs en série, lassés eux aussi de développer leur activité dans un climat répressif et clandestin, défileront en criant « Laissez-nous tuer en série ! » Mais enfin la Techno Parade ne *fait plus débat*. La Gay Pride non plus. À ce propos, j'ai aussi noté que l'un des slogans des dernières Journées lesbiennes et gays était : « Homos, hétéros, juste égaux ». Qui pourrait se déclarer hostile à pareille formulation ? *Homos, hétéros, juste égaux ?* Mille fois d'accord, la proposition ne fait pas débat. Mais alors pourquoi les premiers de ces égaux s'empressent-ils, comme Didier Furibond par exemple, de dénoncer *le scandale de l'ordre homophobe*, c'est-à-dire tout simplement l'hétérosexualité *construite en ennemi à abattre* ? Et pourquoi exigent-ils une loi *spéciale* réprimant les actes et propos homophobes ? Il n'existe, que je sache, aucune loi *spéciale* réprimant les actes et propos hétérophobes (et je serais terriblement opposé à ce qu'il y en ait une, opposé jusqu'à la consommation des siècles et même plus loin). Une loi réprimant les actes ou propos homophobes et eux seuls introduirait donc une inégalité, puisque alors les hétérosexuels se retrouveraient non protégés, ce qui leur serait extrêmement dommageable, face aux attaques des associations qui se signalent surtout (car on ne leur a guère vu d'autre utilité) par ce qu'elles ne connaissent aucun repos en matière d'attaques. C'est sans doute qu'elles n'ont pas à faire grand-chose d'autre que de surveiller et de punir. Et de se constituer en groupes de surveillance et de punissage. En groupes de réclamations de lois répressives. La loi est déjà, par elle-même, quelque chose d'extrêmement délicat. Les lois sont aussi utiles que dangereuses à manier, comme des explosifs, et vous remarquerez que la loi est la seule chose sur cette terre que nous ne sommes pas censés ignorer, ce qui est déjà très inquiétant[1]...

C'est votre vieux fond asocial – qui est aussi le sujet de l'une de nos plus récurrentes querelles – qui parle : vous ne tolérez pas, au nom d'un individualisme érigé en dogme, l'idée que la vie en société puisse imposer quelques contraintes. Mais je vous rappelle qu'avant de devenir une menace brandie par des supposées minorités supposément opprimées, la loi s'oppose à la loi de la jungle ou à l'arbitraire d'un pouvoir sans bornes. Entre le fort et le faible, la loi qui libère et la liberté qui opprime, c'était plutôt bien vu.

Nous reparlerons, si vous voulez, de mon prétendu vieux fond asocial, comme vous dites. Pour le moment, loin de nier l'utilité de la loi, je me borne à remarquer que nous sommes passés, en quelques décennies, d'un ensemble de lois à peu près respectables et, de toute façon, pour la plupart nécessaires, à une multitude de lois burlesques, grotesques, funestes, funèbres (je ne dis plus scélérates car les fomentateurs de lois scélérates emploient eux-mêmes sans cesse cet adjectif quand une loi, par extraordi-

---

1. À ce propos, on méditera avec profit ces réflexions que Péguy, dans un texte posthume de 1903 sur Bernard Lazare, consacrait au fameux sophisme selon lequel nul n'est censé ignorer la loi : « Les formations grossières de la loi sont censées être conformes aux formations mouvantes de la réalité vivante, aux informations de la matière pensante, aux événements conscients, inconscients, subconscients ; or elles n'en sont que des imitations, et non pas des imitations suivantes et modelées, comme les imitations d'art, mais des imitations raides, approchées, rebelles, et grossièrement approchées ; les lignes brisées des garanties juridiques peuvent imiter les courbes des garanties morales, des garanties historiques, des garanties supra-juridiques ; mais elles ne peuvent les imiter, autant qu'il est permis d'user de ces comparaisons, qu'ainsi que la tapisserie en canevas peut imiter le dessin courbe qui lui sert de modèle ou directement la nature, courbe ; elle a beau imiter la nature ou le dessin première imitation de la nature ; elle n'en est pas moins, comme la mosaïque, un système de lignes brisées, composées de lignes droites, non un système de courbes, et rien ne peut faire qu'un système de lignes brisées devienne un système de lignes courbes. »

naire, contrecarre l'expansion de leur domination). Je ne suis pas contre les lois, je suis contre la multiplication cancéreuse des lois, cet extraordinaire aveu de faiblesse consistant à inventer tous les matins de nouvelles lois particulières parce qu'on ne parvient pas à faire respecter les lois déjà existantes et qui suffiraient amplement à toutes les situations si elles étaient appliquées. Depuis quelques décennies, les lois prolifèrent comme des ronces sur le terrain abandonné de l'autorité paternelle, autrement dit de l'idée même de Loi, et vous ne m'empêcherez pas de penser que les deux phénomènes sont liés.

Il est vrai que si une loi doit préciser un jour que l'on ne doit pas tabasser ses professeurs – cela pourrait s'avérer nécessaire dans un avenir pas très éloigné –, ce sera un symptôme de barbarie plutôt que la preuve d'un haut degré de civilisation.

Exactement. Toutes ces nouvelles lois sont d'ailleurs comme des cris que poussent des parents énervés par l'impuissance où ils se trouvent de faire entendre raison à des enfants turbulents. Je conviens que la vie en société impose quelques contraintes. C'est sur ce « quelques » que nous pourrions discuter. Je me demande au bout de combien de contraintes il n'y a plus de société du tout, seulement des agglomérats d'esclaves ahuris, ou de néoténiques (de néo-néoténiques) absolument incapables d'assumer la moindre responsabilité, de se regarder comme comptables du moindre de leurs gestes. « C'est pas ma faute » était une expression habituelle aux enfants ; c'est aussi devenu celle des néo-adultes.

Les lois ne procèdent pas toutes de la même source ontologique : certaines découlent du primat de la liberté, d'autres de celui de l'égalité. Que je mette la liberté infiniment plus haut que l'égalité n'implique tout de même pas que je méprise celle-ci.

Simplement, je constate une augmentation monstrueuse des lois procédant de l'exigence de plus en plus maniaque et obsessionnelle d'égalité, lesquelles impliquent une intervention dévorante de l'État dans la vie des individus, et par conséquent la réduction symétrique de leur liberté, réduction que d'ailleurs ils acceptent pour la plupart avec enthousiasme, préférant de très loin la statodépendance, même la plus titubante, même la plus hébétée, au risque d'une existence livrée, fût-ce minimalement, à l'initiative personnelle. C'est alors que l'on voit les statodépendants, d'ailleurs pris en charge par des cohortes d'avocats pervers, ne plus se réveiller de leur abrutissement que pour porter plainte contre l'État parce qu'il n'a pas pensé à faire placarder dans les rues des panneaux avertissant que lorsqu'il pleut il faut prendre un parapluie, ou qu'il vaut mieux se mettre à l'ombre quand le soleil cogne, et trouver cela tout naturel. Bernanos à la fin de sa vie décrivait l'humanité future, une humanité gâteuse, disait-il, poussée dans des fauteuils roulants et torchée par des robots. Nous y sommes, ou à peu près. La mise sous statodépendance du genre humain est une sorte de guerre de l'opium d'un genre particulier, et cette guerre sera menée jusqu'à ce que même le souvenir de la possibilité de prendre des initiatives personnelles se soit effacé de la mémoire des hommes (et ce que je dis à présent paraîtra alors dément à tous).

Les lois protégeant l'*image* de quelqu'un sont déjà, quand on y pense, quelque chose de comique. Celles qui répriment le tabagisme, le harcèlement (sexuel ou moral), l'injure publique et la diffamation, et encore tant d'autres choses, sont objectivement malfaisantes. Et plus on avance, et plus les nouvelles couches de lois deviennent atroces ; d'abord parce qu'elles s'attaquent maintenant à la vie sexuée, et ensuite parce qu'elles visent l'être humain, l'humanité, à travers son exercice intime du langage, c'est-à-dire son usage de la liberté. Autant dire que l'on arrive au tuf, à la base, que l'on commence à racler l'os, à gratter le fond de tiroir de l'être. « Lutter contre toutes les discriminations » était un autre thème de cette Gay Pride dont je parlais, traduit par le diligent journal *Libération* comme un « appel pressant à une législation pénalisant les propos homophobes et permettant aux associations de se porter partie civile ». Nous voilà parvenus dans le pays des lois infâmes. Nous y sommes, nous nous y enfonçons constamment parce qu'elles ont remplacé la vie, et que c'est maintenant la Rancune personnifiée qui les réclame, comme les vampires cherchent du sang frais.

D'accord, mais le « droit aux droits » ne relève pas de l'aspiration à l'égalité, mais d'une logique de créancier qui voudrait que chacun ait un droit de tirage permanent sur la collectivité. L'égalité ne prend son sens que dans une société qui se pense comme telle et qui résout de façon dialectique la question de l'équilibre entre intérêt général et intérêts particuliers, les seconds étant si nécessaire sacrifiés au premier. Au sein d'un agrégat d'individus, l'égalité ne signifie rien. En tout cas, rien d'intéressant. Elle devient prétexte à récriminations incessantes.

La société du « droit aux droits », je l'avais envisagée dès *On ferme*, en 1997, et il suffisait d'avoir les yeux ouverts pour la découvrir. Mais maintenant la mécanique s'est emballée, elle tourne pour elle-même, dans une sorte de surenchère ou de compétition intransitive. Il faut réclamer sans cesse des droits nouveaux, et au fond cette réclamation n'aura bientôt même plus besoin d'objets définissables. Des droits à quoi ? Pour quoi ? Personne ne se posera même la question. Les droits, au pluriel, se sont autonomisés au profit de la société atomisée en communautés, en groupes de réclamation, en sectes de revendication, en mouvements de récrimination. Tout cela au nom de « l'essence même de la démocratie » et des « nouvelles demandes démocratiques qui se font jour dans la société ». Personne, bien entendu, ne se fait la moindre illusion sur les bienfaits que pourraient apporter ces nouvelles lois. En revanche, l'ardeur infatigable, et même la violence avec lesquelles on les exige sont intéressantes et révélatrices. Vous me parlez de la loi de la jungle, et il se trouve que j'y suis tout à fait opposé ; mais alors dites-moi comment vous appelez ce paysage actuel où l'on voit frémir de l'échine tant de hyènes communautaires qui ne s'excitent qu'à la perspective d'imposer par le chantage au gouvernement le vote de lois répressives, et dont les babines dégoulinent de joie à la perspective du paradis qui s'offrira à leurs ébats lorsque ces lois seront enfin promulguées ? Je trouve cette jungle-là, cette *jungle sociétale*, encore mille fois plus alarmante que l'autre, ne serait-ce que parce que personne n'en semble horrifié, et que donc sa critique n'a même pas encore commencé, sauf avec moi. L'envie du pénal gronde partout. Jamais la liberté n'a été plus haïe. De plus en plus de maniaques travaillent du droit comme on travaillait du chapeau. Je sais très bien que la vie en société impose des contraintes. Mais les mensonges de ceux qui veulent encore les accroître par de nouvelles lois, et leur capacité de manipulation effrénée de tout, chiffres, statistiques, faits divers, etc., deviennent stupéfiants, et se résument en fin de compte à une guerre honteuse et hystérique contre ce qui reste de l'humanité. Ce sont les véritables nihilistes et les véritables haïsseurs de la vie. Ils aspirent au pouvoir pour y faire régner leurs destructions et leurs délires. Ils veulent *réduire* l'humanité, c'est-à-dire la liberté, comme les écologistes « profonds » veulent remplacer cette même humanité par la chouette mouchetée, et comme les dingues de la santé veulent non pas supprimer le plaisir mais faire oublier jusqu'à son souvenir. Ces nouveaux persécuteurs ont le mensonge pour méthode, la pression constante pour stratégie, des « observatoires » de toute nature comme ouvrages fortifiés, et un style d'appel à la mobilisation facilement identifiable : toutes leurs phrases commencent par : « À l'heure où ». C'est le style de l'état d'alerte, de la levée en masse. On peut l'appeler l'Aleurou. « Aleurou où l'extrémisme devient extrême » ; « Aleurou le combat s'impose » ; « Aleurou l'intolérance galope » ; « Aleurou où le repli menace » ; « Aleurou les femmes sont battues » ; « Aleurou les homosexuels sont persécutés » ; « Aleurou des corridas sont annulées en Espagne pour non-respect de la législation sur la protection de l'enfance » ; « Aleurou l'ironie fait rage contre les handicapés ». Etc. Il n'y a plus qu'à espérer que leurs croisades échoueront. Que toutes leurs croisades sans exception échoueront. En tout cas, c'est la seule chance que l'on ait de revoir un jour une vie humaine[1].

Cet Aleurou est généralement flanqué d'un Rien-ne-sera-plus-jamais-comme-avant, toujours annonciateur d'un quelconque ressassement. Mais il a aussi une tête de sommation : Aleurou tant d'atrocités requièrent notre vigilance, pas question de s'opposer à la croisade. Ni même de regarder ailleurs.

---

1. L'Aleurou devait refaire une apparition signalée à quelque temps de là, et à l'occasion de la mort de Jacques Derrida. Sous un titre pour le moins curieux, s'agissant du théoricien de la déconstruction et de la dissémination (*Les anti-corrida ont perdu un militant*), on pouvait lire par exemple : « À l'heure où douze villes de Catalogne espagnole se sont déclarées anti-corrida, à commencer par la capitale, Barcelone, à l'heure où des corridas sont annulées en Espagne pour non-respect de la législation sur la protection de l'enfance, à l'heure où Mme Marland-Militello, soutenue par quarante-deux députés (et ce n'est qu'un début), dépose une proposition de loi pour l'abolition des corridas en France, nous perdons l'un de nos présidents d'honneur. Mais nous perdons surtout l'une des consciences de notre époque, un intellectuel capable de compassion, un humaniste, un vrai. En son honneur et pour sa mémoire, nous poursuivrons la lutte jusqu'à l'abolition et la disparition définitive de ce dernier vestige d'une barbarie inouïe autorisée par la loi. Et rien ne nous fera renoncer » (*octobre 2004*).

Vous remarquerez qu'aleurou c'est toujours la même heure, celle de l'urgence. Aleurou ! c'est le cri de la mobilisation, le slogan de la levée en masse, le chant du départ, le hurlement qui tétanise. On ne résiste pas à l'Aleurou ! Ou alors c'est qu'on se range du côté des esprits négatifs et suspects, rétifs à la normalisation aleurouïste, et même peu sensibles à l'urgence qu'il y a à urger. Pourquoi ces lanceurs d'appels si pressants sont-ils si pressés ? N'auraient-ils que cela, *le lancer de lois*, pour se sentir exister ? Maintenant que Raffarin se déclare honteusement prêt à céder aux exigences infernales des *aleurouïstes* et à bricoler une loi de plus, une loi d'exception de plus, mais une loi décisive, pour le coup, qui aura pour résultat d'interdire toute pensée critique, c'est-à-dire toute pensée tout court à propos par exemple de l'homosexualité, il serait peut-être amusant de rappeler ce qui a pu être écrit, dans une période relativement récente, au sujet des hétérosexuels. Je ne prendrai qu'un exemple. Il y a quelques années, j'avais eu le malheur de lire un roman du très attristant Michel Tournier, *Les Météores*, où l'apologie de la voirie et de la gadoue se trouve curieusement liée à celle de l'homosexualité, mais c'est son affaire, et où toutes deux sont convoquées pour dresser un procès d'une extrême violence contre l'hétérosexualité. C'est ainsi qu'un personnage se laisse même aller à proclamer : « Moi qui suis sujet à constipation, je serais guéri si je disposais chaque matin de la face d'un hétérosexuel pour la couvrir de ma bouse. Conchier un hétérosexuel. Mais n'est-ce pas lui faire encore trop d'honneur ? Ma bouse n'est-elle pas de l'or pur au regard de son abjection ? » On me dira, bien sûr, qu'il s'agit là d'un personnage (constipé, donc hystérique) qui s'exprime en son nom propre (enfin propre). En son nom propre de personnage de roman. Mais imaginons que ce personnage de roman dise, par exemple, en son nom propre pas très propre de personnage de roman constipé : « Moi qui suis sujet à constipation, je serais guéri si je disposais chaque matin de la face d'un Arabe (ou d'une femme, ou d'un Noir, ou d'un handicapé moteur, ou d'un tétraplégique, etc.) pour la couvrir de ma bouse. » Est-ce que ce serait encore un personnage parlant en son nom propre de personnage de roman ? Est-ce que l'on n'applaudirait pas de manière unanime les associations qui, se foutant éperdument de la problématique du personnage de roman parlant en son nom propre de personnage de roman, se porteraient partie civile contre ce personnage de roman parlant en son nom propre de personnage de roman ?

Justement, je ne me rappelle pas que nous ayons approuvé le sort fait à Houellebecq, traîné devant les tribunaux pour des propos tenus par l'un de ses personnages – et aussi, la vérité oblige à le mentionner, pour quelques âneries proférées par lui-même...

Pas nous, certes ; nous nous sommes au contraire réjouis de ce que notre ami Houellebecq échappe à la justice, et que le droit au blasphème soit enfin établi (on pourrait même décréter un *devoir du blasphème*), non seulement grâce à lui mais surtout grâce à toutes les Josyosavinianes qui l'avaient soutenu contre l'Hydre de l'obscurantisme avec un tel courage. Je me demande simplement si ces héros de la lutte contre l'obscurantisme se mobiliseront avec autant d'ardeur et feront circuler autant de pétitions lorsqu'il s'agira, bientôt, très bientôt, de porter secours à tel ou tel écrivain traîné en justice pour homophobie ; et je me demande aussi combien de ceux-là viendront témoigner en sa faveur au nom de la liberté d'expression la plus élémentaire, demanderont sa relaxe et la condamnation de ses accusateurs pour procédure abusive. Je me demande en somme si les courageux tueurs des anciennes grenouilles de bénitier, d'ailleurs mortes depuis un siècle, seront aussi vaillants face aux crapauds hurlants et officiels des nouveaux bénitiers en pleine activité. Mais nous verrons bien, n'est-ce pas ? Nous verrons. Nous verrons sous peu.

Ne cherchons pas de sujet de dispute quand il n'y en pas – même s'il est fécond de se disputer. Dites-moi plutôt si vous vous réjouissez de voir nos amis Américains – qui se mangent sans faim, comme vous le chantez joliment dans l'un de vos poèmes – empêtrés dans le bourbier qu'ils ont eux-mêmes créé en Irak ?

C'est cela, parlons des Américains en Irak. Feuilletons donc ensemble l'album *Crétin au Congo*. Je vais peut-être vous étonner ou vous décevoir : l'homogénéisation démocratique engagée militairement là-bas par la Confédération planétaire du Bien ahuri connaît quelques ratés et ça ne me fait pas rire. Ni plaisir ni rire. J'étais farouchement hostile à l'agression américaine (car il ne s'agissait pas d'une guerre, c'est-à-dire par essence d'un duel, mais de l'écrasement par un marteau-pilon d'une mouche morte, ou d'une mouche déjà trop mal en point, en tout cas, pour faire usage de la moindre de ces armes de destruction massive dont on la créditait et au nom desquelles on l'écrasait, et qui n'en avait d'ailleurs pas) et je suis tout aussi hostile, plus encore même, du moment qu'elle a eu lieu, à ce qu'elle soit un échec. Et elle le sera. Et elle l'est. J'ai été contre cette guerre, et le fait de l'être avec quatre-vingt-dix pour cent des populations de la planète ne m'a posé aucun problème, car il y a eu bien davantage d'occasions dans ma vie où j'ai été opposé à quatre-vingt-dix pour cent de la population sans que cela me pose non plus le moindre problème ; et ces occasions seront dans l'avenir, j'en suis assuré, mille et mille fois plus nombreuses que celle (pour le moment il faut la mettre au singulier) où je me retrouve (très relativement, car je ne suis pas du tout pacifiste, je le répète, je suis même le contraire) en accord avec quatre-vingt-dix pour cent de la population. Je n'oublie d'ailleurs pas de quoi est composée cette population, et si je considère la guerre de Bush comme absurde et monstrueuse ce n'est certes pas pour copiner avec les intellectuels gauchistes d'Amérique ni avec la canaille pacifiste européenne. Opposé de toute son âme à la « croisade » franquiste, Bernanos disait que ce n'était pas parce qu'il avait écrit *Les Grands Cimetières sous la lune* que cela autorisait Aragon à venir lui taper sur le ventre comme s'ils avaient violé ensemble les bonnes sœurs de Barcelone. Je n'ai goûté qu'un plaisir, durant cette période, et c'est de ne pas m'être retrouvé dans le camp des imbéciles illimités du genre Romain Goupil. Et s'il y a jamais eu, depuis cinquante ans, une bonne raison de dire merde aux imbéciles illimités, c'est bien celle-là.

Il y avait aussi beaucoup d'imbéciles tout aussi illimités de l'autre côté. Et nous avons assisté à un déchaînement de binarisme qui n'avait pas grand-chose à envier à celui des Bush boys. Mais passons. Provisoirement.

Je n'ai pas détesté non plus me retrouver en désaccord parfait avec tous les petits singes intellectuels qui estimaient élégant et dadaïste d'être pro-Bush, puisque ce que faisait ce Bush défiait même le bon sens le plus plat. Mais ces plaisirs n'ont qu'un temps. Très court. Comme a été courte cette « guerre » qui était déjà finie avant d'avoir commencé à être pensée, et s'il y a une bonne raison, parmi cent mille autres, de supposer que nous vivons la fin de l'Histoire, cette prétendue guerre américaine, premier épisode d'un remodelage plus ou moins belliqueux de toute la planète, en est une illustration : l'événement, en effet, n'appartient d'emblée pas, comme les événements historiques, à l'*Histoire nécessaire*, c'est-à-dire à l'Histoire tout court ; il n'est nécessaire qu'aux États-Unis, lesquels n'ont plus de nécessité comme Empire (comme Empire du Bien) depuis l'effondrement de l'URSS, et doivent donc s'en inventer une, et la démontrer et l'imposer par l'action, si cataclysmique soit-elle.

Vous voulez dire que nécessité fait Histoire ? Nous serions en somme des orphelins de la nécessité ? Le génocide juif était-il nécessaire à l'Europe ou n'appartenait-il pas à l'Histoire ?

Il est possible justement que l'Histoire ait commencé de finir là, dans le génocide juif, et c'est ce qui expliquerait que celui-ci aurait alors deux « natures » pour ainsi dire, l'une historique, bien entendu, et l'autre ab- ou sub- ou post-historique, qu'il serait à la fois rigoureusement irreprésentable et historiquement connaissable. Peut-être est-ce là que se situe la « ligne de partage des eaux » ? Mais ce que j'appelle nécessaire, au sens de ce qui s'impose, ce que j'appelle Histoire nécessaire, pour tenter de la différencier d'un autre genre d'Histoire, le nôtre, en quelque sorte surnuméraire, c'est l'Histoire de l'humanité encore non globalisée, conflictuelle, divisée, structurée par des rapports de force plus ou moins équilibrés, comme les êtres étaient (et sont encore partiellement) structurés par la division des sexes ; alors que partout est maintenant à l'œuvre l'effacement de la division. Quand il n'y a plus de division, il n'y a plus non plus de finalité. On m'objectera qu'il y a encore du rapport de force, que cette guerre d'Irak répond à l'attaque du 11 septembre, mais je rétorquerai que c'est là une foutaise puisque, si c'était vrai, elle serait la pire, la plus puérile des réponses, la plus à côté de la plaque et aussi la plus catastrophique dans ses conséquences incalculables. Si cette guerre relève d'une histoire, ce ne peut être que de celle des catastrophes engendrées par cette doctrine nouvelle, encore jamais étudiée, que l'on pourrait appeler le *terrorisme préventif* ou *terrorisme de précaution*. Certes, la prévention par elle-même n'est pas nécessairement blâmable ; le seul ennui c'est que Bush est parti en guerre pour détruire préventivement des armes que l'Irak n'avait pas et pour empêcher préventivement Saddam Hussein de mettre ces armes qu'il n'avait pas à la disposition de terroristes islamistes qu'il haïssait et qui le haïssaient. Et tout le monde le savait. Cela s'appelle donc de la prévention à côté de la plaque, de l'activisme du coche ou de l'action post-rationnelle, toutes choses fort inquiétantes lorsqu'il s'agit du sort de la planète et de ceux qui se trouvent dessus.

Une petite précision pour la vérité historique : Saddam haïssait les islamistes qui le haïssaient, sans doute, mais ils étaient parfaitement capables de conclure des deals. *Cela dit, cela n'a pas été le cas pour le 11 septembre, donc cela ne remet pas en cause votre démonstration.*

Alors poursuivons. Est-ce de l'anti-américanisme de dire tout cela ? Non, c'est simplement de l'indignation face à un délire qui s'exprime au sommet du plus puissant État du monde. En tant que *judéo-croisé* (et fier de l'être, je vous prie de le croire, comme jamais), donc ouvertement menacé de mort par un autre délire, celui des djihadistes, je vous jure que je préférerais ne pas avoir un judéo-croisé en chef aussi terrifiant. Bush n'est ni d'extrême droite, ni néo-conservateur, ni méthodiste, ni presbytérien, ni rien du tout de semblable ; il est chaotiste. C'est un entrepreneur en chaos. Ce qui se passe en Irak n'est pas un « gâchis », comme le déplore maintenant Bruckner en secouant sa coulpe à peu près comme le capitaine Haddock secoue son sparadrap dans *Vol 714 pour Sydney*. Le terme de gâchis, aussi mal approprié que ceux qu'utilisaient Bruckner ou Goupil du temps de leur splendeur, désigne une occasion ratée, quelque chose qui aurait pu réussir ; une « chance historique » gaspillée, ainsi que l'écrit encore Bruckner. Mais il n'y avait aucune chance historique à saisir dans cette expédition qui était désastreuse avant même qu'elle ne commence. Il n'y avait que les portes de l'enfer à ouvrir, ainsi que l'a dit je ne sais plus qui. Elles sont ouvertes. Sur le souffle brûlant et les grondements grandissants du chaos. Le gendarme du monde n'a pas ouvert la boîte de

Pandore, comme on le dit ici ou là, mais sa propre boîte de pandore gendarmesque. On aimerait lui laisser le soin de la refermer tout seul, mais c'est trop tard, elle se répand partout.

Ce qui enrage c'est que nous ne pouvons même pas changer de camp. Comme judéo-croisés (à nous deux, nous sommes un résumé), nous ne pouvons même pas nous réjouir de voir l'Amérique confrontée à la haine – et aux bombes – des ingrats qu'elle a libérés.

En effet, il n'y a vraiment pas de quoi se réjouir parce qu'une fois de plus on se trouve soumis au chantage de « choisir son camp » et de la boucler. Or, il n'y a eu que délires dans cette affaire irakienne, et pas seulement la fable inepte des armes de destruction massive, ou l'histoire de la « filière nucléaire nigériane », ou celle des souterrains mystérieux de Bagdad qui devaient faire de cette ville le Stalingrad des troupes de la coalition (et ce terme de « coalition » était lui-même un mensonge), ou le sauvetage bidon de Jessica Lynch, arrachée aux griffes de soldats irakiens inexistants puisqu'ils avaient évacué Nassiriya. Dès avant le début des hostilités, la comparaison de l'Irak avec l'Allemagne et le Japon de la Seconde Guerre mondiale était par elle-même un scandale et une folie parce que l'Allemagne et le Japon, à l'opposé de l'Irak, avaient réellement mis le feu à la planète avant d'être écrasés. Leur conversion à la démocratie s'effectua donc sur le fond du désastre d'une guerre qu'ils avaient sauvagement voulue, et sur les ruines de leur défaite totale. Mais quel crime les Irakiens (je ne parle pas de Saddam et des baassistes) avaient-ils donc commis avant que la prétendue « coalition » se jette sur eux ? Victimes d'un tyran fou pendant plusieurs décennies, pourquoi les Irakiens éprouveraient-ils ce soudain amour de la démocratie qui n'a envahi les Allemands et les Japonais, faut-il le rappeler, que parce qu'ils avaient été battus à plate couture, ce qui prouvait donc que leur doctrine n'était pas la bonne et qu'ils se sentaient surtout coupables de la défaite de leur doctrine ? J'ajoute que la comparaison avec la « guerre froide », avec les quarante-cinq ans de lutte finalement victorieuse de l'Amérique contre l'Union soviétique, me paraît tout aussi absurde.

Vous plaisantez, mais il y a une question. Si la démocratie n'est pas liée à un instant et à un lieu mais qu'elle est un horizon universel, les Irakiens y ont, eux aussi, droit (tiens, tiens !). Si on croit cela, on peut en prime s'indigner et tempêter contre ceux qui pensent que « la démocratie n'est pas bonne pour les Arabes ». Seulement, à supposer que les hommes naissent libres et égaux en droit, l'observation des faits montre qu'ils n'ont pas pour autant les mêmes priorités : appelés à voter, les Irakiens n'auront sans doute de cesse de porter au pouvoir des régimes qui pensent que la soumission à Dieu est plus importante que la liberté humaine. C'est un fait qui résulte de l'altérité anthropologique. Mais la reconnaissance de ce fait conduit à un relativisme absolu qui ne m'enchante guère. Peut-être que la croyance en un horizon universel signifie : « par ici la sortie de l'Histoire » – et pourtant, j'avoue avoir du mal à y renoncer.

Le problème, ce n'est pas d'apporter aux Irakiens la démocratie ; c'est que l'on met maintenant sous ce nom ce qu'elle est devenue en Occident, dont je me tue à faire la chronique défrayante, et qui a fort peu à voir avec la Grèce ou même la IIIe République en France. La démocratie a mal tourné (voir plus haut ; enfin, voir tout), et je me demande quelle est la nature du cadeau que l'on fait aux peuples qui ne l'ont jamais connue et à qui aujourd'hui on l'offre – en y mettant plus ou moins les formes, d'ailleurs…

De fait, que la « démocratisation » du monde soit ou non possible, il est certain qu'elle ne se fera pas à la pointe des baïonnettes. Il n'est donc nullement surprenant que l'équipée américaine soit un fiasco dont on peut gager qu'il s'achèvera soit par l'émergence d'un pouvoir chiite, pro-américain mais pas très rigolo, soit par la partition du pays annonciatrice de conflits sans fin, soit par une combinaison de ces deux possibilités...

Ou d'autres encore, car l'inventivité humaine est infinie. Pour le moment, au crime absolu que cette prétendue guerre est à mes yeux (« la plus miséricordieuse jamais livrée dans l'histoire », vient de dire le général américain Jay Garner, administrateur civil provisoire de l'Irak !), à la misérable lâcheté commise par la Nouvelle Rome prétendue reformée, s'ajoutent le ratage le plus piteux et la déroute la plus assurée de durer, et de durer sur place. Les Américains ne laisseront pas l'Irak en meilleur état qu'ils l'ont trouvé, contrairement à ce qu'on entend dire de temps en temps, parce qu'ils ne l'ont pas trouvé, parce qu'ils ne le laisseront pas et parce qu'ils ne peuvent plus le laisser. Ce n'était d'ailleurs pas leur but. Leur but, c'était le chaos. Le chaos est devenu une doctrine de politique internationale. Elle reflète ce qui se passe dans les cerveaux des chaotistes de la Maison-Blanche qui n'ont rien trouvé de mieux que de résoudre par le chaos les différents problèmes que leur posent les singularités résiduelles de la planète. Leur finalité (vague, d'ailleurs, et probablement inconsciente), c'est le chaos. Le chaos pour noyer le crime potentiel. Le chaos comme ordre sécuritaire ultime. Le chaos comme dissuasion. Le chaos comme abolition des conflits et surtout comme simulation de l'abolition des conflits (et comme simulation de leur prolongation). Puisque ces singularités résiduelles nous dépassent, feignons d'en être les désorganisateurs.

Je me demande si vous ne surestimez pas l'intentionnalité de la politique oncle-samienne. Après tout, ces singularités résiduelles, ce que je qualifiais précédemment de différences anthropologiques, ont quelque chose d'effrayant.

Toutes les singularités résiduelles sont effrayantes, et elles sont encore plus effrayantes quand le monde a pour idole ou pour idéal un déodorant universel, comme en Occident. Il y a toujours eu des singularités réfractaires, elles sont le sel de la terre, elles sont même la vie en soi tant qu'elles ne deviennent pas la mort et l'amour de la mort (comme les djihadistes). C'est toujours la même question du Bien relatif et du Mal relatif. La normalisation modérée de la société suscite des anomalies elles-mêmes modérées, tandis que la normalisation totalitaire suscite des anomalies frénétiques et meurtrières. Quand on se prend pour le Bien absolu comme les idéologues américains actuels, on a directement à faire au Mal absolu. C'est pourquoi je trouve effrayant ce qui se passe là-bas. Mais je trouve cela effrayant *du point de vue de l'intérêt de l'Occident*, qui est le mien en dépit de ce que je pense de l'*actuel* Occident (et c'était dans l'intérêt de celui-ci – car, même s'il est *actuel*, j'en demeure solidaire – que j'étais contre cette guerre) et en dépit de ce que s'imaginent des lecteurs hâtifs de mes *Djidahistes*. Et je suis farouchement hostile, malgré tout le mal que je pense de l'Amérique actuelle, du moins celle de l'actuelle administration de Washington, à l'idée de découvrir ce dont, hélas, je me doute depuis déjà pas mal de temps : qu'elle n'est nullement la Rome impériale que l'on dit parfois, mais Carthage à son agonie.

Je me souviens d'avoir pensé, peu après le 11 septembre 2001, que je me trouvais sur un bateau (l'Occident) dont je détestais le capitaine (les États-Unis de Bush), mais que je me trouvais tout de même sur ce bateau-là, que j'aimais d'ailleurs de moins en moins dans son ensemble, pour des raisons que j'avais déjà développées un peu partout et que je continue à développer ici, et que mes intérêts ultimes demeuraient néanmoins les mêmes que ceux du capitaine (en tout cas il n'y avait pas d'autre bateau, et cela de façon définitive, sur lequel sauter). Je souhaitais seulement que ce capitaine ne fasse pas trop de conneries. Il en fait. Il ne fait que cela. Et je n'ai aucune envie d'en rire. Nous avons reçu, vous et moi, il y a déjà quelque temps, je crois que c'était en mai dernier, un courrier d'un sympathique lecteur d'*Immédiatement* qui n'était pas du tout d'accord avec ce que je disais de cette guerre d'Irak en février. Mon malheur, à l'inverse, est que je suis bien trop d'accord, aujourd'hui, avec ce que je disais alors, et que je préférerais ne l'être pas. Ce sympathique lecteur trouvait que j'avais le droit de taper sur tout, mais pas sur Bush et ses sbires « sous la houlette de qui (je cite le sympathique lecteur) l'Afghanistan a été purgé des talibans en un mois et demi, l'Irak de l'autre humaniste en trois semaines. Avec des pertes presque dérisoires, même dans le camp adverse ». Ce sympathique lecteur, qui avait sans doute un peu trop lu Goupil ou Bruckner, trouvait choquant le titre de notre conversation d'alors (*Une guerre de merde*), titre dont la responsabilité m'incombe pleinement et dont je suis toujours aussi satisfait, et il n'appréciait pas non plus mon « diagnostic prêt-à-porter et erroné ». J'aimerais beaucoup que mon diagnostic ait été prêt-à-porter ou erroné. Il y a certaines circonstances où, dans son propre intérêt, on souhaiterait diagnostiquer erronément. J'aimerais donc que l'Afghanistan purgé ne soit pas un innommable chaos ; et que l'Irak, délivré de son tyran, ne soit pas un autre chaos.

Notre sympathique lecteur se trompait, je vous l'accorde. Mais je peux comprendre qu'il ait fini par être irrité par la bonne conscience anti-bushiste mondiale. Surtout que les jappements indignés sur l'unilatéralisme US et sur l'incapacité yankee à concevoir que l'on pût être différent d'eux provenaient souvent d'individus qui sont tout prêts à vous traiter de nazi dès que vous émettez une réserve sur leurs propres opinions. Par ailleurs, pardonnez-moi d'insister, mais l'Afghanistan se débrouillait très bien pour être un chaos avant la guerre américaine, même si les manipulations colossalement fines de nos pacificateurs y avaient contribué (de même d'ailleurs que les grandes manœuvres des précédents pacificateurs).

La bonne conscience anti-bushiste m'est tout aussi étrangère que la tendance, vous le savez bien, à traiter de nazi n'importe qui sous n'importe quel prétexte. Quant à l'Afghanistan, que l'on en ait purgé les talibans ne m'a pas fait pleurer. Que l'on essaie d'apporter aux Afghans les charmes de la démocratie me paraît excellent ; encore que personne ne semble avoir trouvé la bonne méthode pour offrir cette démocratie et ses charmes à des peuples qui vivent toujours sous le régime de la Providence. La vraie question que personne n'aborde, que personne ne semble même capable d'envisager comme question, c'est celle précisément des charmes de la démocratie *aujourd'hui*, de ce que nous en avons fait, de ce qui en reste après qu'elle a été réadaptée de fond en comble selon les nouveaux besoins de notre Occident terminal et festivisé. On est en droit en tout cas, me semble-t-il, de discuter de ces charmes. Pour l'Irak, c'est la même chose. Au fond, j'aurais beaucoup aimé que l'on trouve des armes de destruction massive en Irak, et qu'il ne s'agisse pas là du plus grand mensonge public contemporain ; du plus grand mensonge peut-être de toute l'histoire des guerres, parce que, depuis le début, il était évident qu'il s'agissait d'un mensonge. Et j'aimerais aussi que, lorsqu'ils tuent (on se demande bien d'ailleurs *au nom de quel droit*) les deux fils de Saddam, les Américains aient réglé du même coup, comme ils s'en vantent, la question du terrorisme dans la région. Ils diront également l'avoir réglée lorsqu'ils auront tué ou capturé Saddam Hussein lui-même, ou l'un de ses sosies, et ce sera la même illusion ; en pire, car tous ceux qui brûlent de se djihadifier contre les Américains, mais ne veulent pas rouler pour les baassistes et pour Saddam, n'auront alors plus de complexes.

Et lorsque je lis que « l'opinion publique mondiale a été trompée par la Maison-Blanche et Downing Street », j'aimerais rencontrer les demeurés qui ont pu, même il y a six mois, croire un instant une seule des foutaises et des forfaitures de la Maison-Blanche ou de Downing Street, et donc être trompés par la Maison-Blanche ou Downing Street. Lesquels, maintenant, demandent que des enquêtes soient menées sur les informations fournies par leurs services secrets avant la guerre en Irak. Ce qui rappelle Œdipe recherchant les causes de la peste qui ravage Thèbes, et enquêtant par conséquent sur ses propres crimes. Sauf qu'Œdipe ne sait rien de ceux-ci lorsqu'il lance l'enquête, et que, dès qu'il les découvre, il se crève les yeux afin de retrouver la clairvoyance sur son destin tragique, ce qui n'arrivera certes pas à Blair ou à Bush quand on leur aura expliqué ce qu'ils font semblant de ne pas savoir. Mais ni Blair ni Bush ne sont destinés, à l'inverse d'Œdipe, à exprimer pour les siècles des siècles une part fondamentale de la condition et de la civilisation humaines. C'est d'ailleurs heureux.

Vous vous trompez. Blair et Bush, et les anti-Blair et les anti-Bush expriment parfaitement la condition et la civilisation néo-humaines dont vous écrivez la chronique. Et, je le répète, dans leur candide croyance – très faussement candide, à vrai dire – qu'ils peuvent refaire le monde comme ils joueraient aux Lego, nos deux Pieds Nickelés en chef sont bien les rois que demandent les grenouilles qui aimeraient rééduquer tous les réfractaires comme vous, cher Philippe, tout en proclamant leur vertueuse détestation de Blair-et-Bush.

Ma détestation n'a rien de vertueux. J'aimerais simplement qu'ils aient l'air un peu plus recommandables, un peu plus présentables, tandis qu'ils apportent la démocratie aux peuples encore plongés dans les ténèbres. Cette démocratie aussi aurait l'air un peu plus crédible. Et j'aimerais beaucoup que le nez de Blair ou celui de Bush ne s'allonge pas aujourd'hui de façon si affolante chaque fois qu'ils parlent de ces armes de destruction massive qu'ils ne trouveront, tout le monde le sait depuis la fondation du monde, que le jour où ils se décideront à les inventer. J'aurais de très loin préféré que ces deux crétins soient un peu moins crétins que leur allure de Pinocchios ne le laissait déjà prévoir bien avant cette expédition. Et j'aimerais que le nez de Blair ne bouge pas quand il est question de David Kelly, spécialiste des armes bactériologiques, conseiller en armement de son gouvernement, retrouvé il y a peu de temps suicidé dans un bois, à quelques kilomètres de son domicile, les veines d'un poignet tailladées. J'aimerais que les valeurs démocratiques poussent en Irak comme les tulipes en Hollande (et que n'y poussent pas, en revanche, tous ces ayatollahs pleins de respect pour les droits de l'homme à condition qu'ils se basent sur la *charia*). J'aimerais penser que ces gens savaient où ils allaient, qu'ils le savent encore, et que ce ne soit surtout pas là où je suis persuadé qu'ils vont et nous emmènent. J'aimerais qu'ils aient un autre programme que le chaos par lequel ils espèrent prolonger leur impérialisme de *shopping center* et leurs misérables néo-Lumières lessivées de longue date par le protestantisme. Et je ne me réjouis pas de la confusion actuelle (très relative) des Dick Cheney, Rumsfeld, Richard Perle, Wolfowitz, Condoleezza Rice, docteurs en incompétence universelle et en fascisme modérantiste : ils n'étaient pas mes ennemis ; ils étaient simplement, une fois encore, sur le même bateau que moi, et c'étaient des imposteurs tellement voyants que c'en était gênant dès l'hiver dernier. Et je préfère ne pas parler de Bush, le président aux tout petits yeux dont l'intelligence, quand elle est en forme, doit concurrencer celle de Lucy. Mais j'aimerais surtout que tous ces nains surarmés, ces gnomes surannés, cette bande de *borderlines* qui ne se sont montrés capables de tromper sur leurs buts de guerre que le peuple américain et aucun autre, *aucun autre*, et pendant une brève période, aient la moindre capacité à administrer, comme on dit, leur aprèsguerre. Ils ne l'ont pas. Ce ne sont même pas des pompiers pyromanes, parce que ce ne sont pas des pompiers, puisqu'ils sont incapables d'éteindre le feu qu'ils ont allumé. Ce ne sont pas des remodeleurs, comme ils se sont intitulés hasardeusement, car ils ont dissous un pays avant de savoir comment le recréer et même de se le demander. Ce sont, je le répète, des représentants en chaos. Des placiers en chaos (je propose, à cet égard, une devise pour les hommes de Washington, remodeleurs de continents : « Encore un chaos de casé »).

En somme, à tant faire que d'avoir des maîtres du monde, vous voudriez qu'en plus ils soient efficaces ? Je crains qu'il n'y ait là une contradiction dans les termes...

Ils pourraient au moins être un peu mieux conseillés. Je ne saute pas de joie, en tout cas, en découvrant que l'Empire universel ne sait déployer que son incompétence universelle, que l'Empire mondial ne sait montrer que sa connerie mondiale. Je le répète, cela ne me fait pas rire du tout. Car nous sommes solidaires de ces brutes martiales et incompétentes. Et il ne faut absolument pas les laisser seules dans le merdier qu'elles ont créé. Ce serait de la non-assistance à impériaux en danger ; à remodeleurs manchots ; à menteurs pathétiques ; à pyromanes amateurs. Bush et Blair ont voulu seuls cette guerre aux suites terrifiantes, mais on ne peut pas les laisser seuls dans les suites. En conclusion provisoire de cette triste affaire, et si nous avions le temps, j'aurais voulu vous montrer qu'elle était déjà tout entière racontée dans un admirable roman de l'admirable Erskine Caldwell, *Bagarre de juillet* (*Trouble in July*), mais cela nous emmènerait trop loin. Je me bornerai donc pour cette fois à une petite tirade de Schopenhauer concernant les États-Unis, trouvée dans les

Parerga : « En dépit de toute la prospérité matérielle du pays, qu'y trouvons-nous comme sentiment prédominant ? Le vil utilitarisme avec sa compagne inévitable, l'ignorance, qui a frayé la voie à la stupide bigoterie anglicane, aux sots préjugés, à la grossièreté brutale associée à la niaise vénération pour les femmes. Et même des choses pires y sont à l'ordre du jour : l'esclavage révoltant des nègres, uni à la plus excessive cruauté contre les esclaves, la plus injuste oppression des Noirs libres, la loi de Lynch, les meurtres fréquents et souvent impunis, les duels d'une sauvagerie inouïe, le mépris de temps en temps affiché du droit et des lois, la répudiation des dettes publiques, l'escroquerie politique abominable d'une province voisine, suivie de raids rapaces sur son riche territoire, raids que le chef de l'État cherche ensuite à excuser par des mensonges que chacun dans le pays sait être tels, et dont on se moque. Ajoutez à cela l'ochlocratie [*gouvernement par la foule, NDLR*] toujours montante, et finalement l'influence désastreuse que la dénégation de la justice dans les hautes sphères doit exercer sur la moralité privée. »

Revenons sur un sujet qui nous a récemment valu quelques disputes, l'affaire « Alègre et tous autres », transformée en affaire Baudis. Pour vous, l'important, c'est ce que les médias appellent gravement les dysfonctionnements de la justice et de la police avec meurtres classés en suicides, parties fines en présence de notables : du Chabrol en somme. Mais je prétends pour ma part que c'est d'abord une affaire médiatique puisque nous avons vu des allégations émanant de deux jeunes femmes – prostituées par ailleurs – se muer en vérité sur les plateaux de télé, la lettre d'un tueur en série lue par un journaliste branché dont la marque de fabrique est d'imposer le tutoiement à tous (au fait, Muray, t'iras chez Karl Zéro ?). Quant au travesti mythomane qui prétendait être le fils de Michael Jackson et évoquait la présence de votre ami Tony Blair aux soirées sado-maso, il a déclaré aux gendarmes que l'un de ses objectifs était de vendre son histoire aux médias – en voilà un qui a tout compris. Et le seul commentaire que j'ai pu vous extorquer a été : « On sait bien ce que sont les médias ! » Un peu court, cher Philippe. Tout d'abord, un tel argument reviendrait à vous mettre au chômage technique : on sait aussi ce que sont les Américains, les littérateurs d'aujourd'hui, les artistes conceptuels... D'autre part, il me semble que cette story toulousaine, Simenon revisité par Sade à une époque post-debordienne, est peut-être la première occasion que nous avons de voir se déployer cette nouvelle idéologie appelée Journalisme.

Tout, absolument tout, chère Élisabeth, se mue en vérité sur les plateaux de télé. Aussi bien les déclarations d'ex-prostituées toulousaines, les protestations d'innocence d'un ex-maire, les confidences du voisin d'en face à propos de son goût pour le canevas ou sa compétence au cerf-volant. Le drame de la télévision, c'est qu'elle ne peut fabriquer que de la vérité, et c'est bien pour cette raison qu'elle n'a aucun intérêt, puisque la vérité ne peut se trouver que chez elle pour la bonne raison qu'on n'en trouve plus nulle part ailleurs parce qu'il n'y a plus d'ailleurs. La télévision est condamnée à faire de la vérité comme Midas à faire de l'or. La télévision est condamnée à la vérité. La télévision n'est pas une fenêtre ouverte sur le monde, elle est le monde luimême, le nouveau monde sans fenêtres, c'est pour cela que tout le monde s'y bouscule, faute de trouver le monde ailleurs.

Notre controverse portait d'abord sur l'« emballement » de la machine médiatique et sur la possibilité, ou non, d'introduire, d'instiller un peu de morale dans les rouages de cette machine. Je réponds catégoriquement : non. Du moment que cette machine existe (et elle est l'époque même), la morale n'existe pas. Vouloir que les médias respectent quoi que ce soit, en l'occurrence le secret de l'instruction, du moment que la pulvérisation de ce secret est bonne pour eux, relève de la pensée magique. Et, par-dessus le marché, je me permettrai de vous rappeler que si cette histoire a soudain pris feu au printemps, c'est parce que deux personnalités, l'ex-substitut du procureur de Toulouse et l'ex-député-maire de Toulouse, tous deux mis en cause dans la nouvelle affaire Alègre, ont eux-mêmes décidé de s'exprimer publiquement pour démentir des accusations *jusqu'alors confidentielles*, et ont donc eux-mêmes dévoilé certains secrets de l'instruction (l'une de ces personnalités est d'ailleurs une ancienne figure médiatique), redoublant ainsi le feu des médias qui ne demandaient qu'à crépiter.

D'abord, je ne vous parle pas de morale mais de respect de la loi. Or, autrefois, celle-ci était faite pour protéger les droits des gens – par exemple, le droit à une certaine intimité – et non pour étendre indéfiniment les droits des individus, à commencer par celui de tout savoir sur tout le monde. D'autre part, je m'insurge, et fort légitimement me semble-t-il, contre l'idée que la seule liberté qui ne saurait souffrir la moindre borne serait la liberté de la presse, et que le droit à l'information serait illimité. Bref, je ne vois pas pourquoi les médias seraient intouchables. Je trouve même qu'il y a de puissantes raisons pour qu'ils soient touchables. Quant aux aveux de Baudis, il ne sera pas le premier à avoir paradé dans le cirque où les lions s'apprêtent à le dévorer.

Je ne sais pas s'il y a un droit à l'information illimité, mais ce qui est sûr c'est que les médias le prennent, ce droit, chaque fois que ça leur convient, et ils le prennent dans toute son ampleur. L'illimité est leur champ de manœuvres. La surenchère perpétuelle est leur dynamique, et ils ne peuvent *tenir*, dans leur programme de survie pathétique, que par cette surenchère. Les débats qu'ils organisent à intervalles réguliers sur les limites qu'ils ne devraient pas franchir font eux-mêmes partie de cette illimitation. Leurs émissions d'autocritique aussi, bien entendu. Vous parlez du Journalisme en tant qu'idéologie. Je ne crois pas que les médias aient la moindre idéologie ; je ne crois pas, en tout cas, qu'ils en aient une autre que celle qu'ils ont reçue d'une humanité en pleine mutation et qu'ils lui renvoient ; ce qui anéantit une fois de plus l'idée, le vieux dogme marxiste si commode, si psychologiquement commode, d'aliénation, et remise dans la préhistoire de la post-Histoire la théorie debordienne du spectacle fondée sur la « séparation » comme mode exclusif des relations humaines. Il n'y a plus de séparation. La grande mutation que les révolutionnaires attendaient du renversement de ce monde en proie à toutes les divisions s'est accomplie dans la télévision où n'importe qui peut maintenant entrer, se mettre en scène et se regarder soi-même, comme chez soi, pour s'endormir, car la télévision est aussi et d'abord un Grand Sommeil. S'il y a tout de même une idéologie médiatique, il ne faut pas la chercher ailleurs que dans la surenchère et dans l'illimitation du pouvoir des médias, qui constituent la conscience déformée de l'époque et déforment en retour cette même époque. Les médias ne luttent pour personne ni pour rien, ils n'enflent et ne prolifèrent que pour eux-mêmes (et cette action autonome se trouve sans cesse légitimée par les malheureux en nombre sans cesse croissant qui, comme le travesti providentiel dont vous parlez, Djamel[1], veulent *passer à la télé*). Les médias n'ont pas de programme, ils ne subissent que leur loi, et ils accueillent toute personne d'accord sur ce principe.

Aussi ne vous parlais-je pas de l'idéologie des journalistes, mais du Journalisme comme idéologie.

---

1. À quelque temps de là, on apprenait le suicide de ce Djamel, décédé d'autopsie naturelle dans une clinique de Toulouse (*septembre 2003*).

J'avais bien entendu. Mais alors comment définir cette idéologie autrement que fondée sur l'enseignement et le commandement de l'exhibitionnisme devenu norme, quadrillant la vie quotidienne et se légitimant à chaque instant par de nouvelles représentations présentées comme allant de soi alors qu'elles lui sont nécessaires ? C'est une idéologie qui n'a pour but que sa survie, à l'exclusion de tout contenu. Dans cette perspective, s'indigner des dérapages médiatiques de l'affaire Alègre est touchant, mais cela me rappelle un peu les hauts cris de tous ces socialistes mortifiés, après le 21 avril, qui accusaient la télévision, souvenez-vous, d'avoir fait perdre Jospin en montant en épingle des faits divers sanglants. Mais la télévision ne visait rien en dehors d'elle-même lorsqu'elle parlait, par exemple, trois semaines à peine avant le premier tour des présidentielles, de l'assassinat par Richard Durn de huit conseillers municipaux de Nanterre. Les médias ne voulaient rien dire d'autre que ce fait, d'ailleurs exact : huit conseillers municipaux venaient d'être abattus à l'hôtel de ville de Nanterre. Seulement ils le disaient à leur façon, qui est intrinsèquement claironnante, augmentante, amplifiante et proliférante. Surenchérissante par essence et par destination. Montante en épingle. Ils ne sont que l'époque elle-même et sa conception du monde. Littéralement, ils ne veulent rien dire, mais ils ont un *sens*, qui ne leur est pas extérieur et qui est infiniment plus puissant que les *significations* qu'ils essaient éventuellement de délivrer. D'où la naïveté de ceux qui voudraient une bonne télé, une télé propre ; ou, pire encore, une télé culturelle. Comme si l'énorme *sens* (le média) ne dévorait pas au fur et à mesure toutes les petites significations culturelles qu'il nous vomit sur les genoux ! Ce qui est dit est pris à l'intérieur d'un ne-vouloir-rien-dire mille fois plus puissant et significatif que lui. Et ce ne-vouloir-rien-dire, qui est un pur et simple vouloir-exister à travers un vouloir-se-faire-entendre, veut absolument vivre de sa vie propre et absolue, à la façon dont l'espèce vit aux dépens de l'individu. On peut essayer de briser cette expansion, ou la critiquer, mais ce seront toujours là des attitudes faibles. Contre ce monstre, je prône depuis longtemps l'athéisme, la non-participation, la non-présence, mieux encore, l'agnosticisme, l'abstention, la non-apparition et la libre pensée. Je ne prône d'ailleurs tout cela que là, et contre ça. Mais je reconnais que c'est un exercice difficile...

Certes mais, en un sens, cette abstention n'engage que vous – ce qui, j'en conviens, n'est déjà pas mal. Je vous rappelle, cher Philippe, que je gagne ma vie en pratiquant ce sacerdoce qu'est le journalisme et que j'essaie, autant que mes neurones me le permettent, de ne pas me laisser imposer mon langage par ce monstre médiatique qui a un statut divin : on nous somme désormais de « croire au journalisme », ce qui est tout de même impayable ! Cela dit, inutile de ricaner, je n'ai nullement la prétention d'ébranler ce pachyderme satisfait, et je reconnais qu'on finit toujours par se heurter à une impossibilité, mais, à défaut d'être efficace, il est amusant d'essayer de chatouiller le monstre de l'intérieur de ses entrailles.

Pourquoi pas, mais alors c'est le monstre qui vous impose ses armes. Quand je dis que je conseille l'abstention, je pense aux écrivains. Je me demande aussi comment *connaître*, comme écrivain, le monde médiatique, et en même temps comment le tenir à distance. Ce n'est pas si simple. Pour s'arracher à la Bête, il faudrait déjà posséder le vocabulaire de l'univers mental qui lui succédera. S'il doit en venir un. Peut-être que la littérature est là pour ça, chaque fois qu'elle se montre capable de tout déconditionner, à commencer par le langage. Tout cela me rappelle la lecture d'un vieux livre de Lucien Febvre sur l'*incroyance* au XVIe siècle. Au XVIe, pas au XIXe ou au XXe : ce sera facile d'être athée au XIXᵉ ou au XXᵉ. Ça l'était beaucoup moins du temps de Rabelais (qui d'ailleurs ne l'était nullement). Les mots eux-mêmes manquaient, les termes les plus simples : « rationalisme » (qui date du XIXᵉ), « déisme » (fin XVIIᵉ), « théisme » (fin XVIIIᵉ), « scepticisme » (apparaît au XVIIIᵉ en remplacement de « pyrrhonisme »), « libertinisme » (XVIIᵉ), « tolérance » (début XVIIᵉ), et bien entendu « esprit fort » (lancé par Helvétius), et par-dessus tout « libre pensée » (sponsorisé par Voltaire). Les formes lexicales interdisaient la véritable spéculation philosophique et religieuse. Les sciences et les techniques nouvelles (l'imprimerie) ne savaient pas encore qu'elles étaient en train de périmer un monde. Le doute lui-même ne pouvait s'exprimer que dans les moules de la vieille rhétorique consubstantielle au système que l'on voulait obscurément mettre en doute. Enfin le naturel n'était pas plus séparé du surnaturel que le réel ne l'est en ce moment du médiatique : on croyait aux féeries médiévales, au merveilleux, aux miracles et aux sabbats des sorciers comme aujourd'hui au Bien, à l'astrologie, aux périls du tabagisme passif, aux sortilèges de Paris-Plage, à ce que dit José Bové, à la survivance malfaisante du système patriarcal, au partage bienfaisant des tâches ménagères, à la parité et au talent des intermittents du spectacle.

Le médiatisme – nom que nous pourrions donner à la nouvelle foi – n'a pas encore sécrété ses libres penseurs. Encore que ce n'est pas si sûr. Je me demande si la croyance dans le média – pas dans ce qu'il dit ou montre mais dans ce qu'il est, c'est-à-dire une réalité supérieure – n'est pas simulée comme l'était sous Staline l'adhésion au dogme. En tout cas, il y a beaucoup plus de Winston qu'on ne le croit (et nous finirons dévorés par les rats).

Il ne s'agit pas de faire de l'incroyance une vertu suprême, ou de la libre pensée la réponse à tout, mais de se demander si le médiatisme, comme vous dites excellemment, qui est lui-même la fin organisée de tout, peut avoir une fin. C'est pour cela que je pense à l'univers du XVIe siècle, qui avait tout de même une autre grandeur que le nôtre, mais qui paraissait lui aussi sans fin. L'incroyance, comme de nos jours, ne pouvait s'y avancer que masquée, hésitante, presque inconsciente d'elle-même. Une autre incroyance. La même incroyance. Sauf que, bien entendu, et c'est la limite du rapprochement, les débats sur l'immortalité de l'âme, sur la présence visible de Dieu, la Trinité, la Vierge, le rationalisme ou la foi, sont d'une ampleur incomparable par rapport à ceux qui consistent à se demander si les chaînes généralistes sont préférables aux chaînes thématiques ou si la prochaine Nuit blanche doit durer huit jours. S'en prendre à l'infaillibilité pontificale, à l'Immaculée Conception ou au Sacré-Cœur de Jésus, c'était combattre des choses qui élevaient même ceux qui les considéraient comme des illusions (mais ces derniers valaient encore mieux que les nietzschéens de Shopi comme Onfray qui les pourfendent aujourd'hui avec quel héroïsme). À l'inverse de l'Église, de la théologie ou des Livres saints, la Bête médiatique et ses pitres rabaissent automatiquement à leur niveau ceux qui cherchent leur perte. Les plus cafards des « ânes mitrés » que commencèrent à ridiculiser les contemporains de Rabelais étaient des géants de raffinement en comparaison des plus sophistiqués de nos téléréanimateurs « culturels ». Mais enfin, au XVIe siècle, le christianisme était l'air qu'on respirait, et chaque minute de la journée était, pour reprendre une expression de Lucien Febvre, saturée de religion. Les heures elles-mêmes, sonnées par les églises, parlaient chrétien. Aujourd'hui, l'homme des villes, par ses fenêtres ouvertes, l'été, peut entendre s'égrener dans les appartements voisins, quand il n'est pas rendu sourd par des camions grondants, la musique annonciatrice des informations, les jingles précédant la pub, les génériques ronflants ou primesautiers des émissions de l'après-midi ou celles du *prime-time*. Le fond de l'air parle média. L'air du temps parle télé. Le monstre média est à lui seul le lien et la communauté, l'ensemble des habitudes et des lois du groupe social. Ne pas croire à ses coutumes, cesser d'ajouter foi à ses discours, se détacher de ses images et de ses pratiques, demande donc une énergie de chaque instant, un courage et un optimisme à toute épreuve, et finalement c'est presque impossible, puisque cela équivaudrait à rompre en même temps avec la société, c'est-à-dire à vivre sur une autre planète. Pourtant cela se fera, cela se fera peu à peu. Et cela n'aura rien à voir avec une moralisation de la Bête. Ce sera, de toute façon, un immense éclaircissement sémantique ; et une bonne surprise : autant dire de la littérature. On ne survit qu'à ce qu'on comprend, c'est-à-dire à ce qu'on juge, et seule la littérature est capable de comprendre l'immense réseau de diableries entremêlées qu'on appelle les médias.

Diablerie qui se donne pourtant comme une association de bienfaiteurs. Tous les méfaits des médias sont commis au nom du Bien. L'affaire Alègre est l'un des exemples les plus aboutis d'un renoncement de la raison. Le caractère contradictoire de la Justice avait été une conquête majeure des Lumières sur l'arbitraire. Mais l'arbitraire royal était infiniment plus miséricordieux que celui du « 20 heures », ce tribunal qui ne connaît pas l'acquittement.

Oui, comme tous les monstres modernes il n'a pas de marche arrière. Pour en revenir à l'affaire Alègre, elle n'est à mes yeux ni du Simenon, ni du Sade, ni du Debord, ni du Chabrol, parce que, là comme dans tant d'autres phénomènes sidérants de notre époque, s'est opéré quelque chose qui ne pouvait pas avoir lieu avant, en aucune époque, *a fortiori* dans Simenon ou Sade, et qui donne tout son intérêt atroce à l'événement. Et ce n'est pas non plus en s'inquiétant de la *débâcle du secret de l'instruction* ou de la *médiatisation sauvage des affaires judiciaires*, c'est-à-dire en essayant de réinjecter à froid de la raison à l'ancienne mode dans un organisme bouillant de la fièvre de cheval du moderne modernant, que l'on éclairera la situation. En l'occurrence, ce qui ne pouvait avoir lieu en aucune autre époque que la nôtre, c'est cette fusion du crime et des médias, ou des médias criminels et du crime médiatisé, telle qu'on a pu la voir s'opérer le 1er juin, lorsque l'on a appris que, du fond de sa prison, Alègre avait écrit à Karl Zéro pour dénoncer Baudis et des magistrats, et, ce faisant, dans sa lettre, tutoyait Karl Zéro à la façon dont celui-ci contraint depuis des années des politiciens prosternés à se laisser tutoyer et à le tutoyer, c'est-à-dire à se rouler dans la boue qu'il a choisie comme terrain de discussion.

Il y a eu alors un moment de pur vertige moderne où le criminel a épousé le *style* du médiatique dans un entrelacement qui s'est effectué sous les meilleurs auspices, ceux de la transparence. C'est Raskolnikov et le juge Porphyre dansant sur le devant de la scène le menuet de la connivence télévisée ! Et ce n'est justement pas dans *Crime et châtiment* que vous verriez cela, parce que cela ne pourrait s'y trouver. La clownerie contemporaine médiatique la plus sinistre, qui est elle-même une sorte de crime en série, rejoint ici le vieux crime, le crime archaïque (mais tout de même lui aussi modernisé, car si l'on aime tellement, dans ce monde décousu, le *serial killer*, le tueur en série, c'est que lui au moins, et lui seul, a de la suite dans les idées, à l'opposé de ce monde décousu, et ainsi est-il moderne *a contrario*), lorsque Alègre, du fond de sa prison, écrit au pitre Zéro. C'est alors, en ce 1er juin, que commence mon véritable intérêt pour l'affaire Alègre. Car ce jour-là se produit un phénomène dont vous ne trouvez nul équivalent chez Simenon ou Sade, et ce n'est évidemment pas leur faute, et rien ne m'intéresse davantage, dans le monde contemporain, que ce qui ne pouvait pas exister avant le monde contemporain.

Où l'on voit Karl Zéro, anti-fasciste irréprochable, lire avec gourmandise la lettre du tueur. Existe-t-il une plus belle illustration de ce que Sloterdijk appelle le fascisme de divertissement ?

Ou de ce que j'appelle la festivocratie. Alègre, le tueur en série, et Zéro, le tutoyeur en série, communient soudain dans ce tu tuant et tueur qui est véritablement le nouveau signe de Caïn de notre époque. « On me reproche d'avoir commis des assassinats pour le compte d'autres personnes. Tu sais, Karl, c'est une spirale infernale », écrit par exemple le tueur en série en toute camaraderie lyrique au tutoyeur en série. Le violeur et massacreur de femmes et l'animateur-producteur antilepéniste se retrouvent donc en train de fraterniser dans le circuit fermé de leur tutoiement infernal comme deux braves types en short dans un camping devant un barbecue. Avec, autour d'eux, ne les oublions pas malgré la fumée de ce barbecue télévisuel, les fantômes d'innombrables femmes torturées et massacrées à Toulouse, Line Galbardi *et toutes autres*, et qui n'étaient même pas toutes des prostituées (car les médiatiques se satisferaient assez aisément de la disparition inexpliquée et en série de prostituées, mais il y avait aussi parmi les victimes d'Alègre des femmes qui ne tapinaient pas le moins du monde, il y avait même une championne de boxe française), des femmes concrètes, je veux dire des mortes concrètes. Des êtres humains qui ont été concrets avant de mourir. Et des femmes mortes qui étaient également très concrètes quand elles étaient mortes. Beaucoup. Beaucoup de femmes retrouvées mortes dans des circonstances spectaculaires : par exemple, les mains liées derrière le dos avec une couche-culotte dans la bouche, une carotte dans le fondement et j'en passe ; et dont la mort, à Toulouse, a été classée comme suicide ; ce qui signifie que non seulement des juges d'instruction mais aussi, bien sûr, des policiers *et surtout des médecins légistes*, dont je me demande pourquoi on ne s'intéresse jamais à eux, ont pu conclure, à Toulouse, non pas une fois, mais plusieurs, que des femmes retrouvées les mains liées derrière le dos avec une couche-culotte dans la bouche et une carotte dans le derrière avaient pu se suicider, par exemple par « intoxication médicamenteuse » et après avoir trop lu *Suicide mode d'emploi* (je me demande pourquoi, je le répète, dans cette affaire où l'on déballe prétendument tout, on ne s'intéresse jamais à des médecins légistes capables de si amusantes conclusions)[1].

Mais revenons à ce tutoiement si pittoresque lui aussi. Utilisé par Zéro, il s'agissait déjà ordinairement, dans ses ordinaires émissions dominicales, d'une arme ordinaire de terreur et de destruction, d'une arme parfaitement répugnante. Employé à son tour par le criminel le plus abject qui soit, ce tutoiement entraîne fraternellement le médiatique dans le tourbillon du crime, et l'oblige à dévoiler son métier comme symboliquement criminel. « Malaise », disent alors les autres médiatiques, les autres journalistes, parce qu'ils aimeraient bien se démarquer de l'animateur-producteur que pourtant ils n'ont jamais cessé d'envier, du moins jusqu'à ce moment-là. Mais ils n'en ont pas les moyens. Leur malaise dans la télévision ne va pas jusqu'à comprendre celui qui règne dans la non-civilisation dont ils orchestrent télévisuellement la misère. Il faudrait qu'ils insistent un peu, qu'ils travaillent, qu'ils aillent voir ce dont il s'agit dans cette affaire de tutoiement ; et qu'ils découvrent, brûlons les étapes, que tout tutoiement non basé sur l'amour ou l'amitié est

---

[1]. On a tenté de le faire depuis, mais sans qu'en jaillisse apparemment la moindre lumière (*décembre 2005*).

une manière de communier dans le crime. Dans tout le crime et dans tous les crimes, dans toutes les complicités de crimes. Je suis d'ailleurs prêt à parier (ça ne me coûte rien) que les fils meurtriers du banquet totémique freudien, après le meurtre du père de horde, se sont soudainement tutoyés et que ça ne leur était pas arrivé auparavant...

Et si la distinction existait en russe, on verrait sans doute Les Possédés *adopter le tutoiement après le « meurtre pris en commun ». Voilà, en tout cas, une remarque très profonde, et je me permets de vous interrompre pour être sûre que le lecteur ne la ratera pas... J'ajoute que le tutoiement s'accompagne de la disparition du nom de famille dont il ne vous échappera pas qu'il a un rapport avec le père...*

Cela ne m'échappe pas. Je crois que peu de langues connaissent, ou plutôt connaissaient, une discrimination aussi marquée que la française entre le tu et le vous. Ce qui signifie aussi que la langue française est, ou plutôt était, d'un raffinement inégalable. Elle maintenait, à condition que l'on s'en serve, ce qui n'est plus le cas, un terrain neutre, celui du vous, où l'échange est possible, c'est-à-dire la distance et la différence. On ne perd ce terrain d'échange qu'à son détriment, et alors mieux vaut que ce soit au profit de l'amour ou de l'amitié, car après il ne reste plus rien à négocier. L'admirable terrain du *vous* délimite une zone neutre qui est en quelque sorte la *garante* de la différence sexuelle. Après, on s'aventure sur les terres de l'indifférenciation, qui sont toujours aussi plus ou moins nécessairement celles où prolifère le crime. À ce propos, je ne trouve pas inintéressant que le tutoiement, en France, ait été décrété obligatoire dans les administrations par la Convention en 1793, l'année de la pire Terreur, quand le crime de masse était à son apogée, très exactement le 8 novembre 1793. Regardé jusqu'alors comme une marque de grossièreté, il est devenu à ce moment-là (très provisoirement : il déclinera vite après Thermidor) un signe de fraternisation, une marque du lien de fraternité universelle. Des plumitifs aux ordres comme Dorvigny, qui compose alors une comédie, *La Parfaite Égalité, ou les Tu et les Toi*, ou Aristide Valcour, auteur de *Le Vous et le Toi*, écrivains dont je ne sais rien mais dont je suis convaincu que c'étaient déjà eux aussi des Zéros très présentables, chantent cette innovation obligatoire, cette extraordinaire entrée en coalescence de tout le monde.

Je m'intéresse depuis longtemps à cette question du tutoiement parce que le passage du vous au tu est toujours un moment d'effondrement de quelque chose, en tout cas une *catastrophe* au sens de changement qualitatif complet d'un système. Mieux vaut que ce soit pour le meilleur que pour le pire. De subtils romanciers ont été capables, dans le passé, dans le temps où cela avait un sens, de raconter le bonheur que c'était de brusquement se tutoyer, quand l'on venait de faire l'amour (ou juste avant) et que l'on était nus, alors qu'auparavant on s'était longuement vouvoyé. Je recommande aussi aux amateurs, dans *Le Hussard sur le toit* de Giono, le moment où Pauline, sauvée du choléra par Angelo qui a passé la nuit à la frictionner avant de s'écrouler de fatigue, vers l'aube, et de s'endormir la tête posée sur son ventre nu, se réveille et le tutoie alors qu'elle le vouvoyait auparavant (lui continuera à la vouvoyer) et qu'il ne s'est rien passé entre eux (sauf qu'il s'est justement passé quelque chose, mais pas ce que l'on pourrait croire, et pourtant c'est bien cela).

Il existe aussi, je l'ai observé chez les cheminots par exemple, un tutoiement fraternel ou confraternel qui n'exclut pas la distance qui est consubstantielle au processus de civilisation. Mais rien n'est plus honni que la distance par les militants d'un sans-frontiérisme étendu à tous les aspects de l'existence. Et rien, évidemment, n'est plus contraire à la télévision que la distance qui s'accommode, voire réclame des hiérarchies.

La télévision c'est le meurtre du vous, achèvement et parachèvement du meurtre du père. Il y a une féerie du tutoiement, mais il y a aussi un cauchemar, et c'est celui-ci qu'imposait déjà Zéro, sur ses plateaux, bien avant qu'Alègre ne vienne épistolairement l'embrasser sur la bouche comme un frère, au moins comme un agréable compagnon de banquet totémique. Dans le contexte des émissions de Zéro, le tutoiement relève bien entendu de ce régime pervers qui est celui de notre époque où le respect des différences cède devant l'amalgame, où le brouillage des frontières est une vertu, où l'illimité est la seule frontière admissible, où il n'y a plus de sexes, plus de compétences reconnues, où saccager les derniers « repères » (à toujours mettre entre deux guillemets ricaneurs) est un sport d'équipe et où la complicité stratégique remplace l'amour ou l'amitié. Et où le tutoiement, comme d'ailleurs l'usage galopant des prénoms, ouvrent littéralement à la civilisation de l'innommable. J'avais été frappé, au moment du premier « Loft Story », de l'immense accumulation de prénoms à quoi cette série me semblait se résumer, et qui annonçait, après le règne des patronymes et même des matronymes, c'est-à-dire après le règne des vieux noms de famille différenciateurs, et bien entendu après le règne du nom du père, celui des *prénonymes*, c'est-à-dire de personne, c'est-à-dire du jardin d'enfants. La difficulté grandissante de nos contemporains à ne pas vous tutoyer d'emblée comme à ne pas vous désigner par votre prénom procède de ce mouvement d'empathie infantilisante et promiscuitaire qui est aussi un profond refus, ou une impossibilité, de vous (et d'abord de se) considérer comme une personne adulte. D'une manière générale, l'adultophobie a de beaux jours devant elle.

Encore un mot : je crois que les tueurs en série, qui ont toujours existé, ne fascinent tant notre époque, au point que l'on pourrait croire qu'ils en sont des créations pures, que parce qu'elle s'y reconnaît, en ce sens qu'elle n'est capable, comme eux, de ne montrer de la suite dans les idées que pour la destruction[1].

Pas vraiment. Le plus souvent, on s'acharne contre un résidu du vieux monde – et il peut même arriver que ce résidu soit effectivement détestable – puis on l'oublie pour se déchaîner contre un autre résidu. Mais poursuivez, je vous prie.

Voilà ce que m'inspire, pour le moment, « l'affaire Alègre et tous autres ». Je préfère, pour le moment aussi, me borner à évoquer cette question du *tu de masse*, du *tu grégaire*, du *tu moderne*, du *tu de l'égalitisme pervers*, plutôt que de commenter une enquête qui, maintenant, loin de s'emballer, s'autodétruit joyeusement et pas par hasard. Des reportages précis sur des villas maudites où se déroulaient des soirées sado-maso se révèlent complètement bidonnés (mais personne ne vous dit pourquoi ni comment ils ont été bidonnés, ce qui permet de penser tout de même qu'ils ne l'étaient peut-être pas du tout, mais la question ne sera plus posée). L'une des ex-prostituées accusatrices est flanquée en prison, en même temps qu'un travesti mythomane providentiellement apparu pour décrédibiliser les accusations de cette dernière. Le film noir tourne au roman comique sans cesser d'être noir. Le tragique rebondit dans le burlesque. Les alibis en béton s'accumulent. Cinquante-cinq nouveaux gendarmes reprennent tout à zéro ; et semblent résolus à en rester au niveau de ce chiffre rassurant qui n'est pas celui de la

---

[1]. La récente création d'une association regroupant des victimes, des familles de victimes de tueurs en série, ainsi que des avocats traitant ce type de dossiers et d'autres spécialistes des criminels en série, et se baptisant *Victimes en série*, mériterait un long commentaire (*septembre 2004*).

Bête, mais de notre animateur-tutoyeur. On *recadre*, paraît-il, l'affaire. Attendons de voir le nouveau cadre, il va être joli. Le lac de Noé, paraît-il, ne recèle aucune victime ; mais tout va bien puisque Toulouse, comme Paris et comme maintenant Bruxelles et Budapest aussi, se paie une plage conceptuelle en bordure de Garonne, ainsi que les joies qui vont avec. Sable, palmiers, brumisateurs et marchands de glaces. Dans l'information visant « Patrice Alègre et tous autres », on aimerait bien, c'est visible, oublier les « tous autres ». De l'étonnante affaire elle-même il ne restera bientôt plus que ces filles dont on ne sait même pas le nombre, toutes ces filles torturées par profits et pertes.

Venons-en à nos intermittents du spectacle bien mal nommés car, avec eux, le Spectacle est permanent, vu qu'ils sont le Spectacle. Je ne sais pas si vous vous réjouissez de l'annulation des festivités, mais si les représentations sont annulées, la fête continue. Et je suis certaine que tout cela vous inspire de réjouissantes réflexions.

Réjouissantes, je ne sais pas, mais cela m'inspire énormément. Sans compter qu'avec cette affaire d'intermittents, on a aussi la confirmation de quelque chose dont les intellectuels de l'intellecture qui soutiennent les intermittents de l'intermitture ne semblent pas avoir la moindre idée, pas davantage que du reste, à savoir qu'il n'y a plus de hiatus entre le social et le festif, entre les revendications et les grèves d'un côté, et les vacances ou les festivals de l'autre (ce qui confirme, au passage, la terrible prophétie de Nietzsche dans *Aurore* : « L'art des artistes doit un jour disparaître, entièrement absorbé dans le besoin de fête des hommes »). Les festivals ou les vacances ne sont plus du tout, comme par le passé, la démobilisation des revendications et la cessation des grèves. Les mythes de l'« automne chaud » et de la « rentrée sociale » n'ont même plus besoin d'attendre la rentrée pour recommencer à sévir comme mythes. Ils recommencent, en fait, tous les jours. Le festif absorbe le conflit, ou plutôt le recueille en lui-même. Il ne le détourne pas, ni ne le désamorce, comme on croyait encore jusqu'ici et comme on en a maintenant le démenti éclatant, parce qu'il n'est plus le supplément *symbolique* de « création », de « culture » ou d'« art » que l'on voudrait encore faire croire. Il est désormais le cœur même de la société, et, comme tel, n'a pas davantage de titre au respect qu'aucun autre des éléments de cette société. Ce qui fait aussi qu'il est futile de reprocher au pouvoir d'avoir « mal choisi » la date d'annonce de la réforme du statut des intermittents, alors même que l'été et les festivals allaient commencer. Loin d'être une « grossière erreur », ce choix est très heureux puisqu'il met en relief qu'il n'y a plus de moment plus propice qu'un autre pour tenter quoi que ce soit, parce qu'il n'y a plus de différence essentielle entre un printemps de revendications et un été de récriminations, entre un automne de réclamations et un hiver de protestations. La lutte finale continue et cyclique est une forme de l'emploi du temps quand la temporalité n'est plus historique, et le *monde du spectacle vivant* (pour employer la flatteuse expression que croient être en droit de s'administrer à eux-mêmes les intermittents, on ne sait pourquoi) n'est qu'un moment du théâtre de rue dont toute la réalité quotidienne est désormais la proie, et pas seulement bien entendu lorsque sévit le théâtre de rue proprement dit. Pour la révolution permanente comme pour les fraises, il n'y a plus de saisons. Et dans la rue réellement festivisée, la rue n'est plus qu'un moment du théâtre de rue.

Plus de saisons et plus de raisons, révolutionnons en rond ! En effet, la célébration extasiée de la sainte lutte s'intéresse assez peu à l'objet supposé de celle-ci, à savoir le maintien d'un régime dérogatoire pour les personnels de l'industrie du cinéma et du spectacle (régime qui me semble, à moi, légitime). Tout d'abord, on ne saurait parler d'industrie ou de secteur économique, alors qu'il est question d'Art. Surtout, ce qui est en jeu, c'est le plaisir de la lutte, et tout ce monde aurait été bien marri que le gouvernement cède. Vous avez bien sûr remarqué que la lutte a rejoint le camp de l'intransitivité, c'est-à-dire de l'onanisme, qui caractérise les grandes avancées contemporaines : ni « pourquoi » ni « pour quoi ». L'important, c'est de passer à la télé.

Ce qui m'étonne, pour tout vous avouer, c'est que les choses aillent si vite et que les traits les plus saillants de notre temps s'illuminent si crûment. Nous sommes en train de traverser un été de *thérapie* extraordinaire. Tout se déballe et se révèle en même temps ou presque. Tout prend son sens. Enfin. Celui, d'ailleurs, que toutes ces choses avaient déjà. Et qui parle maintenant en pleine lumière et d'une voix claire. Il n'y a pas à chercher la « logique des événements », elle est aveuglante ; elle a déjà été décrite (suivez mon regard). Jamais un temps n'a été plus *déchiffrable* que le nôtre. L'irréel, comme je le disais tout à l'heure, commence à prendre sa revanche, et c'est la raison pour laquelle, cet été, il n'a pas eu le temps de prendre de vacances. Festivus festivus, celui qui festive qu'il festive, est aussi, comme vous le savez, un artiste. Un artiste qui artistise qu'il artistise, qui colère qu'il colère et qui lutte qu'il lutte. Qui proteste qu'il proteste. Qui vertu qu'il vertu. Qui débat qu'il débat. Qui spectacle qu'il spectacle. Qui culture qu'il culture. Qui vit qu'il vit. Nous voilà enfin aux racines tautologiques de l'*humain*. Avec l'artiste contemporain, c'est-à-dire le post-homme (ou femme) dans toute sa splendeur, on a enfin, face à face, l'effroyable monstre de l'avenir : l'homme n'est plus un loup pour l'homme, c'est bien pire, c'est un artiste pour l'artiste. Équipé comme il se doit de cornes de brume, de sifflets, d'échasses et de tambours du Bronx. On ne pourrait l'arrêter dans son expansion qu'en remettant violemment en cause, avec tout le mépris qu'elle mérite, la « culture » sacro-sainte dont il se réclame, et l'« art » dont il confisque si abusivement la définition. Mais cela ne se fera pas. Personne n'osera. Personne, même, n'y pense. Tout le monde est à plat ventre. C'est pourtant abaisser un art que de vouloir le continuer quand il est mort. C'est humilier horriblement l'histoire *terminée* des arts en général que de se prétendre « artiste vivant » et annoncer, comme je ne sais plus quel supposé directeur de *lieu* : « Selon moi, est artiste toute personne qui décide qu'elle est artiste et qui prend le risque de s'affirmer en tant que tel. » Qui prend le risque ? Quel risque ? Contre quoi et qui ?

Cette incantation du risque est encore plus cocasse quand elle est ânonnée par ceux-là mêmes qui défilent en réclamant la sécurité de l'emploi et qui sont tellement emplis de leurs fariboles qu'ils ne voient pas la légère contradiction dans laquelle, par conséquent, ils ne se débattent même pas.

Vous constaterez qu'avec les intermittents on arrive au cœur de la néo-néoténie dont je parlais tout à l'heure. *Est artiste qui décide qu'il est artiste et prend le risque de l'affirmer* : c'est comme ça parce que c'est comme ça, c'est comme ça parce que je le veux, mon désir fait loi. On n'est plus dans la reconnaissance par les autres qu'exigeait naguère encore l'acquisition du statut d'artiste, on est dans l'auto-nomination, dans l'auto-sacre. Principe infernal d'identité : je suis artiste parce que je suis artiste. Un de ces jours, on naîtra artiste. Bien entendu, le mot par lui-même ne veut strictement plus rien dire, mais personne ne s'aperçoit de sa néantisation parce que la *culture* fait écran à celle-ci. « Jamais dans toute l'histoire il n'y a eu un divorce tel, ni tant d'aversion, entre ce qui s'intitule du nom de culture et l'art proprement dit, écrivait déjà Nietzsche. Et l'on comprend aisément qu'une culture à ce point anémiée déteste l'art : c'est qu'elle a peur d'en périr. » Sauf qu'aujourd'hui, la culture a englobé l'art disparu et ose s'affirmer comme une incarnation indispensable du Bien. Il n'y a même pas à discuter cette position délirante de l'artiste qui artistise et qui, lorsqu'il rencontre quelque résistance, se réfugie dans le déni lyrique en affichant du Shakespeare sur ses calicots (« Nous sommes faits de l'étoffe des rêves ») ou dans la plainte (« Silence on meurt »), ou encore y répond (je n'invente rien) par un cri de guerre de bébé contrarié : « Merdeyenamarremerdeputainyenamarre ! »

L'écrasement du langage par la Culture est assez logique, finalement.

« Merdeyenamarremerdeputainyenamarre ! » : ainsi parle le néo-néoténique. Et, bien entendu, *Libération* ou *Le Monde*, c'est-à-dire les meilleures agences de propagande de la décomposition, lui tendent le crachoir. Les journalistes recueillent pieusement les insanités que débitent le directeur-militant de la compagnie Taraboum de Phimosis-sur-Gartempe, celui de la Brigade d'amour et de contestation (BAC) d'Uzeste, ou les acteurs-insurgés du collectif des Enfants de la balle perdue de Goucougnac. La démagogie donne le bras à la provocation, le chantage à la calomnie, les amalgames à la prétention. La pire des poésies se réveille pour emballer le tout de ses nuages extatiquement funèbres (« l'être rare, fragile, éphémère, l'artiste véritable qui, depuis toujours, donne forme et langage aux énigmes de nos existences », et patata). Et tous ces intermittents de la nullité, tous ces bouffons statodépendants et statodépressifs, encadrés par les nervis à camions-sono de la CGT, errent désespérément d'Avignon à La Rochelle, de Bourges à Aurillac et de Chalon à Rennes à la recherche du conflit, de l'incident, de la provocation, du manifestant mort peut-être sous une matraque de flic, qui noierait dans la compassion générale leur découverte que personne n'a besoin d'eux, que personne ne leur a rien demandé, qu'ils ne sont que les théâtreux du coche et les intermittents de leur propre vacuité, et qu'après l'art il n'y a plus que le désert des Tartares.

Mais pour le minutieux archiviste des nouveaux droits que vous êtes, ils sont irremplaçables. Ils viennent d'en créer un qui est le résumé de tous les autres : le droit d'être un artiste. Et comme ils n'en sont pas à une tautologie près, un artiste est celui qui se définit comme tel. Et que la collectivité dont ils attendent reconnaissance et existence ne s'avise pas de dire un mot sur le choix de ce qu'elle subventionne : ce serait un attentat, un crime contre l'art.

Il y a là un authentique régime de terreur, mais dont presque tout le monde est complice. Depuis que l'art est mort, chacun veut être artiste : c'est une réalité qui n'inquiète plus que deux ou trois consciences pas encore trop cramées par le moderne caniculaire. En dehors de ces deux ou trois consciences, partout règne la même prosternation morbide. Ou des constatations burlesques qu'il faudrait lire calmement, comme celle-ci : « Les classes A3 (filière artistique) ont créé des emplois. Un vrai marché s'est développé. Relayé par la multiplication des festivals et des lieux de spectacle. Chaque saison, il faut nourrir la bête culturelle, devenue également un vecteur du tourisme. » Les manipulateurs culturophiles et les menteurs artistomanes accusent aujourd'hui l'État de se désengager de ses « obligations culturelles » et de rompre avec ce que Malraux avait mis en place, quand ce que Malraux avait mis en place, l'art à la portée de tous, a été depuis longtemps et assez tortueusement trahi par la démagogie langienne, véritablement démoniaque puisqu'elle promet, à la façon du serpent de la Bible, que vous serez tous comme des artistes. On sait ce qu'il advint de celui et de celle à qui le serpent avait dit qu'ils seraient comme des dieux.

Les intermittents du spectacle veulent devenir les permanents de la reconnaissance acquise et définitive[1]. Les larmes de ceux qui pleurent l'annulation des festivals ne rachètent pas la candeur néfaste de ceux qui admirent l'action des intermittents et vantent la « magie éphémère » de leurs prestations obscurantistes et de leur rébellion radoteuse, ou encore trouvent l'existence de Régine Choupinot justifiable en quoi que ce soit. Des rues de Paris, ce printemps, à Aurillac en ce moment, en passant par Avignon et le Larzac (les deux Larzac, l'alter et le techno), Festivus festivus n'a cessé de persévérer de plus en plus brillamment et impunément dans son être, et de fusionner ses diverses extensions jusqu'à ce pic du 19 août à Aurillac (rebaptisé « Guérillac » par ces grands imaginatifs), sommet pour le moment de cette comédie phénoménale, où une manifestation vient de réunir intermittents, enseignants, cheminots, agriculteurs, chômeurs et altermondialistes (on se demande pourquoi les teufeurs ont été écartés de ces réjouissances, et je préfère ne rien dire des araignées, des presse-purée, des sèche-linge, des nudistes, des végétariens et de Régine Choupinot)...

C'est la lutte festivale ! Avouez que tout cela fait très nouveau genre par rapport aux anciens fronts ouvriers et paysans...

... qui supposaient l'Histoire et le stade adulte de l'humanité, ainsi que d'autres babioles comme les contradictions de classes et

---

1. Depuis, il semble que cette reconnaissance soit en bonne voie. Tout récemment, un nommé Jean-Marc Ayrault, comique troupier au Parti socialiste, lançait un cri d'alarme ridicule (« On revient à la situation d'avant Lang ! »), et affirmait la nécessité de « pousser l'idée d'une reconnaissance de l'artiste comme chercheur ». Ainsi le maître-chanteur devient-il maître-chercheur. Mais il est peu probable, hélas, que se reproduise, en l'occurrence, le drame de la « fuite des cerveaux » qui sévit paraît-il dans la Recherche, et que ces « chercheurs »-là s'en aillent eux aussi aux États-Unis ou en Angleterre pour n'en jamais revenir (*décembre 2004*).

la réalité. Nous n'en sommes plus là. Nous ne sommes plus dans la conquête historique mais dans le cri primal. Festivus festivus a commencé par renverser le mur de l'été en poursuivant, au mois de juillet, l'agitation du printemps, et maintenant il ne se sent plus, il se répand dans toutes les directions, s'incarne aussi bien dans les flagellants d'Avignon que dans les convulsionnaires du causse et dans tous les spasmophiles de la techno. L'indifférenciation bat son plein, et, aussi bizarre que cela puisse paraître par cette chaleur, elle fait boule de neige. Le franchissement du mur de juillet, événement tout à fait imprévu et absolument inédit depuis le début de l'ère des loisirs acquis, signifie l'entrée de la politique ou de ce qu'il en restait dans l'épilepsie. Le passage de la politique à l'épilepsie. Avec les gesticulations d'Avignon et leurs suites, c'est l'épilepsie qui absorbe la politique, qui la recueille en elle, qui la porte à l'incandescence et au lyrisme. Les festivals ont-ils eu lieu ou pas eu lieu ? Je soutiens qu'ils ont eu lieu, bien qu'ils aient été annulés, car ils ne pouvaient pas avoir davantage lieu, et de manière plus vraie, plus dense, plus ressemblante, que dans et par leurs annulations, puisque ainsi le théâtre restreint, celui qui se jouait encore à Avignon, par exemple, ce théâtre limité, localisé, ce théâtre encore concentré, centré, ce théâtre encore héritier pour une part, même infime, du théâtre de toujours, ce théâtre encore vaguement relié à des *noms*, des noms d'artistes et d'auteurs dramatiques, ce théâtre d'autrefois, donc, ce théâtre du passé, ce théâtre dépassé, a rencontré son destin qui est de se moderniser radicalement en sortant de ses quatre murs (à vrai dire déjà mille fois contestés par les avortons brechtiens) et en disparaissant, en se fondant dans sa propre descendance innommable (parce qu'il ne s'agit plus alors de *noms*, de noms d'artistes, même modernes, mais de compagnies, de coordinations, de comités des spectateurs solidaires, d'associations et de cellules de médiation entre toutes ces compagnies, associations et coordinations en colère), en devenant ce *théâtre de rue* qui est l'avenir proliférant du théâtre, son post-avenir en quelque sorte, sa seconde vie, sa vie d'après la vie, sa vie de mort qui ne peut pas être annulée, elle, parce qu'elle est d'office l'annulation de tout, à commencer par la rue.

Notez qu'il est une seule chose dont il n'est jamais question, ce sont les textes devenus superflus dans ce théâtre qui théâtrise, si vous me permettez de vous paraphraser ainsi. Notez également que ce théâtre qui est partout chez lui conspire à éradiquer une différence que nous n'avons pas, je crois, évoquée : celle qui oppose la rue et le chez-soi, le collectif et l'intime, le public et le privé.

Nous allons y venir. Le théâtre qui sort du théâtre, c'est un peu Dieu quand il sort du temple, de la synagogue ou de l'église (quand il sort de l'orthodoxie, de la théologie et de la règle). On sait ce que ça devient : de la secte. *C'est-à-dire de la perversion.* La musique qui sort de la salle de concert pour se répandre n'importe où, on sait aussi ce que ça devient : de la techno, du Teknival, de l'horreur technomaniaque. De la pure et simple jouissance par la terreur pure infligée aux autres. De l'exhibition. C'est-à-dire de la perversion. Du pur vouloir-nuire. L'univers pervers avec lequel nous sommes en train de faire connaissance et auquel nous ferions mieux de nous habituer au plus vite, parce qu'on ne nous laisse pas le choix, fonctionne dans tous les domaines sur l'externalisation (là où régnait autrefois le refoulement). Ce n'est pas pour rien que tant de démagogues modernes, du type Delanoë, pressent sans cesse les citadins, une fois encore, de « se réapproprier » leur ville : il s'agit, par ce stéréotype que personne n'entend comme un stéréotype, et qui est aussi un ordre, de les encourager, en s'externalisant, à achever de la détruire, la ville, à être heureux de ne plus vivre que parmi ses gravats conceptuels, et surtout, plus ou moins, que tous deviennent des théâtreurs de rue. En sorte que le devenir-nuisance des théâtreurs de rue proprement dits, de même que le devenir-nuisance des teknivaleurs ou d'autres catégories de populations nouvelles, ne puissent plus jamais être perçus comme terreur par personne. C'est aussi la raison pour laquelle vous n'entendez jamais s'exprimer les *habitants réels* de ces villes, comme Chalon ou Aurillac, si agréablement animées par les compagnies théâtrales qui les occupent, mais seulement ces dernières, et les médiatiques qui en approuvent les prestations. C'est qu'on parie sur la disparition rapide (pour cause d'âge ou de canicule) des habitants réels qui pourraient trouver quelque chose à redire à tant de splendeurs (et moi, à l'inverse, je parie qu'il n'y aura que ce que j'en dis, de ces splendeurs, qui survivra).

Je vous suivrai pour l'essentiel. Je trouve que cette image (que nous avons choisie) pour la couverture et où l'on voit des intermittents rassemblés je ne sais plus où, munis de pancartes sur lesquelles ils ont simplement inscrit : « MOI », en dit long sur cette terreur dont vous venez de parler. L'autoréférentialité érigée en principe ultime. Ils ne se disent même pas « je danse donc je suis », mais « je suis donc je suis ». Cela dit, je dois aussi vous rappeler que les représentations interrompues au nom de l'art par des abrutis munis de crécelles et traitant les spectateurs de collabos étaient, à en croire ceux qui y ont assisté, comme mon estimable ami Jean Clair qui n'a pas décoléré devant cette barbarie, des opéras fort bien montés et magnifiquement chantés. Le festif n'avait pas encore gagné sur toute la ligne.

Un mot d'abord sur cette jolie photo en couleurs parue dans *Le Monde* que vous avez tout de suite repérée, évidemment, et où on voit en effet une forêt de pancartes proclamant « MOI, MOI, MOI », tenues par de jeunes manifestants extatiques. Leur jouissance douloureuse est évidente, mais leur moi fait loi, ou devrait le faire. En tout cas, il fait déjà slogan, il remplace tous les slogans. Il est une revendication suffisante et même un

programme (auquel aussi se ramène le contenu de leurs
« œuvres »). Cette photo a sûrement été publiée par ce journal
parce que son personnel la trouvait émouvante. Je la trouve
encore plus épouvantable que *Le Monde* lui-même, ce qui n'est
pas peu dire (on a le droit de rire de tout mais pas avec *Le
Monde*). Les visages torturés de celles et de ceux qui portent les
pancartes m'ont intéressé. Quelque chose les remue, même s'ils
ne le savent pas, sous leurs « MOI » pathétiques, et ce quelque
chose trouve à mon avis sa clé dans la Bible, précisément dans
la Genèse, j'y reviens, quand le serpent promet à Adam et à Ève
qu'ils seront « comme des dieux » s'ils l'écoutent et mangent le
fruit défendu. Adam et Ève ne font pas assez attention à ce
comme, à ce modeste adverbe de comparaison qui, certes,
traduit un rapport de ressemblance, mais n'autorise pas la
moindre identification (on peut être heureux comme un roi
sans avoir une couronne sur la tête), et le résultat c'est que Dieu
les rend mortels puis les chasse du Paradis. Eh bien, ces artistes
de l'artistisme non plus n'ont pas bien écouté la promesse qu'on
leur fait depuis vingt ans qu'ils seront *comme* des artistes, et
pourtant ce petit adverbe change tout. C'est ce que j'appelle la
loi du comme. Qui elle-même engendre la comédie du comme.
La Commédie. La nouvelle Commédie humaine. Cette loi du
comme est une des conséquences parmi d'autres du règne de
l'égalitisme en démocratie terminale. Chacun, en démocratie
terminale, devant avoir droit à tout et à n'importe quoi, et cela
étant impossible de manière pratique, l'accès égal à tout de tout
le monde ne peut se faire que par le biais d'imitations plus ou
moins réussies. Ainsi le droit à la plage se réalise-t-il par le biais
d'une voie sur berge saupoudrée d'un peu de sable. Ainsi la
décision selon laquelle quatre-vingts pour cent de lycéens
doivent chaque année devenir bacheliers entraîne que le bac ne
soit plus qu'une parodie de lui-même et que les néo-bacheliers
soient *comme* des bacheliers. Et il en ira ainsi également, bien

entendu, du « mariage gay », qui sera *comme* un mariage. Il est évident que tous ces artistes qui crient « MOI » à tue-tête avec leurs pancartes, sur la photo que vous évoquez, souffrent obscurément de quelque chose. On leur a dit vous serez *comme* des artistes. Sur cette promesse ambiguë, la classe moyenne de l'artistisme, dont les personnages de la photo composent un si frappant échantillon, s'est mise à proliférer (en dix ans, les « comme-des-artistes » sont passés de cinquante mille à deux cent mille) et leur légitimité s'appelle nombre, ils n'en ont pas d'autre. Cependant, menacés de découvrir, à la faveur de la crise actuelle, qu'ils sont en effet *comme* des artistes, ils ne veulent rien en savoir et brandissent la seule « preuve » qu'ils ont sous la main de leur authenticité : ce « MOI » qui, multiplié à l'infini et toujours semblable, confirme en effet qu'ils sont bien tous et pareillement *comme* des artistes. Ou comme des *moi*. C'est ce qui s'appelle être heureux comme un moi.

Cette incapacité à entendre le comme, *cette surdité comique, si vous voulez, est aussi un refus forcené de la représentation, ce qui, pour des aspirants comédiens, est un comble. Le théâtre c'est la vie, la vie c'est le théâtre, les auteurs doivent donc définitivement céder la place aux acteurs.*

« Je suis qui je suis », c'est la définition que se donne Dieu. Mais Lui c'est Lui, eux c'est eux. Maintenant, vous me parlez d'opéras « fort bien montés et magnifiquement chantés », et vous y voyez une preuve que tout n'est pas mauvais dans les festivals. C'est possible. Bien monté ou mal monté, dans un festival ou ailleurs, un spectacle m'est toujours apparu, au moins depuis une vingtaine d'années, comme quelque chose relevant de la servitude volontaire. Vous vous doutez bien que je ne vais jamais dans un festival, que je ne vois jamais une pièce de théâtre ni un opéra. Mais passons…

LES DAMNÉS DE L'ALTER

Je voulais simplement que vous vous représentiez cette scène : de sympathiques et subversifs trublions couvrant la voix d'une cantatrice de bruits de casseroles. Au nom de l'art.

C'est-à-dire au nom d'eux-mêmes puisqu'ils fonctionnent par l'autodéfinition, comme des machines célibataires... Plus généralement et objectivement, à propos de cette affaire des bons et des mauvais spectacles, je vous répondrai qu'il y a festif et festif. Les festivals, c'était encore du festif contraint, restreint, resserré, confiné, borné par des frontières. Du festif poli en quelque sorte, puisqu'il vous laissait la liberté d'en être absent. Tandis que le festif illimité de notre temps, dont vous m'accorderez que j'ai déjà amplement parlé ici ou là, ce panfestivisme dont la vocation est d'être sans commencement ni fin, et d'investir, comme on dit, tout l'espace public, ne relève plus aucunement du spectacle ni du théâtre, mais, en mixant ceux-ci, dans la forme, avec celle des mouvements revendicatifs, devient l'héritier de l'art et de la politique. De l'art mort et de la politique morte. Comme dans le cas de la musique avec la techno, qui n'existe (qui croit exister) que par la nuisance totale qu'elle devient en s'externalisant, ce qui n'était aucunement le cas des concerts de rock, lesquels relevaient du festif local et localisé, non des manifestations de l'ère panfestive qui sont d'abord et avant tout des démonstrations de force sur la voie publique et des opérations d'intimidation auxquelles nul, en principe, ne devrait avoir le droit d'échapper. On retrouve ici ce que j'ai appelé la *valeur d'effroi*, en opposition à la *valeur d'éloge*, deux nouvelles valeurs par lesquelles je propose de remplacer les vieilles valeurs d'échange et d'usage, et que je regroupe dans une valeur qui leur est supérieure, la *valeur de dressage*. Dressage en férocité avec la techno. Avec les théâtristes de rue ou la techno, la mort vit vraiment une vie humaine, comme dans Hegel. Mais il faut que cette post-vie soit imposée comme le summum désirable de la vie en soi. Peu avant cet été, que l'on peut résumer à un fantastique *lâcher de festivistes*, j'avais eu personnellement un avant-goût de tout cela, un jour du début de juin, alors que je me trouvais par hasard, justement, à Avignon. Et devinez quoi ? Dans la rue piétonne où je cherchais la Fnac, je tombe sur un cortège de mécontents du spectacle. Déjà ! Déjà en colère début juin ! Au grand complet, avec leurs tambours, leurs sifflets, leurs cris et leurs illusions ! Et une grande banderole qui proclamait ce mensonge absolu : « Sans intermittents, Avignon ville morte ! » Je dis mensonge parce que, sans les impotents du spectacle, qui se croient des importants, sans ces impotents et ces végétants, la vie se porterait à merveille, et les villes seraient un peu moins menacées de mort totale qu'avec eux et leur foutu malheur, ce malheur dont ils veulent imposer qu'il est, comme le Dieu de saint Augustin dans *La Trinité*, le Bien de tout bien et la bonté qui embrasse toutes les bontés. « Sans intermittents, Avignon ville morte. » Il y a des épreuves de mensonge comme il y a des épreuves de vérité. Ces gens se comportent comme des sorciers dont plus personne, mais vraiment plus personne (mais sans jamais le dire, en l'occurrence, ni même oser le penser) ne croit qu'ils font tomber la pluie, et qui protestent que si on les fout dehors la pluie ne tombera plus jamais[1].

---

1. À quelque temps de là, et comme d'habitude à côté de la plaque, *Le Monde diplomatique*, mensuel de spectres toujours sombrement comiques, annonçait « le grand retour des intermittents ». Il est curieux que des revenants se croient en mesure de juger d'un retour, quel qu'il soit, mais passons. Le plumitif appelé à tartiner sur le sujet voulait croire que la « crise » des intermittents portait sur « l'antagonisme entre le monde de la création artistique et la logique de l'économie libérale », quand il ne s'agit que d'un chantage insupportable de morts-vivants qui ont trop cru à ce que l'on a raconté à l'école et trop écouté les promesses qu'on leur faisait qu'ils seraient assistés jusqu'à la consommation des temps pour rêver aux potentialités de leur art mort. À partir de là, le bouffon bouffonne à qui mieux mieux et finit par déclarer qu'avec le Medef sur le dos jamais Lascaux ni Versailles n'auraient pu exister. Et il semble que ce soit là, dans un illisible pensum de larbin de la culture, son plus fort argument. On peut oublier les autres pour bien rigoler de celui-ci (*juin 2004*).

Il aurait été si doux, en effet, que les populations répondent à ce chantage en les sommant de déguerpir. « Oui ! Nous voulons être des villes mortes ! Nous vivions bien mieux quand nos villes étaient mortes ! » Mais je rêve. Car force est de constater que les interéructants sont parvenus à ajouter leur affaire à la longue liste des causes indiscutablement bonnes. Écoutez France Culture ces jours-ci… D'interminables et prétentieux papotages pour claironner dans un pénible jargon qu'il n'est pas de plus sainte croisade que celle des soldats de l'art contre les forteresses de la réaction et de la tradition. Mais je me demande si les intéressés croient vraiment qu'ils sont le sel de la terre…

Entrons dans le détail. Ils sont habités de beaucoup de craintes dont leurs cris empêchent qu'elles soient vues comme des peurs minables. Ils voudraient par exemple que leur camelote soit considérée comme si indispensable que même la préparation de celle-ci (ce qu'ils appellent leur « large part de recherche artistique personnelle ») soit salariée, et qu'ils ne soient jamais obligés de « tout accepter » pour vivre, ni de « faire de l'alimentaire » (rôle comique dans une émission à sketches, spot publicitaire, musique qu'ils appellent commerciale, etc.), où pourtant ils donneraient sans doute le meilleur d'eux-mêmes, et ils ne le donneront nulle part ailleurs, on le voit bien à ce qu'ils font quand ils ne font pas de « l'alimentaire ». Mais la plus vulgaire (et amusante) de leurs paniques concerne ces rencontres annoncées avec la réalité, lorsque leur nouveau statut entrera en vigueur et qu'ils seront obligés de vendre leurs merveilles à des collectivités locales dont ils subodorent qu'elles préfèrent l'opérette et le boulevard. Quel mépris pour l'opérette. Quel mépris pour le boulevard. Quel mépris pour toutes ces altérités de la part de ces alterophiles. Ils ont peur d'être abandonnés de l'État, c'est-à-dire du ministère de la Culture, qui est nulle part, comme eux et comme la Pologne de Jarry, et dont ils tiennent en otages les petits marquis blafards avant-gardistes. Quel manque de confiance envers la France, à laquelle pourtant leurs beaux spectacles de théâtre de rue et de scènes alternatives sont censés s'adresser. Quelle honte, pourrait-on dire. Ils ont l'occasion de s'affronter à des notables ventrus qui n'aiment que *Les Cloches de Corneville*, et ils refusent le combat. Alors qu'ils sont le « spectacle vivant » et qu'ils ont de si belles choses à leur vendre. De loin, ces pleutres parlent de « potentats locaux » dont on « peut redouter le pire », comme si on pouvait encore redouter quelque chose d'eux-mêmes quand on sait ce dont ils sont capables. Et ils se gaussent du goût des dits « potentats locaux », qui n'aimeraient que les « festivals du fifre et du galoubet », quand on sait ce qu'eux-mêmes sont capables de faire ; par exemple ceci (description sans commentaire, et parmi cinquante autres, d'un spectacle à Aurillac élogieusement relaté dans *Libération*) : « De dessous la scène, disposée en croix, sortent des cris de femmes vêtues de noir qui auront tôt fait de se dévêtir entièrement pour apparaître sur le plateau. Elles se démènent, bondissent, roulent, en transe. Escortées d'évêques portant mitre et masque poupin et de pèlerins en robe de bure, elles finiront chacune avec une poupée de chiffon dans les bras, rhabillées de blanc à la manière de vierges à l'enfant. Dante, Marcel Schwob et saint Matthieu ont inspiré les créateurs de cette "commedia". » Pour que rien, jamais, de leurs activités, ne soit l'objet d'un libre examen, ils vont jusqu'à demander un statut qui leur permette de « théoriser sur leur pratique » aussi longtemps que cela leur plaira. Ainsi réinventent-ils, sans doute ingénument, l'agréable statut des artistes tel qu'il existait dans l'URSS de Staline ou de Brejnev. Il fallait certes, en ces époques lointaines, se soumettre à une doctrine précise pour être homologué en tant qu'artiste. Mais ce ne sera pas là non plus, pour eux, une difficulté : cette doctrine ils la possèdent déjà sur le bout des ongles, et sans doute spontanément. Elle ne se lit pas entre les lignes, mais déjà dans chaque ligne de ce qu'ils écrivent. Et ce qui est effrayant, comme dans un film d'horreur, c'est que *c'est la même doctrine* chez chacun de ceux qui s'insurgent aujourd'hui, et elle n'a eu nul besoin d'être imposée par quiconque. Ils sont nés dedans. *Ils sont tous nés dans la même cosse.*

En bons adeptes de l'art révolutionnaire – qui est toujours au service des maîtres du moment – ils n'ont de cesse de traquer dans leur corporation les ennemis du Parti. Leurs foudres sont tombées sur Chéreau et Mnouchkine qui avaient eu le front de ne pas les encenser et de refuser tout net de participer à leur mobilisation spontanée. Cela ne vous étonnera pas, l'un des deux, je ne sais plus lequel, a été traité de collabo. Je suis sûre que cet admirable courage de l'interluttant face à l'État policier et réactionnaire vous touche au cœur.

En plein cœur. Pour résumer, je ne doute pas que ces imbéciles soient dans le désespoir, mais c'est seulement parce qu'ils refusent de se rendre à l'évidence qu'ils ne font pas tomber la pluie. Qu'ils ne feront jamais tomber la pluie. Et qu'*on se passe très bien d'eux.* Ils sont le deuil du théâtre, le deuil des villes, le deuil de l'art et même, en un sens, ce qui est pire, le deuil de la mort. Dont ils empêchent par leurs cris qu'elle soit connue (mais c'est leur mission métaphysique, même s'ils ne le savent pas). On pourrait d'ailleurs le leur pardonner, peut-être, s'ils savaient tout cela et s'ils en jouaient consciemment et cyniquement. Mais non, même pas. Ils croient à leur désastre et ils l'appellent *œuvres*. Ils s'obstinent à dire qu'ils font tomber la pluie. Avec des cornes de brume, des crécelles et des sifflets. Et des tambours du Bronx. Et des échasses pour les jongleurs. Et Régine Choupinot. Et cet indécrottable sentiment qu'ils sont indispensables pour *recoudre le voile déchiré de la société*. Même la désillusion de l'année dernière, souvenez-vous, quand il se sont rassemblés pour une séance d'exorcisme au Zénith après le 21 avril et qu'ils ont constaté (pour les plus lucides) qu'ils n'avaient réussi, dans leurs friches lugubres, en assimilant l'art ou la culture à la vertu, qu'à faire monter le vote pour l'extrême droite, même cette désillusion n'a servi à rien et ne leur a rien appris. Ils sont nés sœurs de charité et ils mourront ainsi. En croyant que l'art et les sœurs de charité c'est la même chose et que ça doit conduire à l'amélioration du genre humain. Comme si le genre humain avait envie d'être amélioré ou recousu ! Ils ont bien raison de lier leur « lutte » à celle de tous les « sans » (sans-papiers, etc.) ; car, eux, c'est encore plus grave : ils sont *sans tout*. Et même sans tout court, intransitivement. Raison pour laquelle ils veulent qu'on les paie. C'est vraiment culture et dépendance (dépendance au singulier). C'est culture et dépendants. Il n'y a plus à argumenter à leur propos.

Ah bon ? Je ne vois pas ce qu'il faudrait faire d'autre.

Il faut se moquer d'eux. Uniquement et cruellement se moquer. Rire. Rire (avant d'en pleurer) de cette première prétention qui est la leur de se dire artistes avant qu'on l'ait dit d'eux (or, en art, c'est justement celui qui le dit de lui-même qui n'y est pas du tout). Rire, rire sans cesse et sans retenue de leurs insoutenables illusions. De ce type, par exemple, directeur de la compagnie Kubitus ou Diafoirus, qui explique dans *Le Monde* qu'il voudrait lancer « la parole perpétuelle » et qui donne l'exemple puisque, chaque fois qu'il passe devant un distributeur de billets, il l'engueule en lui disant : « Non, non, non ! » Ou de cette comédienne et metteur en scène qui déclare qu'elle met « un point d'honneur à pouvoir maintenir des actions non rentables » (ce qui est la définition même de l'économie communiste, où la notion de profit n'existe pas, où la rentabilité est une notion inconnue et où les dettes sont sans cesse garanties par l'État ; où, donc, les actions non rentables pullulent ; non rentables, c'est-à-dire sans intérêt, dans les deux sens du terme). Ou encore de cette jeune actrice qui confie misérablement à *Libération* qu'« elle se sent agressée par ce gouvernement de droite ». Rire, oui, de tous les efforts que ces momies déploient, s'identifiant à la « culture vivante » dans le but de se rendre indélogeables, et aussi « naturels » que l'air qu'on respire. Et rire encore, rire sans cesse de ces « festivals en résistance », de cette « culture en danger », de cette « résistance artistique », de ces forums d'Aurillac animés par « des rêveurs, des chercheurs, des essayeurs, des bougeurs, des virevolteurs ». Rire parce qu'ils sont l'époque et ses atrocités et son langage inhabitable (ils ne sont rien d'autre que ce langage).

J'avoue qu'il m'arrive de trouver sinistres cette imposture triomphante, cette bêtise au pouvoir, cette égomanie encensée. Précisément parce que leur triomphe est la preuve de l'impuissance du langage. Dans cette névrose de répétition qui, à tout propos, joue « aux résistants et aux nazis », l'effet comique est parfois balayé par le caractère mortifère. C'est sans doute l'effet d'une lassitude passagère, mais je me demande s'il y a vraiment de quoi rire.

C'est le seul moyen de ne pas les suivre sur leur terrain, même de manière hostile. Rire parce qu'ils sont les ténèbres du moderne qui se prennent pour la lumière. Rire enfin de la manière pieuse, débile, obscène d'adoration ou d'indulgence dont les journalistes, ceux du *Monde* et de *Libération* en particulier, font le compte rendu de leur débâcle, de cette rhétorique de *Semaine de Suzette* (en lutte), de ce style où la niaiserie dialogue avec l'infantilisme, l'idylle avec la bergerie, le trumeau avec la pastorale. Rire. Rire. Rire surtout du *grand cri* qu'ils poussent tous les soirs à 19 h 30, ce grand cri devenu *traditionnel* et qui *ne fait plus débat*, et qui est bien tout ce qu'ils avaient à dire, tout ce qu'ils diront jamais dans l'avenir, et qui est tout ce qu'ils ont jamais fait et tout ce qu'ils feront, dans l'avenir, de plus articulé. Ils devraient en rester là, à ce cri traditionnel de

19 h 30. C'est leur chef-d'œuvre. On leur répondra par un rire non moins traditionnel à 20 h 30. Si on y pense. Car le mieux, encore, serait de les oublier. Si c'était possible[1].

Avant la grande fête des intermittents, nous avions eu le « printemps chaud ». Je suis souvent plus partagée que vous face aux « mouvements sociaux ». D'une part, je suis assez d'accord avec notre ami Michéa qui, en votre honneur, a parlé de Struggle pride. *D'un autre côté, votre position individualiste-libérale classique (« on paie trop d'impôts », « les grévistes sont des fainéants »...) ne me satisfait guère. Exécrer le « monde commun » sur le plan esthétique ne signifie pas forcément y renoncer totalement d'un point de vue existentiel.*

Je ne suis pas sûr que l'on puisse différencier avec autant d'assurance l'esthétique et l'existentiel (ni la « critique artiste », comme l'appellent les néo-marxistes, d'une autre qui ne le serait pas dans un monde où il n'y a plus que des artistes et où cette distinction est tragiquement obsolète), mais enfin admettons. Vous me prêtez par ailleurs des propos pour le moins caricaturaux et vulgaires sur les grévistes ou l'impôt. Plutôt que d'y répondre moi-même, me

---

1. À quelque temps de là, le mouvement des intermittents rebondissait, si l'on peut s'exprimer ainsi en l'occurrence, à la faveur de la « pétition Delphine », du nom d'une jeune femme caméraman et enceinte qui fondait également, pour défendre ses droits, le collectif Femmes et mamans en colère. *Libération* la comparait alors à *La Liberté guidant le peuple* de Delacroix, ce qui n'est pas rien : « Delphine a donné son corps à un mouvement qui avait du mal à s'incarner. » Il n'en fallut pas plus pour qu'Aillagon, ministre de la Culture du moment, s'émeuve et demande à l'Unedic et aux Assedic de revoir leurs dispositions. Ce début de victoire fut accueilli avec une touchante modestie par celle qui avait donné son corps. « Je ne suis pas une militante, confia-t-elle, je ne manifeste pas à tout bout de champ. Et, politiquement, je suis neutre. Mon appel était une réaction animale : comme avec une lionne dont un prédateur voudrait toucher le bébé. J'ai rugi. » Il semble néanmoins que la soumission du ministre de la Culture n'ait pas suffi ; car à quelques jours de là, lors de la cérémonie des Césars, il se faisait interpeller de haut par Agnès Jaoui, et apprenait ainsi où se trouve le pouvoir (*avril 2004*).

permettez-vous de vous citer un peu de Péguy ? C'est un écrivain, vous en conviendrez, qui ne passe pas pour avoir eu dans sa vie ni dans son œuvre des positions individualistes-libérales. Et pourtant, chez ses contemporains, à de multiples reprises, il repère la naissance de ce curieux mouvement vers ce que j'appelle, moi, la statodépendance, une statodépendance qui transit aujourd'hui presque tout le monde, et jusqu'à ceux qui, comme les artistes, par le métier qu'ils ont choisi, devraient en être les plus éloignés. Ainsi écrit-il par exemple : « Comme le chrétien se prépare à la mort, le moderne se prépare à la retraite. » Et encore : « Toute leur vie n'est pour eux qu'un acheminement à cette retraite, une préparation de cette retraite, une justification devant cette retraite. Ils veulent aussi y préparer le monde. Toute leur pensée est de mettre l'esprit humain en état de prendre sa retraite et de jouir de sa retraite. Ou, comme ils disent encore, de *gagner* sa retraite... »

Encore une fois, je suis partagée. D'une part, on peut comprendre la peur que l'on éprouve face à la vieillesse et à la perspective de ne plus avoir les moyens de vivre. De l'autre, je reconnais que ces foules défilant pour leurs retraites en brandissant des drapeaux rouges sont à la fois grotesques et désespérantes. Pour résumer, le besoin d'une certaine sécurité est respectable, le travestissement de ce besoin en lyrisme révolutionnaire m'enrage. Pour faire tourner votre joli moulin à malice, j'ai entendu récemment, sur un de ces sujets qui titillent ma fibre ouvrière, la flexibilité ou quelque chose dans ce goût-là, un syndicaliste s'indigner parce que, disait-il, « on nous annonce maintenant que pour gagner plus, il faudra travailler plus ». Voilà en effet qui indique une innommable régression...

Péguy n'écrit pas que le besoin de sécurité n'est pas respectable ; il repère un moment, un tournant dans la mentalité des êtres modernes, celui où la retraite devient pour ainsi dire le but de tout le reste de la vie, de tout ce qui la précède. « C'est la mentalité générale, écrit-il, c'est une mentalité de pensionnaires et de pensionnés. Toute la question est malheureusement de savoir si l'esprit humain est pensionnaire, sédentaire, fonctionnaire, professeur, et s'il est d'hôpital, et s'il est d'État. Et si le monde est destiné à devenir un immense asile de vieillards. » Vous en voulez encore un petit peu ? Eh bien allons-y : « Ce ne sont pas quelques livres de débauche qui sont dans le monde moderne ce point secret de résistance que sont dans le monde chrétien les Évangiles. Ce ne sont pas quelques livres de débauche qui sont l'antipode des Évangiles, le diamétral point secret contraire du point secret des Évangiles : ce qui est le point secret de résistance du monde moderne, ce qui est dans le monde moderne l'antipode des Évangiles, le point secret diamétral contraire de ce point secret que sont les Évangiles dans le monde chrétien, ce qui est dans le monde moderne ce que les Évangiles sont dans le monde chrétien, ce n'est pas quelques livres de débauche (aucun n'aurait la force), c'est le livret de caisse d'épargne. Les livres de débauche ne sont jamais bien malins. Ils ne sont jamais bien forts. Ils sont de tous les temps. Le livret de caisse d'épargne (sous toutes ses formes, et notamment sous la sienne), est l'invention propre du monde moderne. Les livres de débauche n'ont jamais pu faire que des pécheurs. Le livret de caisse d'épargne fait le moderne. Nous périssons par cette raideur, par cette prudence et cette avarice. » Quant aux intermittents, ma foi, Péguy les décrit assez bien : « Ils sont anarchistes, mais ils ne laissent rien tomber des prérogatives que l'État leur confère. Et notamment celle (évidemment négligeable) de passer tous les mois à la caisse. À notre caisse. Ils ne sont pas seulement anarchistes de gouvernement, ils sont anarchistes de trésorerie. »

Mais n'oubliez pas que les modernes passent leur temps à exalter le risque, l'inconnu, l'aventure. C'est cette rhétorique de l'innovation qui rend non seulement grotesque mais dégoûtante leur prétention à la reconnaissance institutionnelle. Ces subversifs salariés veulent presque tout détruire du monde ancien pour n'en conserver que les allocations familiales. Mais si on pense que toute transmission est une régression ou que le passé est fasciste, les allocations familiales n'ont pas de sens…

C'est exactement ce que Péguy découvre en inventant cet admirable oxymore d'« anarchistes de trésorerie ». Mais laissons Péguy et revenons aux mouvements sociaux du printemps. Grâce au recul de quelques mois, et surtout grâce à ce que nous apprend l'été que nous achevons de traverser, je pense qu'il est périlleux, d'un point de vue méthodologique, de découpler ces mouvements sociaux de ce qui s'est passé ensuite et dont nous venons de parler. Un point au moins, et qui me paraît essentiel, est commun aux agents de la fonction publique tels que la modernité les change et aux artistes tels que la modernité les change pareillement. C'est que le statut des uns comme la pratique des autres sont devenus des fins en soi, et la défense de ce statut comme la protection de cette pratique sont les occupations quasi uniques auxquelles on voit s'adonner ces deux populations. Au détriment, dans l'un et l'autre cas, de ce que l'on appelait autrefois l'intérêt général. Dans un cas comme dans l'autre aussi, la question de la *qualité* (celle du service ou celle des « œuvres ») ne se pose même plus, ne peut même plus être posée ; et, dans un cas comme dans l'autre également, la poser serait faire preuve de grossièreté ou de poujadisme calomnieux. Mais en même temps que la qualité, c'est bien sûr la réalité qui recule. Tandis que le *besoin* qui, dans l'un et l'autre cas (besoin de services, besoin d'art), avait fait naître immémorialement ces activités, est oublié ou nié (et, de toute façon, ne peut plus être satisfait), c'est l'autosatisfaction ultime et unique des « acteurs » eux-mêmes (souvenez-vous : « MOI ! MOI ! MOI ! ») qui, dans l'un et l'autre cas, est exclusivement recherchée et ouvertement proclamée. Et sans doute serait-il considéré comme ringard ou malfaisant de remarquer que, dans les deux cas toujours, aux yeux des deux populations concernées, qui pourtant de manière générale n'ont que de l'*alter* plein la bouche, l'autre le plus immédiat (l'usager dans un cas, le spectateur dans l'autre) compte littéralement pour du beurre. Les alterophiles sont alterophobes. Cette situation est d'ailleurs sans cesse camouflée, dans un cas comme dans l'autre, par de bruyantes effusions verbales qui ne coûtent rien, des invocations mystiques à la lutte contre les inégalités, des litanies contre la marchandisation des esprits, des transports lyriques contre la mondialisation et de vastes rassemblements eucharistiques où l'on communie sous les deux espèces (et plus) de l'altermondialisme.

Ce qui, au passage, pourrait nous faire regretter le temps où la charité chrétienne faisait partie de la bienséance : au moins les dames patronnesses qui, à défaut de vénérer l'Autre, pensaient qu'il était de leur devoir d'aider leur prochain, faisaient-elles vraiment le bien, alors que nos alterophiles se contentent de le balancer à la tête de leurs ennemis. Quant à leur grand Autre, il est forcément lointain, à l'opposé du prochain qui, justement, est proche. Le démuni lointain n'a pas d'odeur. Finalement, en fait d'alterophiles, ce sont des alter ego (MOI ! MOI ! MOI !). Et, comme vous le savez, de nos jours, les hommes naissent libres et ego.

Et certains sont encore plus ego que d'autres. Pour en revenir plus précisément aux mouvements sociaux, ce qui m'avait frappé, lors des très étranges journées de protestation contre la réforme des retraites et de l'école, c'est à quel point la victoire était considérée par avance comme *due* à ceux qui y participaient. Elle l'était par la majorité de la presse comme par la totalité des manifestants…

C'est bien normal dès lors qu'il ne s'agit plus de ces luttes sociales d'antan dans lesquelles la grève était un risque et qui se concluaient parfois par d'amères défaites, mais de la réalisation d'une promesse. Si les manifestants sont l'Histoire en marche, la victoire est écrite d'avance.

Telle est exactement la nouveauté. La victoire est considérée d'avance comme acquise d'abord parce qu'elle avait été au rendez-vous, dans des conditions relativement semblables, en décembre 1995. Dès les premiers cortèges de ce printemps-ci, et même avant, il a donc été convenu que le gouvernement allait céder. Il le pouvait et, surtout, *il le devait.* Il le devait pour ainsi dire par contrat. Par contrat moral au moins. Il existait une sorte de jurisprudence Juppé qui *garantissait* la défaite en rase campagne de l'adversaire. La victoire était garantie de manière jurisprudentielle. Décembre 1995 légitimait d'avance cet heureux dénouement. Le recul du gouvernement, dès avant même le début du mouvement, était considéré comme un fait acquis, et même un avantage acquis, une rente de situation. La victoire était au programme. Mai 68, l'hiver 1986 (contre les lois Devaquet), le « Smic jeunes » sous Balladur, et surtout décembre 1995 faisaient jurisprudence. De souveraines références veillaient comme des bonnes fées sur l'issue radieuse de l'affaire. Le triomphe était promis au gréviste de 2003 comme la vie éternelle l'est au croyant. D'où la déception, en juin, de constater que « les résultats n'étaient pas à la hauteur des espérances ». D'où la « frustration » et la « colère » ou la « grande amertume » exposées par tant d'enseignants. D'où cette phrase étonnante, si on la regarde bien, de Besancenot appelant comme tant d'autres ilotes à bicyclette à une rentrée chaude : « Le mouvement social a vraiment besoin d'une victoire. » C'est le mot *besoin* sur lequel il faudrait épiloguer, comme s'il s'agissait d'une consolation qui doit être accordée d'urgence à une immense population enfantine et frustrée, ici nommée « mouvement social »...

À vrai dire, que l'échec d'une grève soit douloureux pour ceux qui l'ont faite ne me paraît pas particulièrement choquant – c'est aussi le cas dans les « vraies » grèves. Quant au besoin, pour ma part, je suis plutôt frappée par ce mouvement social auquel il est attribué : un terme abstrait, et choisi pour son abstraction. Un terme qui ne permet en rien d'imaginer des individus concrets en proie à des difficultés concrètes. On sait quels sont les besoins des hommes, mais quels sont les besoins d'un « mouvement » ? Qu'est-ce que ça mange ? Qu'est-ce que ça lit ? Qu'est ce que ça veut ? Eh bien rien, justement ! Le Parti voulait la révolution tandis que, pour vous paraphraser encore, je dirais que le mouvement mouvemente. Comme disait l'autre, « le mouvement est tout ». Il est donc fort logique que le même Besancenot ait décrété que la France avait besoin « d'un parti de la grève », ultime avatar de l'intransitivité...

Le même Besancenot, défenseur bien connu de la démocratie représentative, précise : « À la différence de 1995, les grandes manifestations ne semblent pas suffire à faire plier le gouvernement : au printemps, Raffarin a survécu à trois Juppéthon. Une grève générale peut être le moyen de le faire caner. » Comment se résigner, en effet, à ne pas gagner quand on est si sûr, si divinement convaincu d'être du bon côté, et d'avoir pour ainsi dire reçu la *mission* de *faire caner* le gouvernement ? Que celui-ci ait été précisément élu, et fort bien élu, pour entreprendre justement le genre de choses qui indigne Besancenot, ne saurait déranger l'indigné en lutte puisqu'il a aussi, et par la même occasion, reçu mission de faire caner la réalité (je parle de la majorité qui s'est dégagée en juin 2002, je ne parle pas de l'élection présidentielle à laquelle lui et ses pareils se flattent si fort d'avoir participé alors qu'on ne leur demandait rien, car elle aurait été tout aussi bien gagnée contre Le Pen sans leurs pitreries lugubres, leurs gants Mapa et leurs pince-nez d'intermittents du civisme). Il s'agit de faire caner la réalité et aussi, au passage, la volonté démocratique (dans *Libération*, un nommé Virgile, instituteur « venu recharger ses batteries militantes au Larzac », accusait en août le gouvernement de ce crime suprême : « faire passer des réformes au mépris de nos voix dans la rue » ; il y a de la révolte, en effet, à voir des élus faire ce pour quoi des électeurs les ont élus). Le triomphe était également promis parce qu'il y avait eu un coup de réel, un sale coup de réel lors de la présidentielle de 2002, et qu'il s'agissait d'en finir une bonne fois avec cet affront où la gauche de gouvernement avait sombré. Je répète que l'irréel, en ce moment, prend sa revanche dans tous les domaines, et il s'agissait aussi, en mai et juin, dans ces mouvements sociaux, de le faire triompher. D'où le fait que ce sont d'autres gauches qui ont alors battu le pavé et en ont tenu le haut. Plus ou moins fédérées, et ce n'est pas non plus un hasard, par un diffus mais virulent trotskisme-onirisme (je dis que ce n'est pas un hasard parce que le trotskisme est la seule des grandes malfaisances idéologiques du dernier siècle à n'avoir jamais gouverné nulle part, il est donc vierge au moins par ce trou-là). Et ce n'est pas un hasard non plus si Besancenot, à la fin du mouvement, a appelé à la création d'un *parti de la grève*, trouvaille extraordinaire, elle-même remarquablement confuso-onirique, où se profile en quelque sorte une professionnalisation ultime de la révolte et de toute protestation, un statut sacerdotal des prêtres de la grève (désormais, nous savons ce que fait Festivus festivus quand il travaille : il grève qu'il grève), un moisissement de l'idée de grève assez comique, un stade alzheimer de la grève, et qui me rappelle ces deux vers admirables de Péguy dans *Ève* :

> Des révolutions plus vieilles que des trônes,
> Des progrès plus cassés que la vieille habitude.

Je traduis : Besancenot et ses semblables sont pires encore, bien pires, bien plus vieux, bien plus brisés et obsolètes que ce qu'ils combattent (et qui n'est pas frais non plus, avouons-le). Que tout ce mouvement, après le relatif camouflet de la fin du printemps où diverses catégories avaient rencontré le réel, divers réels (les enseignants avec ce qu'ils appellent la décentralisation, les syndicalistes avec la question du dossier des retraites, et bientôt les intermittents avec les nouvelles règles d'indemnités), se soit aussitôt, et presque sans transition, coulé, fondu, transmuté de manière quasi alchimique dans les agitations multiples de l'été, est d'une aveuglante logique. C'est le *parti de la grève* qui se forme. Avec ses mille nuances. Il n'en est qu'aux bafouillages. Sur les décombres de la gauche de gouvernement, de nouvelles gauches, des gauches de trépignement, des gauches de déchaînement, de déraisonnement, de campement, d'attroupement, d'acharnement, d'innombrables gauches d'accompagnement dans tous les sens (il y a même maintenant une gauche de jappement ou d'aboiement : celle qui pousse le cri de 19 h 30, qu'il ne faut pas confondre avec le train de 8 h 47) reprennent et relancent sur le mode bucolique-lyrique-victimaire un mouvement devenu pour ainsi dire religieux ou néo-religieux, dans la mesure où tous ces gens n'ont même plus en face d'eux des ennemis, mais des *impies*.

Croyez-vous qu'ils défileront un jour pour exiger un statut du gréviste – un statut européen, bien sûr ? Des chercheurs fort sérieux se réjouiront alors que le XXIe siècle donne enfin tout son sens aux droits de l'homme. Peut-être même réclameront-ils ensuite « les trente-cinq heures pour les grévistes » !

Ce serait, ou ce sera, un excellent mot d'ordre, en effet. De toute façon, souvenez-vous : la recherche et la conquête de nouveaux droits pour de nouvelles catégories de population est l'aventure illimitée et quasi mystique du nouveau siècle. Nous voilà devant cette nouvelle forme, burlesque et en même temps très sérieuse, d'exercice transcendantal du pouvoir dont je parlais dans une de nos précédentes conversations, ce retour de domination divinisée ou de pouvoir transcendantal appuyé sur le mythe, qui succède aux deux cents ans somme toute *profanes* de la gauche et de la droite. Les convulsionnaires d'Avignon, les possédés de Chalon et les dérangés du Larzac accouchent, pour ainsi dire, de la vérité en germe chez les processionnaires du printemps. Comment différencier un fonctionnaire d'un artiste, quand les artistes exigent le droit à l'art comme un droit de l'homme en même temps qu'ils demandent d'être fonctionnarisés pour « créer », c'est-à-dire, en somme, d'être salariés et sacralisés avant d'avoir rien fait et même, peut-être, sans intention de jamais rien faire (ou en étant incapables de jamais rien faire) ? Tout ce qui était historique, avec eux, devient absolu. Et si l'on voulait avoir la preuve que cette société effrayante, en gros comme en détail, est un monument auquel il n'est pas question de toucher, ni en gros ni en détail, mais qu'il convient au contraire d'améliorer, et toujours dans le sens de plus d'effroi, eh bien, ces mois de luttes diverses et toutes semblables que nous venons de vivre l'auraient apportée. Après l'Histoire, voilà une autre histoire en marche, l'histoire sainte, leur histoire sainte !

On imagine aisément les fous rires qu'ont pu vous procurer les mêmes alterophiles réunis au Larzac comme si le temps n'avait pas prise sur eux. Seulement il ne s'agit plus, comme il y a trente ans, de faire s'écrouler le vieux monde, puisque le vieux monde n'existe plus ! Par ailleurs, ce ne sont pas seulement quelques allumés. En réalité, au moment où le capitalisme dans sa forme la plus extrême et la plus destructrice triomphe, triomphe également un anticapitalisme religieux qui a inventé un tourisme de la lutte (comment se fait-il qu'il n'existe pas encore d'agence de voyages spécialisée dans le séjour de protestation ?) Cela dit, nous pourrions être sensibles à l'ambition de faire advenir un peu plus de justice sur cette terre. On a beau connaître le destin de l'espérance révolutionnaire, je comprends qu'elle ait transporté des millions de gens. Alors, pourquoi sommes-nous si insensibles et même goguenards face à ce déferlement de bonnes intentions ?

Parce qu'ils empêchent de rien comprendre et que c'est tout ce qu'ils savent faire. Comment pourraient-ils transformer ou renverser par des *luttes* un monde qu'ils n'ont pas encore regardé (leurs slogans anti-libéraux et anti-capitalistes ne sont aucunement un début de connaissance), qui est littéralement innommé, sinon innommable, dont leurs diverses illusions utopiques brouillent de toute façon largement la perception, et dont ils sont, même s'ils ne veulent pas le savoir, si fortement partie prenante, eux aussi ? Je veux bien que le capitalisme planétaire tel qu'il se développe soit effroyable, mais on aimerait être à sa place pour se réjouir effroyablement d'avoir de tels adversaires. C'est l'histoire sainte dans toute sa splendeur, la néo-histoire sainte qui s'est déployée à la mi-août. C'est un condensé de néo-histoire sainte qui a débarqué au Larzac, c'est une apothéose, un Woodstock de l'Innocence retrouvée, avec ses pèlerins effarants, ses gauchistes ressortis de la naphtaline, les bébés accrochés partout, les couettes, la guitare, les piercings, les canettes, la glacière, Manu Bové, José Chao, tous rassemblés pour en comprendre encore moins que s'ils étaient restés chez eux, mais ravis de conspuer sans risques le Bouc mondial émissaire idéal. Tous les *mauvais joueurs* du printemps et de l'été, fonctionnaires, professeurs, intermittents, protestataires bigarrés de partout, qui ne se remettent pas d'avoir trouvé un peu, un tout petit peu de résistance devant eux, alors qu'ils étaient habitués depuis vingt ans aux victoires en rase campagne contre l'instance paternelle en ruine (et si agréable du moment qu'elle est en ruine), et qui trouvent que c'est pas de jeu, sont entrés en effervescence sur le plateau.

Votre néo-Histoire a un petit air de déjà-vu...

Parce que c'est toujours la même, et que ce sont toujours les mêmes qui s'auto-reproduisent et auto-promeuvent. Tous nés dans la même cosse, ils finissent sur le même causse. Ne s'étant pas quittés depuis trois mois, on se demande ce qu'ils avaient encore à se raconter. Je crois qu'ils ne se sont pas dit grand-chose (hormis des propositions comiques d'actions communes pour la rentrée ; exemple : « on peut imaginer des intermittents qui occupent des écoles et inversement » ; tout le comique est bien sûr dans cet *inversement*), ni qu'ils aient trouvé le chemin de l'autre monde, comme le constatait avec honnêteté un prof de maths quinquagénaire : « J'ai juste l'impression qu'on n'a pas vraiment de solutions. On parle des problèmes, mais que faire à la place, on cherche encore » (il est vrai qu'il ajoutait, et c'est probablement la seule explication du phénomène : « Pour moi, c'est superimportant qu'on soit tous ensemble »). Et un observateur reconnaissait, envahi d'un invraisemblable mais passager accès de scepticisme : « Désigner le "virus libéral" comme l'ennemi commun, réclamer le retour à l'"autorité publique" et voir dans la "marchandisation" la cause de tous les maux de la planète, ne donne pas la clé de l'"autre monde" » (c'est pas grave, il n'y a pas de porte non plus).

Cet autre monde possible est un très bon slogan pour le parti de l'irréel. Inutile de se fatiguer à changer et encore moins à interpréter ce monde-là dont la seule fonction est de préparer l'avènement de l'autre.

Évidemment, il ne s'agit jamais que d'un autre totalement bidon qui ne masque jamais que la célébration du même, de leur même. Finissons-en brièvement avec tout cela, voulez-vous, parce que c'est un peu fatigant et répétitif et qu'au fond l'ensemble de notre entretien traite déjà de la question. Un autre monde est possible ? C'est le premier verset de leur livre saint, le dernier aussi, ils le répètent comme un mantra jusqu'à l'abrutissement (qui leur vient vite à vrai dire) sans jamais aller plus loin, et qu'est-ce qu'ils ont dit d'autre et de plus que cette prière à l'Autre, ce week-end-là, sur le causse, dans la chaudière à apôtres, à *apautres*, dans l'immense bénitier-bouilloire du Larzac rempli de grenouilles lyriques en adoration devant le nouveau Dieu : l'Alter ? D'autres avant moi avaient remarqué que pour le forger, cet Alter, il avait fallu en finir avec plusieurs préfixes, notamment avec l'*anti* d'antimondialisation, et même avec l'*inter* d'internationalisme. Que l'on ait dû passer d'*inter* à *anti* pour finir par ériger le Grand Fétiche de l'Alter mériterait d'amples développements (on pourrait se demander, par exemple, qu'est-ce que ça signifie quand des gens décident de camoufler leur *anti* derrière un *alter*, un peu comme si les antisémites décidaient de s'appeler altersémites dans l'espoir de se rendre plus sympathiques). Mais enfin, nous y sommes : le radical-messianisme altermondialiste est devenu l'autre nom du Bien. Un autre monde est possible ? Il faudrait déjà qu'ils soient capables de voir que le leur, de monde, ce campement de trois jours qu'ils croient un contre-monde parce qu'ils croient qu'ils l'ont voulu, cette décharge à piercings, canettes, glacières, Manu Chao, bébés, couettes et guitares, est le même que celui qu'ils pourfendent. Qu'ils soient au moins capables de comprendre cela. Il faudrait déjà, en résumé, qu'ils soient capables de haïr leur propre contre-monde prétendu, qu'ils appellent moderne, et qui est *le même* que le monde qu'ils disent pourfendre sous le nom de capitaliste et qui est moderne aussi.

Non, ce n'est pas le même : dans ce que vous appelez leur contre-monde et qui ressemble à l'« Île aux enfants », la victoire, comme vous l'avez noté, est acquise avant que la bataille commence...

Elle est acquise, mais pour ainsi dire en rêve, sur le causse, uniquement sur le causse. Larzac, morne plateau ! Un autre monde est possible ? On est vraiment dans l'idylle essentielle de Festivus festivus, qui est celle, à peu de chose près, de l'« enfant trouvé » de la théorie freudienne, lequel crée délibérément et de toutes pièces un « autre monde », justement, de chimères et de contes de fées, à l'inverse du « bâtard » qui accepte qu'il y ait un univers, cet univers-ci et pas un autre, qui le reconnaît comme extérieur à lui et, l'ayant reconnu, s'étant résigné en somme au « réalisme », se lance dans l'attaque frontale plutôt que de passer imaginairement de l'« autre côté » par la féerie, comme l'enfant trouvé. Un autre monde est possible ? Quelle confiance en celui-ci, *a contrario* ! Quelle foi inavouée en sa consistance et en sa présence existentielle ! Il faudrait déjà que celui-ci n'en soit pas un autre, de monde, qu'il soit encore *matériel*, et que le rêve, à la lettre, ne soit pas devenu réalité (ainsi que le cauchemar) pour qu'un autre monde soit envisageable. Ou, plutôt, que la réalité n'ait pas infiniment reculé, et depuis si longtemps, tandis que l'idylle envahissait le devant de la scène avec rapidité. Un autre monde est possible ? La fameuse distinction de la carte et du territoire était encore rassurante : c'était la distinction du réel et de l'imaginaire ; mais il n'y a plus de territoire, et c'est le peuple de la carte qui s'exprime. Sans drôlerie, comme de juste. Sans imagination. Ou qui ne s'exprime pas du tout, d'ailleurs.

La carte et le territoire, c'est aussi le référent et le signifiant. Et, comme de juste, il n'y a plus de référent. Il y a quelques années, alors que je bataillais joyeusement contre un trio de pompeux imbéciles appointés qui m'avait traitée de révisionniste dans une page du Monde *au sujet de mes dangereuses observations sur le « génocide des Albanais du Kosovo », vous m'aviez suggéré pour ma réponse un très beau titre :* Les assassins du référent. *Auquel j'avais finalement préféré le moins élégant mais plus efficace :* Le réel ne passera pas. *Eh bien, il n'est pas passé ! Mais revenons à vos mouches du causse...*

Tenez, voulez-vous en prime un portrait d'altermondialiste ? En voici un, saisi sur le vif par le reporter de *Libération*, et brossé comme de juste dans ce style a-critique et bucolique qui ferait ressembler à des pamphlets les romans de la collection « Harlequin ». Il s'agit, nous dit-on, de Toni, trente ans, RMiste. Vous allez voir comme il a changé *en mieux*, depuis La Bruyère, l'art du portrait. « Excitation maximum, quelques substances illicites au fond d'un pot de pâte à tartiner et une réserve de préservatifs. Toni ne s'embarrasse pas de périphrases : "Je suis là pour faire la teuf grave. Il y a de la militante sous la tente, je te dis que ça." Son camion tombé en rade à Paris, il a dû se rabattre sur le covoiturage pour rallier le causse. "Je vais retrouver ma mère, elle doit y être avec ses potes, ça va être la grosse teuf." Il cherche le van blanc Volkswagen maternel sans se rendre vraiment compte de l'étendue du site. "Sister, y a de la bonne vibration, ici." Il se fiche un peu des problématiques politiques du rassemblement et évite les forums où on cause de l'avenir du monde. "Il fait trop chaud pour travailler. De toute façon, je pense que chacun doit commencer à travailler sur lui-même avant de travailler à améliorer le monde. Moi, je m'occupe de moi, et c'est déjà beaucoup." N'empêche, le trentenaire se dit "pour l'agriculture biologique à fond, la légalisation du cannabis", et voudrait vivre en harmonie avec la nature. »

Je me demande s'il existe ou s'il est sorti de l'imagination du journaliste – ce qui, pour le coup, rapprocherait celui-ci de La Bruyère et même de Philippe Muray...

En tout cas, ce ne sont pas ces ectoplasmes qui le trouveront ni qui l'imagineront, l'autre monde ! Et ce n'est pas pour rien que ce qu'il y a eu encore de plus tangible et de plus concret sur le Larzac, ce weekend-là, une fois de plus, c'est le « rituel du grand cri », chaque soir à 19 h 30, inventé au festival « Chalon dans la rue », le grand cri, toujours lui, le cri qui ne fait plus débat, le traditionnel cri de 19 h 30 importé sur le causse par les intermittents (« un cri unanime de rejet de la politique libérale qui s'installe en France », explique son promoteur)...

Tous unanimes, comme on dit à la radio !

Et on est nombreux à être nombreux, comme on dit chez les minoritaires... Comment, en tout cas, mieux exprimer que par ce cri primaire et primal de 19 h 30 l'impossible expression, l'impossible articulation de la moindre doctrine, l'impossible élaboration de la plus petite pensée articulée, le degré zéro de la pensée, le retour au berceau, le drame général de l'infantilisme protestataire en train de se replier sur lui-même comme dans une Genèse à l'envers et d'en finir avec sa propre histoire ?

« Je refuse le langage et j'en suis fier », aurait déjà pu être la devise de nos chers teufeurs lorsqu'ils s'avisèrent – et notre grand journal du soir avec eux – que le « droit à la fête » était menacé pour des peccadilles aussi insignifiantes que le droit des paysans à cultiver leur champ, le droit du citoyen lambda à dormir ou le droit du poulet à mourir dans la dignité. Ils ont raison, d'ailleurs, de refuser le langage et toutes les distinctions qu'il charrie puisqu'ils aspirent à être une masse indistincte et qu'il y a de la militante sous la tente...

La disparition progressive du langage articulé va bien entendu de pair avec l'infantilisation. S'il y a un horizon radieux de l'altermondialisme, c'est la nursery. L'Alter devrait d'ailleurs s'écrire

Altère, car ce n'est pas vraiment un dieu, c'est plutôt une déesse, une Grande Mère. Comme de juste. Et, comme de juste aussi, les abrutis du Teknival, huit jours plus tard (le *traditionnel Teknival* du 15 août, disent les journaux, le Teknival qui très bientôt *ne fera plus débat*, lui non plus), sont venus accomplir en plein causse, sur un tronçon d'autoroute en construction, le dépassement par la connerie absolue de tous ces dépassements (de l'art, de la négation révolutionnaire, de ce monde-ci au profit de l'autre, etc.) qui s'étaient déjà réunis avec tant de brio la semaine précédente. Et a donné, en somme, une leçon aux altermondialistes. Car si un autre monde est possible, c'est bien celui que crée cette prétendue musique par son universelle nuisance qui efface les derniers conflits, même les langagiers, et met tout le monde d'accord en transcendant toutes les contradictions. Par l'apocalypse. Dans l'apocalypse. « La disparition du silence, disait Cioran, doit être comptée parmi les indices annonciateurs de la fin. » Ce n'est plus un indice.

Après Aurillac et le Larzac, voilà que les éléments s'en sont mêlés : la canicule a non seulement tué des milliers de vieux, mais suscité un effarant brouhaha sur fond de recherche des coupables. Pour une fois, je vous rejoindrai contre la statomanie : ces éructations contre le méchant État sont plutôt dégoûtantes quand notre société tellement compassionnelle est devenue incapable de la moindre compassion concrète – comme un verre d'eau...

En cet étonnant été de revanche de l'irréel sur tant de scènes, la *mère de toutes les canicules* s'est mise en marche comme un troupeau de bêtes fauves à travers le pays et elle a provoqué des ravages qui sont d'autant plus effroyables qu'ils n'ont été connus que progressivement, tandis que battaient son plein toutes les fêtes de la fin de l'autre monde qui est possible et même blessipo...

Évidemment, il aurait été plus amusant que la canicule s'abatte sur le Larzac (mais pas pour les tuer, hein, juste pour qu'ils aient un peu chaud !)...

Une autre canicule est possible, en somme ? Pourquoi pas ? Dans la canicule réelle, en tout cas, j'ai noté que vers la mi-août un employé surmené des pompes funèbres, qui conduit depuis de longues années des véhicules mortuaires, faisait cette remarque pour le moins macabre mais raisonnable : « La semaine prochaine, quand les gens vont commencer à rentrer de vacances, ils vont encore trouver des personnes âgées mortes, c'est sûr. » On en a retrouvé. On continue à en retrouver. Il y a aujourd'hui, tandis que nous nous entretenons, des centaines de corps qui attendent dans les camions frigorifiques de Rungis que leurs proches les réclament. Il y a aussi des familles que l'on a identifiées et qui refusent de venir chercher leurs défunts. Ou de payer les obsèques. Tout cela est évidemment horrible. Mais il y a plus abominable. Dans l'étouffement pâteux de ces jours tourmentés de soleil, et se surpassant dans l'abject, *Libération*, le torchon qui chante l'Alter, n'a cessé de hurler, dès qu'a commencé à être connue l'hécatombe, qu'il ne fallait pas *culpabiliser* les gens d'avoir abandonné leurs vieux pour partir en vacances, qu'il s'agissait là d'une réponse « inadéquate », ou d'un réflexe « conservateur » (pourquoi pas réactionnaire ?), que la question de la responsabilité personnelle, dans nos sociétés, n'était plus *audible*, et qu'il ne fallait plus dire grand-mère ou grand-père, mais *problème sociétal*. Et se plaindre à l'État si grand-père ou grand-mère avait soif...

C'est bien connu, un problème sociétal, c'est comme un mouvement social : ça ne boit pas.

Exactement. L'odieux petit bonhomme nommé François Hollande, socialiste au rancart provisoire, s'est également surpassé dans l'indécence caniculaire en parlant de « responsabilité forcément politique » et en mettant en accusation, de la part du gouvernement, un « défaut d'anticipation ». Sans préciser d'ailleurs *quand* exactement il aurait été convenable d'anticiper ; car ce n'est pas en quelques heures, comme lors des deux ouragans de décembre 1999, ni en quelques minutes, comme lors de n'importe quel tremblement de terre, mais sur plusieurs semaines que cette catastrophe-ci s'est développée. Quand, donc, fallait-il commencer à anticiper ? Le samedi 2 août, premier jour de canicule ? Le vendredi 8 août, jour de la première alerte des pompiers de Paris ? Le dimanche 10 août, jour du cri d'alarme du président des médecins urgentistes hospitaliers de France ? Avant ? En mai ? En février ? Le 1er janvier ? La question n'est pas là, puisqu'il s'agit d'établir le principe de précaution de manière totalitaire, communiste au sens propre, et de précéder *absolument tout*, depuis toujours en quelque sorte, et de prévenir tout, même ce qu'on ne connaît pas.

La Guerre de précession est commencée. Elle a lieu. Elle aura lieu. Elle a déjà lieu. Elle arrange tout le monde. Elle est indispensable aux Hollande présents ou à venir qui n'ont de chance de revenir au pouvoir, et surtout d'y rester, que s'ils achèvent d'infantiliser et de déresponsabiliser les individus au point qu'un jour proche il faudra que quelqu'un, tous les matins, un agent appointé, se trouve devant leur porte pour leur expliquer comment on met un pied devant l'autre. Car ils ne savent et ne veulent et ne peuvent gouverner que des animaux en cage ayant perdu, depuis deux ou trois générations au moins, tout instinct de survie (les autres, ceux qui n'ont pas besoin d'agent-marche devant leur porte chaque matin, leur riraient au nez, mais ils sont en cours d'extinction). On accuse souvent la droite, quand elle gouverne, de ne satisfaire que sa propre clientèle, restaurateurs, buralistes, entrepreneurs en général, chauffeurs de taxi et ainsi de suite ; mais il faut convenir qu'elle n'a pas le nihilisme industrieux de la gauche qui, lorsqu'elle est au pouvoir, la crée, elle, sa clientèle, l'invente, la fabrique en vidant les individus de toute possibilité d'initiative personnelle, comme on sectionne les nerfs d'un animal de laboratoire, et en les rendant ainsi absolument dépendants d'elle, jusques et y compris pour les gestes les plus simples, et cela probablement sans retour. Elle poursuit d'ailleurs son ouvrage dans l'opposition, et c'est elle qui oblige la droite stupide à s'aligner sur ses exigences et à livrer cette Guerre de précession si profitable à toute une humanité qui ne demande plus que ça, d'être protégée, d'être précautionnée, d'être précédée, et qui se pourlèche d'avance des procès qu'elle pourra faire si elle a été affectée malgré tout d'un pet de travers que l'État n'aurait pas pensé à colmater préventivement six mois à l'avance.

Le talent de la gauche est que l'individu-roi qu'elle a inventé est le détenteur satisfait d'un portefeuille de droits, mais ne dédaigne pas y ajouter quelques actions judicieusement choisies. Le tout, bien entendu, sans assumer la moindre responsabilité.

L'humanité ne réclame que ça, de ne plus avoir la moindre responsabilité, dans aucun domaine, et en même temps de gueuler rhétoriquement contre l'aliénation. Péguy, toujours lui, demandait vers 1906 que l'État cesse enfin de « fabriquer de la métaphysique » (son rôle, à ses yeux, étant de s'occuper des valeurs temporelles ; « ce qui est déjà beaucoup, ajoutait-il, et peut-être trop »). On ne demande plus à l'État de s'occuper de métaphysique, mais de jardin d'enfants. On lui demande sciemment de faire du jardin d'enfants. Du jardin d'enfants sciemment inefficace et sciemment étendu à tout le monde, enfants et adultes confondus (mais oui, un autre monde est possible, et, il faut le répéter sans cesse, c'est une nursery). L'humanité ne demande que ça, d'être prise en charge, c'est-à-dire au piège de la protection qu'elle réclame. D'autant que cela crée des emplois. Ce sont les *métiers du risque zéro*. De douteux avocats, de ceux qui poussent à la *construction de la preuve* quand il s'agit d'accuser de harcèlement sexuel un innocent, des industriels du maniaco-législatif, des champions de l'envie du pénal en majesté, sont certainement déjà en train de fourbir, avec des *familles de victimes* de la canicule, de passionnants dossiers grâce auxquels le *deuil se travaillera* au fil de vengeances imaginaires et de dédommagements financiers. Tout cela a probablement déjà commencé. Le complot de la précession est en marche, et rien ne l'arrêtera.

Au village de Claquebue, raconte Marcel Aymé dans le premier chapitre de *La Jument verte*, il ne se passait jamais rien. « Alors, on s'ennuyait. Et comme le temps ne passait pas, les vieillards ne mouraient pas. Il y avait vingt-huit centenaires dans la commune sans compter les vieux d'entre soixante-dix et cent ans, qui formaient la moitié de la population. On en avait bien abattu quelques-uns, mais de telles exécutions ne pouvaient être que le fait d'initiatives privées. » Or voilà que, dans une ferme, un beau matin, naît une jument verte. La nouvelle fait le tour du village, et immédiatement tout le monde se rue pour voir le phénomène aux cris de : « Il arrive quelque chose ! Il arrive quelque chose ! » Les centenaires se mettent alors à tomber comme des mouches.

Ce n'est pas un apologue, juste une petite histoire comme ça pour détendre l'atmosphère.

Je sais que l'affaire Trintignant-Cantat vous a passionné, et évidemment ce fut un intéressant exemple de pluriellisation. Un couple se bagarre (ce qui n'est pas prévu dans le cas du grand amour entre pipoles, surtout de gauche). Au sens propre. Salement. Elle meurt. Et cela devient la preuve que les femmes vivent un calvaire. On nous inflige d'effrayantes statistiques – dont le résultat, entre nous, devrait être de vouer la majorité des femmes au célibat parce que, si on y ajoute foi, les chances d'échapper au mâle cogneur sont assez faibles. Cela dit, même si ces très sûres études statistiques sont très exagérées, je finis par me demander si la criminalisation organisée du sexe masculin a réussi à produire le monstre qu'elle prétend combattre, genre retour du refoulé. Au moment où notre ministre des Droits de la femme affirme sans rigoler que « nous allons éradiquer la violence », allons-nous vers la guerre de tous contre toutes (pas la guerre métaphorique et métaphysique que se livrent les hommes et les femmes, la guerre bête et méchante) ?

On assiste surtout au triomphe visible de ce que j'appelle l'externalisation perverse. Je vais m'en expliquer. Je ne veux pas parler du drame lui-même. Bertrand Cantat, je n'en avais même jamais entendu citer le nom avant l'affaire de Vilnius. Les Trintignant, si. Le père, ancien fétiche frigide des films de Robbe-Grillet ; et la mère, cinéaste féministe qui achevait un film sur Colette où on peut d'ores et déjà imaginer que la question féministe est tout et le génie de cette grande romancière, rien. Quant à la fille, dont je préfère ne pas parler comme actrice, parce qu'elle avait quatre enfants de trois hommes différents on la vante aujourd'hui comme le « symbole de ces femmes qui décident souverainement de leur vie ». Mais ce sont les mérites de Cantat lui-même qui semblent encore les plus éclatants, et c'est *Libération*, comme de juste, qui les a le mieux chantés (sans oser tout de même dire qu'il ne fallait pas le *culpabiliser* pour ses coups de poing), parlant des « actions citoyennes » du groupe Noir Désir et le décrivant, lui, comme un « héraut du mouvement altermondialiste » qui prenait tous les risques dans un lumineux combat pour le Bien : « Violente diatribe contre Jean-Marie Messier, alors patron de Vivendi Universal, dans le cadre des Victoires de la musique ; soutien réitéré à José Bové ; incessantes montées au créneau lorsqu'il s'agit de vilipender Le Pen, lors de la dernière élection présidentielle notamment ; actions en faveur du Gisti (travailleurs immigrés) ; sympathie affirmée à la cause palestinienne ; dénonciation du milieu carcéral »...

Ben oui, comment a-t-il pu frapper sa femme ? Il était contre Le Pen...

Tant de bonnes causes altermachintrucs pour en arriver à cet assommoir ! Tant de justes « combats citoyens » pour déboucher sur cette peignée mortelle. Tant de Bien étalé pour s'écrouler dans le Mal. Les amateurs de Noir Désir citent flatteusement Lautréamont ou Mallarmé quand ils essaient de définir l'inspiration poétique très hasardeuse de Bertrand Cantat. Je me demande où elle est, cette inspiration, dans les phrases que reproduisait *Le Monde* récemment, tirées d'un livre d'entretiens gloubiboulgesques publié sous le titre *L'Expérience des limites* où Cantat évoquait la passion amoureuse : « À un moment donné, ça ne résiste pas à l'analyse, mais ça se pose sur une autre sphère, qui ne dépend pas de l'analyse. » Et encore : « On subit le fait d'aimer, mais il faut le faire vivre. » Et enfin : « Qu'est-ce qui est plus important que l'amour, même s'il y a un moment où ça pose un problème ? »

Celle-ci est une pépite.

Passons vite sur cet étonnant charabia, cet écrabouillis mental. Une fois encore, je n'ai pas envie de parler de l'affaire elle-même. L'incommensurable malheur dans lequel se trouve Cantat est une chose ; l'immensité de la mort où Marie Trintignant a disparu est une chose aussi. De tout cela, ce que l'on pourrait écrire serait indigne...

Ce n'est pas l'avis de Nadine Trintignant qui vient d'écrire un livre, comme si la douleur, loin d'être une chose intime, ne pouvait être calmée que par l'exposition maximale : tu réclamais le bruit, le voici, il monte...

Le livre de Nadine Trintignant, sur la « fifille battue » par la mémère battante, est un indice de plus de cette *externalisation généralisée* dont je voudrais parler. Mais il y a eu aussi, début septembre, un autre événement de bon goût qui s'est déroulé dans un café de Vilnius, où on a dansé à la santé de Cantat et où on a diffusé sur grand écran un film dans lequel jouait Marie Trintignant. Tout cela me rappelle ce superbe passage d'Aragon dans *Les Voyageurs de l'impériale* : « Quand la mort survient dans un monde sans grandeur, comme une figure d'épouvante en carnaval, le brusque désaccord des gestes quotidiens et de la peur, des mesquineries de la vie et du mystère de la tombe, saisit l'entourage du nouveau cadavre, y donne à chaque mot, à chaque souffle une allure de blasphème et de dérision, à chaque insignifiant épisode des longs et absurdes jours par quoi se prolonge une existence dans le marasme des survivants, un faux caractère de solennité, dont approchent seuls les opéras les plus confondants à leurs minutes extrêmes de la sottise et de l'affectation. » Il y a toutes les raisons de penser que le *milieu* étouffant dans lequel s'est déroulé ce drame était essentiellement « incestueux », non de manière concrète bien entendu, mais par mille liens révélateurs et symboliques qu'il faudrait détailler, et jusque sur le plateau du film sur Colette, jusque dans la distribution de ce film. C'est cette promiscuité virtuellement incestueuse, où les différences générationnelles sont infantilement anéanties, qui a explosé à travers un tabassage à mort. J'ai dit déjà plusieurs fois que le passage au-delà de l'Histoire me paraissait repérable dans la réapparition de l'inceste sur la scène des relations humaines[1]. Le petit enfant est celui qui n'a pas encore intégré l'interdit de l'inceste, et le vivant post-historique est celui qui le désintègre. Contre la réalité de cet étouffoir promiscuitaire où tout est mélangé, parents, enfants, petits-enfants, et qui a brusquement volé en éclats une nuit à Vilnius, comme si l'époque elle-même et ses meilleures valeurs citoyennes se désintégraient, chacun se mobilise et y va de son mensonge pour que l'on ne sache pas que c'est Thèbes, la cité en crise et l'ombre puante du soleil sur les monstres divins...

Il y a par exemple les fans de Noir Désir. Ces derniers suscitent mon intérêt à cause de leur incapacité (observable chez toute conscience de gauche qui se respecte) à dépasser la rhétorique protectrice du *malgré* : c'est *malgré* ses combats citoyens que Bertrand a tué Marie. Ah bon ? Le drame du 26 juillet à Vilnius, écrit *Le Monde*, leur apparaît « en totale contradiction avec ce qu'ils connaissaient ou croyaient connaître » de lui. En totale contradiction ? Ils s'y retrouvaient donc dans sa bouillie intellectuelle (les textes de ses chansons, cités eux aussi dans la presse, paraissent effroyables), mais ils ne s'y retrouvent pas dans la « contradiction » introduite par la tragédie de Vilnius (contradiction par rapport à quoi, puisque les textes de Cantat n'ont aucun sens ?). Ils préfèrent, c'est bien compréhensible, que tout

---

1. À quelque temps de là, dans leur pathétique recherche de *vides juridiques* à combler, et parce qu'ils venaient soudain de découvrir que l'inceste n'est pas une infraction spécifique en droit pénal français, cent vingt députés, avides de satisfaire les exigences de « nombreuses associations de victimes », déposèrent une proposition de loi visant à liquider cette « bizarrerie juridique ». Elle n'en était pas une, précisément, mais ces imbéciles, comme de juste, ne pouvaient s'en rendre compte. Ils ne pouvaient pas non plus s'aviser qu'en posant « clairement » *dans la loi*, comme ils disent, un interdit de l'inceste qui, en tant que tabou, et depuis toujours, *fonde la loi*, ils le diminuaient et le relativisaient ; et ainsi, en l'intégrant dans le Code pénal au même titre que tant d'autres crimes ou délits, le décrochaient de sa souveraineté *imprononçable*, accélérant le retour de la société à la barbarie incestueuse. Mais avec de tels Gribouilles, a-t-on besoin de barbares ? (*novembre 2004*) ?

marche du même pas. Si Cantat avait été membre du Front national et avait chanté dans les fêtes Bleu-blanc-rouge, on serait dans le schéma du *parce que*, et cela ne troublerait personne. Mais Cantat était contre le Front national, il « incarnait la révolte contre l'injustice et le système » (ce que font à peu près tous les artistes, à vrai dire, intermittents ou non, cogneurs ou non, avec une rage routinière parfaitement butée, mimétique, souverainement monochrome), et il faut que ce *contre* soit préservé de tout danger de contamination par un soupçon de *parce que*, il faut que ce *contre* soit garanti de tout risque de recherche de causalité. On doit demeurer dans le *malgré* et ne pas en bouger.

Pardonnez-moi d'insister, mais ne pouvait-on évoquer cette triste affaire comme l'histoire singulière de deux êtres singuliers ? Faut-il que la mort de Marie Trintignant soit ramenée au statut de fait de société ? L'histoire d'un homme et d'une femme n'est pas celle de l'antifascisme marié à la maternité ou de la comédie au bras de la chanson ! Que cette fin atroce ait frappé les esprits, je le comprends, mais ce n'est pas la mort de la femme éternellement battue sous les coups du monstre. On essaie de nous faire croire que ça arrive tous les jours : pensez-vous que si ça arrivait tous les jours, même à des inconnues, nous n'en entendrions jamais parler ?

Je ne discute pas de l'histoire réelle et singulière de Marie Trintignant et de Cantat, dont je ne sais d'ailleurs rien, mais de la façon dont elle a été aussitôt confisquée par le commentaire, et remise en scène, notamment par les féministes, pour devenir elle aussi un événement sociétal. Car il y a les féministes, et il faut reconnaître que ce déplorable Cantat, par ses coups de poing, leur a ouvert un boulevard mieux goudronné que le tronçon d'autoroute alloué aux teufeurs du (traditionnel) Teknival du 15 août sur le Larzac qui ne fait plus débat. C'est là où ce que j'appelle l'externalisation perverse entre en action¹. Quelques jours après la mort de Marie Trintignant, en effet, à l'initiative de

---

1. Un an plus tard, on pouvait constater que cette externalisation avait fait son chemin, et une campagne commençait pour que les femmes victimes de violence soient *sorties de l'humanité* et classées dans une de ces innombrables catégories que l'époque invente pour ses sujets préférés et protégés. Bien entendu, et ainsi que l'on pouvait s'y attendre, l'infatigable Blandine prenait la tête de cette nouvelle et intéressante croisade, et déplorait qu'en France on continue à parler de « crime passionnel » quand une femme est battue ou tuée par son compagnon, alors qu'ailleurs on en est déjà à des notions tellement plus sympathiques : « crime de genre », « violence de genre », « homicide sexiste », voire dans les meilleurs des cas « féminicide ». En ce domaine comme en tant d'autres, le retard de la France, attachée comme on sait à une conception ridicule et dépassée des rapports entre hommes et femmes fondée sur la séduction ou l'amour (quand il est si bon d'y introduire la haine et la guerre *dès la naissance*), était stigmatisé avec énergie. Comme toujours lorsqu'il s'agit de propagande modernitaire, on avançait avec allégresse des chiffres peu vérifiables mais destinés à conférer une apparence de rigueur à l'enquête : « Une femme décéderait de violences conjugales tous les cinq ou six jours, soit soixante à quatre-vingt huit par an. » On se payait même le luxe bouffon de nuancer : « Des associations féministes avancent le chiffre de quatre cents femmes tuées par leur compagnon, sans pouvoir étayer ce chiffre » (une militante affirmait néanmoins que « sur ces trois ou quatre dernières années, il y a de plus en plus de passages à l'acte meurtrier de la part d'ex-conjoints ou d'ex-concubins » : mais avait-elle le pouvoir d'étayer ce chiffre ?). Quoi qu'il en soit, on ne se gênait pas pour apparenter à du « négationnisme » la négligence française (aux antipodes de l'Espagne de Zapatero, si fière de sa « loi intégrale contre la violence de genre »). On signalait que jamais, dans ces drames conjugaux, les associations féministes n'étaient sollicitées (comme le sont « les associations communautaires lors de délits racistes »). On notait même que les auteurs de violences conjugales bénéficiaient en général de réductions de peine le 14 juillet, et sans doute voulait-on par là réclamer qu'ils restassent à jamais derrière les barreaux. Et toute cette entreprise en somme banale de *dépossession de la singularité* (« Dans les agressions racistes, antisémites ou homophobes, la première justice qui est rendue aux victimes et au groupe auquel elles appartiennent consiste à nommer ce qu'elles ont subi et à désigner ainsi, au-delà d'elles-mêmes, la dimension collective de l'acte ») culminait dans le vieux verbiage bourdieusien des néofamilles : « Jamais les violences contre les femmes ne sont expliquées comme une conséquence de la domination masculine. Jamais il n'est dit que cette domination n'est pas plus acceptable que les autres formes de domination ou de discrimination. » On évoquait enfin un fait-divers récent : en Ille-et-Vilaine, un homme de soixante-sept ans avait tué sa femme de dix-sept coups de fer à repasser avant de mettre fin à ses jours. « Comme le meurtrier s'est suicidé, commentait-on, il n'y aura même pas de procès. Les enfants, s'ils en ont, pleureront dans l'intimité. » Et sans doute le vrai scandale résidait-il dans ce suicide, qui dérobait le coupable aux longues délectations de la vengeance des proches et aux régulières fureurs des *associations*. Mais qui empêchera, dans le nouveau monde, de traîner les cadavres de tels salauds devant un tribunal afin que tous, proches comme associations, puissent *faire leur deuil* dans un grand bruit de mandibules ? (*août 2004*).

je ne sais quelles associations, un hommage a été rendu à l'actrice place Colette, au Palais-Royal, *ainsi qu'à toutes les femmes victimes de violences conjugales*. Deux cents participantes arborant « le ruban blanc de la non-violence » ont déposé un bouquet de tournesols, « symbole des femmes décédées chaque année de sévices conjugaux » ; puis « une comédienne a mimé des scènes de violences conjugales »...

Toute seule ?

Toute seule, bien sûr. Au stade final de la performance onirique, l'autre c'est moi (au passage, on retrouve le théâtre d'avant l'invention du théâtre, je veux dire avant que Thespis invente l'acteur, l'*hypokritès*, l'autre, en le détachant du chœur). Mais passons sur le mauvais goût de ces saynètes mimées. Ce que j'appelle externalisation perverse réside dans ce rassemblement. L'externalisation perverse, en l'occurrence, c'est ça : le *vol*, par des associations *en lutte*, d'un drame *privé* (même si les protagonistes en sont des stars), et son instrumentalisation au service d'une haine masquée par une cause et sanctifiée par des martyrs. La mort de Marie Trintignant n'est pas la mort *des* femmes battues, c'est la mort de Marie Trintignant (la mort des autres femmes battues non plus, d'ailleurs, n'est pas la mort *des femmes battues*). *Mais il faut universaliser cette mort remarquable, cette mort plus remarquable que les autres morts, pour qu'elle serve.* À qui ? Sans discerner probablement l'énormité de son propos, une anonyme qui assistait à l'enterrement de la comédienne déclarait à *Libération* : « S'il y a une dimension positive dans cette tragédie, c'est la dénonciation publique de la violence faite aux femmes. »

La dimension positive, dans cette mort, est surtout qu'elle procure à toutes un merveilleux frisson de victimisation. Nous sommes toutes des Marie Trintignant. Parlez-moi gentiment, Philippe Muray, car je suis aussi, virtuellement, une femme battue. Voilà la dimension positive – et même, je dis cela sans le moindre cynisme, jouissive.

Dimension jouissive parce que positive, en effet. Cette énormité a d'ailleurs été sous toutes les formes rabâchée dans la presse au fil d'innombrables articles toujours semblables, vibrants du même ressentiment, de la même sombre jubilation récupératrice : « Multiforme, la violence des hommes contre les femmes est universelle. Elle constitue même l'une des formes extrêmes des rapports entre les sexes dans le couple. » « La mort de Marie Trintignant n'est pas différente de celle que connaissent six femmes par mois en France. » « Elles ont tous les âges, appartiennent à tous les milieux, et leurs conjoints sont souvent des individus dont rien ne laisse supposer qu'ils tissent la trame de ce fascisme ordinaire dont les femmes continuent d'être les victimes parfois consentantes, tant elles ont intégré ces représentations et ces discours qui, dès l'enfance, les vouent au silence, à la patience et à la discrétion en toute circonstance. » Et ainsi de suite à l'infini le même catéchisme, les mêmes stéréotypes déshumanisants, la même globalisation, le même gâtisme, le même vol de tout chagrin individuel, le même meurtre de tout drame réel et personnel. La même escroquerie, la même manipulation sans cesse répétée (Amnesty International : « Une femme sur trois dans le monde subit des violences » ; ça signifie quoi ? quelles violences ? verbales ? physiques ? etc.). La même généralisation. La même externalisation forcée. La même irréalisation. La même collectivisation. La même exaltation qu'on n'ose appeler nécrophile. Le même versement barbare d'un drame individuel au cloaque moderne des statistiques manipulées. Autant de conduites elles-mêmes sombrement modernes. J'écris modernes et non contemporaines, car je suis bien d'accord avec Péguy, et même plus que jamais. Il faut toujours dire moderne, et non contemporain, pour la raison suivante : « Moderne peut être un mot d'injure. On n'injurie pas un monsieur en l'appelant contemporain. » Ni une dame[1].

Août 2003

---

1. Et voilà qu'à l'heure où nous parlons apparaît un témoin providentiel, l'homme chez lequel Cantat et Marie Trintignant sont allés prendre un verre juste avant l'explication fatale. Cet individu, présenté comme un Lituanien qui travaillait en tant que technicien sur le tournage du film dont Marie Trintignant était la vedette, avait été, et cela ne semble étonner personne, moine en France avant de défroquer. On nous dit cela et on passe à autre chose. Car il est tout à fait naturel, de nos jours, d'avoir été moine en France puis technicien en Lituanie, et d'être le dernier témoin d'un couple de vedettes qui va se massacrer. De même qu'il est tout à fait normal, je repense au « suicidé » britannique David Kelly, retrouvé mort dans un bois le 17 juillet dernier, de s'être converti au bahaïsme, secte dissidente de l'Islam. Et il est tout à fait normal aussi que les médiatiques vous informent de cela sans chercher à en tirer la moindre réflexion, ce dont d'ailleurs ils seraient bien incapables puisque tout leur travail, en créant des débats de circonstance, consiste à empêcher que l'on jette le moindre regard sur la monstruosité grandissante du cours du temps (*août 2003*).

VII

LA FIN DU MONDE EST REPORTÉE À UNE DATE ANTÉRIEURE

Irak : l'Empire du Bien, sa vie, ses œuvres — Les Américains ne se sont pas jetés dans la guerre, ils s'y sont échappés — Des bourrelles d'Abou Ghraïb — Du gosier de Saddam Hussein comme séquence X pour Pink TV — La vie sexuelle de Lynndie E. — Ceci tuera cela — La vie privée ? Pour quoi faire ? — Ben Laden a dans sa grotte toutes les cassettes de Michael Moore — Différence des sexes, principe de réalité — Filles à hidjab et filles à string — Le voile et la vapeur — Des Onfrays ostensibles et des Onfrays ostentatoires — De la matrification — Affaire Buttiglione : l'Europe tombe — Loi anti-homophobie : la France tombe — Mel Gibson : Jésus tombe — Mais Christ est ressuscité — L'étonnement est la transfiguration du désespoir — Amen.

L'affaire irakienne pourrait à elle seule occuper un livre. Sans doute aurez-vous été comme moi sensible au fait que les femmes-si-douces-et-différentes-quand-elles-font-de-la-politique et toutes sortes d'autres choses, ont été fort zélées pour infliger des sévices aux Irakiens. Dans le concert mondial d'indignation – bien légitime au demeurant – déclen-ché par la découverte de cette torture, je n'ai pas lu de commentaires particulièrement pertinents sur le caractère sexuel desdits sévices. N'a-t-on pas assisté là au choc de deux puritanismes ? Par ailleurs, peut-être y a-t-il aussi un effet de la technique elle-même. Dès lors que tous les soldats se baladent avec un appareil photo, il faut bien qu'il y ait des choses photographiables.

Il faut revenir encore une fois, une dernière fois, aux origines de cette guerre démente pour comprendre ce qui se passe, et surtout comprendre que, pas plus que le reste, ces images également démentes d'Abou Ghraïb ou d'ailleurs, qui ont tant fait pousser de « oh ! » et de « ah ! » vertueux aux commentateurs, n'auront la moindre conséquence, tout simplement parce qu'il ne peut plus y avoir de conséquences dans un monde sans cause...

« Hier, er ist kein warum » *(ici, il n'y a pas de pourquoi), dit un SS à Primo Levi. Moi, aussi inavouable ou grotesque soit-il, je crois qu'il y a un pourquoi dans la guerre américaine, comme dans les turpitudes de l'aimable Lynndie ou dans le triomphe de Festivus festivus. Il me semble d'ailleurs que vous passez pas mal de temps à essayer de l'approcher, ce pourquoi. Et moi aussi, par la même occasion.*

J'essaie d'approcher quelque chose, en effet ; mais je ne suis pas sûr, de manière générale, que ce soit un ou des « pourquoi », ni même des « comment », tout cela me paraît franchement un peu trop simple pour l'époque vertigineuse dans laquelle nous nous enfonçons, indifférenciatrice et incestueuse à tous les niveaux, et où la distance commence à manquer, dans tous les domaines aussi, pour envisager des « pourquoi » et des « comment ». Quant aux images d'Abou Ghraïb, je voulais simplement dire qu'elles allaient être vite oubliées, comme tout le reste, qu'elles l'étaient déjà parce que le monde de l'achèvement sans fin est aussi celui du *point de lendemain*. La réponse du SS à Primo Levi est un cauchemar parce qu'elle est proférée dans un monde où les événements ont encore un sens, même abominable, mais est-ce que nous sommes encore dans ce monde-là ? En tout cas, c'est la question que je me pose devant l'affaire irakienne, qui reste pour moi largement mystérieuse. Cela dit, et même si maintenant l'opération américaine sombre dans sa propre aberration, dans l'horreur ou tout ce que l'on voudra, n'étant pas un adversaire de l'Amérique, je ne ressens de ses déboires aucune « joie mauvaise » ainsi que l'écrit aujourd'hui Pascal Bruckner à propos de tous ceux qui n'ont jamais considéré cette invasion comme une « chance historique ». Faudrait-il le redire mille fois, à supposer d'ailleurs que cela ait la moindre importance, je ne souhaite pas la déroute de l'Amérique ; mais je continue aussi à ne pas voir comment elle pourrait « gagner » (et quoi ?), sur quelque plan que ce soit, étant en train de faire ce qu'elle fait après avoir cru ce qu'elle a cru et ce qu'elle croit encore (récemment, une informaticienne américaine justifiait ainsi les tortures et les obscénités de la prison d'Abou Ghraïb : « Nous ne sommes pas allés en Irak pour prendre le thé, nous y sommes allés parce qu'ils ont fait sauter cinq mille des nôtres »). Je refuse également l'intimidation qui consiste à dire que s'en prendre à la politique américaine actuelle revient à vouloir la perte de la culture occidentale dans son ensemble dont l'Amérique serait aujourd'hui le centre. Travaillé de tout temps par l'ambivalence, par le conflit et la contradiction, je me demande ce que l'Occident, du moins dans sa définition ancienne, aurait à voir avec l'Amérique actuelle, qui se prend pour la patrie du Bien intégral, ni avec George W. Bush qui répète que les Américains sont « fondamentalement bons » ; propos effarant, surtout de la part de quelqu'un qui se dit chrétien, puisqu'il revient à s'exonérer du péché originel, ce qui est bien plus grave, et même bien plus mortel, toujours pour un chrétien, que de ne pas croire en Dieu.

D'abord, vous n'avez eu de cesse depuis trois ou quatre ans de me prouver que la patrie du Bien est celle du moderne. De ce point de vue, la France et des tas d'autres pays sont aussi qualifiés que l'Amérique. J'ajoute que dans les Djihadistes, *vous avez également fort bien montré que l'Occident de Festivus s'emploie à démolir l'Occident de l'esprit critique et de la Raison. Lumières contre Lumières, c'est notre grande affaire...*

C'est bien pourquoi je viens de parler de l'*Occident dans sa définition ancienne,* pour le différencier du Moderne en soi, où l'autodestruction joyeuse de l'Occident est à l'œuvre ; et de ce point de vue en effet aucun pays occidental, France ou autre, n'est à privilégier par rapport à l'Amérique. Mais il faut quand même revenir, disais-je, aux origines de cette guerre effrayante, c'est-à-dire à l'ensemble de ses fictions fondatrices, à son acte fictif de baptême, aux fictions originelles qui ont été rassemblées de toutes pièces pour la légitimer. Essayons de le faire quelques instants, si vous le voulez bien. C'est déjà avec le mot « guerre », pour commencer, que les choses étaient mal parties. Guerre au terrorisme ? Mais c'est *où*, le terrorisme ? À Falloujah ? À Mossoul ? Ailleurs encore, à Kirkouk, à Ramadi, dans le triangle sunnite, dans le carré chiite ? Non seulement l'utilisation de ce concept de guerre fait croire abusivement à une localisation possible de l'adversaire, à une domiciliation, mais elle laisse aussi entendre qu'on pourrait en finir un jour avec ledit adversaire, comme on en a fini avec Hitler quand on est allé le chercher chez lui, à Berlin. Or cette notion de guerre au terrorisme entraîne exactement le contraire, c'est-à-dire la fin même de la notion de fin. La guerre au terrorisme, c'est la guerre infinie, comme tout ce qui est post-historique (avec le rêve également post-historique d'imposer le dimanche de la vie démocratique et droitdel'hommiste sur toute la planète). Un autre symptôme frappant qui montre bien à mon avis que nous sommes, sinon après l'Histoire, du moins de l'autre côté de l'Histoire, c'est qu'au fond tous les mensonges du gouvernement américain n'ont eu aucune conséquence sur rien ni personne, même s'ils ont été dénoncés violemment par beaucoup. Là aussi, dans cette dévaluation du vrai et du faux, comme d'ailleurs, et de manière plus générale, dans la décrédibilisation du beau et du laid en art, comme dans la disparition progressive de la différence sexuelle, peut s'observer une libération fondamentale et fondamentalement post-historique par rapport au principe de réalité. Littéralement, on s'est assis sur la réalité et sur la vérité. Comme on s'asseoit ailleurs sur les notions de beau et de laid. Comme on s'asseoit, parce que l'on n'en peut plus d'être libres, c'est-à-dire sexués, donc en conflit, sur la distinction entre l'homme et la femme. Et comme on détruit son propre corps, en le pierçant ou en réclamant sa manipulation technique et biologique, parce que l'on est devenu incapable de la moindre virulence critique personnelle et qu'on n'en peut plus de cette incapacité.

Je ne peux que répéter que cette aspiration au stade dominical de l'existence n'est pas exclusivement américaine. Peut-être les Américains nous précèdent-ils sur cette pente, comme ils nous ont souvent précédés dans l'invention de lubies destinées à rendre ce monde antipathique, voire inhabitable. L'Amérique (comme patrie du Bien) est certainement l'avenir du nouvel homme. D'où nos récriminations sans lendemain.

Dans mon cas, je vous assure qu'il ne s'agit pas du tout de récriminations. Et je suis convaincu qu'en effet les Américains nous ont précédés sur la route où nous sommes également engagés. Donc, pas de différence essentielle entre eux et nous, et pas non plus de supériorité abusive. La question, pour moi, c'est toujours : qu'est-ce qui se passe quand tout est fini et par conséquent infini ? Est-ce qu'on peut encore relever le pari de penser ce moment-là, voire de le représenter ? Dans cette perspective, il faudrait tout reprendre, sans cesse, tout récapituler, tout redéployer depuis le début, depuis les mensonges originels. Certes, tout le monde a toujours su, à part quelques maniaques, qu'il n'y avait pas en Irak de sites de production d'armes biologiques, chimiques et nucléaires. On a toujours su que les Américains, la Maison-Blanche, les sénateurs, la CIA, les simples citoyens, que tout le monde s'est intoxiqué ou manipulé en rond, que l'on a *construit* une menace à partir de l'idée que Saddam avait toujours menti et qu'il n'y avait donc aucune raison pour qu'il ne le fasse pas encore une fois. Et, après tout, cela aurait très bien pu être le cas. Mais cela ne l'a pas été. Et dès lors, à moins d'être un pur et simple fanatique, ce qu'ont été semble-t-il les Américains dans leur majorité, on ne pouvait pas y croire un instant. Mais il ne s'agit pas non plus de mensonges d'État au sens trivial du terme. Il s'agit plutôt de ce que j'appellerai le travail du Bien quand il est livré à lui-même, hégémonique et sans contrôle, quand on le laisse exercer sa puissance de création sans souci de coller à aucune réalité, à aucune vérité, à aucune référence. Et, au fond, tout le monde est d'accord avec cela, parce que tout le monde (du moins les forces actuellement dominantes) fait cela aussi dans d'autres domaines (effacement du beau et du laid, effacement des sexes, etc.). L'Empire du Bien, désarrimé de tout référentiel, s'est ainsi mis à construire devant nous, sous les regards médusés du monde entier, un pays imaginaire qu'il convenait d'attaquer au plus vite pour rendre la planète plus sûre : c'est tellement vrai qu'un Robert Kagan, dès après le 11 septembre, écrivait cette chose extraordinaire (si typique du nouveau monde intransitif) qu'il fallait déclarer la guerre sur-le-champ « sans avoir à dire contre qui »…

Kagan veut un Parti de la guerre comme Besancenot veut un Parti de la grève. Cela n'est antinomique ou même différent qu'en apparence. Le mouvement est tout, plus que jamais...

Et tout le monde est complice de cette intransitivité stupéfiante, avouée, ouverte, à commencer par les complices bien concrets, comme ces ingénieurs irakiens prétendus transfuges qui se sont appliqués à décrire avec minutie des laboratoires montés sur camions, des bureaux ambulants, des compresseurs, des pompes, des incubateurs qui n'avaient jamais existé. Ou d'autres qui ont prétendu que Saddam Hussein avait reconstitué ses équipes nucléaires. Ou à l'aide de rapports truqués sur ce produit, par exemple, que l'Irak achetait et qui pouvait aussi bien servir à fabriquer du shampooing que du gaz sarin, et qui servait à fabriquer effectivement du shampooing. Tout cela et bien d'autres choses a permis de créer un Irak aussi fictif, dans son genre, ou d'ailleurs aussi réel, que Disneyland, et de se concentrer sur cette menace disneylandisée pour ne pas avoir à affronter la véritable menace islamiste qui n'arrête pas de se développer à travers toute la planète (et maintenant aussi en Irak, ce qui fait partie de la réussite de l'opération). C'est devenu un poncif, chez les opposants à cette guerre, que de répéter qu'en renversant Saddam les Américains ont ouvert en Mésopotamie la boîte de Pandore ; mais je crois plutôt qu'ils l'ont apportée avec eux, après l'avoir savamment confectionnée, encore qu'ils ne savaient sans doute pas avec précision ce qui se trouvait dedans. On pourrait même dire que l'essentiel de leur brillant travail a consisté à transformer l'Irak en boîte de Pandore. Pandore, en grec, c'est *celle qui a reçu un don de tous* ; et de sa jarre, dans la mythologie, s'échappent tous les maux possibles et imaginables (seule l'Espérance reste prisonnière, coincée sous le couvercle !). Je ne prétends pas que les maux islamiques n'existaient pas avant que Bush ait la brillante idée de les concentrer en Irak ; ils étaient même, au contraire, partout ailleurs ; et maintenant ils sont *aussi* là, où ils se fortifient et se justifient d'exister. En fin de compte, c'est la seule chose que les Américains aient découverte dans ce pays parce qu'ils l'y ont attirée, de même qu'ils y auraient trouvé des armes de destruction massive s'ils avaient osé les apporter eux-mêmes. Je me demande d'ailleurs encore pourquoi ils ne l'ont pas fait.

Mais parce que dans le mensonge comme dans le reste, ils sont infantiles ! Leur façon de mentir n'est ni un art ni une politique mais, à l'image de celle des enfants, une tentative pour faire disparaître un réel embarrassant. Leur modèle n'est pas Machiavel, mais Pinocchio.

Vous avez sûrement raison. Toujours est-il que si l'Islam, avant leur intervention, se dressait déjà contre l'Occident, on lui a donné par cette intervention absurde, à côté de la plaque, des motifs de se croire lyriquement justifié de le faire, et la fièvre de ce lyrisme-là n'est pas près de retomber. Elle est d'ailleurs en phase avec un autre lyrisme, celui du Bien américain désormais en apesanteur.

D'accord. Mais au-delà du lyrisme djihadiste de l'après-guerre (encore que le terme d'après-guerre ne soit guère adapté), des groupes fanatiques ont vraiment la volonté de faire la guerre à ce qu'ils appellent l'Occident. Et cette volonté n'est pas soluble dans le tourisme de masse. Malheureusement.

Elle va même le frapper de plein fouet. Tourisme et islamisme se dressent maintenant, et pour pas mal de temps sans doute, face à face, comme deux conceptions du monde, comme deux visions de l'homme et de la société, comme deux doctrines complètes et cohérentes, et qui impliquent un *programme et une action*. Pour être la dernière-née des grandes conceptions du monde, le tourisme comme ensemble doctrinal n'est d'ailleurs pas la moins bien armée ni la moins rigoureuse, même si elle ne peut mettre en avant aucun penseur d'envergure, à part les tours-opérateurs. C'est une grande pensée floue et positive, qui prend appui sur la Géographie comme successeur de l'Histoire, et qui à mon avis a l'avenir devant elle, contrairement à l'islamisme, même si celui-ci peut encore faire d'horribles dégâts. Je ne vois pas ce qu'il y aurait à lui opposer. La seule chose intéressante par rapport à cette grande pensée spontanée, inconsciente, mouvante, c'est de la faire émerger à la conscience. Je m'y emploie.

Pour en revenir aux Américains, ils ne se sont pas jetés dans cette guerre comme des héros, après la tragédie du 11 septembre ; il s'y sont *échappés* pour fuir la nécessité de l'autre guerre, de la guerre véritable et indispensable (mais sans grandeur spectaculaire gratifiante, car ce serait alors une opération de police mondiale, une mobilisation de services de renseignements dont on saurait peu de chose par définition), la guerre prosaïque qu'il faudrait vraiment mener contre les terroristes du monde entier. Et que l'on ne mène pas. Ils ont, si l'on peut dire, préféré la poésie (la pire des poésies) à la prose. Ils se sont échappés dans la guerre comme on s'échappe dans un rêve, ou comme on met la tête sous l'aile, et c'est ce qui fait aussi maintenant qu'il ne peut pas y avoir de paix, même lointaine. Le stéréotype de l'« Amérique en guerre », dès après l'effondrement du World Trade Center, a été la première escroquerie qui a donné son élan à l'espèce de « roman » fabuleux et pathologique dans lequel les États-Unis se sont alors engouffrés et qui les a conduits à élaborer ce « Royaume de nulle part », ce pays à dormir debout, ce labyrinthe compliqué d'illusions, d'attentats, de kidnappings, de décapitations sur Internet et de rencontres monstrueuses qu'ils ont substitué à l'Irak réel cruel et macabre de Saddam, parce qu'ils préféraient affronter leur propre rêve, même démentiel, plutôt qu'une réalité. Ils sont donc allés chercher l'ennemi là où ils l'avaient installé, fixé et en grande partie inventé ou condensé, ce qui est d'ailleurs plus facile que de le trouver là où il se cache.

Surtout quand il se cache chez eux où ils préféreraient ne pas le voir.

Oui, mais chez eux maintenant c'est partout. Les radoteurs pacifistes anti-Bush ou anti-Américains, avec lesquels je ne me sens aucune affinité, ne cessent de rappeler que Saddam, comme d'ailleurs Ben Laden, était une *créature* de l'Amérique ; mais c'est bien plutôt l'Irak d'aujourd'hui tout entier qui est désormais une créature ou plutôt une création des États-Unis. Né d'un songe, ou d'un cauchemar, ce pays en a désormais l'allure insaisissable, informe, glissante, immaîtrisable (sauf à se réveiller, ce que les Américains pourraient commencer à faire en ne reconduisant pas Bush dans ses fonctions, et qu'ils ne feront sans doute pas). Sous le prétexte, qui a toutes les apparences de la légitimité, et qui serait légitime s'il n'avait démarré si mal, et sur de tels postulats frauduleux, sous le prétexte, disais-je, d'instaurer un monde plus sûr, les États-Unis ont fabriqué un chaos dont ils n'osent même plus dire eux-mêmes qu'il est la figure du nouvel ordre mondial. Notez au passage que dans ce nouveau pays chaotique, dans ce nouvel Irak né de l'idéal des droits de l'homme, la prise d'otages s'est substituée à la vie quotidienne, la voiture piégée au conflit de voisinage, et l'attentat terroriste devient une manière ordinaire de donner son opinion, ce qui constitue une sacrée réussite. On voit pousser des « émirats moudjahidin » dans tous les coins, les tueurs des anciens services spéciaux de Saddam font leur jonction avec les islamistes tandis que les benladénistes se promènent comme chez eux et que les chrétiens font leurs valises…

Vous êtes optimiste : la plupart d'entre eux n'ont pas ce choix. C'est le cercueil ou le cercueil, la décapitation télévisée ou la voiture piégée.

Ce n'est pas de l'optimisme, en l'occurrence, c'est juste de la pudeur. Soyez gentille, ne m'obligez pas à dire ce que je pense de la manière dont les chrétiens sont actuellement traités en différentes parties du globe, notamment en Mésopotamie, et dans le silence relatif des autres chrétiens.

Il n'est même plus question de savoir si l'Irak sera demain en meilleur état qu'il ne l'était avant l'intervention américaine ; il faut d'ores et déjà regarder ce pays comme une œuvre purement et simplement américaine, comme la *Weltanschauung* américaine qui se matérialise, comme une sorte de chef-d'œuvre de cette *Weltanschauung*. On peut contempler cette œuvre comme on examine un tableau d'artiste, avec ses nids de guérillas par-ci, son triangle sunnite par-là, ses losanges chiites partout, ses carrés djihadistes, ses polygones wahhabites, ses ellipses salafistes, ses trapèzes saddamistes, ses diagonales du fou, ses églises chaldéennes brûlées. Mais que tous les terrorismes et tous les fanatismes se condensent et fusionnent désormais dans ce pays et le fassent crépiter jour et nuit, n'aboutit aux yeux des Américains qu'à confirmer le bien-fondé de leur besogne, quand ce sont eux et eux seuls qui les ont amenés là. On me dira qu'ils étaient ailleurs, et qu'il y a longtemps que les dingues du fondamentalisme veulent réislamiser l'Islam puis conquérir le reste du monde. Je répondrai que ce n'est pas parce qu'ils étaient ailleurs qu'il était indispensable de les amener là et de transformer sciemment l'Irak en Djihadland ou en Terroristworld. La nécessité de combattre un totalitarisme ne me semble pas impliquer l'obligation de commencer par s'amuser à en augmenter la puissance, ni d'offrir un pays à des terroristes qui jusqu'alors n'en avaient pas (surtout après les avoir privés d'un autre pays : l'Afghanistan) ; encore moins de se conduire de manière si dégoûtante que c'est comme si on ne se souciait que d'apporter à l'adversaire les légitimations dont il n'osait même rêver.

C'est bien en cela que nos Américains sont des hybrides de Mickey et de Mad Max. Ils pensent sincèrement que, pour le monde entier, il est préférable de se faire tabasser par des soldats arborant la bannière étoilée, pin's universel de la liberté, que par des soldats moustachus et baraqués appartenant aux services de sécurité de Saddam Hussein et n'ayant jamais entendu parler de la Déclaration universelle des droits de l'homme. Ce qui prouve que, malgré leur nationalisme dément, ils ont été eux-mêmes contaminés par la propagande post-nationale que les Américains dispensent à grands jets. Parce que, malgré tout, tant qu'à se faire casser la gueule, on préfère que ce soit dans sa langue et dans le respect de ses tabous : les Irakiens n'employaient sans doute pas de tortionnaires femelles.

En effet, dans tout ce tableau de désastre, il ne manquait plus que la découverte des sévices d'Abou Ghraïb, et les images des femmes-bourreaux américaines en train de faire du tourisme sexuel sur le dos de l'autochtone. C'est fait, nous les avons, et puisque la destruction du langage est si bien entamée chez nous, entre autres par la féminisation des noms de métiers ou de fonction, je réclame de toute urgence, pour les petites héroïnes de cette prison de Bagdad, et dans le but de fêter dignement l'accession des femmes en général au monde des tortionnaires (ce qu'un commentateur appelle sans rire, et parce qu'il faut toujours des croque-morts éloquents pour célébrer une abomination, « le gage évident de leur appartenance au collectif »), je réclame la mise en circulation immédiate et massive des termes de « bourrelle » ou de « tortureure ». Car il est curieux que l'on nous persécute tous les jours avec des immondices comme « auteure », « défenseure », « procureure », « professeure » ou « écrivaine », tous mots dont la vue même est une torture, une offense, une douleur, une atrocité, une insulte, et qui font dresser les cheveux, mais que l'on reste à ce point pudique lorsqu'il s'agit de qualifier les si modernes « bourrelles » ou « tortureures » ou « tortureuses » d'Abou Ghraïb et d'ailleurs...

Non, « tortureures » est parfait. Salopes aussi... L'un des grands moments de la libération de l'Irak a été la capture de Saddam Hussein. Le nouvel Hitler n'avait pas très fière allure au fond de son trou. Et les « libérateurs » en ont rajouté en le faisant tripoter par un médecin devant les caméras du monde entier. Quel a été, selon vous, l'impact de ces images ? Les Américains ont-ils gagné en apparaissant comme les plus forts ou, au contraire, à l'ère de la sacralisation victimaire, se sont-ils tiré une balle dans le pied en montrant qu'ils pouvaient, eux aussi, se muer en bourreaux ?

Ni l'un ni l'autre. On est ici dans la pornographie pure, exaspérée d'elle-même, redondante et parodique. On exhibe en gros plan le gosier de Saddam, lequel n'était que le prétexte bidon de cette guerre bidon, et ce qu'on va chercher dans ce gosier c'est quelque chose comme le sens de cette guerre, mais elle n'en a aucun et c'est un trou sans fond qu'on explore et qu'on n'en finira pas d'explorer en vain. Dans ce Royaume du Mal que l'Empire du Bien a construit pour foncer dedans et le recouvrir facilement de quelques tapis de bombes, dans ce pays de fantasmagories et de monstres il y avait nécessairement un monstre en chef, un Minotaure, un Barbe-Bleue, et c'était Saddam. On a donc assisté à sa capture en décembre dernier. Vous vous souvenez de tout ce que l'on avait écrit sur ses bunkers, sur ces kilomètres de réseaux souterrains et d'abris anti-atomiques construits par des ingénieurs de l'armée yougoslave, des experts soviétiques, des sociétés allemandes ou suisses, etc., et qui devaient permettre à ce suppôt de

Satan de survivre des mois. Et voilà qu'on l'extrait d'un trou à rats creusé dans le jardin d'une ferme de misère à deux mètres de profondeur et aéré par un tuyau donnant à l'extérieur. On l'a vu, sur une vidéo, barbu et hagard, hirsute comme un clochard, mélange de Karl Marx SDF et de Boudu sauvé des sables, en train de se faire tripoter la tignasse puis examiner les dents comme un cheval par une imitation de médecin fou nazi à nuque rasée. Ces dégoûtantes images d'inspection buccale, inutilement cruelles et insultantes, dégradantes aussi bien pour celui qui était filmé que pour ceux qui filmaient et pour ceux à qui on les montrait, relevaient de la pornographie pure, c'est-à-dire de la technique du gros plan qui montre et en même temps détruit ce qu'elle montre parce que c'est trop réel, trop près, trop proche pour être vrai. Tout ce qui se rapproche vous tue ou se tue.

> *Si je ne m'abuse, la définition même des films pornos est qu'ils se refusent à toute métaphorisation. Ce qu'on nous y montre est ce qui se passe réellement (pas de* comme*, ni de* comme-comme girls…*). Dans un navet hollywoodien, c'est exactement avec ce Saddam qui sort de son trou que l'on nous montrerait la juste défaite du dictateur. Sauf que cette scène a réellement eu lieu.*

Mais on a tout fait pour qu'elle ait l'air de ne pas avoir eu lieu ! D'où ma comparaison avec les films pornographiques. Vous dites que la pornographie est réaliste, mais je crois qu'elle est exactement le contraire. La pornographie, à sa manière, relève du conte de fées, mais c'est un conte de fées moderne comme le reste, un conte de fées qui appartient à la modernité dont le propre est d'être toujours *trop*, toujours trop saturée, asphyxiante d'exactitude et de « réalisme » entre guillemets, inexistante par trop d'exactitude et de réalisme, odieuse et invivable par trop de chantage au réalisme et à l'exactitude. Nietzsche disait qu'on peut mourir d'être immortel ; mais maintenant ce qu'il faut dire c'est qu'*on peut mourir d'être réel*, et c'est tout le destin de notre monde de mourir d'être trop réel, d'être gavé de bien plus de réel qu'il n'en peut avaler et d'en mourir comme ce personnage des *Fictions* de Borgès, Ireneo Funes, qui meurt suffoqué, littéralement engorgé de mémoire, parce qu'il est atteint de l'étrange maladie de ne rien pouvoir oublier, jamais. Nous c'est un peu le contraire, nous oublions tout mais nous sommes obligés de tout voir, tout le temps, comme nous sommes obligés de tout entendre, nous sommes prisonniers de l'excès d'exhibition et de précision pornographiques, nous n'avons même plus le droit de détourner les yeux (ni les oreilles), ce serait une insulte à la confusion empathique des sentiments que commande la démocratie terminale pour que nous ne nous sentions plus jamais seuls.

Quelle est la différence entre la cavité buccale de Saddam béante et explorée par une petite lampe électrique médicale, et n'importe quel organe sexuel féminin ouvert en gros plan et fouillé par une caméra avant de l'être par un sexe ? Il n'y en a aucune, à mon avis. Et je m'étonne, dans ces conditions, que nul n'ait songé, en avril dernier, soit quatre mois après ces brillantes images du Minotaure irakien capturé, à les rapprocher d'autres images pornographiques, celles de la prison d'Abou Ghraïb. C'est sans doute que les images de Saddam étaient déjà oubliées en avril dernier (quatre mois, de nos jours, c'est pire que l'éternité) ; et à l'heure actuelle, tandis que nous conversons, cinq mois après le scandale d'Abou Ghraïb, ce sont les images de ce scandale qui, à leur tour, ont l'air de dater de Mathusalem. On en a pourtant parlé pendant quelques jours, on s'est enflammé à leur propos. On a évoqué les films pornos dont ces images s'inspiraient. On a glosé sur toute cette abjection comme s'il s'agissait de la rencontre explosive, sur la table rase de l'Irak nouveau, de deux puritanismes fous, le yankee et le musulman, concernés au même titre mais en sens contraires par la question de la nudité, par la surestimation du sexuel, par toutes les transgressions également surestimées de la sodomie, de la fellation, etc. On a rapproché Lynndie England, la jeune soldate présente sur tant de photos ignobles, de l'autre soldate, Jessica Lynch, prétendument sauvée des monstres irakiens au début de la « guerre », et promenée comme une héroïne à travers les États-Unis alors que son épopée avait été scénarisée du début à la fin. Mais le déboulonnage triomphal de la statue en carton-pâte de Saddam, le 9 avril 2003, dans le centre de Bagdad, était tout aussi bidon, avec ses dix-sept figurants groupés par les forces américaines, et qui est-ce que cela a gêné ? Dans le nouveau théâtre confuso-onirique, c'est ce qui est onirique qui est réel, et ce réel particulier se présente sans références, sans finalité comme sans conséquences. Dans l'Irak de Bush réellement et tragiquement confuso-onirique, le faux n'est plus qu'un moment du faux.

Pour ce qui est des conséquences de cette affaire de « torture » et du reste, est-ce que dans le monde arabe, démocratie signifiera désormais, pardonnez-moi la grossièreté, « se faire enculer » ? Autrement dit, les Américains ont-ils réussi, en l'espace d'une quinzaine d'années, à créer le choc des civilisations ? N'y a-t-il pas un conflit culturel bien réel entre la société libérale à laquelle malgré tout nous appartenons et des sociétés qui, ayant raté le coche du nationalisme, sont peu ou prou en voie de réislamisation ?

Vous résumez assez vigoureusement la situation. Si on avait voulu rendre odieuse la démocratie on ne s'y serait pas pris d'une autre façon, et sans doute est-ce bien le but que l'on a inconsciemment visé, de manière à descendre au niveau de l'adversaire. De même se défend-on de vouloir déclencher une guerre entre le monde arabo-musulman et l'Occident, mais on fait tout pour cela, et par-dessus le marché on semble ne vouloir laisser aucun choix à l'ennemi vaincu que celui de l'avilissement. La « victoire » américaine, qu'il faut mettre entre guillemets parce qu'elle est bien entendu tout ce que l'on veut sauf une victoire, même à la Pyrrhus (elle est même, et depuis le premier bombardement, la pire des défaites que l'on connaisse dans l'Histoire), devient synonyme de pornographie, et il est extraordinaire que cette pornographie, qui est une de nos valeurs les plus sacrées, et l'une des plus récentes conquêtes du néo-Occident, s'étale ainsi avec une telle promptitude et fasse surface dans cette affaire avec une telle franchise. Comme si c'était là seulement, sur cette table rase irakienne, qu'elle pouvait enfin donner la mesure de son abjection, étaler sa vérité partout ailleurs (en Occident) positivée.

Je me souviens, quant à moi, de ma sidération lorsque je les ai vues pour la première fois, un jour, très tard dans la nuit, sur CBS, les premières photos de la prison d'Abou Ghraïb. Je me souviens de cet Irakien debout, visage dissimulé sous une cagoule noire et pointue, membres reliés à des fils électriques, bras en croix, en même temps christifié et kukluxklanisé, ce qui est beaucoup. Je me souviens de ces prisonniers nus, entassés les uns sur les autres comme s'ils copulaient au Cap d'Agde, et je me souviens surtout de la face ronde de cette soldate hilare, en train de faire le V de la victoire au-dessus de la montagne des Irakiens humiliés. C'était *Bienvenue à Tortureland* après les *Cent vingt journées de Saddam*. Pendant quelques jours ou quelques semaines, le monde entier s'est abandonné à une indignation vertueuse des plus édifiantes. Et ce mouvement semblait ne jamais vouloir finir. Il rebondissait chaque fois que sortaient de nouvelles images plus abjectes les unes que les autres, racontant en somme la vie sexuelle de Lynndie E., ses mille et une aventures répugnantes au pays des merveilles irakiennes. Lynndie E. tenant en laisse un Irakien nu. Lynndie E., cigarette au bec, désignant d'un air goguenard le sexe d'un autre Irakien également nu. Lynndie E. hilare devant un homme contraint de se masturber. Lynndie E. posant devant des détenus empilés. Et ainsi de suite. On a pu aussi voir la soldate Sabrina Harman penchée sur un cadavre tuméfié recouvert de glace et, toute souriante sous ses accroche-cœurs, lever un pouce ganté en signe de victoire. On a dit que la portée de ces images allait être dévastatrice aux États-Unis, et c'est tellement vrai qu'à l'heure où nous parlons les sondages donnent Bush largement vainqueur de Kerry aux prochaines élections américaines.

C'est la nature même de toutes les vigilances en patrouille d'être aussi définitives que sans lendemain. Protestations, proclamations, indignations font trois petits tours et puis s'en vont. Et tout redevient comme avant.

Mais il n'y a plus d'*avant*, justement, puisque c'est mal de se référer à *avant*... Que se passe-t-il ? Vous vous souvenez qu'au début de nos conversations, je vous disais qu'il fallait repartir de cette question, la question des questions, la question originelle de la littérature. Que se passe-t-il, donc ? Qu'arrive-t-il donc à ce monde-ci, à notre monde humain, pour que toutes ces démences se répandent comme dans une histoire cauchemardesque à dormir debout ? On va me dire qu'il y a eu le 11 septembre 2001 ; mais il n'était peut-être quand même pas tout à fait fatal que ce 11 septembre provoque, chez le peuple du pays le plus puissant du monde, un effet de crétinisation aussi généralisé, une telle levée en masse de crétinisme passionné. On aurait même pu imaginer, on aurait même pu espérer le contraire, c'est-à-dire, devant une agression d'une telle ampleur, et la révélation d'un ennemi si efficace, le développement d'une intelligence de cet ennemi et d'une finesse stratégique qui permettent d'aller porter le feu dans le camp adverse en évitant de se tromper de moment, de cible, d'armes et de méthode (et en évitant également d'alimenter deux ou trois siècles à venir de haine *justifiée* de la part des musulmans). On aurait pu espérer une riposte *adulte* à une attaque monstrueuse (mais aussi, dans un sens, puérile). Au lieu de quoi on nous convie à feuilleter les albums-souvenirs, les albums de photos numériques des geôliers de Bagdad, avec leurs mises en scène obscènes et misérables par lesquelles la honte de cette guerre absurde, déjà obscène d'illégalité et d'illégitimité, avoue littéralement sa pornographie infantile qui se résume en images honteuses (on me dira que de l'autre côté il y a les décapitations d'otages occidentaux à la télévision ou sur Internet, mais les islamistes égorgeurs et décapiteurs n'ont jamais prétendu qu'ils étaient venus apporter la paix, les droits de l'homme, les beautés de l'humanisme).

Que l'on torture dans les prisons durant les guerres est tout à fait condamnable mais peu surprenant. La nouveauté charmante est que ces cruautés soient photographiées, non pas par leurs victimes ou par des témoins soucieux de faire savoir, mais par leurs auteurs eux-mêmes qui utilisent ces saynètes comme cartes postales : « Dear Dad and Mummy, je vais bien, la bouffe n'est pas géniale mais nous avons beaucoup d'activités. Je participe activement à l'atelier humiliation et sévices... » Au passage, remarquez que ce goût pour la communication est comparable à celui que manifestent les décapiteurs qui envoient au monde entier les films de leurs exploits. Pour en revenir à nos sadiques en uniforme, leur sentiment d'innocence devrait, ainsi que vous l'avez précédemment souligné, faire réfléchir ceux qui s'obstinent à parler des Américains comme d'un peuple biblique – et utilisent les crapuleries de ceux-ci pour justifier leur haine de la Bible, d'ailleurs.

En fait, on nage en pleine duplicité. Elles sont sadiques, ces images, elles témoignent d'une cruauté gratuite ? Peut-être ; mais elles relèvent d'abord et avant tout, même si c'est de manière exagérée, de l'esthétique et de l'éthique de l'exhibitionnisme occidental ordinaire, de l'exhibitionnisme enragé et encouragé et organisé de cet Occident terminal où tout est photographiable à merci, où tout doit être affiché (puis archivé), où on n'existe pas si on ne se montre pas (où les homosexuels, par exemple, ne *font la preuve* qu'ils existent que si on les *regarde* se promener main dans la main, et pas question, hein, de regarder ailleurs), où il faut aller au bout de l'exhibition, de toutes les exhibitions, et où seul ce qui demeure secret ou caché est coupable. Ne se trouve-t-on pas, à la prison d'Abou Ghraïb, dans le rêve même, au cœur du mauvais rêve de tous les malfaiteurs radieux qui tartinent à longueur de journée l'éloge du tout-à-la-webcam comme il y avait autrefois le tout-à-l'égout ? L'horrible petite Lynndie England, avec ses cheveux courts et son rire lunaire de starlette passagère, de bourrelle d'un jour, me rappelle d'autres petites starlettes de l'exhibitionnisme aux cheveux courts et au fou-rire satisfait et dont je préfère ne pas me rappeler le nom…

On est bien de l'autre côté des portes de l'enfer, dans l'enfer même, dans une opération d'avilissement complet où l'on semble dire que celui qui remporte la victoire c'est celui qui avilit. Saddam traité comme un âne à qui on examine la denture, les prisonniers irakiens traités comme des chiens ou des esclaves sexuels.

Par ceux-là mêmes qui seraient prêts, je suppose, à défiler contre les cruautés faites aux animaux, la prostitution ou encore contre l'avilissement de la femme pratiqué dans la publicité.

Bien sûr, et c'est d'ailleurs là un des éléments de la duplicité générale. Mais sur la passion rabique des animaux dans l'Occident post-historique, il faudrait faire un livre entier. On le fera peut-être. Revenons à l'Irak. La « croisade » américaine va bien au-delà d'une guerre impérialiste, colonialiste ou utilitariste pour le pétrole ou pour la redistribution des cartes au Moyen-Orient. Si raisonner sur cette « croisade », comme nous nous y essayons, a le moindre intérêt, c'est pour tout ce qu'elle nous apprend encore sur l'Occident qui s'y est plongé, et dont je n'excepte pas la France même si elle est ponctuellement absente de ce conflit-là. De même que l'agonie de l'Islam (car l'Islam, j'en suis persuadé, est entré en agonie, contrairement à ce que tout le monde pense, une agonie qui sera longue et fera encore, certes, de très gros dégâts, mais qui me paraît irréversible), de même que cette agonie est d'abord une information sur ce que devient l'Occident.

Nous ne sommes pas, à Abou Ghraïb, si loin de Paris et de ses élitocrates exhibitionnistes. Et je me demande au nom de quoi l'Occident pornographique s'offre ainsi des accès de pudiboderie devant des photos de vacances irakiennes qui ne révèlent qu'une chose : l'impossibilité dans laquelle se trouve désormais n'importe quel Occidental, qu'il soit à Abou Ghraïb, à Tokyo, à Prétoria ou à Paris, de *ne pas* photographier ce qu'il fait, et surtout bien entendu le pire de ce qu'il fait, qui lui paraît aussi généralement le meilleur. En d'autres mots, je ne vois pas bien la différence qualitative qu'il y a entre l'enfer misérable d'Abou Ghraïb et ce dont se repaît notre Occident terminal pornographique, où nul ne se connaît plus de salut qu'à tout dire et tout montrer. Tout cela communie dans une même désolation ; et, au lieu d'être la bête noire de l'Occident, l'affreuse petite Lynndie England devrait en être la mascotte, pour ce qu'elle s'éclate avec tant d'énergie, pour ce qu'elle lève tant de tabous, piétine tant d'inhibitions et soulève tant de non-dits. Vous vous souvenez de cette photo où l'on voyait des Afghans, après la chute du régime taliban, se précipiter sur un camion rempli de magazines pornographiques ? « Ceci tuera cela », comme dit l'abbé Claude Frollo dans *Notre-Dame de Paris* : ceci, le premier livre imprimé par Gutemberg, triomphera de cela, c'est-à-dire de la cathédrale ; la pensée succédera à la foi, la raison à la croyance, le papier à la pierre, etc. Aujourd'hui, on peut prédire que la pornographie tuera le Coran, que la marchandise viendra à bout des imams, que la promesse de toutes sortes d'abondances propagées par

Internet succédera aux ayatollahs, et que la fiction occidentale en finira avec le fanatisme islamique. À nous de décider qu'il s'agit là d'une bonne nouvelle ; mais de toute façon, nous n'avons pas le choix.

Pas sûr. L'Islam (pas comme foi intime, dont il n'est pas question ici, mais comme instrument de domination) s'accommode parfaitement de la marchandise et, pour peu qu'elle soit cachée au regard du public, de la pornographie, comme en témoignent les mœurs de ces régimes fort spirituels que sont les Saoudiens ou les Koweitiens.

Oui, mais il faut faire un tour de plus. La pornographie en tant que spectacle *séparé* ne suffit plus, il y faut l'exhibition de tous et de chacun ; et ça, le Koweit ou l'Arabie saoudite ne sont peut-être pas encore mûrs pour le comprendre. Ce n'est pas la démocratie qui s'exporte, c'est la désinhibition. L'exhibition en temps réel, le gros plan, la pornographie énervée, exaspérée d'elle-même, le jusqu'auboutisme sans fin, autrement dit la perversion, qui est la mise en acte du fantasme. Je crois que nous entrons dans une curieuse époque où la domination passera de plus en plus par l'exhibition. Dans un tel système, le secret se trouve dans une situation précaire, de plus en plus menacée. Une civilisation qui passe son temps à féliciter le nommé Pierrat de contribuer à faire « exploser les frontières privé-public », ou l'autre nommé Fassin de « déghettoïser les questions sexuelles naguère cantonnées à la sphère privée », et qui ne voit rien à redire, une fois encore, aux propos déjà cités de certaine prescriptrice (« Je me dis que si je crache le morceau les autres suivront. Si on s'expose, c'est aussi pour obliger les autres à s'exposer »), devrait se reconnaître sans complexes, et même se célébrer, dans cette grosse (et d'ailleurs engrossée) petite Jeanne d'Arc du néant qu'est Lynndie England. Pourquoi fait-elle le contraire ? Pourquoi soudain tant de pudeur et même de pudibonderie ? L'obscénité, en l'occurrence, c'est de s'indigner de ces images obscènes.

« La vie privée ? Pour quoi faire ? » Ainsi devrait-on, parodiant Lénine (« La liberté ? Pour quoi faire ? »), révéler la *maxime* de notre monde atroce. J'évite, la plupart du temps, d'employer le beau mot de résistance, parce que des tas de salauds en usent et en abusent jour et nuit, mais je sais aujourd'hui que la vie privée est la seule résistance catégorique, et le seul camouflet radical, que l'on puisse infliger à la société moderne du tout-à-la-webcam, et que le secret est une critique cinglante et continue de la civilisation de l'exhibitionnisme.

Bien avant la webcam, qui est cependant un aboutissement, la télévision considère déjà toute intériorité comme une menace. Ce qu'il s'agit de pourchasser, ce ne sont pas tant vos frasques sexuelles que votre faculté de nourrir les pensées les plus inconvenantes. Si toutes vos pensées étaient immédiatement exposées (j'imagine que certaines œuvres de science-fiction ont imaginé ce scénario), vous devriez sérieusement les tenir en laisse, vos pensées, cher Philippe, car je gage qu'un certain nombre d'entre elles sont d'ores et déjà hors-la-loi. Et donc, vous seriez contraint de ne plus penser.

Ou de penser à un mur de brique... Vous connaissez ce drôle de film anglais des années soixante, *Le Village des damnés*, qui raconte précisément l'histoire d'un village où naissent soudain dix ou quinze enfants monstrueux et surdoués dont on s'aperçoit assez vite qu'il s'agit d'extra-terrestres et qu'ils sont animés d'intentions tout ce qu'il y a de plus malveillantes ? Leur précepteur, pour sauver l'humanité, décide de les détruire ; en se détruisant lui-même, puisqu'il se fait sauter avec eux. L'ennui c'est qu'ils savent lire dans les pensées, justement, et qu'ils risquent de découvrir son projet avant qu'il ne l'ait mené à bien. Il décide donc de penser à un mur de brique, d'occuper son cerveau avec la vision d'un mur de brique, rien qu'un mur de brique, jusqu'à ce que la bombe qu'il a mise au point explose... Cela dit, je ne parlais même pas de pensées mais de vie privée. La civilisation du tout-à-la-webcam est une conspiration permanente contre la vie privée. Il en allait d'ailleurs ainsi déjà du temps des totalitarismes de l'autre siècle, dont il fallait également tant bien que mal se protéger par le secret, mais il est confondant que le nouveau totalitarisme de l'exhibition heureuse se soit calqué avec tant d'ingénuité sur ces anciens totalitarismes, dont il se croit sans doute pourtant la complète réfutation ; et il est surtout extraordinaire que personne n'en ait peur, et que personne ne lynche à tous les coins de rue ses propagandistes innombrables. Les petits apprentis dictateurs de l'exhibitionnisme et tous les frontièrophobes seraient peut-être étonnés, dans leur bonne conscience replète, d'apprendre qu'ils contribuent grandement à l'asservissement des âmes, et que ce qu'ils appellent avec une sorte d'ignoble candeur « explosion des frontières privé-public » ou « déghettoïsation des questions sexuelles » se ramène tout simplement à une guerre infâme contre la *vie intérieure.* Bernanos, cependant, il y a cinquante mille ans, en avait perçu quelque chose lorsqu'il écrivait *La France contre les robots* : « Dans la lutte plus ou moins sournoise contre la vie intérieure, la Civilisation des machines ne s'inspire, directement du moins, d'aucun plan idéologique, elle défend son principe essentiel, qui est celui de la primauté de l'action. La liberté d'action ne lui inspire aucune crainte, c'est la liberté de penser qu'elle redoute. Elle encourage volontiers tout ce qui agit, tout ce qui bouge, mais elle juge, non sans raison, que ce que nous donnons à la vie intérieure est perdu pour la communauté. » Il va de soi que, toute vie intérieure enfin détruite, la liberté n'est plus qu'une sorte de solécisme, un terme de bas latin, une formule magique ancienne, touchante et superflue ; et que la vie privée, en effet, s'il en reste, devient un crime, une dissidence, une manière coupable en tout cas d'exister puisqu'elle a pour but de se dérouler en dehors du contrôle des agents de la domestication.

Dans cette affaire d'Abou Ghraïb, l'obscénité de photos particulières est là pour masquer l'obscénité générale de toute une civilisation, et comme allégorie de cette obscénité diluée dans laquelle tout baigne et qu'il n'est même plus possible de repérer. C'est comme le rire de Lynndie England au-dessus des corps empilés, ou celui de Sabrina Harman penchée sur un cadavre : pourquoi les considère-t-on comme cyniques et sordides, ces rires ? Pourquoi scandalisent-ils davantage que le grand rire universel de la publicité ? Pourquoi ne pas écouter le rire de Lynndie England comme étant celui, extatique, amoral et définitif de Festiva festiva, quand il retentit sur le champ illimité et illuminé de nos exploits présents et de nos dépassements à venir, et sur les cimetières enfin piétinés de la vieille morale ?

Cela ne vous gênait nullement d'être d'accord avec le monde entier pour dénoncer l'équipée bushiste. Mais n'éprouvez-vous pas un certain malaise, alors que la détestation de l'Amérique est devenue une évidence incontestable, un marqueur – avec l'antisionisme – de l'orthodoxie de gauche ? Croisant une manifestation anti-Bush, notre ami Bruno Maillé m'a dit : « Je viens de croiser une manif pour la paix et contre les Juifs. » La légitime critique de la folie américaine ne sert-elle pas à justifier la détestation de ce que Bush est censé (à tort à mon avis) incarner : la religion, la nation ?

Je vous ai répondu en abondance, lors de précédentes conversations, et si demain l'opinion publique mondiale, sur quelque autre sujet, exprime un avis avec lequel je me sens en désaccord, je ne me plaindrai pas davantage de ce désaccord que du très relatif accord d'en ce moment, qui entre nous ne me fait ni chaud ni froid. Ce n'est pas moi qui me délecte au film de l'affreux

Michael Moore, c'est Ben Laden[1]. Je ne suis pas un cinéphile de gauche, pour parler par pléonasme. Par ailleurs, il ne me semble pas, comme vous dites, être allé au-delà d'une critique légitime de l'actuelle folie américaine. Si vous relisez l'ensemble de nos entretiens, vous pourrez constater que je parle surtout de l'Occident (du post-Occident où je me trouve, où nous nous trouvons vous et moi, donc de l'Europe, de la néo-Europe, car aucun mot d'autrefois ne peut plus être employé comme si ce qu'il désigne avait toujours existé), que j'en dis beaucoup de mal, et que ce n'est certes pas le mal que trouvent à en dire les ventriloques de la gauche. Quant à la religion et à la nation, vous m'avez assez fréquenté pour savoir que je leur porte *au moins* un certain intérêt. Et pour ce qui est du sionisme, vous savez très bien aussi qu'il a ma sympathie, mais que celle-ci ne saurait non plus m'aveugler. Dans tous ces domaines, comme d'ailleurs aussi dans les autres, vous n'obtiendrez jamais de moi, hélas, une réponse de militant, c'est-à-dire une pensée obnubilée par l'ennemi, et ne se justifiant que par lui.

Au surplus, il me semble périlleux de lier son destin à l'espèce de machisme désespéré, exaspéré, qui paraît conduire la politique américaine actuelle et qui n'a d'autre but que de continuer comme ça, sans fin, sans but, dans un pur déploiement hystérique de puissance privée,

---

1. Dans une vidéo diffusée par Al-Jazira le vendredi 29 octobre 2004, donc à quelques jours des élections américaines, celui-ci faisait allusion à la séquence fameuse du film de Moore où, le 11 septembre, alors qu'on lui apprend l'attaque du World Trade Center, on voit Bush, dans une école maternelle, rester sans réaction, un livre de lecture sur les genoux : « Nous étions convenus avec Mohammed Atta, que Dieu le bénisse, qu'il finirait toutes les opérations en vingt minutes avant que Bush et son gouvernement puissent réagir. Il ne nous était pas du tout venu à l'idée que le commandant en chef des forces armées américaines laisserait cinquante mille de ses citoyens dans les deux tours faire face seuls à cette situation horrible alors qu'ils avaient tant besoin de lui. Il a estimé qu'il était plus important de s'intéresser aux propos de la petite fille sur sa chèvre et ses coups de cornes plutôt qu'aux avions et à leur attaque contre les tours, ce qui nous a donné trois fois le temps dont nous avions besoin pour mener à bien les opérations, que Dieu en soit remercié » (*novembre 2004*).

pour ainsi dire, de son principe actif. Un post-machisme, là aussi. Un machisme d'après la mort de l'*idée* du machisme. J'ai assez peu de penchant envers le féminisme extrême pour ne pas être soupçonné de complaisance de ce côté-là quand je dis que ce machisme caricatural me semble aussi des plus funestes ; d'autant qu'il s'agit d'un machisme de seconde main, pour ainsi dire, d'un machisme de reconstitution, d'un machisme d'après la liquidation du machisme, disparu depuis longtemps sous les coups du néo-matriarcat occidental qui a de toute façon vocation, et en quelque sorte par définition, après la fin de l'Histoire, à devenir universel, et à matrifier (comme on dit pétrifier) le monde entier (et le paradoxe est que ce néo-machisme mène la guerre dans les pays encore véritablement machistes pour le compte du néo-matriarcat et pour y imposer ses valeurs prétendues démocratiques). Sans référent, ce néo-machisme d'après la fin du machisme *innocent* et *naturel* est aussi sans but et c'est bien, je pense, ce qui a inquiété presque toute la planète, même si elle ne s'est très certainement pas formulé les choses de cette manière. Vous savez probablement qu'un rapport confidentiel adressé à Tony Blair en mars 2002 posait la question : « Que se passera-t-il le jour d'après ? » Que se passera-t-il après que Bagdad sera tombée ? Eh bien *rien*, rien, rien ; ou plutôt le spectacle d'une chute, d'un chaos sans fin, le déploiement d'une démesure théâtralisée, d'une désarticulation planétaire interminable et sans finalité. La « croisade » américaine est la première guerre d'après l'Histoire, et ce n'est qu'accessoirement, c'est-à-dire personnellement, que j'y suis opposé. En vérité, elle m'intéresse bien plus que je ne m'y oppose...

Pardonnez-moi, cher Philippe, je ne m'interrogeais nullement sur votre opposition personnelle à la guerre, mais sur la signification de la détestation universelle de Bush et sur les desseins que cette détestation pouvait masquer. Peu importe puisque me répondre à côté vous a entraîné vers de fort passionnantes considérations. Mais restons-en là.

Avec la guerre en Irak, il est un sujet qui nous aura beaucoup occupés : la question du voile et de son interdiction à l'école. Trois mois d'empoignade pendant lesquels le pseudo débat dans lequel des féministes et des gauchistes pro-voile se sont opposés, au nom de la logique implacable du « c'est mon choix », à des homélistes républicains et autres défenseures du dévoilement des femmes qui se sont raconté un joli conte à la Molière : il fallait protéger ces malheureuses contre le diktat des pères oppresseurs. Ce qui aurait été satisfaisant pour l'esprit, mais ne correspondait guère à la réalité de ces filles qui se voilent très souvent contre la volonté de leurs parents. Beaucoup ont invoqué un droit à la pudeur sous prétexte qu'après tout, si des Lolitas peuvent exposer leur string et leur nombril, d'autres avaient bien le droit de cacher leur corps. Il est vrai que « rien à cacher, rien à montrer », mais les adeptes du foulard exhibent bien plus (leur foi, leur haine du désir masculin – qu'elles se rassurent, il sera éradiqué sans leurs colifichets) qu'elles ne cachent. De toute façon, prétendre sanctuariser l'école alors qu'on a plus ou moins renoncé à y transmettre des connaissances pour y placer l'enfant « en son centre », est assez absurde : quand on demande aux élèves ce qu'ils veulent apprendre, au nom de quoi leur interdirait-on de se vêtir à leur guise ? Bref, cette tentative désespérée de sauvegarder quelque chose qui ressemblerait à un espace commun a-t-elle le moindre sens à l'époque du droit aux droits ?

Vous faites si bien les réponses, chère Élisabeth, que je me demande ce qu'il y aurait encore à dire après le développement polyphonique de votre question. De manière générale, ces débats sur le string ou le voile à l'école se sont vautrés dans le grotesque le plus pur ; et, comme de juste, les progressistes ou les féministes, partisans de l'exhibition en soi, et spécialement du string, étaient aussi les plus ardents défenseurs du voile islamique. Quelques menaces fugitives sur le string ont donné lieu à d'acariâtres déclarations à propos des « femmes qui ont mis des années, des générations à obtenir le droit de s'habiller comme elles l'entendent sans avoir de comptes à rendre à leur père, à leur mère ou à leur mari », et sur la « remise en cause de leurs droits fondamentaux » qui serait aussi « un immense retour en arrière ». On a rappelé à cette occasion, et de façon salutaire, que le « vrai problème », puisque la vue du string pousse les hommes à « harceler » les porteuses de string, eh bien c'est précisément les hommes, et le « manque de contrôle de certains sur leurs pulsions », et que donc il est urgent, comme on peut s'en douter, de les rééduquer. Comme il est bien entendu urgent de les rééduquer à propos des prostituées, et de manière à leur en faire passer le goût.

Une récente et comique enquête sur les « clients types » de celles-ci conclut que la plupart d'entre eux regrettent l'émancipation des femmes actuelles, ce qui alimente chez eux un « discours passéiste » (entendez : fondé sur la différence des sexes et sur le désir sexuel). L'âne sociologue qui a conduit cette recherche les définit comme des « décalés de l'égalité ». Décalés. Ces clients, lorsqu'ils sont par ailleurs mariés, commettent aussi en général le crime de trouver « décevante » sexuellement leur vie conjugale. Ils frôlent enfin la camisole de force quand ils avancent, pour justifier leur fréquentation des professionnelles du tapin, « l'argument d'un déséquilibre "naturel" entre les hommes et les femmes », et comparent leurs propres désirs « irrépressibles » à la relative indifférence de leurs épouses. En tout cela aussi, bien évidemment, leur conduite n'est que « le résultat d'un modèle de sexualité inégalitaire où le désir de l'homme prime[1] »...

---

1. Dans le même temps, on pouvait lire ceci dans *Libération* : « Une campagne d'affichage dans les écoles et les transports en commun est en projet, avec le soutien du gouvernement. Ce n'est pas la seule. La fondation Scelles, présidée par Nicole Fontaine, députée [*sic*] européenne, devrait investir les mairies sous peu. Le grand public est visé. L'association Le Nid, qui a de son côté interrogé mille trois cents personnes, signale que douze pour cent des hommes ont déclaré qu'ils étaient des clients, et quinze pour cent qu'ils pourraient l'être. » Il semble plus qu'urgent d'arrêter non seulement les douze premiers pour cent mais aussi, par précaution, les quinze autres (*octobre 2004*).

Ce qui est scandaleux et inégalitaire et réactionnaire pour votre sociologue féministe et pour la plupart des sociologues et des féministes est que le désir n'obéit pas aux mêmes lois ou aux mêmes instincts chez les hommes et chez les femmes. Réalité d'où découlent un certain nombre de conséquences – fort plaisantes d'ailleurs – mais que nos accablantes ligues de vertu nient si fort qu'elles finiront par la faire disparaître pour de bon.

C'est la réalité qu'il faut liquider, et même le principe de réalité, qui ne saurait durer encore bien longtemps sans scandale. Car le scandale, là-dedans comme partout, c'est ce principe de réalité résiduel qui fait qu'il y a *encore* des hommes (et peut-être même aussi des femmes, qui sait ?) qui se souviennent qu'il existe une dissymétrie entre hommes et femmes du point de vue de la question érotique (pas seulement de ce point de vue d'ailleurs). C'est ce savoir-là, bien entendu, qui doit être éradiqué. On commence seulement à s'aviser qu'en une dizaine ou une quinzaine d'années le « crime sexuel » est devenu le cœur même du système répressif et judiciaire (soixante pour cent des affaires jugées en assises !). On s'en inquiète même vaguement. On se demande ce que cela signifie que les prisons soient désormais bourrées de pédophiles, de pères incestueux ou de violeurs. On en donne toutes sortes de raisons parmi lesquelles il y a cette idée que la notion de « consentement » des victimes aurait évolué ; et on se félicite (on a raison, bien sûr) de ce que le consentement, ou plutôt le non-consentement desdites victimes, c'est-à-dire essentiellement les femmes, soit pris désormais en compte. Ce qui est tout à fait positif, bien entendu ; mais sur cette pente-là, il n'y a aucune raison de s'arrêter. Aucune raison non plus de ne pas finir par considérer qu'une femme, en quelque situation que ce soit, et même si elle dit le contraire, n'est *jamais* consentante, même et surtout si elle est amoureuse, puisqu'elle est alors *aliénée* ; mais que tout homme, en revanche, est un délinquant sexuel potentiel susceptible de porter à vie un joli bracelet électronique relié par balise satellitaire à un service pénitentiaire. En ce domaine comme en tant d'autres, et faute de réaliser dans les meilleurs délais une indifférenciation parfaite des sexes, se continue l'irrésistible processus de leur séparation.

Vous connaissez – peut-être l'avons-nous évoquée – la nouvelle définition législative du harcèlement sexuel : tout acte commis pour obtenir des faveurs de nature sexuelle, ce qui fait du bouquet de fleurs ou du compliment galant des vestiges de barbarie à éliminer sans attendre. Cette loi avait donné lieu à une amusante empoignade (verbale) entre Sylviane Agacinski et Michel Schneider ; Madame J. s'étranglait d'indignation parce que Schneider avait rappelé que le désir masculin peut être brutal, impérieux et bien d'autres choses : tout sauf démocratique.

À terme, c'est bien sûr l'effacement du désir masculin qui est programmé. Est-ce que toute femme, même la plus consentante, n'est pas toujours une victime, quelqu'un qui se trouve en état de sidération, d'envoûtement ? Est-ce que l'amour lui-même n'est pas une histoire de maître et d'esclave ? Par tous ces discours, et sans surprise, le néo-matriarcat ne fait que poursuivre sa longue marche conquérante et ses projets transformistes totalitaires. Un groupe féministe dont je préfère avoir égaré le nom a donné toute sa mesure en déclarant qu'« on peut laisser une jeune fille cacher le lobe de ses oreilles si elle le souhaite et une autre montrer la cambrure de ses reins si elle le souhaite » (*c'est mon choix !*), qu'il est urgent de « refuser toute pression ou contrainte exercée contre des femmes, que ce soit pour les forcer à se montrer ou pour les forcer à se cacher, que ce soit pour les forcer à se voiler ou pour les forcer à se dévoiler », que « les filles à hidjab et les filles à string ont peut-être plus en commun qu'on ne peut l'imaginer à première vue », et qu'elles ont en tout cas un ennemi et un seul et c'est, je vous le donne en mille : le *phallocrate*, vous avez gagné.

Pourquoi le phallocrate ? Disons l'homme, ce sera plus direct !

Ce sont des synonymes. Là-dessus, et dans la plus grande confusion, nous avons eu le rapport Stasi et sa brillante proposition de célébrer l'Aïd el-Kébir et Kippour, perspective dont l'abandon rapide a donné lieu à ce commentaire dans *Libération* (le journal qui, quelques mois plus tard, se précipitait pour titrer « Une histoire française » à propos des fameuses aventures imaginaires de Marie-Léonie dans le RER D) : « On peut y voir la preuve qu'est bien vivace ce large fond d'intolérance et de xénophobie français qui nourrit l'extrême droite depuis des années et rend si difficile à ce vieux pays catholique de s'ouvrir aux autres. » Et on doit comprendre ici que *s'ouvrir aux autres*, pour ce *vieux pays*, ne signifie qu'une chose : cesser d'être catholique ; ce dont d'ailleurs il ne se prive pas, mais sans doute pas encore assez vite...

Notons que, parmi les vieux catholiques xénophobes, il faut compter les juifs et les musulmans dont les dignitaires religieux ont immédiatement protesté contre ce généreux et stupide cadeau que personne n'avait demandé. Cette affaire du droit au Jour du Seigneur pour tous a donc tourné court. Dommage : il eût été fort réjouissant de voir les bouddhistes, les francs-maçons et surtout les adorateurs de l'oignon réclamer leur part du ghetto (je ne me rappelle pas qui est l'auteur de ce jeu de mots dont je ne saurais m'attribuer le mérite).

Puis il a encore fallu subir, en décembre, les manifestations de jeunes musulmanes aussi voilées que bien encadrées (« Ni dupes ni soumises, le foulard on l'a choisi ») qui brandissaient des banderoles vertes et tricolores où on pouvait lire : « Laïcité, que de crimes on commet en ton nom ! » Un peu partout, les théocrates arabes se sont mis à hurler que la liberté de pensée était menacée en France, ce qui est amusant, et les États-Unis d'Amérique leur ont emboîté le pas, ce qui est également très rigolo.

Là-dessus, en France même, ont cru bon de sortir de leur réserve hélas fort relative les plus pénibles des individus : les joyeux militants de l'athéisme nietzschéen, disons les Onfrays car ils sont légion (sans vouloir être exhaustif, on peut énumérer l'Onfray-Sallenave, l'Onfray-Mordillat, l'Onfray-Declerck, l'Onfray-Accursi ; mais le meilleur, et de très loin, reste l'Onfray-Onfray). Je les appelle joyeux parce qu'ils n'arrêtent pas de répéter qu'ils le sont, ce dont leur pauvre prose ne vient jamais apporter la moindre preuve. Il faut donc les croire sur parole lorsque l'un ou l'autre parmi eux se présente, par exemple, comme un « incroyant enthousiaste partisan d'une éthique joyeusement païenne » ; et si je parle d'eux c'est qu'à la faveur de ce débat qui faisait semblant d'avoir pour enjeu les signes « ostensibles » ou « ostentatoires » de la religion (des religions), ils ont désigné clairement, et ils sont les seuls, et alors que tout le monde avait le regard dirigé vers le doigt montrant le foulard islamique, le véritable adversaire à abattre : le *catholicisme français*. Bien entendu, ils ont fait semblant de vomir avec équité les trois « religions du Livre », comme ils disent, mais le plus secret, mais le plus ardent de leur haine était réservé au judéo-christianisme et plus précisément au christianisme, et plus exactement encore au catholicisme. Ainsi l'un de ces Onfrays, qui d'ailleurs se vantait d'avoir récemment publié un livre (aux *éditions Hermaphrodite*) préfacé par l'Onfray-Onfray, appelait à « ce que Fernando Pessoa nommait "l'opération chirurgicale antichrétienne" », devenue aujourd'hui « une nécessité pour tout individu désireux d'accroître son bonheur et sa liberté ». Et il ajoutait : « Il s'agit d'accepter enfin, vraiment, la mort de Dieu et des morales qui s'y rattachent, afin de refonder quelque chose d'authentiquement divin ou du moins, d'authentiquement enchanté : le paradis, oui ! Mais ici, sur la terre. » Comme dit l'autre, il vaut mieux entendre cela que d'être sourd.

Le dénommé Onfray, bien qu'il s'enthousiasme pour toutes les innovations catastrophiques de l'époque, est malheureusement assez sympathique. Il faut avouer cependant que son Traité d'Athéologie *est un chef-d'œuvre. Je vous ferai grâce des énormités factuelles qu'il profère sur le judéo-christianisme. Ce qui est amusant c'est qu'il écrit au moins dix fois que les religions sont des « contes pour enfants », sans se douter le moins du monde que l'humanité délivrée du mal, de sa part maudite, de la culpabilité, qu'il appelle de ses vœux, a tout de l'Île aux Enfants ! Mais passons. Quoi qu'il en soit, ce déni du christianisme est parfaitement cohérent avec tout ce que vos savants travaux nous ont appris des efforts déployés avec succès par Festivus festivus pour se vautrer dans l'innocence (et dans l'ennui) et être à jamais sa propre fin. Alors, nietzschéen, je ne me prononcerais pas (encore que), mais il faut admettre que le surhomme d'aujourd'hui a tout l'air d'un crétin bodybuildé.*

Vous savez bien que ce n'est pas après Nietzsche lui-même que j'en ai. Vous imaginez bien, aussi, que je me moque énormément de la « sympathie » dégagée par l'exquise personne de cet Onfray que j'ai la joie de ne pas connaître. Cet Onfray n'est, en l'occurrence, que le verre grossissant qui permet de rendre visible un état particulier de la sénilité contemporaine. Quoi qu'il en soit, si j'insiste sur toutes ces crétineries plutôt que sur l'école dont vous parliez et son « espace public », c'est que l'école, en toute franchise, me semble un monde perdu, et que je n'ai pas grand-chose à en dire…

LA FIN DU MONDE EST REPORTÉE À UNE DATE ANTÉRIEURE

Argument un peu faible, cher écrivain. Vous pourriez dire du monde tout entier qu'il est perdu et vous avez beaucoup de choses à en dire. Comme festivologue, vous devriez vous intéresser à cette fabrique de petits Festivus qu'est l'École.

Bien sûr ; mais il y a déjà quelques excellents esprits qui s'occupent de la question. Je n'ai pas réponse à tout. Et puis c'est si loin, pour moi, l'école ! Qu'est-ce que je pourrais en dire ? Par exemple qu'y prohiber le voile islamique mais y laisser croître et embellir, *comme allant de soi*, et dans le même temps, comme représentant le Bien, n'importe quel discours féminihiliste, matrifiant ou progressiste, et n'importe quelle propagande d'associations homosexuelles, suffit pour conclure à sa santé pour le moins précaire ? Oui. Par exemple. La façon, en revanche, dont tant de belles âmes « athées » poussent les religions, et d'abord la catholique, indissolublement constitutive de l'histoire de la France, vers le corridor de la *privatisation*, et vers les caves humides qui s'ouvrent au bout de ce corridor, m'intéresse au plus haut point, ne serait-ce que parce que notre société, dans tous les autres domaines, est emportée dans un vaste mouvement de déprivatisation que j'appelle exhibitionnisme généralisé. Se faire l'historien des diverses formes que prend cet exhibitionnisme, et de ses diverses méthodes d'action et de domination, est d'ailleurs une de mes ambitions. Quoi qu'il en soit, il me semble extrêmement significatif que, pour combattre en toute panique l'activisme musulman, ou au moins pour le contenir, on se mette à faire l'éloge du privé (l'engagement religieux est une affaire privée, la religion doit habiter l'espace privé, etc.), quand partout ailleurs c'est le public qui est encouragé, porté aux nues, et qui est même synonyme d'avenir radieux et de bonheur. Hors du public et de la publicisation de tout, pas de salut ; sauf précisément pour les religions (du Salut !) auxquelles on demande tout au contraire de filer doux, de montrer profil bas, d'aller se cacher dans un coin pour y faire leurs petits besoins eschatologiques.

Cette histoire n'a pas commencé aujourd'hui ni même hier. Si je m'insurge contre les imbéciles qui prétendent mettre la croyance hors-la-loi sans même savoir qu'ils sont des croyants bien plus soumis que les anciens croyants, ce n'est pas pour regretter l'époque où l'incroyance était hors-la-loi. Je vous rappelle d'ailleurs que c'est le christianisme, et même le catholicisme, qui a inventé la séparation entre le domaine de Dieu et celui de César, et qu'il ne s'en est pas si mal porté. Ce qui est énervant aujourd'hui c'est que l'on feint de croire – et sans doute certains le croient-ils – qu'il est urgent de lutter contre les forces obscures d'une Église revancharde, alors que celle-ci est déjà planquée à la cave. C'est, encore une fois, la lutte contre un ennemi en carton-pâte qui caractérise les temps où nous nous trouvons.

Je ne regrette pas non plus « l'époque où l'incroyance était hors-la-loi » ; ce que je note c'est ce mouvement incroyable et simultané par lequel, d'une part, l'exhibition et le « public » sont assimilés au souverain Bien et, d'autre part, les religions sont reléguées dans l'enfer du « privé » d'où on leur conseille vivement de ne plus avoir le mauvais goût de ressortir. Ce que je note, c'est qu'il n'y a que pour les religions que le « privé » est recommandé, quand par ailleurs toute l'idéologie moderne fait l'éloge du « public », de la sortie du placard, de l'*outing*, de l'aveu, qu'on appelle cela comme on voudra. C'est exactement ce qui se passe aussi lorsque la bien-pensance européenne se dresse contre l'Italien Rocco Buttiglione, commissaire chargé de la Justice et des Affaires intérieures à la Grosse Commission de Bruxelles qui, à l'effronterie d'être chrétien et même « proche de Jean-Paul II », ajoute le crime de dire ce qu'il pense de l'homosexualité, de l'avortement et de l'émancipation des femmes, tous sujets sur lesquels une seule opinion, comme vous le savez, est aujourd'hui permise : celle, en somme, des Verts qui incarnent une fois de plus, en cette affaire, le terrorisme de la pensée unique et nihiliste qui est l'idéologie de l'Europe divine. Ce Buttiglione n'appartenait pas à l'Europe divine, c'était une sorte de plouc (bien que professeur de philosophie), un rustre (quoique se payant le luxe en pleine tourmente de citer René Girard), coupable de tenir des « propos conservateurs », quand ce qu'il y a de pire est la conservation du nihilisme dominant…

Je vous accorde volontiers que ces apôtres de la tolérance perpétuelle ne tolérant que ceux qui pensent et vivent comme eux donnent envie de se ranger du côté de ceux qu'ils désignent comme ennemis. Je ne voudrais pas, néanmoins, que nous tombions dans ce piège par lequel les arbitres de la bienséance nous imposeraient leur langage et leurs cadres de pensée. Ils adoreraient d'ailleurs que nous endossions pour de bon le costume de réac dont ils nous affublent sans cesse (enfin, surtout vous), mais malgré l'envie que j'ai de leur faire plaisir, je ne me prêterai pas à cette manipulation grossière. Et vous non plus, j'espère. Ce cirque Buttiglione a le mérite de poser une fois de plus cette question cruciale pour nous : faut-il, sous prétexte que les héritiers illégitimes des Lumières ont transformé leur héritage en bouillie indigeste de moraline et de flicage, en finir avec les Lumières ? Buttiglione a évidemment le droit de considérer que les femmes sont vouées au mitonnage de petits plats et que l'homosexualité, ainsi qu'il est dit dans la Bible, est une abomination. Et il a le droit de le dire. Pour autant, les nouveaux censeurs libertaires me feront pas adhérer aux thèses de cet aimable Italien qui serait sans doute, s'il était au pouvoir, tout aussi peu bienveillant à l'égard des points de vue dissidents que ceux qui gloussent de rage aujourd'hui. L'apologie permanente, indiscutable et satisfaite de l'homosexualité comme métaphore de la liberté, conjuguée à la récrimination victimaire, me porte sur les nerfs autant qu'elle torture les vôtres. Mais je me fiche éperdument que chacun choisisse son mode de vie ; en ce domaine, un libéralisme total me paraît souhaitable. Comme vous le dites souvent, ce sont les discours qui constituent le cœur de cette époque, et ce sont eux qu'il s'agit de mettre en pièces.

Entièrement d'accord sur l'absolue liberté que chacun a de choisir son mode de vie et de pensée. Je ne vois d'ailleurs pas pourquoi il faudrait que je fasse cette profession de foi, car je n'ai jamais dit le contraire, ni jamais écrit le moindre mot qui soit en opposition avec cela (envisager le contraire, c'est déjà être dans la propagande de l'ennemi). Que Buttiglione, par ailleurs, n'ait bien sûr dit que des conneries ne me semble pas non plus être au cœur du problème. Le problème, c'est l'imposition incroyablement violente d'un néo-catéchisme fabriqué hier mais qu'il convient de considérer comme éternel et qu'il est recommandé d'ânonner quotidiennement comme si c'était notre langue maternelle. C'est cela qui est inadmissible et qu'il faut refuser de toutes ses forces. Dans cette optique, je le répète, et c'est l'un des faits capitaux de notre époque, *il n'y a plus que ce qui déplaît qui est considéré comme une opinion privée, c'est-à-dire quelque chose qui doit se cacher.* Que l'Europe divine se consolide en rétablissant le délit d'opinion ne saurait étonner que ceux qui en attendent encore quelque chose et commettent le grave péché de ne pas se détourner d'elle radicalement. Il suffit de voir la face du replet Hollande estimant que le retrait de Buttiglione « est une victoire du Parlement européen et une preuve que la démocratie à l'échelle de l'Europe s'installe enfin » pour savoir que l'on nage dans un incommensurable scandale, comme d'ailleurs chaque fois que ce petit bonhomme se montre satisfait de quelque chose. Et sans doute aussi faut-il savoir garder son calme pour lire dans *Charlie Hebdo*, sous je ne sais plus lequel des noms interchangeables qui remplissent ce journal, cette leçon de bienséance contemporaine : « Quand on prétend exercer une fonction communautaire, on respecte les règles de cette communauté. Chez soi, on peut péter à table si c'est une tradition familiale, mais quand on est au resto, on évite. En société, on se tient bien. Et l'Europe, c'est la vie en société. » Car ainsi, au moins, sait-on ce que « se tenir bien » et « vie en société » signifient pour les modernes ; et de quels « restos » ils se contentent pour se rassasier.

Quant à moi, je suis capable de distinguer, parmi ces noms de Charlie Hebdo, ceux qui font preuve d'une incommensurable naïveté, ceux qui appellent sans relâche à l'extermination (intellectuelle) de tout déviant et ceux qui, accessibles au doute, vous liront avec intérêt, cher Philippe. Mais passons. La nouvelle religion européenne est détestable, c'est entendu, et elle va de pair avec le conformisme le plus benêt qui soit. Mais cela ne me surprend guère que les croyants attendent des prêtres un certain respect du dogme (même si le prêtre qui ne croit pas en Dieu est fort prisé). Après tout, si Buttiglione avait déclaré que les Juifs sont haïssables, nous n'aurions pas été choqués que ses propos déclenchent un tollé. Je le répète, la critique, y compris venimeuse, d'un discours mensonger est une chose, la stigmatisation d'un groupe humain, quel qu'il soit, en est une autre.

Écoutez, je ne veux pas défendre ce Buttiglione dont j'ignorais tout il y a cinq minutes, mais je me demande où est le venin et où se trouve la victime quand je découvre dans *Le Figaro*, remarquablement détaillée par Paul-Marie Coûteaux, la relation de la manière dont ce Buttiglione a été éjecté de la Grosse Commission. Je vous cite ce passage sans commentaires : « De son audition par le Parlement européen, la presse et donc le bon peuple n'ont retenu qu'une chose : que le pauvre homme s'était laissé aller à dire que l'homosexualité était un péché, que le mariage est fait pour qu'un homme protège une femme, et autres préceptes bibliques assez peu au goût du jour. Nul n'a écrit que cette audition était un piège. Connaissant l'engagement catholique de M. Buttiglione, une poignée de députés, Verts pour la plupart, l'attendait au tournant. Après que le brave homme a développé son programme, les questions fusent immédiatement : – Vous êtes catholique ? – Oui, répond benoîtement M. Buttiglione. – Vous êtes donc d'accord avec ce qui est écrit dans la Bible ? – Oui, poursuit l'autre qui n'a pas l'air de flairer le piège. – Vous estimez donc que l'homosexualité est un péché ? – Oui, lâche-t-il, découvrant tout à coup qu'il est fait comme un rat. » Voilà, je soumets cet échange à votre méditation. De manière plus générale, *Il Messagero* remarquait sobrement qu'il n'y avait plus désormais que trois catégories d'individus dont on pouvait dire le plus grand mal sans risque : « les catholiques, les fumeurs et les chasseurs ». Ce qui donne envie de cumuler au plus vite ces trois qualités et activités des plus sympathiques (et donc, pour ce qui me concerne, de devenir *aussi* chasseur). Quant au Homais de service de *Libération*, il concluait ainsi sans surprise : « Il est vital pour la survie de l'Europe que la foi – catholique ou autre – y reste confinée aux lieux de culte et aux consciences. Et que Dieu renonce enfin à se substituer à César. » D'autant que César est en pleine forme lorsque Dieu lui fout la paix...

J'avoue que le récit de Paul-Marie Coûteaux est fort éclairant, et même doublement car il révèle à quel point nous sommes perméables aux mensonges répétés en boucle : je croyais que Buttiglione avait tenu à inaugurer son poste en proclamant son hostilité aux homosexuels et au travail des femmes. Quant à César, il n'a pas plus de pouvoir que Dieu tout simplement parce qu'il n'en veut pas. Cela dit, même confiné aux lieux de culte et aux consciences, le catholicisme est un scandale. Quand Hervé Gaymard a été nommé ministre des Finances, le chœur des vierges plaintives et plumitives l'a promptement sommé de s'expliquer sur cet incroyable manquement aux usages qu'est le fait d'avoir huit enfants et d'être catholique. Sans oublier le crime odieux d'avoir épousé la fille du professeur Lejeune dont l'hostilité à l'avortement a depuis longtemps fait oublier qu'il avait découvert le gène de la trisomie 21. Le cas du père comblé m'a d'ailleurs valu quelques démêlés du plus haut effet comique avec la sinistre Pascale Clarke. Au passage, j'en profite pour vous la recommander, au cas où nous voudrions tirer un film des aventures de notre héros : son impayable manie de proférer des lieux communs avec la conviction d'être l'incarnation de la subversion, de l'audace et de la dérangeance et son absence sidérale d'humour en feront une merveilleuse Festiva Festiva.

Et même une tête à clarkes ; ce que sont aussi d'ailleurs souvent le ou la festivocrate, par cet air de satisfaction inouïe qu'ils mettent dans leurs provocations consensuelles et leurs révoltes sans danger. Et ils tombent de l'armoire, comme votre Clarke, quand on leur met le nez, comme vous l'avez fait, dans leur truismomanie, alors qu'ils se croyaient, et sans doute en toute sincérité, en train de grimper sur une barricade, poitrine nue et offerte aux mille fusils de la Régression.

Pour en finir avec notre séquence Comment peut-on être catholique ?, *il ne vous a pas échappé que cette survivance incongrue était de nouveau dénoncée avec ardeur lors des enthousiastes célébrations des trente ans de la loi Veil (à laquelle je suis éminemment favorable d'ailleurs). Au cours d'un débat télévisé, votre ami Pierrat a poussé des cris outrés parce que quelques résidus du passé curieusement autorisés à exercer la médecine invoquaient leur conscience (oui, oui, vous avez bien entendu : leur conscience !) pour refuser de pratiquer des IVG, cas sagement prévu par le législateur. Il convient de faire passer à tous l'envie d'avoir une conscience. Dans le goulag progressiste et libertaire dont rêvent tous ces grands démocrates, on ne saurait avoir une conscience qui ne fût à l'unisson de l'air du temps. Espérons que ces médecins ennemis du Parti, comploteurs contre la liberté, seront promptement dénoncés par leurs propres enfants. Mais laissons là le nouveau et noble combat pour l'avortement (rien ne vaut les batailles gagnées d'avance), pour en venir à cette autre avancée du droit : la création d'un délit d'incitation à la haine homophobe.*

Je n'en parlerai que très brièvement puisqu'elle n'est pas encore votée (mais ça immine, bien sûr). Juste une remarque. Dans *Libération*, il y a quelques jours, et pour la énième fois, Blandine Commedevant nous parlait des délectables préparatifs de cette loi scélérate entre toutes les lois scélérates, la Mère de toutes les stupidités. Et elle donnait un exemple intéressant : dire « le mariage homosexuel est à la mode parce que les homos contrôlent les médias » coûtera un an de prison et quarante-cinq mille euros d'amende. À ce compte, et ainsi que cela est déjà souvent arrivé dans le passé, on peut conclure que les prisons ne seront bientôt plus peuplées que d'hommes libres ; et ruinés[1].

---

1. À peu de temps de là, et au terme d'une indigne partie de bonneteau parlementaire, cette loi était adoptée ; et le lamentable Chirac, qui ne s'était jamais soucié, en aucune autre circonstance, de tenir sa parole, respectait pour une fois et une seule de funestes engagements qu'il avait pris durant sa campagne électorale. Il est à noter qu'aucun des chevaux de retour de l'intelligentsia pétitionnaire, ce que j'appelle la Race des Signeurs, si prompte à lancer des campagnes sans danger contre l'ordre moral et les étrangleurs de la liberté, n'ouvrit la bouche à cette occasion. Il est vrai qu'au printemps 2000, par le biais d'une pétition notoire autant que sordide, en traitant de « criminel » un livre de Renaud Camus, et en réclamant somme toute qu'il soit autodafié au plus vite, tous ces beaux libertaires galonnés avaient déjà montré de quel bois de justice ils se chaufferaient désormais. Les seules voix qui s'élevèrent donc contre cette loi émanèrent des syndicats de presse et de l'Église catholique. Ainsi n'y eut-il alors, pour se mettre, inutilement hélas, en travers de la plus stupéfiante entreprise pénalomaniaque des dernières années, que ces *justes*-là ; et l'on montrerait son peu de sens historique en trouvant cette réunion illogique (il suffit de penser à Chateaubriand). Il est à noter enfin que, peu de temps après l'adoption définitive de la chose en question, on pouvait lire dans *Le Monde* : « Les tribunaux fixeront au fil des affaires la ligne de partage entre des opinions qui peuvent choquer mais doivent pouvoir s'exprimer en démocratie et des propos carrément homophobes. » La même chanson était chantée au même moment et sur les mêmes paroles dans *Le Figaro*. Nous voilà donc tout à fait rassurés (*décembre 2004*).

Ne vous inquiétez pas, nous nous amuserons plus en prison qu'à l'air prétendument libre avec tous ces flics. De plus, avec la poltronnerie qui caractérise la droite dès qu'une niaiserie sociétale passe sous son nez, le gouvernement a fait savoir qu'il comptait sur la sagesse des juges pour appliquer la loi, c'est-à-dire pour ne pas l'appliquer. (Les inventeurs de cette nouvelle source d'extase judiciaire sont d'ailleurs bien conscients de la dangerosité de leur invention, sinon ils n'auraient pas explicitement prévu que la Bible ne serait pas passible de contravention (pour l'instant ?). Enfin, comme le championnat du monde du ridicule et les Olympiades de la victimisation sont aussi disputés l'un que l'autre, de solides candidats à la médaille d'or dans ces deux disciplines se sont émus que l'on ait oublié la transphobie, la lesbophobie et la biphobie, tandis que les douces agnelles féministes se roulent encore par terre de rage à l'idée que les propos sexistes seront moins efficacement réprimés que les méchancetés homophobes. Nous ne sommes pas près de nous ennuyer...

Et effet. Et au même moment, vous noterez que la majorité silencieuse américaine, au grand scandale de la gauche mondiale onirico-dépendante, réélisait Bush en motivant son vote, non comme on aurait pu s'y attendre par des considérations sur la brillante campagne d'Irak, mais par le souci de protéger certaines « valeurs morales », comme disent les médiatiques, menacées d'un nombre imposant d'avancées *sociétales*. Et c'est au moment où l'Europe divine renie honteusement le judéo-christianisme, c'est-à-dire l'Histoire, que les Américains en font une arme, ou du moins essaient...

Nous en avons déjà parlé, mais je ne crois pas que le judéo-christianisme dont il est question en Amérique (où le marché des religions fonctionne exactement comme une bourse et où l'on communie devant des prédicateurs comme d'autres communiaient à Woodstock, les joints en moins) ait quelque chose à voir avec ce que vous appelez judéo-christianisme. N'oubliez pas que ce sont les mêmes qui entrent en transes dans ces messes festives, ont fait de Pat Robertson leur Messie et sont persuadés que l'Amérique a pour mission de répandre le Bien dans le monde... ce que vous n'approuviez pas il y a quelques mois.

Je suis toujours aussi épouvanté par la politique désastreuse de Washington, et par ses projets dévastateurs de « remodelage » du monde, mais je ne me sens lié, comme vous le savez, par aucun anti-américanisme de commande ; et c'est la raison pour laquelle je trouve pour le moins intéressante l'attitude des *électeurs* américains. Auraient-ils enfin compris où est le problème ? Quelle différence en tout cas avec les Espagnols après les deux cents morts des attentats de Madrid en mars dernier ! Que ces électeurs espagnols aient puni Aznar et son Parti populaire de leur avoir menti, rien de plus logique. Mais ce qui m'étonne un peu plus c'est que Zapatero, à peine élu, et alors que les ruines de la gare d'Atocha fumaient encore, se soit héroïquement et principalement *engagé en faveur du mariage gay* ! C'est Ben Laden qui a dû être content de voir comment son message était reçu cinq sur cinq. Et en effet, il l'était... Pour en revenir aux Américains, on a dit que beaucoup d'entre eux, notamment des ouvriers ou des employés, étaient allés jusqu'à voter « contre leurs intérêts » en préférant Bush. Mais qu'est-ce qu'en savent ceux qui disent cela ? Qu'est-ce qu'ils connaissent à leurs intérêts ?

Au comble du mépris, un écrivain américain dont je préfère avoir oublié le nom stigmatise l'« Amérique tribale de l'inconscient » et célèbre l'« Amérique post-tribale du conscient » à laquelle il est si fier d'appartenir. Dans le même temps il nous parle du quartier où il habite (où demeurent, précise-t-il, « plus d'écrivains, en pourcentage, que dans n'importe quelle autre ville du sud des États-Unis », ce qui est déjà cauchemardesque en soi) : sur sa pelouse, nous dit-il, comme sur toutes les autres, se trouve un panneau appelant à voter Kerry. Sur toutes les autres ? Non ! Une pelouse résiste, arborant un panneau favorable à Bush ! Et par-dessus le marché ce panneau est en « plastique indestructible », non en « papier recyclable après l'élection » comme les panneaux démocrates ! Scandale des scandales : le propriétaire de la maison républicaine de l'horreur ne fréquente personne dans le quartier. « Je ne l'ai jamais rencontré à un cocktail, s'indigne notre auteur, ni à un dîner, ni dans un organisme de charité pour l'une des causes que ma femme et moi soutenons. » Si peu d'appétence aux plaisirs communs est évidemment des plus suspect. S'agirait-il là d'un misanthrope, d'un timide, d'un hérétique, d'un solitaire ? D'un maniaque borné des « valeurs morales » ? D'un fondamentaliste chrétien ? D'un fanatique évangéliste ? D'un fasciste rampant ? D'un populiste folklorique ? Dans les remarques méprisantes de cet écrivain démocrate, dans son bavardage arrogant, s'entend quelque chose de ce complexe de Bélise, de cette forme particulière d'érotomanie dont nous parlions il y a déjà un certain temps à propos de la gauche française, qui est aussi une manière de pratiquer l'inceste idéologique, de ne rien pouvoir imaginer d'autre que le Même, toujours le Même à perte de vue, un Même qui vote comme vous, bien sûr, et le dit sur sa pelouse avec une pancarte en papier recyclable. Quant à l'Autre, le fou, que l'on ne rencontre jamais dans nos cocktails ni dans nos organismes de charité, et qui semble même dédaigner les causes que nous soutenons, il est littéralement impensable, inconcevable, il s'est mis hors de l'humanité s'il y a jamais été, et c'est d'ailleurs pour cette raison qu'il ne se montre pas, qu'on ne le voit jamais dans nos cocktails.

Il y a eu aussi cette réjouissante journaliste française en pleurs lorsqu'elle a dû annoncer la victoire de Bush. Intervenant du QG du vainqueur, cette âme sensible se voyait, à son grand désespoir, entourée de fanatiques. La preuve : ils agitaient des drapeaux américains et chantaient, je crois, La Bannière étoilée. *Fascistes !*

Ici, en France, on a parfois comparé la réélection de Bush à une sorte d'énorme 21 avril. Mais dans cette remarque se vérifie une fois encore l'érotomanie splendide du discours de gauche. Car si le monstre lepéniste a balayé l'angélique Jospin au soir de ce fameux 21 avril, il s'est tout de même arrêté là, sur ce coup d'éclat, tandis que Bush, avec ses cinquante-neuf millions de voix, a récolté plus de suffrages que tout autre candidat à la présidence dans l'histoire des États-Unis, ce qui fait une légère différence. De sorte que comparer Le Pen et Bush, c'est-à-dire un candidat de deuxième tour ultra-minoritaire et un président réélu massivement, c'est commettre une espèce de lapsus intéressant et révéler que, dans l'esprit de la gauche érotomane, l'ennemi est toujours minoritaire, même lorsqu'il a la majorité. Minoritaire dans tous les sens du terme, aussi bien numériquement que parce qu'il mérite d'être placé sous tutelle. C'est ce qui s'est exprimé lorsqu'on a dit que les électeurs de Bush étaient irrationnels, motivés par la peur, déviants, intolérants, qu'il ne s'agissait que d'une bande de puritains insoumis, de réactionnaires ignorants, quand ils me semblent avoir au contraire été assez subtils pour comprendre et pour dire que ce n'est pas en commençant par inventer le mariage gay que l'on se donnera les moyens de vaincre Ben Laden. Mais la majorité qui ne vote pas bien devient une minorité pour l'érotomane de gauche, et c'est la seule minorité que vomit cet adorateur onirique de toutes les minorités.

Mais l'auteur de cette comparaison avec le 21 avril, et qui n'était autre que notre irremplaçable BHL, avait bien raison : il y a un point commun entre le 21 avril et ce 2 novembre, et ce point commun c'est lui, lui et tous ses clones américains. Bien plus que la guerre en Irak, bien plus que les ADM introuvables, nos commentateurs ont reproché aux électeurs américains exactement ce qu'ils reprochaient en 2002 aux classes populaires françaises : leur refus de céder à l'injonction du moderne et d'applaudir à la destruction du monde ancien.

Entièrement d'accord.

Je profite de cette occasion pour vous dire qu'à mon avis les électeurs de Bush nous placent devant ce dilemme que nous rencontrons souvent. Car nous ne parlons pas seulement de quelques intellectuels juifs allumés et autres politiciens affairistes, mais de l'Amérique profonde qui prend sa revanche. Et ces gens-là sont certainement très gentils, comme le racontait dans une lettre un lecteur de Libé *qui avait passé un été chez des puritains semblables à ceux que l'on voit dans les films ; mais ils ont tout de même quelques défauts, à commencer par leur envie d'envoyer en enfer tout ce qui ne leur ressemble pas. D'où ma perplexité : et si le complot moderne arrivait à ses fins ? S'il parvenait à créer l'adversaire qu'il fantasme, à créer le danger qu'il feint de combattre tout en l'organisant ? Je me demande quelle tête nous ferons si les destructeurs méthodiques, non pas de l'ordre ancien mais de l'ordre symbolique, réussissent, à force d'en brandir le spectre, à donner vie au diable dont ils nous menacent depuis des années : le petit Blanc raciste, peureux, égoïste, homophobe. C'est toujours la même contradiction. Nous ne voulons pas renoncer à l'émancipation, ni à ce que Durkheim appelait la religion de l'humanité, mais nous en détestons les conséquences.*

Oui, le nouveau diable et le nouveau bon Dieu, l'homophobe imbécile et le bien-pensant gay, le machiste et la féministe, etc., s'entendent très bien désormais pour étrangler toute rationalité et souffler les dernières Lumières. C'est ce que j'appelle le nouvel état de *possession* dans lequel se trouve la société. La suite ne va pas être facile à vivre pour qui aime un peu la liberté. Vous remarquerez qu'il y en a déjà infiniment moins, de liberté, que lorsque nous avons commencé ces dialogues, voilà plus de trois ans. Et personne ne s'en plaint. Personne, surtout, ne semble trembler de cette situation. Pire : il me semble que l'on peut dire que la pensée libre *séduit moins*, infiniment moins qu'il y a trois ans, et alors qu'elle ne séduisait déjà plus beaucoup de monde. C'est sans doute qu'elle n'est plus de taille contre les monstres et les possédés du Moderne modernant. Et ainsi se referment à toute allure deux siècles de Lumières plus ou moins lumineuses.

Un mot encore sur la privatisation de la foi. L'Empire du Bien est exhibitionniste pour tout ce qu'il considère comme bien, je le répète, c'est-à-dire essentiellement ce qui relève du sexuel et de ses dérivés. Le reste, ce qu'il a pris en grippe, c'est-à-dire essentiellement le religieux, et particulièrement le catholique, il lui demande d'aller se glisser de soi-même sous le tapis, comme de la poussière indésirable, ou de s'euthanasier gentiment puisque le privé, dans les conditions d'existence actuelles, qui s'annoncent comme une immense accumulation de *public*, c'est en quelque sorte la mort douce, ou du moins l'interminable mouroir des choses qui n'ont plus cours ou ne devraient plus avoir cours. C'est ainsi qu'à la faveur de l'affaire du voile islamique on a réclamé d'urgence et en vrac, et sans étonner personne sauf moi, la disparition des fêtes catholiques, la suppression du concordat en Alsace-Moselle, l'éradication des aumôneries dans les collèges, la réduction au silence des cloches des églises...

Et, un peu plus tard, la suppression des sapins de Noël dans les écoles.

Et maintenant, en effet, la suppression des sapins de Noël dans les écoles[1] ! L'engagement religieux est une affaire privée,

---

[1]. Il semble que les musulmans aient eux-mêmes fort bien et rapidement saisi quel piège s'était tendu à elle-même la laïcité française avec la loi dite anti-voile, et les divers partis que l'on pouvait en tirer sur-le-champ. On notera qu'en décembre 2004 et, selon toute vraisemblance, pour la première fois, des types costumés en pères Noël se sont fait casser la figure au nom de la laïcité. C'est également au nom de la laïcité que l'on pouvait découvrir, sur un forum de discussion, la lettre suivante : « Je suis de confession musulmane et je trouve inacceptable de voir ces signes de la religion chrétienne partout, surtout dans un pays laïc comme la France. Ceci est un manque total de respect pour ma religion. Il n'y a plus de raison de favoriser ainsi cette fête. Je suis ces temps-ci chez des amis près de Lyon et fort heureusement le sapin de Noël dans le quartier (en banlieue) n'a pas été érigé cette année, ce qui est normal vu qu'il y a plus de musulmans que de chrétiens. De plus, les chrétiens ne pratiquent plus et cette religion est en train, progressivement, de disparaître d'Europe occidentale. Nous sommes en démocratie et la majorité des habitants du quartier ont approuvé cette décision. Les "défenseurs de Noël" ont crié au scandale mais c'est la règle du nombre qui compte, non ? Je pense que la France doit s'adapter à son temps et accepter que la religion chrétienne n'est plus la référence. Bonne journée et joyeux... nouvelle année ! » Sans surprise, cette déclaration s'attira quelques répliques lamentables qui se voulaient comiquement apaisantes (« Je crois qu'il faut relativiser. Le 25 décembre correspond à la vieille fête païenne du *Sol Invictus*, datant des Romains les plus anciens. Il ne s'agit que de la fête du solstice d'hiver, quand le soleil commence à reprendre pied sur la longueur de la nuit. La fête chrétienne n'est qu'une façon de reprendre à son compte de vieilles traditions », etc.). Il y eut aussi deux ou trois sursauts plus étonnants : « Cette susceptibilité exacerbée sur les sujets religieux commence à me saouler un peu. La laïcité française, c'est la neutralité de l'État vis-à-vis des religions et la liberté du culte. Alors pratiquez l'Islam, et foutez-nous la paix. » Ou, mieux encore : « Et puis zut à la fin ! Je vous rappelle, sans vouloir être méchante, que, comment dire ? On était là les premiers, na ! Ça vous gêne en quoi, d'ailleurs ? On se plaint assez de toute façon que ce soit devenu une fête commerciale bien plus que religieuse, alors... On a bien le droit de conserver nos repères à nous dans l'année, non mais ! Je me mêle de votre Ramadan et de votre Aïd el Kebir, moi ? Non. "Manque total de respect pour votre religion ?" Et puis quoi encore ? Tout ce que ça m'inspire c'est : allez vous faire voir ! Non mais franchement, ça me fait monter la moutarde au nez, ce genre d'âneries. Faut croire que je suis plus attachée à mes "racines chrétiennes" que je ne le croyais, finalement ! » (*décembre 2004*).

n'est-ce pas, et il convient de ne pas déranger ni surtout offenser ceux qui ne partagent pas cet engagement, ou qui en ont un autre... Vous noterez qu'en revanche, et dans le même temps, de tonitruantes abominations comme les fêtes techno, la Techno Parade et tant d'autres monstruosités dont je n'ai que trop parlé ici ou là, continuent à se déployer triomphalement, à éventrer les villes de leur vacarme honteux, et que l'on se ferait lapider si l'on réclamait que l'*engagement techno* devienne lui aussi une affaire privée, et aille se faire voir et entendre ailleurs, enfin le plus loin possible. Le moderne est ce qui doit être *subi* de toute façon, sans possibilité de le critiquer et encore moins de le combattre. Et cela s'étend à tous les domaines où sévit le moderne. « Aujourd'hui les gays et lesbiennes n'entendent plus se cacher, et tout le monde devra s'y faire », annonce un militant de cette homosexualité qui ne saurait demeurer sans déchoir, et à l'inverse de l'*engagement religieux*, une affaire privée ; ce qui se conçoit aisément puisque le privé c'est l'ombre et que l'ombre c'est la honte. On ne « déghettoïse » que ce qui est jugé digne de l'être ; et quand les vandales participant à une *rave party* massacrent une propriété privée, c'est d'abord le fait que cette propriété privée soit privée qui la rend coupable par définition, et transforme ses destructeurs en innocentes victimes. Ainsi se commettent chaque jour, et à la satisfaction de tout ce qui *avance*, d'innombrables crimes impunis.

Rien ne saurait avoir aujourd'hui l'ambition de survivre hors des éclairages absolus de l'espace public. D'où il découle que non seulement public et privé ne sont plus dans un état d'équilibre, comme par le passé, mais que ce qui habite la sphère privée est par définition indéfendable, néfaste, louche, ennemi. Et que ce qui habite la sphère publique est synonyme de félicité. D'où s'ensuit aussi que ce que l'on voue à la sphère privée est par définition condamné. Le privé c'est le cimetière. Je m'étonne que personne, durant tout ce lamentable débat sur le voile islamique, n'ait eu l'ouïe assez fine pour entendre cela ; puis le courage élémentaire de le dire[1].

Si vous le permettez, je passerai sur les suites de ce feuilleton, qui ne sont d'ailleurs pas terminées, sur la première rentrée scolaire sans « signes religieux ostensibles », et surtout sur la dernière histoire pas drôle venue d'Irak, avec les deux journalistes français pris en otages, la revendication de leurs ravisseurs concernant la « laïcité française » et exigeant l'abrogation de la loi sur les « signes religieux » à l'école, ainsi que sur la vertueuse condamnation par les musulmans du monde entier de cette prise d'otages...

---

1. On sait que, depuis l'adoption de la mirobolante loi anti-voile, se développe dans les établissements d'enseignement un prévisible carnaval de revendications religieuses ou communautaires par lequel la formidable puissance dissolvante de l'envie du pénal donne le plus éclatant d'elle-même. À l'exigence de consommer des viandes abattues selon tel rituel ou de respecter les fêtes des diverses confessions, et au refus d'étudier certaines œuvres d'art religieuses (traduisez chrétiennes), vient de s'ajouter, dans un lycée de banlieue, la demande pressante, par une dizaine de lycéennes « très choquées », que l'on retire du hall de cet établissement le sapin de Noël qui venait d'y être installé. Cette réclamation, formulée au nom du « principe de la laïcité », s'est trouvée sur-le-champ exaucée par une « communauté éducative » plus hébétée encore que terrorisée, et cette communauté n'a rien trouvé de mieux, pour plaider la cause perdue des sapins de Noël, que de parler de « symboles de vie ou de renaissance après le solstice d'hiver » et de rappeler qu'ils étaient « bien plus anciens que le christianisme ». Ils ne sont, cependant, pas plus anciens que l'Occident lui-même, et ce n'est pas en abandonnant le christianisme que l'Occident se sauvera. Il aura accepté le déshonneur pour ne pas disparaître ; il aura le déshonneur et la disparition. « La loi sur la laïcité cachait des épines inattendues », croit pouvoir observer *Le Monde* à propos de cette anecdote. Elle ne les cachait pas, elle ne les avait jamais cachées. Et c'est aussi dans le même temps que l'on réclame à grands cris que « la société française procède enfin à l'examen critique de la façon dont s'est construite la mythologie de la nation », que l'on veut en finir avec la « configuration anachronique de l'historiographie nationale » et que ces destructions sont présentées comme un moyen de guérir le « malaise identitaire actuel », quand il ne s'agit jamais que de lancer à l'assaut des dernières ruines de la France toute la multiplicité enragée des « identités » et des « communautés » (*décembre 2004*).

Ce qui nous a valu les émouvants applaudissements de tous nos défenseurs de la France multiculturelle, ébahis que les musulmans de France aient appelé à la libération des otages – sans doute s'attendaient-ils à ce qu'ils exigent leur décapitation, ce qui en dit long sur leurs bons sentiments ! Sans oublier les embrassades dispensées à des associations aussi aimables que le Hezbollah, le Hamas ou le Djihad islamique.

Toute cette tragi-comédie où l'horreur et la tolérance se donnent la main continue tandis que nous parlons, en décembre 2004, et nous ignorons ce qu'il en adviendra. On peut insister, en revanche, sur ce qui se passe à l'école, dans votre chère école, et tant pis si je me répète. Le voile et les autres « signes religieux » en sortent, une fois encore, ainsi que les sapins de Noël (dire qu'il va falloir prendre la défense des sapins de Noël !), mais qu'est-ce qui entre à la place ? Les lobbies homosexuels qui, à la faveur de la merveilleuse loi susmentionnée, « relative à la lutte contre les propos discriminatoires à caractère homophobe », vont pouvoir intervenir dans les établissements scolaires et y lutter vaillamment contre l'« homophobie ». Une rééducation néo-soviétique des cerveaux commence donc. Le voile sort par la porte et la vapeur entre par la fenêtre. Tout cela est comique, si on veut. J'espère simplement qu'il y a toujours, même dans la néo-école, quelques élèves qui penseront, comme de mon temps et comme c'était mon cas, que puisque c'est dit à l'école c'est fallacieux. Mais c'était là sans doute une position aristocratique…

Vous aviez la chance, cher Philippe, de vivre dans un monde où l'esprit critique n'était pas une déviance sociale. Aujourd'hui, la « vérité » dont on bourre le crâne des écoliers est exactement la même que celle qui se transmet dans les familles ou se répète en boucle dans les médias. Mais puisque vous vous êtes longuement commis à la défense de ce grand criminel qu'est le judéo-christianisme, j'en viens aux passions déclenchées par la très hollywoodienne Passion *de Mel Gibson. Je suppose que vous n'avez pas surmonté votre répugnance à l'idée de vous asseoir avec vos semblables dans une salle de cinéma et que, donc, vous n'avez pas vu ces deux heures de cassage de gueule dont le côté gore n'a pas grand-chose à voir avec le texte plutôt sobre des Évangiles. On a beaucoup glosé sur l'antisémitisme supposé du film et, de fait, les Juifs y sont fourbes et cruels, mais nous n'allons pas discuter ici du problème théologique que posent les Évangiles sur ce point. Certes, on peut trouver discutable la contribution de Gibson à l'édification des masses arabes, et inquiétant son succès dans nos banlieues. De La Courneuve à Beyrouth, du Caire à Saint-Denis, les populations, quand elles sont lassées de voir les Américains tuer des Irakiens à Falloujah, peuvent ainsi se délecter de la méchanceté des Juifs. Mais le plus intéressant, ce sont les réactions des chrétiens eux-mêmes. Après des dizaines de millions de protestants américains, nombre de cathos français – parmi lesquels nos amis – se sont, à ma stupéfaction, enthousiasmés pour ce navet doloriste, pendant que les représentants de la Sainte Église, convaincus de leur propre indignité, regardaient le bout de leurs chaussettes et en remettaient dans la repentance. Là-dessus, Mordillat et Prieur, auteurs d'un documentaire et d'un livre destinés à prouver que le christianisme est un accident de l'Histoire, sont devenus les nouveaux Pères de l'Église, annonçant partout la bonne parole : les chrétiens sont des Juifs – sans doute leur a-t-il échappé que ceux-ci ne reconnaissent nullement Jésus comme le Messie – et des Juifs animés par la haine de soi. Pour eux, la généalogie permet de remonter directement de Hitler à saint Paul. Il est louable que l'Église ait examiné d'un œil critique son histoire et sa contribution à la persécution des Juifs ; mais à l'ère des Droits de l'Homme, on dirait que la réconciliation ne saurait s'accommoder de la reconnaissance de la divergence théologique, pourtant évidente, entre juifs et chrétiens. Bref, vous les catholiques avez désormais le choix entre une détestation de bon ton de deux millénaires de christianisme et l'adoration de la souffrance. Bonne chance...*

Merci. Maintenant, je vais essayer de vous répondre en désordre, comme d'habitude, mais comme d'habitude aussi le plus exhaustivement possible. Et pour commencer une bonne nouvelle : *Christ est ressuscité*. Pas de panique, je ne suis pas en train de tenter de vous convertir ; je veux juste dire par là que l'alternative dont vous parlez – détestation de deux mille ans de christianisme ou adoration de la souffrance – n'en est pas une, du moins à mes yeux, parce que s'il y a bien quelque chose à détester, de bon ou de mauvais ton, c'est l'abominable époque présente, si grotesquement fière d'elle-même, et qui pourtant devrait sans cesse ramper très humblement dans ses propres débris. Détestation du christianisme, adoration de la souffrance, il s'agit là des deux sources d'énergie qui font tourner la grande Machine à Repentir de notre temps : détestation du passé et vénération des victimes, horreur de l'Histoire et obsession de la repentance, rumination des crimes d'hier (ou d'hier en tant que crime) et folie de la pénitence. Tribunal et victimal. Pénal et lacrymal. Tout cela, si vous voulez, ce sont bien les deux mille ans du christianisme, mais d'un christianisme tourné fou, devenu *aujourd'hui*, c'est-à-dire amputé de la perspective du salut et des hasards de la grâce (mais aussi du Mal, c'est-à-dire du monde) au profit d'un ravalement général et programmé de l'espèce humaine en vue de son entrée dans le meilleur des mondes. Ce meilleur des mondes s'oppose évidemment de toutes ses forces au monde non plus meilleur mais sauvé qu'induit la Résurrection et qui orientait l'Histoire jusqu'à son suicide sous nos yeux.

La détestation de deux millénaires de christianisme, c'est la haine de l'Histoire. Je ne suis guère accessible, vous le savez, au repentir de masse, à l'horreur de soi, ni au charme fort peu discret des cérémonies post-historiques de regrets éternels. Effacer non la divergence mais le gouffre qui existe entre juifs et chrétiens participe des meurtres insupportables que favorise notre époque pour en finir avec les anomalies et avec les contradictions, c'est-à-dire avec le passé, autrement dit la réalité. L'indifférencialisme contemporain pourchasse tous les discriminants (qu'il démonise pour commencer sous le nom de discriminations), celui qui passe entre les sexes ou entre les religions comme celui qui passe entre le vrai et le faux ou entre l'humain et le non-humain...

Et n'oubliez pas celui qui distingue les enfants des adultes, qu'on traque sans même prendre la peine de le vomir, en faisant de l'enfance l'horizon indépassable de toute vie humaine.

L'horizon, l'avenir, l'éternel présent, etc. L'état d'enfance est devenu le *devenir* de l'adulte, c'est assez curieux. D'où mon envie actuelle de mettre en circulation (sans m'illusionner outre mesure sur le résultat) ce concept de la néo-néoténie prolongée *ad libitum* qui me semble être devenu l'état « normal » de l'homme adulte contemporain (à la place de « néoténie », d'ailleurs, on pourrait parler de « sexualité prégénitale » ou de « pulsions partielles »). Il s'agit toujours d'en finir avec l'Histoire ou plutôt avec la compréhension de ce qu'a pu être l'Histoire. C'est dans ce sens qu'on voit aujourd'hui la référence à Dieu et aux « racines » chrétiennes de l'Europe (je me demande d'ailleurs pourquoi on ne parle jamais que des racines : il y a aussi le tronc, les branches, les feuilles et le ciel autour, si bleu, si calme) scandaleusement, suicidairement éliminées de la Constitution de celle-ci (mais, après tout, l'euro lui-même, son sigle diabolique, n'est qu'une sorte de E majuscule, le E de l'Être, mais amputé de ce chapeau circonflexe dans lequel Claudel voyait « une espèce de colombe planante » : c'est l'Être sans l'Esprit)[1]...

Votre intérêt pour la Constitution européenne et l'accès de conscience citoyenne qu'il manifeste vous honorent. Mais vous demandez pourquoi on parle de « racines » : exactement pour la raison pour laquelle on emploie le terme de « passé » chrétien. Il s'agit bien sûr de conjurer la peur suscitée par l'idée qu'il pourrait y avoir un présent chrétien. Et pourquoi pas un avenir, tant que vous y êtes ?

J'y suis. Pour être clair, je dirai que la France a un passé chrétien et judéo-chrétien, et catholique, et même judéo-catholique ; et que je souhaiterais vivement, c'est un euphémisme, qu'elle le garde, qu'elle le fasse prospérer et qu'il soit aussi non seulement son présent, mais son avenir. Mais ce ne sont bien entendu là que des vœux pieux. La destruction se poursuit irrésistiblement. Dans le même temps, en Espagne, les responsables du Collectif des gays et des lesbiennes de Madrid réunissent mille cinq cents demandes clownesques d'apostasie qu'ils déposent au siège de l'archevêché pour dénoncer l'« homophobie » de l'Église, et

---

[1]. Au scandale de l'éviction de Buttiglione évoqué plus haut, il faut ajouter maintenant, et pour les mêmes raisons, les nouvelles obscénités des médiatiques et d'une majeure partie des politiciens concernant l'entrée de la Turquie dans l'Union européenne. Car c'est pour les mêmes raisons, et parce que l'entrée de la Turquie dans l'Europe divine achèvera d'en éliminer ce qui reste de christianisme, qu'ils s'enthousiasment et commandent aux populations de faire de même. Il y a peu, *Libération* se félicitait ainsi : « L'Espagne est très proturque, tout comme l'Italie malgré le poids de l'Église catholique. Le très influent cardinal Joseph Ratzinger, préfet de la Congrégation pour la doctrine de la foi, a rappelé que "les racines de l'Europe sont chrétiennes" et que "la Turquie a toujours représenté au cours de l'histoire un autre continent, en contraste permanent avec l'Europe". Les partisans de l'adhésion n'en sont pas moins largement majoritaires dans la classe politique, même à droite. » Tout va bien, donc, et plus que jamais l'Europe divine n'a qu'un sens et qu'une raison d'exister : elle est une guerre à mort contre le christianisme (*décembre 2004*).

Libération célèbre avec des cris d'extase cette abjuration en masse de la religion catholique ; à quoi les autorités ecclésiastiques ont d'ailleurs répondu fort dignement que « l'Église n'a rien à voir avec un parti politique qui peut radier ses affiliés[1] ». Dans ce sens que l'Onfray-Mordillat et son Onfray-Combaluzier, si providentiellement nommé Prieur, ces deux pigistes du néo-positivisme cafard, font semblant de ressusciter la critique historique de l'abbé Loisy et de « déconstruire » sourcilleusement, dans les écuries d'Augias de la télévision, les origines du christianisme en les passant une fois de plus au crible de la « raison » (laquelle n'est, sous sa forme survalorisée, qu'un fanatisme assez répandu). Seule la naïveté de ces « démystificateurs » post-renaniens est réjouissante. Et, enfin, je n'ose imaginer le déferlement de discours plus obscurantistes les uns que les autres qui vont bientôt saluer le centenaire de la loi de 1905 sur la séparation des Églises et de l'État (d'ailleurs excellente par elle-même, et d'abord pour les Églises).

C'est dans ce contexte aussi qu'est arrivé le film de Mel Gibson et qu'il a suscité, même avant que quiconque ait pu le voir, de stupéfiantes crises de nerfs en série.

Il n'y a plus d'Histoire mais le monde poursuit son cours, qui consiste à se liquider jusqu'à la consommation des siècles en se racontant qu'il va vers la lumière. Tout ce qui relève de la repentance (à propos du christianisme et du reste) ou de la victimocratie, relève en propre de l'époque, qui n'est plus livrée qu'à des conflits avec elle-même, des luttes tautologiques entre moderne et moderne, entre novation et nouveauté, entre Bien et Bien, entre droits de l'homme et droits de l'homme, entre chasse aux

---

1. À ce propos, il convient de noter que si, pendant une cinquantaine d'années, les pires innovations sociétales sont descendues du Nord de l'Europe, autrement dit des terres gelées du protestantisme, elles remontent maintenant des terres liquéfiées du Sud, autrefois catholique, et qu'ainsi une manière d'unification se réalise ; qui ne pouvait bien entendu être qu'anti-chrétienne (*décembre 2004*).

discriminations et traque aux inégalités, entre politique de prévention et stratégie de précaution, entre prévoyance des risques et repérage des dangers…

Vous parlez de victimocratie et je crois que nous avons omis de commenter que nous avons le premier gouvernement de l'histoire de France, et même de l'Histoire tout court, et même de la post-Histoire, si vous y tenez, qui comporte un ministère des Victimes (dont la titulaire est en outre inénarrable). Cette innovation (que personne n'a apparemment remarquée) est d'ailleurs si parlante en elle-même qu'elle pourrait, pour une fois, se passer de commentaire.

Vous venez, à ce sujet, d'en faire un qui se suffit à lui-même, me semble-t-il. J'enchaîne donc, si vous me le permettez, sur ces nouvelles luttes tautologiques du moderne contre le moderne. Dans cette situation réellement et concrètement *totalitaire*, où l'alternative n'a plus sa place qu'à titre postiche, et où on est devenus si pauvres en conflits qu'on en est à les reconstruire avec des Lego (il y a même en ce moment un appel pathétique émanant de « réseaux de citoyenneté active » en vue de la présidentielle de 2007 qui se lance avec un slogan comique, c'est-à-dire de gauche : « Construisons nos désaccords ! » ; c'est dire où on en est arrivé quant au désaccord), la singularité ou la négativité renversée ne peuvent plus se retrouver que du côté du terrorisme ou de la transcendance. Vous me permettrez de préférer la transcendance (dire que le Christ vivant aujourd'hui serait avec les kamikazes islamistes, comme j'ai pu le lire, est d'une infinie sottise et d'une méchanceté écrasante car le Christ, pas davantage qu'aucun martyr chrétien, n'a jamais entraîné qui que ce soit d'autre que lui-même dans la mort). Le Logos contre le Lego. La transcendance me paraît la meilleure manière de refuser la société actuelle et de se désolidariser radicalement de ses pitoyables valeurs comme de ses pitreries optimistes les plus blafardes. Du point de vue de la transcendance, l'histoire du monde humain c'est l'histoire de ce qui se passe après la Résurrection, et l'Histoire elle-même n'est que l'histoire du retour du Christ dans le monde ; et aujourd'hui c'est celle de l'Hétérogène absolu dans le mondial intégral, au milieu de ses prétentions insoutenables à incarner le Bien, l'avenir, la liberté universelle, etc. Vous comprenez pourquoi, à la différence des « représentants de la Sainte Église » que vous évoquez, je n'ai pas l'intention de « regarder le bout de mes chaussettes » quand on parle du christianisme. C'est le système contemporain qui devrait faire repentance tous les jours, très bas, au lieu de se trouver si beau dans son mouroir. S'il est vrai, comme on l'affirme, que le « christianisme sociologique » a fait son temps, la société aussi. En se retirant comme la mer, il l'a entraînée avec lui. Et il ne reste plus sur le sable que des maniaques et des monstres : ce que l'on appelle le sociétal...

Une fois de plus vous me posez un problème délicat. Le Christ ressuscité, c'est, dites-vous, l'hétérogène. Mais justement, pour employer les termes de notre ami Marcel Gauchet, l'âge historique est celui de l'autonomie face à l'hétéronomie, ou, pour le dire d'une façon un peu moins savante, l'âge où l'homme peut agir sur le monde par opposition à celui où il subissait la loi de Dieu. Or, je ne peux ni ne veux me résoudre à regretter l'hétéronomie intégrale dont le christianisme, ou plus précisément le monothéisme, est porteur (pas de littérature dans un univers intégralement transcendant). Peut-être seriez-vous d'accord pour reprendre en ces termes votre caractérisation initiale de l'Histoire comme précipité du Bien et du Mal, de la transcendance et de l'immanence, de l'hétéronome et de l'autonome ?

Mais l'âge de l'autonomie commence justement par la victoire sur la mort qu'est la Résurrection, geste d'autonomie superlatif puisqu'il signifie aussi la victoire de tous les individus sur leur destin humain et mortel. Revenons au film de Mel Gibson. Par cette formulation, *Christ est ressuscité*, je voulais dire d'abord que ce n'est pas la peine de faire un film sur le Christ, quand on est catholique, et puisque Mel Gibson se dit catholique, si ce n'est pas pour parler de la Résurrection du personnage principal. Tout le reste vient après, surtout ce qui vient avant. Mais jamais les commentateurs ne le soulignent. C'était pourtant cela dont il fallait traiter, de cette absence, non du tabassage omniprésent du Fils de l'Homme ; tabassage assez réussi d'ailleurs, je dois l'avouer, mais je ne suis pas du genre à prendre la plaie pour l'ombre, ni même le passage de Jésus sur la terre pour le fin mot de l'histoire du Salut. Et puis il n'y en a pas tellement de personnages de cinéma qui ressortent de leur tombeau, comme ça, au bout de trois jours, on devrait en profiter. D'une certaine manière, la crucifixion et d'ailleurs toute la Passion sont les conséquences, non les causes, de la Résurrection parce qu'elles ne pourraient avoir eu lieu sans la divinité toujours déjà-là du Christ. Dans tout ce que j'ai lu sur *La Passion*, je n'ai pas trouvé une ligne, pas une seule, sur le ratage complet de la scène de la Résurrection : on voit bien le linceul se dégonfler, Jésus se lever, tout nu, et sortir du tombeau avec ses mains trouées, mais on ne voit pas du tout que cette Résurrection casse le monde et l'Histoire en deux et délivre le genre humain du péché et de la mort. Pourtant c'était possible, avec les effets spéciaux, de réussir une Résurrection comme on n'en avait jamais admirée. Qu'au moins les effets spéciaux, qui ne servent d'habitude qu'aux pires cyberconneries, trouvent ici leur raison d'être ! Mais il aurait fallu ne pas être obnubilé par le tabassage préalable asséné comme une preuve. Preuve de quoi ? Saint Paul n'a pas dit aux premiers chrétiens de Corinthe : « Si Christ n'a pas été tabassé, alors vaine est votre foi et vide est votre espérance. » Il a dit : « Si Christ n'est pas ressuscité… »

De plus, pardonnez-moi si ma question est théologiquement idiote, mais la Résurrection ne donne-t-elle pas son sens au cassage de gueule ? Et même, ne fallait-il pas qu'il y ait cassage de gueule pour que le Dieu vivant s'incarne, et donc pour qu'il y ait christianisme ?

Il fallait la Passion *et* la Résurrection, en effet. Mais la bonne nouvelle de l'Évangile, ce n'est pas un cassage de gueule. L'Espérance de Pâques, ce n'est pas une raclée qui dure deux heures de pellicule. Mais Gibson est tellement obsédé par la violence que subit le Christ qu'il en met même là où les textes n'en parlent pas. Ainsi les coups pleuvent-ils dès les premières minutes du film, quand on arrête Jésus sur le mont des Oliviers ; ce qui est totalement absurde : ceux qui l'arrêtent n'ont alors aucune raison, absolument aucune, de se comporter de cette manière puisqu'il s'agit d'une simple opération de police et que les exécutants, des employés du Temple, ont pour mission de l'arrêter, pas de lui taper dessus. En tout cas, il n'est écrit nulle part qu'ils lui tapent dessus, contrairement à ce que croient les ânes de *Libération* qui écrivent que cette *Passion* suit « à la lettre les versions les plus doloristes des Évangiles ». D'abord quelle lettre ? Ensuite, il n'y a pas de version des Évangiles plus doloriste que les autres. Il n'y en a que quatre, dont trois synoptiques, et les quatre sont à ce sujet d'une sobriété remarquable. Je sais bien que Gibson est supposé avoir aussi utilisé les visions d'Anne-Catherine Emmerich ; mais enfin les récits de cette stigmatisée tardive recueillis par Brentano, et si touchants soient-ils, n'ont tout de même pas un statut comparable à celui des Évangiles. Là encore, de toute façon, comme avec les photos d'Abou Ghraïb ou avec la vidéo de Saddam capturé, on nage en pleine pornographie, en pleine saturation de réalisme, en pleine exaspération d'exactitude, en plein chantage au réalisme et à l'exactitude. Comme on n'a pas de sexes ouverts à nous montrer, on nous montre des plaies et c'est la même chose.

Des imbéciles ont traité ce film de « révisionniste », et il est amusant de voir tant de gens que l'on sait athées, agnostiques ou autres, en tout cas non-chrétiens, et fiers de, se muer tout à coup en vestales sourcilleuses du texte évangélique. Je crois néanmoins que c'est celui-ci qu'ils détestent, et lui seulement, et qu'ils ne font semblant d'attaquer le film que parce qu'ils le soupçonnent de lui être fidèle. Il ne l'est pas. En tout cas pas assez à mes yeux. Du moins si l'on se dit chrétien comme Gibson.

Justement, ce souci de l'exactitude est assez paradoxal. Gibson entend coller aux Évangiles. Mais sa démarche me fait penser à l'obsession contemporaine du Jésus de l'Histoire. Certes, il est très intéressant de savoir que Jésus a existé, qu'il avait des frères cachés et bien d'autres merveilles encore. Mais aucun historien ne démontrera jamais que Jésus est le fils de Dieu et encore moins qu'il est ressuscité. Le personnage historique appelé Jésus vous apprend-il quelque chose d'essentiel sur le Christ ?

D'aussi essentiel ou inessentiel que sur n'importe quel humain en tant qu'humain. Mais de nécessaire aussi puisqu'il faut que Jésus participe à la rédemption universelle, et qu'il ne peut le faire que par sa réalité corporelle. Cela dit, tout le monde est libre de croire qu'il s'agit là de fariboles. Tout le monde est surtout libre de raconter n'importe quoi à propos du Christ : qu'il était essénien, guérisseur papou, pharmacien charismatique ou prophète bas-breton ; qu'il a échappé à la Croix en sautant sur un vélo et qu'il a passé le reste de sa vie sur les branches d'un pommier ; ou qu'il s'est réfugié sur l'île de Robinson Crusoé pour y apprendre le japonais ; ou que c'était un travelo, une femme, un jeu de mots, un lapin sorti d'un chapeau, etc. Et personne ne s'en prive. C'est même extraordinaire le nombre de gens qui veulent un *autre* Jésus, leur Jésus, un Jésus qui ne serait pas le Jésus des Évangiles, un Jésus auquel ils pourraient *croire* parce qu'il ne serait pas chrétien, un *vrai Jésus* enfin, le bon, le leur. Un Jésus si je veux quand je veux. Un Jésus c'est mon choix. Un Jésus à moi. Jésus et son double. Deux Jésus sinon rien. Dans le temps, du temps de l'Histoire, ces petits bricolages de pervers s'appelaient des gnoses ou des hérésies ; aujourd'hui, je dirai que ces bricoleurs en chambre, ces chrétiens à compte d'auteur sont atteints de la névrose du *Jésus trouvé* (au sens de l'enfant trouvé dans le roman d'origine des névrosés étudié par Freud). Ils veulent croire à Jésus, ils y croient, à condition que ce soit celui qu'ils sortent du placard à balais de leur imaginaire de maniaques. L'ennui c'est que ce Jésus-là n'a jamais suscité de littérature, de théologie, d'art, de cathédrales, de civilisation, d'Histoire. Il n'y a qu'un Jésus parce qu'il n'y en a qu'un seul qui a fait écrire saint Augustin, saint Thomas d'Aquin, Corneille, Pascal, Péguy ou Bernanos. Mais passons.

Pour en revenir à cette fameuse *Passion*, je vous avoue que j'aurais préféré l'aimer, tant elle a été précédée d'un cortège grondant d'indignations. Malheureusement, comme je viens de vous le dire, c'est dès les premières minutes que je n'ai pas marché, dès l'arrestation du Christ au jardin de Gethsémani, quand il se fait pour la première fois casser la figure sans aucune raison autre qu'idéologique ; car s'il est vrai que Jésus dans les Évangiles est arrêté par « une foule munie de glaives et de bâtons envoyée par les grands prêtres, les scribes et les anciens du peuple » (*saint Marc*), il n'est nulle part écrit que ceux-ci se sont amusés à le lyncher en chemin tandis qu'ils le conduisaient chez le beau-père du Grand-Prêtre. Pourquoi donc cette violence dès les premières minutes du film, qui fait que Jésus a tout de suite la gueule bousillée, sinon pour nous prendre, nous, en otages, et parce que le réalisateur est impuissant à nous faire *sentir autrement* que Jésus est Dieu ; et que, dans l'impossibilité d'arriver *par l'esthétique* à cette vérité, il préfère les signes de la souffrance aux preuves de la divinité, et les stigmates du pathétique à la démonstration de la souveraineté ? Tout le film est ainsi dans l'instant traîné par le bas, par le sang, par la sueur, par les viscères, par l'horreur, par les giclures (par les ralentis aussi, qui sont ce que je connais de plus miteusement racoleur au cinéma), et comme il n'y a que cela, cet excès devient très vite, paradoxalement, une sorte de *norme molle*. Je n'ai rien contre les gueules cassées, et je tiens par exemple depuis longtemps le cycle des *Rocky* pour un chef-d'œuvre tétralogique. Stallone y apparaît pourtant, la plupart du temps, à peu près aussi amoché que le Christ de Gibson. Mais il ne s'agit nullement, en l'occurrence, de nous faire saliver, à la Pavlov, avec de la souffrance. Ni de nous faire chanter. Au contraire.

C'est sans doute dans ce premier lynchage *inventé*, et à cause de cette invention, que l'on peut déceler l'antisémitisme du film, qui a fait tellement couler d'encre ; mais il faut bien voir qu'il est précisément inventé. L'antisémitisme, ici, consiste à en rajouter par rapport aux textes, comme il consiste à en rajouter par rapport aux coups. De même est inventée, au moment de la mort du Christ, la destruction du Temple. Il est bien dit, en effet, que la terre tremble quand Jésus meurt ; mais sa mort n'entraîne que la déchirure du voile du Temple, ce qui n'est déjà pas rien puisque cela signifie l'ouverture de la religion (mais nullement la destruction de son centre le plus sacré). En revanche, on ne voit pas de morts qui ressortent de leurs tombes, alors que les Évangiles en parlent, et il est évident que Gibson a un problème avec la question cruciale (c'est le cas de le dire) de la Résurrection. Par ailleurs, et pour que ce film ne soit pas soupçonnable d'antisémitisme, je crois qu'il aurait *au moins* fallu montrer, en contrepoint à la foule effectivement lyncheuse de la Passion, la foule enthousiaste (la même, les mêmes juifs) qui, peu avant, le dimanche des Rameaux, accueille Jésus à son entrée à Jérusalem. Pourquoi insister sur l'une plutôt que sur l'autre ? Les deux sont *vraies*. Le monde concret, c'est la contradiction, le retournement des situations, l'incohérence. Le film de Gibson est *trop cohérent* pour ne pas être faux, c'est-à-dire pour être une œuvre d'art. Il empêche de comprendre que c'est cette incohérence qu'apporte la prédication du Christ par rapport à la religion juive dans laquelle il est né, celle du *Dieu un* et infiniment séparé des hommes. L'Incarnation, en ce sens, c'est l'intrusion de la vie quotidienne dans la religion monothéiste ; et c'est dans ce sens aussi que le Christ dit qu'il est venu parfaire la Loi et les Prophètes, non les abroger : il y manquait l'incohérence de la vie quotidienne, ses ambiguïtés, son imprévisibilité.

D'accord, mais il y a une autre chose qui est aussi vraie, c'est que le christianisme a été l'un des vecteurs les plus durables de l'antijudaïsme (théologique), puis de l'antisémitisme. Quand on lit le texte des Évangiles, les Juifs, c'est-à-dire ceux qui refusent la prédication du Christ et restent juifs, sont coupables non seulement d'avoir tué Jésus, mais bien plus encore de n'avoir pas cru en lui.

Mais Jésus aussi, par son humanité corporelle, reste juif *à jamais*. De même sa mère, les apôtres, ceux qui les premiers ont cru en lui, etc. C'est de refouler cette vérité que sont nés les ravages de l'antijudaïsme et de l'antisémitisme chrétiens. Pour vous répondre d'un mot, si vous le voulez bien, je passerai la parole à Léon Bloy, que l'on traite souvent d'antisémite (à tort selon moi, mais cela nous entraînerait hors du sujet), qui écrivait en 1911 à un antisémite : « Sachez que je mange, chaque matin, un Juif qui se nomme Jésus-Christ, que je passe une partie de ma vie aux pieds d'une Juive au Cœur transpercé dont je me suis fait l'esclave, enfin que j'ai donné ma confiance à un troupeau de Youpins – comme vous les appelez – l'un présentant l'Agneau, un autre portant les Clefs du ciel, un troisième chargé d'instruire toutes les nations, etc., et je sais qu'on ne peut être chrétien qu'avec de tels sentiments. Tout le reste est contingence banale et n'existe *absolument* pas. »

Ainsi que vous l'avez déjà deviné j'ai donc tout de même fini par voir ce film ; mais je l'ai vu chez moi, et assez tardivement, parce que je ne supporte plus depuis longtemps l'enfermement dans une salle, ni le sinistre dressage par le bruit qui y transforme n'importe quel spectacle en *rave*. Je ne vois pas pourquoi je subirais, sans y être obligé, l'ensemble des intimidations monstrueuses (vacarme systématique, montage cardiaque, récit stroboscopique, atteintes directes au système nerveux, etc.) par lesquelles l'art cinématographique en perdition depuis déjà pas mal de temps essaie de retenir le spectateur en anéantissant pour commencer sa liberté critique. Entrer dans une salle obscure, c'est accepter de s'exposer à un genre de technique de l'étourdissement qui ressemble à celle précédant la mise à mort des animaux de boucherie. Or je militerais volontiers pour l'assistance aux bêtes d'abattoir que sont devenus les spectateurs, et pour le respect de la législation contre la cruauté envers ceux-ci. Il y a donc longtemps que je ne vais plus au cinéma, une dizaine d'années au moins, puisqu'il est impossible d'y *baisser le son*, et ce n'est pas cette *Passion*, avec son interminable lynchage annoncé, la rumeur racoleuse d'horreur indépassable qui la précédait, qui aurait pu me convaincre d'y retourner. Au cinéma, l'horreur est un chantage et une intimidation, comme en d'autres circonstances l'argent que tel ou tel film a coûté. Tout cela relève du terrorisme, qu'il soit économique ou tératologique. Il faut qu'un film ait *coûté beaucoup* : de l'argent ou du sang ; ou alors qu'il défende et illustre une cause incontestablement bonne, ce qui revient à peu près au même.

Sur ce dernier point, il faut reconnaître à Mel Gibson que la cause qu'il défend n'est pas, et de loin, la meilleure (en Europe en tout cas).

Elle tombe même plutôt mal, et dans un contexte d'hostilité assez stupéfiant. Quoi qu'il en soit, et pour en finir avec cette rumeur racoleuse qui précédait la *Passion* de Gibson, je me demande s'il y a un seul spectacle cinématographique, aujourd'hui, qui ne relève pas du chantage, et si les cinéastes peuvent être désormais autre chose que des maîtres-chanteurs (comme tous les « artistes »). Les fictions cinématographiques et le cinéma en général sont devenus si inutiles qu'ils ne répondent plus qu'à un seul impératif : celui de prolonger leur propre règne au-delà de tout besoin réel de ceux que l'on *oblige* littéralement à entrer dans des salles parce qu'on a réussi à les convaincre qu'il fallait de toute urgence sauver le septième art. Mais c'est par là aussi que, lorsqu'on voit un film d'aujourd'hui, on ne voit qu'un pénible et exclusif besoin de perdurer transformé tant bien que mal en ersatz d'œuvre ; et, en fin de compte, on ne voit que ça.

Il n'y a jamais aucune *vérité* dans aucun film, *a fortiori* aujourd'hui où c'est toujours un intermittent du spectacle qui joue le Christ, Napoléon, le Pétomane ou Hitler. Jim Caviezel, qui incarne le Christ (un cabot qui incarne l'Incarné !), n'est par définition pas plus vrai en Christ (et pas moins) que ne l'est, je suppose, Bruno Ganz en Hitler dans ce film allemand d'Oliver Hirschbiegel, *Der Untergang, La Chute*, qui agite en ce moment l'Allemagne pour les mêmes mauvaises raisons, mais à l'envers, et qui va bientôt assurément agiter la France. Comment jouer bien (ou mal) le Fils de l'Homme ? Comment jouer bien (ou mal) l'homme-monstre ? Le Christ ou Hitler ? L'homme fait Dieu ou le Mal fait homme ? Est-ce qu'on peut filmer la divinité mourant sur la croix comme on filme Emma Bovary ou les aventures d'un jeune imbécile à dreadlocks ? Est-ce qu'on a le droit de filmer le Führer sans qu'à chaque instant le mot « MONSTRE » clignote sur sa casquette comme si c'était l'auréole du diable ?...

Le reproche fait à cet Hitler de cinéma n'est pas de ne pas être assez monstrueux, mais d'être un humain. Après un demi-siècle de devoir de mémoire, de témoignage, de recueillement, après Primo Levi et Hannah Arendt, on peut encore entendre de pompeuses et graves andouilles s'indigner que l'on fasse de Hitler un être humain. Une aimable fiction aimerait renvoyer le nazisme et son œuvre de destruction hors de l'histoire humaine – laquelle ne saurait être qu'une partie de plaisir, tout le reste est l'affaire de monstres venus d'ailleurs. D'une certaine façon, l'historicisation de Jésus répond au même effroi que la déshistoricisation de Hitler. Le Dieu fait homme est tout aussi scandaleux que l'homme monstrueux. Il faut donc que le premier perde sa divinité et le second son humanité.

Dans le cas de Hitler, il semble aussi que l'on reproche à cette *Chute* allemande de s'être placée *du point de vue du coupable* ; mais comment, dans le cas de *La Passion*, se placer du point de vue de l'Innocent suprême ? *A fortiori*, comment se placer du point de vue de Dieu quand Dieu est mort ? Comment prendre la place du Mort ? Le cinéma est bien incapable de répondre à de telles questions, il est même inapte à se les poser. Tout ce qu'il montre *est*, et c'est bien la raison pour laquelle il n'a aucun intérêt. Il ne peut pas montrer ce qui n'est pas, ou ce qui pourrait être, et c'est sa damnation. Le cinéma, c'est le damné du concret, c'est le forçat du réel. Il n'y a qu'en littérature qu'on voit des images ; au cinéma on ne voit que l'apparence et elle est irréfutable. Par-dessus le marché, au cinéma tout le monde voit la même chose alors qu'en littérature tout le monde voit des choses différentes, mais personne ne verra jamais ce que les lecteurs voient (il n'y a même pas deux Anna Karénine semblables dans la tête de deux lecteurs assis côte à côte et lisant au même rythme). Tout cela m'incline à penser que le cinéma ne peut être intéressant que lorsqu'il parle des humains contemporains, qui ne sont plus du tout réels et qui ne se rendent même pas compte que leur apparence est grotesque (et encore : il y faut le génie d'un Denys Arcand, l'immortel auteur du *Déclin de l'Empire américain*). Quand il traite d'un autre sujet que le désastre moderne, il devient suspect. Pourquoi Hitler ? Pourquoi le Christ ? Pourquoi Napoléon ? Pourquoi essayer de reproduire quelque chose que l'on n'a soi-même jamais vu quand on est déjà bien incapable de voir ce que l'on a sous les yeux ? Tout film historique me paraît d'une lâcheté incroyable (les romans du même métal aussi, d'ailleurs) puisque ainsi on se dispense de traiter l'illusion du monde actuel. Il y a une lâcheté immense à se réfugier dans le passé parce qu'il était « vrai » ; mais cette veulerie récolte immédiatement sa punition. Quand Bruno Ganz a l'air sympathique (paraît-il), c'est aussitôt Hitler qui est sympathique et c'est une catastrophe ou un scandale. Quand Jim Caviezel incarne le Christ, il se trouve sur-le-champ des idiots pour dire qu'il est ressemblant (ressemblant à quoi ?), ou qu'il devrait au contraire avoir la peau plus foncée, les cheveux plus bouclés, et même que « dans la période de grandes tensions que nous vivons aujourd'hui il serait temps de lui redonner son vrai visage » (manque de chance, le Christ de Gibson ressemble beaucoup à l'Homme du Suaire, mais ce n'est pas non plus la question). Il paraît que le pape lui-même aurait vu le film et aurait bredouillé que « ça a dû se passer comme ça » ; mais je n'en crois rien, d'abord parce que j'aime le pape et que je le sais incapable de dire une crétinerie semblable, et aussi parce que rien ne se passe jamais comme au cinéma puisque au cinéma ça dure deux heures (c'est déjà trop) et que, dans la vie, rien ne dure deux heures. Jamais.

Plutôt que d'argumenter, je me contenterai de vous suggérer de revoir L'Évangile selon saint Matthieu *de Pasolini... ça vous remettra de l'épreuve du Gibson.*

Oui, mais le Gibson pose un problème plus extrême parce que ce n'est pas du tout une œuvre d'art. Il y a un chantage au réel par la violence, par le recours caricatural à la violence, à une ultra-violence qui dépasse elle-même toute finalité. On s'est empaillé à propos de ce film comme s'il s'agissait d'un reportage télé ou de quelque chose qui avait le moindre rapport avec une réalité quelconque. En vérité, je ne connais qu'un seul Christ, celui des Évangiles, des Actes et des Épîtres, auquel j'ajouterai personnellement, comme une sorte de cinquième Évangile non écrit mais terriblement et prodigieusement inscrit, l'Homme du Suaire, qu'il n'y a plus que le carbone 14 pour croire encore faux. Le reste, bien entendu, ce sont des images. Elles révèlent quelque chose sur ceux qui les ont produites et sur ceux qui les regardent, mais elles ne révèlent aucune autre vérité que celle-là. De toute façon, il y a un problème avec les films sur le Christ, et ce problème dépasse de loin celui que pose l'adaptation au cinéma des chefs-d'œuvre de la littérature ; d'abord parce que les Évangiles ne sont pas des chefs-d'œuvre (ils le sont mais pas en tant qu'œuvres littéraires), ensuite parce que le Christ n'est pas un personnage. Toutes les fictions sont basées sur une incertitude quelconque concernant l'identité des personnes qu'elles mettent en scène. C'est ça, et pas autre chose, la littérature romanesque : c'est l'incertitude sur les personnes (d'où l'agréable pente naturelle du roman vers la comédie, les quiproquos, le vaudeville, etc.). Le problème dont je veux parler c'est qu'un metteur en scène qui se dit catholique comme Gibson, quand il entreprend de montrer la vie du Christ, ou un des épisodes de cette vie, ne peut en aucune façon s'éloigner des Évangiles, dans lesquels il n'y a précisément aucune incertitude sur l'identité du Fils de Dieu, du moins du point de vue des évangélistes.

Comment faire de l'art, alors, quand il n'y a pas d'énigme ? Eh bien, je crois qu'il faudrait commencer par montrer le Christ vivant et prêchant, et non en cours de massacrage accéléré. Vous me parlez de *L'Évangile selon saint Matthieu* de Pasolini, mais même le vieux *Golgotha* de Duvivier, tout strié de hachures noires, gravé plutôt que filmé, où Le Vigan joue un remarquable Christ d'Épinal et Gabin un Ponce Pilate également très Épinal, réussit à donner au Seigneur une existence épinalienne assez naïve, assez illusionniste pour être crédible à Épinal. Faire vivre le Christ parce qu'il *a été vivant* semble une exigence au-dessus des forces de Mel Gibson, qui n'est capable que de le montrer souffrant et mourant. C'est pourtant exactement ce qu'a réussi Buñuel, il y a une trentaine d'années, dans *La Voie lactée*, l'un des plus beaux films que je connaisse. Avec lui le surréalisme accomplit sa première bonne action, et sûrement aussi la dernière. Même si Buñuel est athée, sa *Voie lactée* ne l'est pas ; ou si elle l'est, c'est comme l'est Dieu : est-ce que Dieu est croyant (est-ce que le Christ est chrétien ?) ? Cette *Voie lactée* n'insiste que sur une seule chose : *le catholicisme est une affaire concrète et actuelle ; la vie du Christ est une vie quotidienne.* Si *La Voie lactée* est un film sur le Christ, c'est qu'il n'y apparaît que sporadiquement, dans des coins du tableau, comme dans certains Bruegel très décentrés (*Le Portement de Croix* par exemple). Quel besoin de saturer l'écran avec le Fils de Dieu quand on sait que c'est le Fils de Dieu ? Je ne doute pas du catholicisme de Gibson, mais son film, lui, n'est pas croyant. Son film n'a pas la foi. Ou alors il faut qu'il la ravive sans cesse en remuant la caméra dans la plaie. C'est comme la pornographie qui ne se développe, ne fouille les sexes, ne se spécialise de plus en plus maniaquement dans la gynécologie qu'au fur et à mesure que la différence des sexes s'efface. Plus on regarde, moins il y a à voir. L'arbre ne cache plus aucune forêt ! Le Christ de Gibson est une star, et toutes les stars sont pénibles. Le Christ de Buñuel n'est pas tout à fait un figurant mais presque, ce qui fait qu'on a l'impression, à chaque fois qu'il apparaît dans une séquence, de l'avoir trouvé soi-même, tout seul, *exactement comme dans une expérience de conversion* ; mais comment se convertir au

Christ de Gibson, qui vous est sans arrêt enfoncé dans les yeux à coups de marteau ? Ce qu'il y a d'admirable dans *La Voie lactée* c'est que les surgissements de Jésus y sont filmés comme en passant, en ayant l'air de ne pas y toucher, au même niveau que le reste de la fiction, qui d'ailleurs se passe indifféremment dans un siècle ou dans un autre, avec des personnages qui franchissent sans trop de difficulté le mur des époques. Le Christ n'a pas besoin de crever l'écran quand il est Dieu ; et là-dessus, chez Buñuel, il n'y a aucun doute. Les plus beaux moments sont ceux où on parle de lui. On se bat en duel à son propos. Un janséniste et un jésuite croisent le fer en débitant les paroles de feu de la théologie : « Dans l'état de la nature corrompue, on ne résiste jamais à la grâce intérieure. – La grâce n'obtient pas toujours l'effet pour lequel elle est donnée de Dieu. » Dans la grande salle d'un restaurant chic, le maître d'hôtel discute avec les serveurs du problème de la double nature, des monophysites, de Marcion, de Nestorius, du concile de Nicée, du Fils semblable au Père ou consubstantiel à Lui, de Simon le Magicien. Et ainsi de suite. Quant au Christ lui-même, il surgit de temps en temps, tout naturellement, on le voit aller et venir, en général accompagné de quelques disciples, comme doré par son propre rire, détendu, nullement préoccupé par sa mort imminente et ignominieuse, et racontant des histoires en passant (des paraboles). C'est vraiment Dieu parce que c'est Dieu concret et vivant.

Admettez cependant que cette « double vie » n'est pas si facile à comprendre – et encore moins à montrer. Encore que quelques tableaux valent mieux que ce pénible film.

Justement, le Christ de Mel Gibson est d'une faiblesse extrême en ce qui concerne cette affaire de « double nature ». Il est à la fois faible en existence concrète et faible en résurrection, ce qui est doublement impardonnable ; seules la souffrance et l'agonie du Christ sont démesurées, comme si Gibson n'envisageait plus que cet argument-là en faveur de la foi chrétienne (Jésus a tellement souffert que nous lui devons l'amour pour l'éternité), ce qui est inquiétant, alors que c'est à la fois par son discours (avant la Passion) et par sa victoire sur la mort (après la Passion) que le Christ m'intéresse (le mot est faible). Toute cette emphase visuelle et sonore submerge, noie ce que le film a tout de même de bon et qui m'a plu : évidemment l'utilisation de l'araméen et du latin (Jésus et les grands prêtres parlent *la même langue*) ; ou encore cette figure du démon, androgyne et blême, cette curieuse silhouette inquiète et polymorphe de l'archange maléfique que l'on voit rôder autour du Christ *parce qu'il ne le connaît pas*, et qui a l'air déconcerté, cette incarnation de la curiosité et de l'angoisse qui circule en tenant dans ses bras un bébé monstrueux, une sorte de clone de l'hermaphrodite sacré qui se dessèche dans *Le Satiricon* de Fellini. J'aime aussi cette larme énorme et très kitsch qui tombe des paupières de Dieu (de l'hors-monde, de l'hors-existence), au moment de la mort de son Fils, et s'écrase à terre (on dirait malheureusement une grosse ampoule dévissée de sa suspension). Il est beau enfin (il est juste, il est catholique, il est totalement a-antisémite, etc.) que ce soit la main de Mel Gibson, c'est-à-dire la mienne, qui soit filmée en train de taper avec un marteau dans la paume du Crucifié. Mais ce ne sont là que quelques minutes de lumière dans les ténèbres, quelques grammes de grâce dans un monde de brutes et de brumes. Le véritable film qu'il faudrait tourner, à mon avis, si tant est qu'il soit absolument nécessaire de tourner des films, raconterait ce qui se passe non seulement après la Résurrection mais surtout après l'Ascension, quand le Christ s'élève, se dissout dans le ciel sous les yeux des apôtres et des disciples. On croit alors que tout est fini, que tout s'est dissous aux cieux, et c'est alors que tout commence *sur terre* :

« Déjà, écrit Mauriac dans la conclusion de sa sublime *Vie de Jésus*, il est embusqué au tournant du chemin qui va de Jérusalem à Damas et il épie Saül, son persécuteur bien-aimé. Désormais, dans le destin de tout homme, il y aura ce Dieu à l'affût. »
Moteur.

Me voilà sonnée et nantie de bien des réponses auxquelles il me faudra trouver des questions. Pour conclure, cher Philippe, ne reste-t-il plus rien à aimer de cette époque et de ce monde ? Et comment, en ce cas, se garder du nihilisme et du désespoir ?

Nous venons, chère Élisabeth, de dialoguer pendant plus de trois ans et d'essayer de comprendre ce qui se passe, et vous me demandez encore comment éviter le désespoir ou le nihilisme ? C'est fait puisque nous ne nous sommes abandonnés ni au nihilisme de la protestation militante, ni au désespoir de l'approbation professionnelle, et que nous n'avons jamais cherché à *positiver* sur le tissu universellement faisandé de l'époque, mais que nous n'avons cessé de nous *étonner*. Par ailleurs, je me permets de vous rappeler que l'espoir n'est pas un droit de l'homme ; et que la protection contre le nihilisme n'est garantie par aucune assurance-vie (et pour cause : le nihilisme, *c'est* le principe de protection, c'est même l'idée de se garder du nihilisme). L'étonnement, et lui seul, est la transfiguration du désespoir. En littérature comme partout. Amen.

Décembre 2004

LES PROMESSES DE L'AVENIR ODIEUX

POSTFACE d'Élisabeth Lévy

Qui a une question ? J'ai une réponse. Cette blague juive, empruntée à la tradition hassidique, renverse la hiérarchie usuelle en conférant à la question plus d'importance qu'à la réponse. La formule, qui m'a guidée dans cette conversation au long cours, présentait l'avantage de corriger un peu le déséquilibre entre la questionneuse et le questionné, de justifier ma présence au cœur du réacteur où se fabrique l'œuvre de Muray. Que faisais-je là, sinon questionner, déverser dans son fourneau de grandes pelletées de réel, son inépuisable combustible pour produire de la littérature à grands jets.

On pourrait se contenter de proclamer que la question préserve la part du doute. Ou qu'elle entretient la conscience de l'altérité. « Entre toi et le monde, choisis le monde », enjoint Kafka. La question ouvre cette faille à travers laquelle on peut choisir le monde.

Poser les questions quand les réponses sont énoncées, c'est relancer les hostilités, ouvrir de nouveaux fronts, se frayer un chemin à la hache dans la totalité enclose qu'est cette pensée déterminée à vaincre. Mais pas sans péril – pas le genre de la maison. Par le fer et par le rire.

Poser les questions, ce fut surgir, interrompre, agacer, provoquer, pester, et même intempester. Se jeter, tel un candidat au suicide, contre une locomotive lancée à pleine vitesse, se dresser devant le char d'assaut aux commandes duquel Muray entend réduire l'époque en cendres, roulant sur son cadavre pour être certain qu'elle ne se relèvera pas. Mais il lui pousse sans cesse une nouvelle tête à cette diablesse d'époque aux neuf queues. Alors, la conversation suit son cours. *The talk must go on.*

Il y a autre chose. Dans un temps prodigue en réponses à des questions que personne n'a posées, se demander *à quoi* on répond, c'est échapper à la circularité, fuir l'intransitivité. Commentant l'exposition qu'il consacre à Joseph Beuys, le directeur de la Modern Tate à Londres explique que Beuys « était le médiateur de son propre travail ». Il va sans dire que la « critique », enchantée par tant d'audace, ne trouve même pas matière à s'étonner de cet oxymore devenu la marque de fabrique d'un temps qui autorise les esprits les plus conformistes à se croire subversifs, les puissants à se proclamer opprimés et, ce qui est plus fâcheux encore, les plus sinistres à se prétendre drôles.

Dans la vie en boucle, il ne reste plus à l'artiste qu'à être un trait d'union entre soi et soi. Quand l'un appelle à la création d'un Parti de la grève, que l'autre applaudit au retour des luttes et qu'un troisième se réjouit d'être célèbre, quand les professionnels de la hargne victimaire défilent en rangs serrés dans une *Ego Pride* permanente, bref quand tout devient sa propre fin, on a peur de se réveiller dans un monde sans pourquoi. Or il y a un pourquoi, même derrière le triomphe de l'absurde.

Objection, injonction, sommation…, ce serait faire injure à la sagacité du lecteur que de ne pas reconnaître que ce combat inégal s'est souvent conclu par ma reddition. L'acharnement de Muray à tailler ce monde en pièces a fréquemment eu raison de mon intuition que la catastrophe n'est jamais totalement consommée – on rend facilement les armes dans l'abandon d'un fou rire. Ce n'est pas que je me sentais commise à la défense des âneries érigées en vérités, des pédants satisfaits autorisés à dire le juste et le vrai, ou des grands humanistes prêts à piétiner qui ne pense pas comme eux. Pas question, en somme, de jouer le mauvais rôle, celui de l'avocat d'un monde dont Muray serait le procureur. Mais l'impitoyable lucidité avec laquelle il campe les acteurs de la nouvelle Comédie humaine, l'allégresse avec laquelle il en dévoile les règles pipées n'en laissent pas moins ouverte une obsédante interrogation : comment aimer la vie quand on exècre le monde ?

Ses lecteurs le savent : on est vite aspiré par cette pensée qui a la puissance d'un système. Oui, il y a de la joie dans la cruauté, de la jubilation dans la détestation, de la volupté dans la non-appartenance. Mais le triomphe de la propagande, la sottise parfois bonhomme et plus souvent teigneuse des porte-voix autorisés du néant, leur ardeur à pourfendre des ennemis à terre ou inexistants, n'autorisent pas, pour autant, à se complaire dans le confort du « eux » et « nous » – ou du fort tentant « nous » contre « eux ». Gardons à l'esprit que, comme disait l'autre, *Festivus festivus c'est moi.*

Je ne me suis nullement sentie requise de contrarier l'humeur et l'humour noirs de Muray que les sots et les sourds aimeraient bien réduire à un pessimisme de coquetterie – c'est que, quand le doigt pointe la lune, ils regardent le bout de leurs souliers. Qu'on ne se méprenne pas : il ne s'agit évidemment pas de criminaliser ni même de crétiniser tout effronté qui oserait se dire en désaccord avec un écrivain voué par son talent à l'énonciation de la Vérité – ce serait d'ailleurs bien mal le lire. Mais il ne suffit pas de crier au réactionnaire, même nouveau, pour détourner ses missiles de leur cible.

Pour autant, je n'oublie pas qu'avant le droit-de-l'hommisme il y a eu les droits de l'homme ; avant le judiciarisme frénétique, la conquête de la justice ; avant l'égalitarisme, l'égalité ; avant le progressisme, le progrès. Certes, ce qu'on qualifie aujourd'hui de liberté, c'est la liberté de penser dans le droit chemin de l'incorrection estampillée. Reste que le monde d'avant l'autonomie (pour reprendre la lumineuse typologie de Marcel Gauchet) n'est guère plus enviable que celui d'avant les antibiotiques. Que l'on refuse de se soumettre au conformisme ambiant ne requiert nullement la déploration des conformités d'antan. D'ailleurs, si des vandales bien intentionnés peuvent si facilement détruire le monde d'hier, c'est sans doute qu'il n'était pas très solide sur ses bases. Les impostures de la libération ne sauraient faire oublier les conquêtes de l'émancipation.

Reste une énigme qu'il faut tenter d'élucider. Poussant à leur ultime extrémité les potentialités de l'époque, Philippe Muray conclut à sa singularité radicale. Après nous le Déluge, observe-t-il, mais pour s'en désoler, comme si l'ancien monde devait être englouti par des torrents de sottise. Ayant échappé à son créateur, c'est-à-dire à l'Histoire, l'humanité serait embarquée dans un voyage sans retour, plus précisément dans un « retour simple » vers l'origine. Soucieux d'oublier le goût du fruit de l'arbre de la Connaissance, le nouvel homme n'aspirerait plus qu'à redevenir un animal innocent et heureux.

Il y a une autre hypothèse selon laquelle le destin de l'humanité est de flirter avec le vide sans jamais y tomber. Peut-être qu'aucune époque ne s'accomplit entièrement. La mission de l'écrivain, comme celle du prophète, serait précisément de faire avouer à l'époque ses plus noires possibilités. La bonne littérature exige une sacrée mauvaise foi. Sans doute toutes les époques ont-elles accouché d'écrivains visionnaires et grognons – dans le meilleur sens du terme –, habités par le sentiment du désastre. On sait bien que les grands bouleversements techniques et métaphysiques ont donné à leurs contemporains le sentiment d'être entraînés sans rémission vers un avenir odieux. Ainsi Paul Hazard analyse-t-il *La Crise de la conscience européenne* occasionnée par la lente transition qui a conduit du monde de la transcendance vers celui de l'immanence.

Seulement, et c'est peut-être l'argument le plus solide en faveur de l'implacable nouveauté du temps où nous sommes, nous ne souffrons aucunement de crise de conscience. Festivus festivus ne connaît pas l'insomnie. Ce monde est peuplé d'amis du désastre – qui sont aussi des adorateurs du mensonge. « La vérité c'est le mensonge » : l'adage orwellien est aujourd'hui si pleinement réalisé qu'il n'est nullement nécessaire de l'inscrire dans la loi et, encore moins, de le faire respecter par la menace. Sous les totalitarismes d'hier il fallait, pour survivre, feindre d'adhérer à ce que le régime décrétait vrai, de même qu'il fallait, avant-hier, renier ses doutes pour échapper à la Sainte Inquisition. Aujourd'hui, c'est volontairement qu'on avale toutes sortes de fariboles, il suffit pour s'en convaincre d'allumer sa radio le matin. Un jour on nous explique que les festivités ethnico-électorales organisées dans un Irak en proie au chaos sont l'acte de la naissance de la démocratie – ainsi nomme-t-on désormais la conjugaison de bulletins de vote et de caméras, et, dans la version luxe, d'observateurs internationaux. Le lendemain, un sociologue suggère à un journaliste émerveillé que l'école doit en finir avec la littérature, socialement discriminante. Un autre matin, on s'enchante de se voir si bons dans le miroir du tsunami et on célèbre la grande réconciliation de la famille humaine opérée par le raz-de-marée. Le mensonge est devenu vérité et Big Brother s'est glissé dans la peau de Winston. Cette opération non plus de travestissement mais d'élimination du réel a évidemment partie liée avec le règne médiatique qui définit comme existant ce qui est montré.

Sauf que ce n'est pas si simple. Sodome et Gomorrhe auraient été sauvées par l'existence d'un seul Juste. Resterait-il une seule conscience critique qu'elle permettrait de conclure à l'échec de l'entreprise de destruction de la liberté de penser menée sous l'étendard de la liberté. Et, évidemment, il y en a plus d'une. De l'autre côté du miroir cathodique, il y a la vie, avec ses surprises, ses contradictions et ses bagarres qu'on ne saurait avouer perdues tant que l'adversaire ne les a pas gagnées. Peut-être Festivus festivus est-il, à l'insu de son plein gré, taraudé par son humanité.

Autant dire qu'il est difficile de se faire une conviction et de s'y tenir. Entre hilarité et désespoir, entre nausée et hargne, entre « tout est fichu » et « rien n'est joué », c'est encore la vie qui décide, selon le livre qu'on a lu, le regard qu'on a croisé ou la conversation qu'on a nouée.

C'est vrai, dans ce tas de décombres, il ne reste pas grand-chose à aimer. Pas grand-chose, mais tout de même la possibilité de refuser la règle du jeu. Si l'Histoire n'est peut-être pas si finie qu'on le dit, ce n'est certainement pas parce que des barbus faussement archaïques et véritablement modernes entendent détruire l'Occident historique, mais précisément parce qu'un mince filet d'Histoire peut s'échapper de cet interstice irréductiblement ouvert à la contradiction.

Finalement, que le diagnostic de la fin de l'Histoire soit ou non pertinent ne change rien à l'implacable et impayable description des symptômes. Impayable parce que, dans la pensée de Philippe Muray, l'existence précède le sens. Il cite souvent ce passage du *Journal* de Gombrowicz où celui-ci se plaint que la littérature manque furieusement de pantalons et de téléphones, c'est-à-dire de vie concrète. Chez Muray, ce sont les pantalons et les téléphones, le *parisplagiste*, l'aigre féministe, l'anti-fasciste d'opérette et tous les autres qui donnent vie aux concepts.

De toute façon, s'il n'y a plus d'Histoire, il y a toujours des preuves d'Histoire. Ce livre est l'une d'elles.

Janvier 2005

TABLE

Préface	9
I. Que se passe-t-il ?	23
II. Ces bourreaux barbouilleurs de lois	63
III. Rien ne sera plus jamais comme après	109
IV. Le coup du grand-duc	163
V. Une guerre de merde	233
VI. Les damnés de l'alter	301
VII. La fin du monde est reportée à une date antérieure	407
Les promesses de l'avenir odieux, *postface* d'Élisabeth Lévy	481

Cet ouvrage a été composé par :
Paris PhotoComposition
75017 Paris

www.ingramcontent.com/pod-product-compliance
Lightning Source LLC
Chambersburg PA
CBHW070722020526
44116CB00031B/1006